斯德哥尔摩
Stockholm

圣彼得堡
St.Petersburg

哥本哈根
Copenhagen

剑桥
Cambridge

不莱梅
Bremen

汉堡
Hamburg

莫斯科
Moscow

伦敦
London

莱顿
Leiden

柏林
Berlin

巴黎
Paris

慕尼黑
Munich

安卡拉
Ankara

波士顿
Boston

纽黑文
New Haven

纽约
New York

普林斯顿
Princeton

伯克利
Berkeley

费城
Philadelphia

圣地亚哥
San Diego

华盛顿
Washington

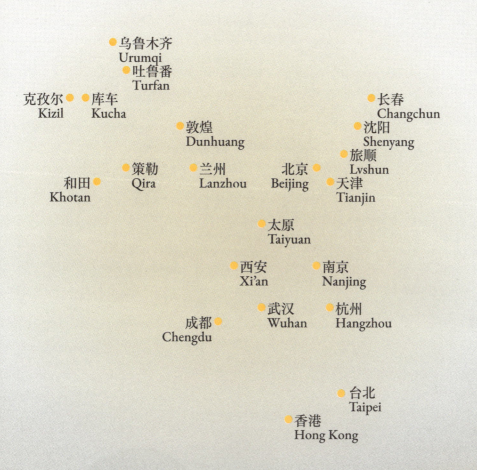

乌鲁木齐
Urumqi

吐鲁番
Turfan

克孜尔　库车
Kizil　Kucha

敦煌
Dunhuang

长春
Changchun

沈阳
Shenyang

旅顺
Lvshun

策勒　兰州　北京　天津
Qira　Lanzhou　Beijing　Tianjin

和田
Khotan

太原
Taiyuan

西安　南京
Xi'an　Nanjing

武汉　杭州
Wuhan　Hangzhou

成都
Chengdu

台北
Taipei

香港
Hong Kong

东京
Tokyo

京都
Kyoto

大阪　奈良
Osaka　Nara

天理
Tenri

福冈
Fukuoka

經綸講堂

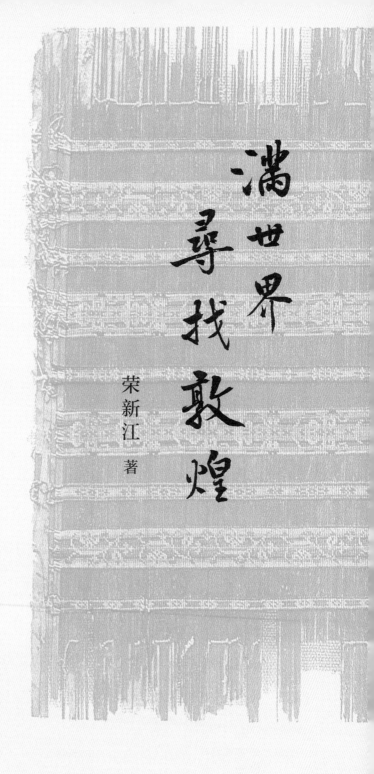

满世界寻找敦煌

荣新江 著

中华书局

图书在版编目(CIP)数据

满世界寻找敦煌/荣新江著. —北京:中华书局,2024.5
ISBN 978-7-101-16608-8

Ⅰ.满… Ⅱ.荣… Ⅲ.敦煌学–通俗读物 Ⅳ.K870.6-49

中国国家版本馆 CIP 数据核字(2024)第 083954 号

书　　名	满世界寻找敦煌	
著　　者	荣新江	
封面题签	徐　俊	
责任编辑	马　燕	
责任印制	管　斌	
出版发行	中华书局	
	(北京市丰台区太平桥西里 38 号　100073)	
	http://www.zhbc.com.cn	
	E-mail:zhbc@zhbc.com.cn	
印　　刷	天津裕同印刷有限公司	
版　　次	2024 年 5 月第 1 版	
	2024 年 5 月第 1 次印刷	
规　　格	开本/710×1000 毫米　1/16	
	印张 25　字数 290 千字	
印　　数	1-30000 册	
国际书号	ISBN 978-7-101-16608-8	
定　　价	98.00 元	

作者在英国博物馆里的老图书馆（2007年）

　　荣新江，北京大学博雅讲席教授，兼任中国敦煌吐鲁番学会会长，入选国家文化名家暨"四个一批"人才，英国学术院通讯院士。主要研究方向是中外关系史、丝绸之路、隋唐史、西域中亚史、敦煌吐鲁番学等。著有《归义军史研究》《敦煌学十八讲》《中古中国与外来文明》《隋唐长安：性别、记忆及其他》《敦煌学新论》《丝绸之路与东西文化交流》《唐宋于阗史探研》《从张骞到马可·波罗——丝绸之路十八讲》《吐鲁番的典籍与文书》《从学与追念》等。

李盛铎藏书及其钤印

作者在中国丝绸博物馆讲演（2022年赵丰拍摄）

目　录

序

　　本书来源于我在中国丝绸博物馆的系列讲座和北京大学历史学系课堂上的两次课程，总题目叫"满世界寻找敦煌"。

　　我曾在1996年出过一本《海外敦煌吐鲁番文献知见录》，有一位香港学者写了一篇书评，在台湾《汉学研究》上发表。他说这本书里只有学术的内容，至于作者一路访问中的感受，我们是读不到的。那么，我今天想通过这一系列讲演，把我心中那些澎湃的心情，以及这项历时四十余年的艰辛考察经历，用我的记忆所及，给大家复述出来。

　　本书大体上按照我在欧美、日本、中国调查的过程讲。1985年我第一次在欧洲跑，构成前四讲：英国、法国、德国和北欧。1990年到1991年，我先在日本各地把能够进得去的收藏都看了一遍，然后飞到英国，又去了列宁格勒、巴黎。以后出国的机会更多了，我把这些集中在一个点上铺陈开来，日本地方较多，用了两讲；英国和苏联及后来的俄罗斯各一讲，几次短暂的巴黎之行就并入英国一讲；1996年在德国柏林讲学三个月，把柏林的吐鲁番文书整个翻了一遍，构成一讲；然后是美国的各个小收集品。中国除了北京图书馆（今国家图书馆）外，比较零散，所以用两讲分别重点讲我所见之敦煌和吐鲁番文献的情况。大概是把时间顺序和地域分区，安排到十二次讲座当中。

每一讲的结构，先介绍这个地方的收藏，为什么要到这个地方去找材料；然后介绍调查过程，不仅仅是学术的调查过程，也有当时的一些旅行见闻。这些东西可能今天的年轻人看着很可笑，今天拿着手机上的地图，可以到处跑，丢不了自己，那时候没有手机，没有E-mail，完全凭着勇气拿着纸质地图行走。今天回想起来有很多很好玩的事情。

　　我这么多年搬家，很幸运还保留了一些当时调查记录的小本子和信件，一个小本子简单记录了当年的日程，一个小本子记录了我要找的一些人的信息，可以复原当年联系的人和一些时间点。我发现当时在国外联络的一些人，大多数是80年代到国外去留学或进修的人，很多现在已是精英，有著名的大画家、中科院的院士，都是帮我安排过住宿的好伙伴。另外一个来源是当年的照片，有些照片上有日期，可以让我把一些记忆精确地定格在某一天，可惜我不是那么喜欢照相，所以许多地方没有留下身影。

　　每讲的中间或最后，都要介绍一下我的调查对于当年的学术意义是什么，我的收获是什么，当年的收获对敦煌西域文献和历史的研究有什么贡献。从另一个角度来讲，我作为一个研究敦煌的人其实很幸运，当年西方列强在敦煌之外，还去吐鲁番、于阗（今和田）、龟兹（今库车），我循着他们的收藏到处跑，世界各大名城都转了一圈。我的学术是和旅行捆绑在一起的，旅行也是学术，增长了许多见识。

　　我的总题目叫"满世界寻找敦煌"，以敦煌的东西为主，但不限于敦煌，也包括吐鲁番、和田、库车、焉耆出土的东西，都构成了我"满世界寻找敦煌"的话题。

　　谢谢赵丰馆长的邀请，在他的极力鼓动下，我把以前不给人讲的一些故事要倒出来了。感谢中国丝绸博物馆和那些精明强干的馆员，感谢"经纬讲堂"给我这样一个机会。我在丝绸博物馆讲座时还在"新冠"肆虐的疫情期间，感谢一直来听讲的各界朋友。《满世界寻找敦煌》是在中国丝绸博物馆的系列讲演基础上，根据录音整理而成的文稿，感谢博物馆的出色安排和讲稿整理者的细心工作。

应《文史知识》的约请，讲演稿的缩略版从2022年第11期到2023年第8期连载了十期，每期八千字，但每讲的讲稿整理文本有一万五千字左右，我在整理稿的基础上做了加工，每讲仍然有一万五千字左右。又考虑到"满世界寻找敦煌"不能没有"中国篇"，所以在丝绸博物馆的系列讲座结束后，我利用在北大的课堂，补讲了两次我在国内满处寻找的事例，一讲偏重敦煌，一讲偏重吐鲁番，最终完成十二讲。我的学生徐伟喆帮我收集了不少图片并校对文稿，宛盈同学也看了部分稿件和校样，韦润芃同学帮忙整理了最后两讲的记录稿，在此一并致谢。中华书局负责《文史知识》的赵晨昕是挚友赵和平先生的公子，他一直敦促我按期完稿；责任编辑马燕老师也用各种方式鼓励我完成这本小书，她知道不紧盯着，我可能不会花时间完成这本书。这些友情，感激不尽。

荣新江

2024年3月8日

从 莱 顿 出 发

　　1984年9月至1985年7月，我作为北京大学历史学系的交换生，到荷兰莱顿大学汉学院学习十个月，我当时在读硕士研究生二年级。莱顿大学没有敦煌卷子，整个荷兰都没有敦煌卷子，但是荷兰位于西欧中心，到其他国家比较方便。我到荷兰后，一直在做去欧洲各国考察敦煌写本的各种准备。比如我花了很长时间把莱顿大学汉学院（Sinological Institute）、印度学院（Kern Institute）以及大馆东方写本与图书部的所有西文的东方学杂志和专刊都翻了一遍，这一方面是必要的学术训练，另一方面也是我考察的准备工作，我要知道哪些地方收藏着什么东西，有哪些学者发表了敦煌、西域各种语言文字的写本情况。关于我在莱顿的读书生活，2003年曾写过四篇"海外书话"，在《中国典籍与文化》2003年第1—4期连载，特别是前面两篇《欧洲学院的缩影——莱顿大学汉学院》和《神圣的殿堂：莱顿大学图书馆东方写本与图书部》，写得很详细，这里不再重复。我想说，虽然莱顿没有敦煌卷子，但研究敦煌乃至西域各种语言文字材料的图书，可谓应有尽有，这为我的"满世界寻找"工作提供了很好的准备。

　　我在荷兰莱顿大学的导师是汉学院的院长许理和（Erik Zürcher）教授，《佛教征服中国》的作者。欧洲汉学东方学权威刊物《通报》（T'oung Pao）荷兰和法国各出一个主编，他是荷方主编，谢和耐（Jacques Gernet）是法方主编，这两位当年是欧洲汉学界数一数二的人物。我按照欧洲各国收藏敦煌、吐鲁番、和田、库车出土的文物和文献，画了一张地图，交给导师。许理和教授帮我联系的各个收藏单位，几乎没有不同意的，只有芬兰赫尔辛基大学图书馆一家没让我去，其他单位不仅要我去，而且给我很好的招待，这跟我以后自己跑的时候完全不一样。他还帮我联系一些学人，比如通过鲁惟一（Michael Loewe）联系贝利（Harold W. Bailey）教授。

在莱顿，给我提供帮助的另一位不能忘记的先生，就是汉学院图书馆馆长马大任（John Ma）。他是从美国康奈尔大学被许理和请来做馆长的，他对欧美的汉学资源、图书十分熟悉，也和西欧各国汉学图书馆有密切的联系。他不仅告诉我相当多的敦煌写本研究信息，还帮我联系英国、丹麦等国家图书馆东方部或汉学部，介绍我去看敦煌文书。由于荷兰对中文图书实行集中管理制度，所有中文书刊必须寄到莱顿大学汉学院图书馆收藏，荷兰其他各大学、各个公司不能收藏中文的书和杂志，所以汉学院图书馆里的中文杂志副本很多。马大任先生允许我在书库副本架子上随便拿，所以许多发表敦煌研究文章的港台中文杂志，我也有系统的收集。

我还有一个运气的地方，就是当时中国驻荷兰大使馆教育处的主任，是从北大人事处借调去的刘秋云老师。他对我调查敦煌写本的计划给予了大力支持。告诉我出行期间要注意的安全事项，还给中国驻英国、法国、瑞典等国的大使馆教育处写了信，让他们给我提供帮助。他的这些信件，的确给了我极大的方便。

我做的准备工作之一是语言的准备。我的英语跟现在的年轻人不能比，我在"文革"期间读的中小学，根本没有上过一堂英文课，底子差，大学时才开始学公共英语，出国之后发力练英语。荷兰人都能说英语，我和荷兰的学生一起上中国通史课，老师说今天来了一个中国的同学，他只能听懂英语，我们从今天开始荷兰语转成英语上课，马上全部都转了。一般的荷兰大学生德语、法语、英语都懂，我跟他们去看电影，第二天问他们电影是德语、英语还是法语的，他们都记不得，因为他们都会说。荷兰有很多国际组织，国际法院也在海牙。我的指导老师许理和访问北大的时候，他跟季羡林先生说德语，跟周一良先生说英语，跟张芝联先生说话马上切换成法语，他脑子里有好多语言门，随时切换。但是法国人不一样，法国人就喜欢讲法语。因为我出门不喜欢结伴，一人独来独往，所以一定要把语言练好，遇到所有事情，要一个人解决。我之所以第一站选择去英国，也和我至少能说英语有关。

还有一件事是办签证。现在拿着一本"申根协议"的签证就可以到处跑了，那个时候要去每个国家都得有签证，甚至过境也要过境签证，还要交很多签证费。1985年初，我大概花了两个多月的时间，分头去阿姆斯特丹或鹿特丹，到各个使馆去办签证。许理和教授在办签证方面也对我的帮助极大，他当时请收藏单位或相关部门给我发邀请信，说我们这里有一位北大来的visiting professor（访问教授）。我当时的身份是硕士研究生，在莱顿大学的身份是visiting scholar（访问学者），拿的访问学者的经费。许理和让秘书给使馆写信，也说请给这位"教授"（professor）签证。他说教授在欧洲是特等阶级，拿到签证至少要快一个月。记得我到瑞典使馆的时候，签证官说："你是教授吗？"我说："你看我长得像吗？"他说："不太像，不过给你盖印吧。""嘣"一个印，就给我盖了。当时要办这么多国家的签证，先要去阿姆斯特丹、鹿特丹的各国领馆登记，护照还要拿在身上，不放在使馆。等手续办好，使馆打电话或写信通知我，你可以来签证了，我就拿着护照去办理。签证要花钱，只有瑞典使馆不收一分钱。我问为什么不收钱，对方说中国不收瑞典的钱。许理和让负责汉学院的财务官给我出差的费用，所以我的经费还是充裕的。等我回来的时候，财务官说你花超了，不过没关系。

当时我是学生身份，中国的因公护照只有五页纸，扣上我要去的各个国家的印，纸面就不够用了，因为我进荷兰时已经扣了一页。刘秋云老师帮我联系中国驻荷使馆领事处，给我的护照接了几张剪裁成护照页宽的A4纸，但上面没有水纹印，就在接缝上打上了使馆的官印。所以我每次进关、出关时，都对扣印的边检人员说："你不能扣在这白页上，你扣在这个方印上。"就怕多占一页！如果我这个扣满印的护照还在，那一定是敦煌学史的重要档案。可惜当年学生出国必须把户口本放在北京语言学院（今北京语言大学）一个大楼里头，回来拿护照换回户口，所以我的这本护照当时就交上去了。

初访英伦的敦煌渊薮

英国有关敦煌的收藏最为丰富，不论数量，还是质量。在我们研究敦煌的人眼里，第一目标肯定要去英国。

为什么要去英伦

我们知道，英国的收藏跟一位匈牙利裔的英国人斯坦因（Marc Aurel Stein）有关，英国收藏的敦煌材料主要都是他弄回去的。在他之前，英国人已经在新疆地区收集古物，形成了"霍恩雷收集品"（Hoernle Collection），以后又有了"斯坦因收集品"（Stein Collection）。从学术质量上来讲，斯坦因收集品在学术界名气最大。

我们简单看一下斯坦因收集品。斯坦因1907年5月到敦煌，当时只是想看壁画，但他看到了一个敦煌卷子后，就不走了，等着王道士回来，说服他打开了藏经洞（现在编号第17窟）。当时藏经洞约三米见方的小洞里塞满了敦煌卷子和绢画，人进不去，门口只能容纳两个人站着。斯坦因关了第16窟的大门，把位于甬道上的藏经洞里面的东西全搬出来，翻腾一过。

斯坦因是第一个进敦煌藏经洞的学者，带走了五大马车二十九箱的东西，他拿走的宝藏是最丰富的，数量也多，至少比伯希和（Paul Pelliot）的多一倍。

斯坦因拍摄了他刚刚搬出来的敦煌写卷最初的照片（图1-1），这个照片很珍贵，为什么珍贵？今天我们说敦煌残卷、敦煌遗书，好像是一堆残破的、剩余的、丢弃的东西。其实你要去了英国，会发现完全不是这样的概念，英国的写卷完整的最多。因为斯坦因不懂中文，他只挑好的拿，不知道好的其实是一般普通的佛经，《妙法莲华经》拿了两千多卷，所以他拿回去就后悔了。当然他也拿走了大量的绢画和非汉语的文书。斯坦因拿《西游记》唐三藏的故事骗王道士，说玄奘把印度的佛经拿到了中国，我受印度人民之托，要把这佛经拿回去，把王道士给蒙了。另外，王道士只喜欢书法好的东西，对于非佛教的文书、非汉语的写本、非纸本的绢幡，大概兴趣不大，所以大量的这类文物和文献被斯坦因拿走了。为了给探险队筹款，他在中亚考察的每一步都有他提供给《泰晤士报》的追踪报道，但这次他是秘密地把在敦煌攫取的物品运到喀什噶尔的英国领事馆，然后才向外公布这个消息，所以他是偷偷地弄走的。

这张照片告诉我们，原来藏经洞里的东西是一帙一帙包着的，这是正规的图书管理制度。中国古代写本时期的图书，一个包裹里头放写卷十卷，叫一帙。包布的右上角写了"摩诃般若　海"几个字，表示是《摩诃般若波罗蜜经》的第二帙，就是第十一卷到二十卷。"海"是《千字文》编号的"海"字号。原来在书架上用"天地玄黄，宇宙洪荒……"这样《千字文》的内容排号，古

图1-1　敦煌写卷刚刚从藏经洞中拿出来的样子

代小孩从小就背"天地玄黄",告诉他一个号,他马上知道在哪个位置。这可以反映出原来敦煌藏经洞的经卷来自一个图书馆。如果没有斯坦因这张照片,我们就不能够判定。

这种包经的经帙非常漂亮,这是中国丝绸博物馆的专家们工作的对象,赵丰老师的团队做了《敦煌丝绸艺术全集》的英藏卷。正规的图书就是完整的一轴,一轴就是一卷,前面有正题,后边是尾题(图1-2)。照片显示的背题旁的红钢笔水的字是苏州码子,是斯坦因的助手蒋孝琬的笔迹。当时斯坦因想让蒋师爷帮他编目录,后来发现太多了,编不过来,要赶紧抢走,所以放弃了编目。斯坦因在中国考古,只有敦煌藏经洞的东西,他没有给其中任何一件文书编写具体的号,其他地方都编到具体的号。

经帙来回翻容易坏,反面会用纸加固,比如用废弃的公文书粘在反面,我

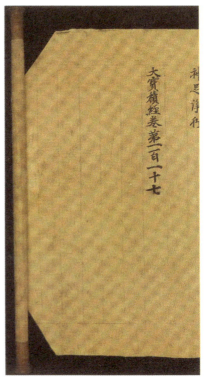

图1-2 正规的敦煌经卷

们可以把反面的纸揭出来，一个经帙有时候可以揭出30张纸来，从中也许会发现一些特别重要的官文书。比如一件唐朝皇帝写的敕书，中间一个大大的"敕"字，后来变成International Dunhuang Project（IDP）的logo。我们之前没见过这样的敕书原本，斯坦因收集品里就有这样的好东西。

告身是给官员发的委任状，一般发现委任状是在墓葬里，这是副本，带到地下，是要告诉地府的官员，此人是什么官职。正本是留在家里领赏的。唐朝有官荫制度，举个例子，二品官遇到皇帝生日，他的儿子、孙子可以得到一个九品官，他就得拿出已故父、祖是二品官的告身。我们过去在吐鲁番墓葬里发现的告身都是抄本，敦煌藏经洞里有真本。告身上面有排印，一个接一个盖在"告骑都尉秦元……天宝十四载"这些字上，叫排印。这些地方不能改写，不能改写的地方都盖印。过去我们从书里知道有告身，也知道怎么授告身，但是没见过告身正本（书法家写的有争议）。敦煌藏经洞一打开，我们才知道。

迄今为止全世界最早的带有年款的印刷品，就是咸通九年《金刚经》。虽然可以考证有比这个更早的，但是成卷的作为书籍形式的印刷品，这是头一份，也被斯坦因拿走了。

除了各种各样的文书，另外一部分是放在英国博物馆（The British Museum）的美术品，比如绢画的瑞像图、文殊普贤像，还有各种拓本。全世界最早的三个拓本，就是在敦煌藏经洞里发现的，其中一部分被斯坦因拿走了，如化度寺碑拓本。还有刺孔，画上打着孔。古代画师在墙上画千佛的时候，不是直接画的，是把这种刺孔贴到墙上，铺一层白粉，粉透过孔，印到墙上，画家在这个基础上勾画。这是研究绘画过程的一个好材料，如果没有这样的材料，我们不知道古代壁画是怎么上墙的。而且这些东西是我们将来要求文物回归时最重要的证据，因为这些东西是不能跟莫高窟壁画脱离的。美国学者胡素馨（Sarah Fraser）在北大跟我读文书里有关绘画的那些记录，然后到英国博物馆去找这些美术品的绘画，各种各样的，有白画，有刺孔，还有绢画。她把这些孔和孔之间的距离量好了，拿着所有数据到敦煌莫高窟去比对，最后找到了壁画上的同样图像，整个绘画过程就出来了。这些东西不能跟原文物脱离，必须跟莫高窟壁画保存在一起，但是被斯坦因拿走了。我们现在做敦煌壁画的这种研究，得跨越千山万水，找到被斯坦因拿走的东西——去测量。尽管今天有清晰的数字化敦煌写本照片，但还是要到现场，因为我们要做的是最精细的研究。

敦煌还发现了中国最早的连环画，上面是图，下面是《观世音经》。莫高窟里有《妙法莲华经·普门品》的故事，九九八十一难，一个人遇到这八十一难的任何一难，念观世音的名号，观世音就会来拯救你。《西游记》里孙悟空遇到事儿一个跟头翻到南海观世音那里，其实概念是从这来的，这就是最早的观音信仰的记录。

敦煌还发现了最早的针灸图。我曾经写过一篇小文，罗列敦煌卷子里的世界第一，可以罗列出非常多的，比如说李约瑟《中国科学技术史》天文学卷列出全世界最早的星图，也出自敦煌。随便拿出一件来，就是吉尼斯世界纪录，像这样的针灸图就是，它记录了全身各种穴位。

现在还不能完全解明，为什么敦煌藏经洞里装了这么多东西？里面有宗教的东西，也有其他世俗的东西。古代的寺庙图书馆其实是中古时期的文化中心。古代的城市，除了皇家图书馆，没有现代的公共图书馆，所谓的公共图书馆在寺庙里，老百姓可以随便进寺庙，看里面的藏书。

以上是斯坦因的敦煌收获。我们举一反三，举一反五，举一反百地去理解他攫取的宝藏。

斯坦因一共有四次中亚探险，他主要走丝绸之路南道。当时英国占据着整个印度，整个塔里木盆地的丝绸之路南道都是英国的势力，北道是沙皇俄国的势力。斯坦因仔细研究了丝路南道的各个城市，他用十年时间精读《大唐西域记》和《马可·波罗游记》。斯坦因对和田地区的古代遗址做了系统的发掘，收获极其丰富。他到和田地区，根据《大唐西域记》来定点，先把于阗都城定在约特干，然后根据书里记载北面多少里有个寺庙，西面多少里有个寺庙，把中国古代的里换算成英里，然后到当地问老乡，你们从哪儿找到古物。老乡说我们在这里挖过，他就挖下去，一挖一个准，一挖一个大庙。

斯坦因也深入沙漠，对一些老乡的挖宝点做进一步的大规模发掘（图1-3）。他在丹丹乌里克揭开了很多寺庙的房间，拿走了大量的绘画品，像木板

图1-3 沙漠中
考察的斯坦因

画，当时立在墙的边上，因为沙子一来，整个就埋住了。其中有一幅是丝绸公
主带蚕种到于阗的故事，旁边有丝绸之神，有个织机。另外，他还在尼雅发掘
到大量的佉卢文木简。他也收集了大量的印章，这些大部分是希腊式的。

斯坦因第一次探险主要在丝绸之路南道，第二次探险去了敦煌、瓜州，第
三次又去了敦煌，还有黑水城、吐鲁番。第三次在1913年至1915年，他知道
辛亥革命以后不容易进来了，所以他能拿的就拿走。他第二次探险时为了跟其
他探险队抢夺楼兰，放弃了米兰。他先在米兰发现了有翼天使的壁画，当时只
揭了一部分，为了和其他探险队争夺楼兰的宝藏，他把米兰发现的壁画埋在一
个地方，就先去楼兰了，后来再派人去米兰取壁画。在这之前，日本大谷探
险队的橘瑞超到了米兰。橘瑞超是个17岁的小伙子，他不会揭壁画，把壁画
给搞碎了。所以斯坦因最恨两个人，一个是橘瑞超，另外一个是德国的勒柯克
（Le Coq）。斯坦因到了吐鲁番，看到勒柯克疯狂地揭吐鲁番的壁画，斯坦因说
为了不让勒柯克再揭，他把剩下的壁画都揭走。当然他没有全揭走，不过也差
不多把好的都给揭走了。然后斯坦因略过了龟兹和焉耆。斯坦因第四次探险是
受哈佛大学雇佣。20世纪30年代北京已经有古物保管委员会，他们抗议南京

的国民政府给斯坦因发护照，最后把斯坦因护照吊销了，赶了出去。斯坦因前三次都有厚厚的考古报告，第一次两大卷，第二次四大卷，第三次五大卷，但第四次没写。

斯坦因的收获，吸引着我们这些研究西域、研究敦煌的人，所以我的第一目标就是奔向伦敦。

奔向伦敦

经过了很长时间的准备，我第一站去了伦敦，因为毕竟学过点英语。1985年4月21日晚上9:25，我从莱顿坐Boat train到英吉利海峡边的荷兰角（Hoek van Holland），登上可乘坐一千多人的"圣尼古拉斯"号（St. Nicholas）邮轮前往英国。尽管我是在海边长大的，但从来没有乘邮轮出过海，英吉利海峡风浪很大，我一下就晕船了。我买的是二等舱，所以赶紧睡了。

第二天6点起床，已经能看见英国海岸。船上大部分是欧共体的人，他们拿着身份证入境很容易，但我听说对东方人入境检查很严。我后来走过几次英吉利海峡，被查过多遍，这一次却非常顺利，海关没有任何麻烦，顺利过关，登上第一班去伦敦的火车。9点多到了利物浦街火车站（Liverpool Street Station），然后转地铁，到城市最西头的Ealing Broadway，转了一次汽车，走了几个街区，想找中国驻英使馆教育处。我到了Drayton Green Road 51号，一看前面是个卖菜的地摊，有个老汉说你走错了，你找的是Drayton Green 51，没有Road。到11点，我终于找到了位于West Ealing的教育处。我有荷兰教育处刘秋云老师的介绍信，教育处说可以住七天，每天3.5镑。这太便宜了，伦敦任何一个地方也找不着这么便宜的住处，我当机立断买了饭票，准备住七天。但是这个地方离英国图书馆（The British Library）太远了，大概要一个多小时的路程。为了赶时间，我放弃在这里吃早饭、中饭，整个白天在英国图书馆抄敦煌文书，图书馆下午5点关门之后我去旅游，晚饭也赶不回去。不过我在这里认识了很多好朋友，收获很大。晚上，几个人睡在一个大通铺上，都是不同地方来的留学生、进修老师，大家在一起聊天。有一个人指点我去剑桥时可以找剑桥学生会主席袁亚湘，说他肯定能给我找住的地方。那个时候的学生都是这样跑的，只要你找到他报出一个名字，他马上帮你忙，甚至管吃住。

4月22日是星期一，我办好入住以后，放下包，洗个澡，换身衣服。我平常是一身学生装，到教授家里和图书馆、博物馆，换成西装革履。我下午2点出发，4点来到了英国图书馆的东方写本与印本部（Department of Oriental Manuscripts and Printed Books）。我还保留着当年英国图书馆东方部的宣传册页（图1-4），封面用的是敦煌印本新样文殊的图，后来我专门写过新样文殊的文章。这是公元10世纪归义军节度使曹元忠时期印制的文殊菩萨像，东方部选了一张品相非常好的作为册页封面。要知道，英国图书馆东方部搜集了从

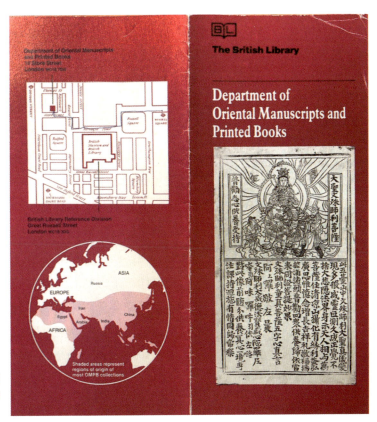

图1-4 英国
图书馆东方部
宣传册页

埃及、小亚细亚、阿拉伯、波斯到中国的各种文献，多得不得了，但是他们采用敦煌的刻本来做醒目的广告，说明敦煌资料的价值和重要性。图的左下角标出的是东方部收藏品涉及的地区，可见范围之广。东方部当时在罗素广场（Russell Square），距英国博物馆很近，走过去大概五分钟。我1991年再去的时候，英国图书馆东方部房租到期了，于是塞进了印度事务部图书馆里。现在印度事务部和东方部合并了，也搬到现在英国图书馆的主楼里。

东方部有两位对我非常好的人，一位是马克乐（B. Mckillop），1975年到1977年曾在北大中文系留学；另一位是吴芳思（Frances Wood）（图1-5），1974年北大历史系的"工农兵留学生"。1973至1975年时中国一度接受了一些海外的留学生，这批留学生都特别热爱中国，他们跟着中国的工农兵大学生一起开门办学。吴芳思有一本书写她留学时与中国同学一起学工、学军、学农的情形，包括跟着解放军练扔手榴弹。我带着北大的导师张广达先生给吴芳思的介绍信，她第一天不在，让马克乐帮我联络。马克乐当时快生小孩了，挺着个大肚子帮我跑各种手续。我下午4点到达，说要看敦煌卷子，她马上让馆员拿出了四个敦煌卷子给我看。5点关门，其实我只看了两个。第二天吴芳思回来了，带我进了地下书库，参观了收藏敦煌卷子的地方，还有收藏甲骨文的柜子，里面的盒子把每片甲骨按照它的痕迹挖了槽镶在里头，保护得非常好。

后面的几天我只要在东方部，她们两个人就上上下下地帮我，比如说我要核对哪本书，她们就去书库里找书；我说这一页能不能复印一下，她们就去复印；最后我实在来不及看完要看的敦煌文书，问能不能拍几张照片。阅览室不能拍，吴芳思说到我办公室来，我就站在她的椅子上，自己拍了几张。还有，我想找翟林奈（Lionel Giles）编的英国图书馆所藏敦煌写本目录，这本书在北京

图1-5 带作者参观书库的吴芳思

只有中国科学院图书馆有一本，连北大都没有。我说能不能在你这找一本，吴芳思顺手在办公室拿了一个副本，扣了一个注销印送给我。这是我在国外收集敦煌学书籍的第一收获。我在荷兰莱顿时已经准备了最想调查的卷号，有了翟林奈的目录，就可以在伦敦不断地调整编号，如果没有目录，不好确定下一步要找的东西。

此后一周，我每天早出晚归。早晨坐地铁，到罗素广场站，买一个面包、一杯咖啡，赶紧吃完之后，就奔英国图书馆的东方部，9:30一定坐在位置上，吴芳思她们就帮我把卷子递出来，我看完一批马上换一批。后来敦煌卷子的阅读由IDP接手，IDP说他们每天要扫描，没有时间去拿卷子。我们一些研究者去到那儿，一天只给看七个。我们现在有很好的照片，去那里只不过是看那几个不清楚的字，这七个十分钟就看完了。一天很贵的旅馆费，结果十分钟全看完了。所以我写了一封信抗议他们，说哪能这样对待中国学者，我署名用正式的带水纹印的有法律效力的纸写给他们。但是我抗议也没有用，现在据说还有限制。其实对专家学者不应当有这种限制，像吴芳思，像马克乐，包括下一讲提到的法国东方部主任郭恩（Monique Cohen）夫人，对我非常开恩，都是没有限制的。

初窥敦煌宝藏

我当时去伦敦有两个主要目的，一个是归义军史，我的硕士论文叫《归义军及其与周边民族的关系》，要把已知的重要文书校录出来；另一个是我跟张广达先生正在做于阗的系列研究，所以有关于阗的文书，我全部要过录到手。我在北京就看过斯坦因敦煌编号的所有缩微胶卷，在莱顿又精选了五十个左右的号。英国藏敦煌卷子的缩微胶卷是1953至1954年日本学者榎一雄在伦敦大学教书时用东洋文库的资金制作的，随后中国科学院用我们北京图书馆藏、《敦煌劫余录》著录的8000多号敦煌卷子的缩微胶卷跟东洋文库交换，刘铭恕先生当时任职中国科学院图书馆，所以就着手编目，就是1962年出版的《敦煌遗书总目索引》里的《斯坦因劫经录》。"文革"后,北京大学王永兴先生、张广达先生开敦煌的课,翻拍了一套胶卷到北大图书馆。我们当时有个敦煌研究室,这套翻拍胶卷就在研究室里,很方便阅读。斯坦因收集品有105卷,我把这105卷过了一两遍。后来台湾新文丰出版公司据这批缩微胶卷印成《敦煌宝藏》,但缩微胶卷或《宝藏》的照片,很多文书看不清楚。我这里举一个S.4654《罗通达邈真赞》的对比图(图1-6a、b),黑白版的来自《敦煌宝藏》,也就是我们当年在国内看到的缩微胶卷图片的样子,彩色版来自IDP,就是我当时能够亲眼见到的原卷样子,我们可以看出两者的巨大差别。

我本子上记的第一件要查阅的是"S.329尾+S.361首?",后边写着"赵和平",就是赵和平和周一良先生在做这件书仪,但他们从缩微胶卷上看不清楚这两个卷子能不能拼接。我出发前接到张广达先生的信,让我来调查。过去的缩微胶卷上看不出裂痕来,《敦煌宝藏》虽然做了一些技术处理,比缩微胶卷要清楚一些,但还是看不清楚裂痕,所以他们怎么也没法解决这个问题。我拿出两个原件往那一放,严丝合缝,证明就是人为撕开的,这种情况非常多。现在的学者有了《英藏敦煌文献》,有了IDP,完全没有我们当年做研究时那种困境。我们为了解决这么小一个问题,要花着旅费,跨越千山万水到伦敦去确定这件事,不确定就不敢说。这是我的第一项任务,是我的老师、我的师兄辈的事儿,我必须放在首位。

凡是写卷上有一点点油污的地方,那些字在缩微胶卷上就是黑疙瘩一块,我们当年是录不出来的,不像现在IDP的照片,都清清楚楚,录文没有任何障碍。比如S.4654《罗通达邈真赞》就是这样的情况。1992年,我去香港,在饶宗颐先生指导下,跟姜伯勤先生和项楚先生合作编了一本《敦煌邈真赞校录并研究》。我们知道,古人去世之后有墓志铭,实际古代在墓边要立一个真堂,"真"就是写真,画一个像,写一个邈真赞,是逝者的赞文。画像和赞往往要烧掉,即使挂在真堂里,过多少年早就没了,真堂也不在了。敦煌卷子里有把邈真赞作为一种文献抄录的文本。这些邈真赞有重要僧人的,有归义军文武官僚的,是非常重要的研究归义军史的史料。过去陈祚龙先生、郑炳林先生对邈真赞做过录文,但不到家。以认字的能力论,项楚先生在敦煌圈里是很棒的,

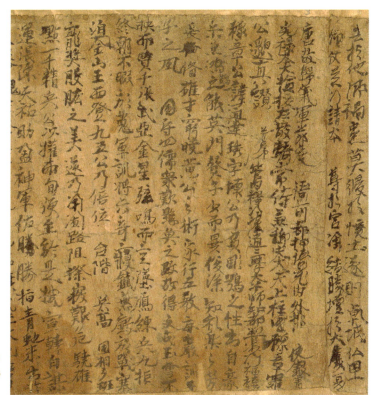

所以饶先生请他把邈真赞整个录了一遍，之后交给我做第二遍工作。项先生录的字，我一个字都不改，因为项先生是当时认字的高手，但是他用的缩微胶卷，有些不清楚。像这篇《罗通达邈真赞》是有油污的文本，项先生本事再高，短短的一篇邈真赞，还是留有大量的空格。1985年我在伦敦把最重要的邈真赞全部抄过，项先生录文留下的空格，我全部填上了。我拿了整理后的录文稿给饶先生看，他颇为惊讶。其实这不是我的本事，是因为我在伦敦看到了原件。所以我们这本邈真赞集在很长时间里是最可靠的。现在有IDP了，这些卷子都能看清楚，最近郑炳林先生把他的《敦煌碑铭赞辑释》做了增订本，又推进一步。敦煌的研究就是这样不断地累积起来的。

再举一个例子。S.389《肃州防戍都状》倒数第三行有个词——通颊，这是一个吐蕃化的部落名字，但过去在传世史籍里没有任何关于通颊的记载。唐长孺先生在缩微胶卷上看不清楚这两个字，1962年发表《关于归义军节度的几种资料跋》时，就打了两个框。当时没有"通颊"这个概念，所以唐先生这么大学问也无从推测，只能画两个框。我提出原件一看，清清楚楚"通颊"两个文字，所有唐先生的框，我都填上了，我的调查结果后来写在硕士论文里。通过敦煌卷子，我们才知道当时河西一带有个通颊部落，这是新知识，所以后来我单独写成一篇《通颊考》，把所有敦煌西域文书里有"通颊"这两个字的，汉文的、藏文的，都找了出来。这篇文章的中文版发在《文史》上，英文版发表在德国的《华裔学志》(*Monumenta Serica*) 上。我当时学了一年半藏文，这篇文章是我最主要的一篇藏学论文，基本上都是直接用藏文。文章通过了严格的国际评审，现在的藏学家还在引这篇文章。关于通颊的研究，我这篇文章基本上做到底了，后来没有发现太多的材料。

我当时调阅的文书还有S.397《五台山行记》、S.515v《敕归义军节度使牒》、S.526《阴氏与和尚书》、S.529《归文牒》、S.1156《上都进奏院状》、S.2589《张胜君状》、S.4276《万人上表》、S.4525《什物帐》、S.5139v《刘少晏状》、S.5448《浑子盈赞》、S.5697《阎使君文书》、S.5981《智严留后记》、S.6064《粮帐》、S.6333《肃州防戍都状》、S.6342《张议潮进表》等等。

我1985年7月5日回国之后，7月25日必须答辩才算1985年的毕业生，如果我推到7月25日以后答辩，就是1986年的毕业生了。当时张先生说你赶紧赶，但我收集的资料还在船上，随身的箱子只带了一些最珍贵的材料，当然我硕士论文的草稿随身带了，"通颊"这些字都在硕士论文里。

我在莱顿做了充分准备，只要前人有录文的全部复印好，到英国图书馆上手就校。我当时校对前人录文或自己动手录的有关归义军的文书，重要的有《上都进奏院状》《张胜君状》《阴氏与和尚书》《归文牒》等等，最前面一件是归义军在长安设立的进奏院上给归义军节度使的状，是研究归义军的最基本史料。这些校录成果都收入到我的《归义军史研究》里了。《归义军史研究》虽然是1996年出版的，但里面的文章大概是从1985年以后陆陆续续发表的。这一系列归义军研究论文的基础，就是1985年欧洲考察的收获，基本上我用的每一件材料，都看了原件。我的论文虽然大多数都给了前人录文的出处，但是我的录文往往在关键点上跟他们不一样，就是因为我看了原件。今天有些研究论文发表敦煌卷子的录文，写出处时直接上来给一个编号，或直接给图版或IDP的出处，但这个录文是他第一个录的吗？不是，是前人辛辛苦苦录的。

我的另一个主要目的是校录有关于阗的敦煌文书。过去我把英、法、中的敦煌卷子的缩微胶卷都翻过一遍，用了很大的功夫检出其中有关于阗的卷号，但很多图片看不清楚。

举一个例子，就是敦煌写本中的《瑞像记》。瑞像记是敦煌莫高窟壁画榜题的抄录，其中包括许多于阗瑞像。我们进到莫高窟，中间有一个龛，龛的顶子上有一个斜的四披，四披上往往画瑞像，特别是231、237窟这些吐蕃统治时期的。瑞像是什么？英文叫famous image，在印度、西域，甚至在中国，最有名的这些像，比如说释迦牟尼降服毒龙图、白衣观世音像，这些像已经形成一个固定模式，不管在哪个地方翻画它，基本模样是一样的。敦煌中晚唐开始流行瑞像，特别到了归义军时期，每一个归义军节度使的头上都是瑞像图，主要是于阗的瑞像，有八大守护神、八大菩萨，还有印度、中国的，另有一些是佛教的史迹画，比如说安世高去南方，跟同学挥手告别时，这样一个固定的图像模式。莫高窟里画像旁的榜题现在大部分看不清了，敦煌卷子里没有画，但是把榜题抄录下来了。1986年我和张广达先生合写了一篇《敦煌"瑞像记"、瑞像图及其反映的于阗》①，就是研究我在英法校录过的四篇瑞像记，英藏的是S.2113v《瑞像记》、S.5659《瑞像记》，到今天瑞像记仍然只有这四篇。我在北京就已经做好准备工作，但是当时在缩微胶卷上看不清楚字，《敦煌宝藏》还好一点，但有些字还是不知道是什么，比如说S.2113v行间有一个"了"一样的符号，很容易和左边的字合看成一个字，但它实际上是一个符号。画家把这一条画完了，就在这一勾，表示画完了。或者原文正文写了一个字，后来发现写错了，就在旁边又写一个正确的字，但并不把错字涂掉，这都是敦煌卷子常见的现象。可是我们从缩微胶卷上看不出原件上的层次，还有纸缝中的字，翻页处的字，看了原件就一目了然。当然我们也用了互校的方法，《瑞像记》有很多记的是同一个像，它有一些抄本，还有莫高窟现存的榜题，我们从谢稚柳、史岩等人的抄录里，找到个别相同的条目。但是瑞像都在很高的顶子上，即使是清楚的，站在底下也看不到，前人的录文很不完善。今天敦煌研究院正在做高清的数字扫描，以后我们录这些文就不必再犯难了，可以在电脑上辨认莫高窟榜题上更多的字。但是这类榜题的基础就是这些写本中的《瑞像记》，特别是它是连续抄写的，可以把敦煌莫高窟画的一些图按顺序排出来。它们跟榜题抄是一致的，可以把中间缺失的那幅画的信息补出来。我有一年带着博士后朱丽双到敦煌，因为敦煌研究院公布了于阗八大守护神在哪些窟里头，而且樊锦诗院长把所有的窟都给我们打开。根据这些号，我们发现所有窟顶的八大守护神全部跟这些《瑞像记》里面记的八大守护神是一致的，没有任何错，于是这些画全部可以考定，这样就解决了一个大问题。其实它后边的八大菩萨，还有其他的瑞像，到今天还没有完全做完。

后来我利用英法调查的有关于阗的卷子，与张先生合作写了一系列文章，特别是1989年发表的《关于敦煌出土于阗文献的年代及其相关问题》②，是这次调查成果的集中展现。敦煌藏经洞出土了一批于阗使臣、于阗太子、于阗公主写的于阗语文献，关于这批于阗语文献的年代，在欧美属于伊朗学的于阗研究圈里，有各种各样的说法，我和张先生一直跟他们打笔仗。后来我想，如果确

① 载《敦煌吐鲁番文献研究论集》第3辑，北京大学出版社，1986年，第69—147页。
② 载《纪念陈寅恪先生诞辰百年学术论文集》，北京大学出版社，1989年，第284—306页。

定了于阗人什么时候在敦煌就可以解决这个问题了，于是我把在英法图书馆调查过的卷子里提到于阗太子、于阗公主、于阗使者、于阗僧人等都找出来，排出一个年表，把所有汉语文书中于阗的史料全部抄上面，这样就可以看出来，于阗使者901年第一次到敦煌，直到994年。我这次在英国图书馆校录的就有S.1366《归义军油面历》、S.2474《入破历》、S.2528《于阗僧龙大德状》、S.3180《大宝国百辰追念文》、S.3728《柴场司判凭》、S.4359v《开于阗》、S.6264《道圆授戒牒》、S.6452帐等，里面都有于阗的使者或僧侣来到敦煌活动的记录。既然于阗人在敦煌活动是10世纪，那么于阗语文献只能在这个时间里，前后不会差太远。这篇文章出了之后，基本上把论战打住了，依据就是对有年代信息的汉文文书的彻底调查。这篇文章把来敦煌的于阗人的所有史料都排列出来，后来俄藏和散藏的增补大概不出十条。我后来在东华大学开的会上写过一篇《绵绫家家总满：谈十世纪敦煌于阗间的丝织品交流》（2011年发表），把反方向的敦煌出使于阗的使者的材料集中了一下。当时从敦煌去于阗出使，基本上都要带点绢，一边出使一边做买卖。此外，我也校录了S.5864至S.5874、S.6964至S.6972于阗出土汉语文书。

这些有关于阗的文章后来都收入两本书，一本是我和张广达先生合著的《于阗史丛考》（上海书店出版社，1993年），另一本是我和朱丽双合著的《于阗与敦煌》（甘肃教育出版社，2013年）。这两本书最基础的工作是1985年在英法的调查成果，文章里不会交代这些材料收集过程，现在很高兴有机会给大家讲一讲。

80年代是我学术的第一个喷发期，为什么能够喷发出来，就和1985年在欧洲"寻找敦煌"直接相关。

我在英国图书馆还有一个收获值得一提。当时我们所看到的英藏敦煌缩微胶卷的编号只到S.6980号，其实S.6980号后还有几千个号，但是负责编目的翟林奈编不动了，他比定不出这些佛典小断片，还有许多世俗文书的内容，所以留在后面待编目，英国图书馆也没有公布缩微胶卷。当时我最想知道S.6981以后的卷子是什么情况，吴芳思给我复印了一个草目（图1-7a、b），很厚的一叠，从S.6981到S.10000多号，上面已经比定了好多佛典，用汉语拼音把这个是什

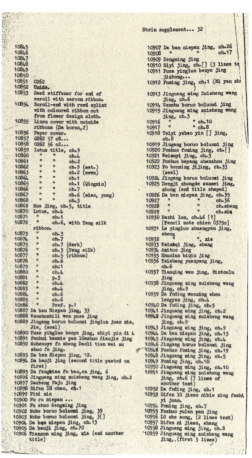

图 1-7a 英藏6981号后草目1　　　　　　　图 1-7b 英藏6981号后草目2

么经，写在编号后边，吴芳思她们做了很多无名英雄的工作。她把这个草目复印给我，并说最好能够找到一笔钱，让我1987年来半年，把这个目录编一下，后来这个计划没有实现。

　　我晚上回去赶紧在这个草目里找跟我有关的材料，找到一个小细条，S.11446号，是《东宫诸府职员令》残片。这是一个重要的材料，过去唐史学界在英、法找到好几个号，拼成了一个《东宫诸府职员令》，就是皇太子的东宫里各级职员是几品官，负责执掌是什么。唐朝的法律文书分律、令、格、式，律是刑法典，令是国家对各项制度所做出的具体规定，格是补充律的，式是各项行政法规。留存到现在的是律——《唐律疏议》，如果"令"存下来，很多唐史问题不用搞，很清楚，就看是怎么规定执行的。跟"令"的配套有"式"，"式"是具体的规定。如唐朝尚书省有个水部，沙州的水闸斗门，哪个先开，哪个后开，在尚书省水部有规定，这是从伯希和收集品里发现的《水部式》中知道的。但是现在完整的只存了"律"，"令"和"式"丢了，所以在敦煌卷子里找到这么两行字也是欣喜若狂。我写了一篇《欧洲所藏西域出土汉文写本调查随记》，发在《中国史研究动态》1986年第10期，这是一个简单的调查随记，比较正式的调查报告发在《敦煌学辑刊》1986年第1期。《随记》中报告了这一重要发现。后来日本学者土肥义和先生、冈野诚先生也在英国图书馆发现这个断片，他们做了更完善的《东宫诸府职员令》的整体复原本，这个断片也收纳进去了。当然他们没有看到我的文章，今天讲学术史，要把我自己当年的调查成果在这里表彰一下。

我当时也拿到了个别的 S.6981 以后的重要文献的照片，如 S.9213《孝经郑氏解》（图 1-8），是郑玄注的《孝经》。这是清朝儒生没有见过的，这里居然存有两个残片。这些照片不是我在吴芳思办公室拍的，而是向英国图书馆正式申

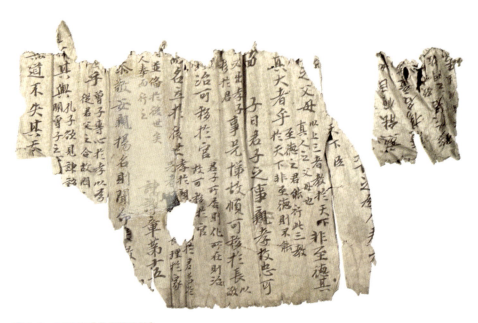

图 1-8　S.9213《孝经郑氏解》

请的，他们拍好后寄到莱顿，大概有一二十张这样的照片。

讲了这么多学术的东西，也得让大家轻松一下。我当年还是个25岁的小伙子，还是有玩心的，所以我得空儿，特别是下午5点从图书馆出来，天还没黑的时候赶紧去玩儿。第一当然要去看白金汉宫的换岗，我当时照了不下十张换岗照片，觉得戴着这么大一个帽子多热。我还去了大本钟、西敏寺、圣保罗大教堂、伦敦桥。在伦敦堡，有一个老汉穿着古代服装一路讲各种宫廷故事，最后走到一个小教堂里，他说旅游到此结束。我一回头傻眼了，他的两个同事帽子一摘，拿着这么高的大帽子往门口一站，不扔钱你是出不去的。一般扔20便士就可以了，可是我当时没有换零钱，全身最小面值的是一个5英镑，5英镑对我来说要在伦敦住一天多，不扔的话出不去，所以我只好痛苦地往里扔了5英镑，只见老汉一鞠躬说："ありがとうございます！"（日语：非常感谢）他以为这么有钱的一定是个日本人。

印度事务部图书馆和英国博物馆的收获

我去的另一个地方是印度事务部图书馆（India Office Library），就在滑铁卢桥旁边。4月25日我到印度事务部图书馆时，首先找滑铁卢桥，到跟前发现跟《魂断蓝桥》电影里长得不一样。我问一个老汉，他说原来的桥被美国人一块砖一块砖地搬到一个庄园去了，蓝桥早就没了。

印度事务部图书馆原来属于英国外交部，进馆要搜身。这个馆原是东印度公司的图书馆，它资助了斯坦因的探险，分得了一些与印度有关的藏品，比如婆罗谜文、于阗文、藏文、梵文、佉卢文的文献，敦煌资料主要是大部分藏文、于阗文的在这边。我现在还保留着1985年印度事务部图书馆的宣传册页（图1-9）。

印度事务部图书馆的管理员叫奥凯菲（Michael O'Keefe），对我也非常好。我当时还没学藏文，主要看有汉文的资料。我事先写好要看的号，吴芳思电话里告诉了奥凯菲，我去之后，他已经把我要看的文书全部摊在桌子上，所

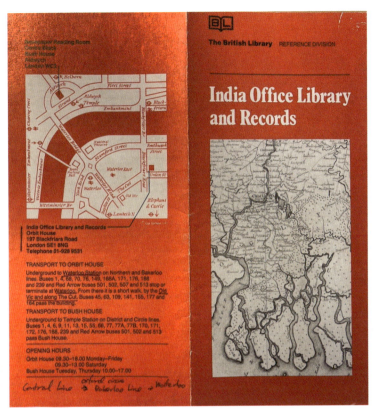

图1-9 印度事务部图书馆宣传册页

以我看得非常快。最主要的就是一件有关汉地僧人去印度求法的文书（Ch.83.xi），后来我给《季羡林教授八十华诞纪念论文集》写了《敦煌文献所见晚唐五代宋初的中印文化交往》[①]，就是这次调查的结果。现在《英藏敦煌文献》的照片仍然模糊，IDP上可以看得很清楚。另外，我还调阅了Ch.I.0021a / C.107，Ch.85.ix（107）/ C.108杂写、习字类，Ch.I.0021a（bis）/ C.109张金山文书，以及Ch.0047 / C.111，Vol.72，fol.72 / C.112，Ch.0049 / C.122，Vol.72，fol.72 / C.133等。

学术工作的下一站是英国博物馆。我们叫熟了"大英博物馆"，其实它英文名The British Museum里没有"大英"，应该就叫"英国博物馆"；"大英图书馆"也是一样，应当叫"英国图书馆"。现在为了跟别的国家图书馆叫法对应，

---

① 《季羡林教授八十华诞纪念论文集》，江西人民出版社，1991年，第955—968页。

图 1-10a　Ch.00144b 书信 1

翻译时加一个"国家"，叫"英国国家博物馆""英国国家图书馆"，其实它们的英文名里没有"国家"这个词。原来的英国图书馆在英国博物馆里面，敦煌收集品全部在英国博物馆里。1973年英国图书馆独立出来，敦煌文书跟着英国图书馆搬家，绢纸绘画属于美术品，仍然放在英国博物馆。绢纸绘画上也有文献材料。我作为历史学者，最重要的是搜集文献材料。我要调查缩微胶卷里没有的三件敦煌文书，这三件文书背面有画，留在了英国博物馆。

4月26日我去英国博物馆访问，吴芳思事先介绍，管理员龙安妮（Anne Farrer）热情接待我。她带我进了一个电梯，下到不知道第几层，一开门就是库房门。收藏敦煌绢画的库房里，有墙这么高的一个一个大木板子，上面镶了绢纸绘画，不是完全固定，抽出一个板子，板子两边就是大幅绢画，释迦说法图，文殊、普贤的大幅绢画都在板子上。这个库房一般人不让进的，安妮把板子一个一个拉出来，给我过了一遍，还让我拍了一些照片，然后再到楼上。

在英国博物馆，我不能自己动手，安妮戴着手套，我想看什么，她给我展开，我在那抄，她在那看着我抄。我抄的主要有三件文书，一件是Ch.00144b（Stein painting 76），现在命名为《甲戌年沙州丈人邓定子妻邓庆连致肃州僧李保佑状》（图1-10a、b），是一封信，两边有纸画，是壁画的草稿图，我们叫敦煌白画。写信的人利用空白的地方写了一封书信。背面整个是一张画，可以看

　　　　　　　　　　　　　　　　　　　　　满世界寻找敦煌

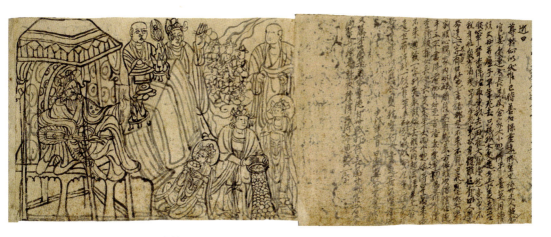

图1-10b　Ch.00144b书信2

出画的是文殊问疾图，是个草稿。古代的书信写好要卷起来粘合，叶边上写上谁致谁。我2000年去日本参加大阪大学的敦煌读书会，当时一个年轻学者发表对这件书信的研究，森安孝夫教授作为他的老师在那里坐镇。他没有注意到我的《海外敦煌吐鲁番文献知见录》的注释里有据原件的录文，比他据图版的录文要好。他又考这封信是谁致谁的，我提示他文书背面应当写着这些内容。后来有日本朋友戏称这是我和森安教授的一次斗法。我看过原件，所以跟这些国际敦煌学者对话的时候，底气非常足。因此我不认同IDP限制专家看原件的做法，假如我研究纸张，必须摸纸多厚，用仪器测量原件厚度，不然怎么研究纸张。研究纸张正背面的关系也需要看原件，现在IDP最麻烦的是正背图版不对应。比如《邓庆连致肃州僧李保佑状》到底是谁致谁的问题，如果拿到原件，一翻看就知道正背文字的关系。还有，古代著书有一种方法，正面写正文，背后写注。只从背面看，注是跳跃不连贯的。和正面一比对，是对应的。敦煌卷子里有很多这样的注，但IDP为了节省空间，把这些没字的地方删掉了。我们用IDP看这种文献，就很难对应，要么对错了地方。如果看原件，这个问题非常容易解决。

第二件Ch.00207（Stein painting 77）更重要，是《乾德四年（966）归义军节度使曹元忠夫妇修莫高窟北大像功德记》。北大像就是今天莫高窟九层楼里的大佛像。这个文书是966年曹元忠夫妇出资雇人修北大像的一个功德记。它抄在一张丝绸之路行旅图的背面，我们常常看到的丝绸之路行旅图，多是胡人牵马图、胡人牵驼图，这里却是汉人牵马图、汉人牵驼图，证明中国古代的商人也是往外走的，这是非常少见的。这幅画的背面就是我抄的这件文书，后来的《英藏敦煌文献》里有比较清楚的图，但原来的缩微胶卷里没有，它的最好录文仍然在《海外敦煌吐鲁番文献知见录》的脚注里。

第三件 Stein painting 208a、b是一个佛经目录，它背后也是画，因为有画，所以把它留在了英国博物馆。

这三件文书都是缩微胶卷里没有的，我录入《海外敦煌吐鲁番文献知见录》英国博物馆一节的注释里。

剑桥拜访贝利教授

最后说一下我的剑桥之行。在教育处，有个朋友给了我剑桥中国留学生会主席袁亚湘的门牌号，54 Trumpington Street，告诉我你到剑桥找袁亚湘，他肯定给你找住处。1985年4月29日星期一中午12:40，我到达剑桥，找到袁亚湘住址的大门，摁门铃没人，我就去各个学院溜达，看了牛顿的雕像（图1-11）和那棵苹果树。过一会儿我又去摁下门铃，一直到傍晚的时候，终于碰到一个学生也来找袁亚湘，于是他带我到数学系，找到袁亚湘。袁亚湘给剑桥的中国留学生打了一圈电话，那天没人出去玩，也就没地方住，于是他就发给我一睡袋，说你委屈一下，在我这睡。他准备了些睡袋，为的是接待各路

图1-11　作者在牛顿塑像前

来的留学生。我想反正就待两天，就凑合一下在睡袋里睡了。现在我在网上搜了一下袁亚湘，77级的大学生，当年从中科院计算中心到这里来读博士学位，现在是中科院的院士、数学家，很了不起的人物。剑桥有五十多个中国留学生，基本是77—79级的大学生，他们跟我有很多共同语言，请我吃饭，还带我看了一场电影《飘》。我在剑桥饭也有人管了，住也有人管了，都是靠的袁亚湘，因此对他一直心存感念。

图1–12　贝利教授

　　剑桥的贝利教授是研究于阗语首屈一指的大家，全世界第一号人物（图1-12）。我去剑桥的唯一目的就是拜见贝利，什么其他目的都没有，只要见到这个人就满足了。我在荷兰的导师许理和教授研究中国佛教史，他在剑桥最好的朋友是东方学系的鲁惟一教授，就是《剑桥中国史》秦汉部分的主编。我对鲁惟一的学术也比较熟悉，他与莱顿大学汉学院前院长何四维（A. F. P. Hulsewé）合著的《汉代中国的中亚》(*China in Central Asia: The Early Stage, 125 B.C. – A.D. 23*)一直在我的书桌上。许理和给他写了封信，说有一个中国学生要去剑桥找贝利，请他帮忙联络一下。鲁惟一就约了贝利，电话告诉我第二天在他所在学院的克莱尔堂（Clare Hall）见面。第二天我就像古书里的年轻人一样，提前四十分钟就在克莱尔堂门外等着他们。鲁惟一说他12点下课，大概还差十分钟的时候，远处走过来一位高大的人物，一米九的样子。我在《伦敦大学亚非学院学报》上看到过贝利的半身照片，知道这就是贝利。他那时已经退休了，八十多岁，穿着一条快磨破的牛仔裤。贝利原来是梵文教授，1938年发誓要做于阗语，于是改行做伊朗语了，开始在全世界范围寻找于阗语的卷子，把每一件于阗文文献转写成拉丁文字，然后拟翻译成英语，再出一本字典，一本语法书，最终完成全部于阗语的事业。1975年因为他对学术的卓越贡献，被女王授予爵士（Sir）头衔，地位非常高，是英国皇家亚洲学会常年的会长。

我心目中不得了的顶天立地的人物，忽然走到我面前，让我激动不已，我赶紧上去寒暄几句。然后鲁惟一也来了，我们三个人进了餐厅。按照剑桥的规矩，餐厅里老师在台上吃饭，学生都在台下。我们三个人一进去，所有老师都站立起来，不管是在吃饭还是在等饭的，都站起来迎接贝利，所以贝利在学界的地位不得了。我就坐在老师们吃饭的长条桌的最顶头，鲁惟一和贝利在我的两边，这顿饭吃得非常光荣，可惜当时没有手机记录下来。吃完饭鲁惟一走了，贝利带我去了他家（图1-13）。他家住在郊外，二层的小楼，我当时以为是个图书馆，其实就是他的家。贝利一辈子没结婚，全部奉献给学术事业。他后来把所有藏书捐给剑桥大学，用他的宅第设立了一个独立的印度伊朗研究所（The Ancient India and Iran Trust），附设的图书馆以他的藏书为基础，现在由辛维廉（Nicholas Sims-Williams）管理，有一个基金会支持这项事业。

贝利非常善谈，精神很好，一下午不停地谈他的研究工作，询问我一些中国出土文物的情况，还前前后后为我找书。他有两个助手，Dr. Y. van Lohuizow 和 Mr. Peter Khorocte，都是荷兰人，见了我也很亲切。我的第一篇学术文章是和张广达先生合撰的《关于唐末宋初于阗国的国号、年号及其王家世系问

图1-13　作者与贝利（左一）合影（1985年）

图1-14a 贝利赠书

图1-14b 贝利赠送的抽印本

题》①，因为张先生的名望，被翻译成法语。所以我当时就是拿着这篇法语文章抽印本，还有一篇中文文章送给他，而我出来的时候带了两大提包的书。贝利送了我很多书，特别是两卷本的*Opera Minora: Articles on Iranian Studies*，是1981年他在伊朗设拉子出版的论文集，外面没有卖的，贝利手里也没有几本，他当时给了我，我太感激他了。他还给了我*Khotanese Texts* I-III的合订本，还有*Saka Documents*，是于阗语一张一张的图录。他有四个大台子，排着他的抽印本，一共有七十多种。他说你随便拿，我不管内容是否有关，就一种抽一本，拿了七十多本（图1-14a、b），最后提了两大袋，从他家走到袁亚湘那里，累得喘不过气来。我回到北京，跟季羡林先生汇报，说拿到了七十多个抽印本，季先生对我说：怎么不拿两份！

---

① 载《敦煌吐鲁番文献研究论集》第1辑，中华书局，1982年，第179—209页。

二

初窥巴黎的敦煌石室佚书

上一讲说的是伦敦，这一讲带大家去巴黎转转。伦敦回来之后，我开始了欧洲大陆之行。欧洲大陆寻找敦煌的旅行，第一站当然去巴黎。

何谓"敦煌石室佚书"

我用"初窥巴黎的敦煌石室佚书"这样的名字，是有缘故的，这是袭用自罗振玉最早刊布伯希和敦煌所获文献的两本书的名字：《敦煌石室遗书》和《鸣沙石室佚书》。

法国的敦煌收藏是伯希和探险队的收集品。在当时的西方列强里，法国的动作比较晚，势力比较小。当时有一个中亚与远东历史、考古、语言、民俗考察国际协会，总部在圣彼得堡，由沙皇俄国控制，各国有分会，实际各自为政。新疆塔里木盆地南边是英国人的势力，北面是沙皇俄国的势力，法国人没有插足之地。法国人发现各国纷纷派出探险队之后，也派了一支探险队，伯希和当队长，一个摄影师，一个测量员，共三个人。当时的探险队人都很少，斯坦因探险队也就三个人，斯坦因为主，两个测绘员是印度考古测绘局的，纯粹是帮手，用当时欧洲先进的测绘技术来测量地图。斯坦因搭建的每个帐篷在他的地图上都有经纬度坐标，现在用Google可以找到斯坦因原来帐篷所在的地方。

1907年，伯希和探险队三人从欧亚大陆坐火车到奥什，翻过帕米尔高原，到喀什噶尔，俄国驻喀什噶尔的总领事馆接待他们。伯希和走的是丝绸之路北道，他先调查了喀什三仙洞，悬崖上的三个石窟。伯希和用荡秋千的方法从山顶荡进洞里，里面是空的，没有什么收获。他就去了巴楚，发掘了图木舒克地区的脱古孜萨来佛寺。这个寺汉语叫九间房，是一个九间大房子的佛寺，挖开之后都是佛像。这些脱古孜萨来寺的雕像非常漂亮，伯希和当时没有都取走，取不走的回填到原地。伯希和当时站在小山包上拍了照片，我去过这地方两三次，地形和照片上没有变化，佛寺中大的房子还有两三米高。20世纪50年代中国考古工作者挖过一次，后来没有再挖过。伯希和在脱古孜萨来佛寺发掘的菩萨非常漂亮。有一年有人在法国拍圆明园兽首，要上千万。我在香港《明报》上发表了一篇小文章，说不如去法国弄回一个佛像。伯希和自己记载得清清楚楚，他没花一分钱拿走了，我们打官司要容易一些。

伯希和的第二站是库车，他看了克孜尔千佛洞和库木吐喇石窟，觉得德国探险队已经做了，就选择了渭干河西岸的一个大佛寺遗址，叫都勒都尔·阿护尔（Douldour-âqour），这是当时的老乡给伯希和念的名字。20世纪80年代我们在新疆问老乡这个名字，没有人知道，因为现在叫夏克吐尔了，河对岸叫阿克吐尔。吐尔是指烽火台那样的土包，吐尔底下肯定有遗迹。伯希和认为都勒都尔·阿护尔是《大唐西域记》记载的阿奢理贰伽蓝，龟兹第二大佛庙。这里出土了很多佛教造像，一批梵文佛典、吐火罗文B（即龟兹文）寺院账目文书、二百余件汉文佛典和文书残片。这二百多件汉文也是我去巴黎要看的对象，它们比较碎，比较小，跟敦煌的没法比。

再下一步，伯希和到了乌鲁木齐休整，遇到了清朝官员载澜。伯希和与载澜之前在北京相识，义和团运动时，正在法国使馆的伯希和曾与义和团厮杀，并和载澜谈判过。两人在乌鲁木齐重逢，原来的仇人变成了朋友。伯希和休整后原本打算去吐鲁番，吐鲁番虽然挖的人多，但遗址也多，只要往下挖就有东西。吐鲁番降水少，所有的东西都保存在地下。伯希和在载澜手里看到一卷敦煌写经，判断这是8世纪的古代抄本，于是放弃吐鲁番，直奔敦煌。

莫高窟的洞窟大概有三层，当时有木制栈道，很多地方不好上去，很危险，我们现在还能看到一张 1908 年伯希和刚到莫高窟时在木制栈道上的照片（图 2-1）。现在我们看到钢筋水泥的栈道是 1962 年加固的。伯希和在敦煌待了一个月，把藏经洞中数万卷文书、绢纸绘画全部翻一遍，工作量惊人。他还给莫高窟编了号，带着摄影师拍摄了大量的壁画和塑像照片，抄录了洞窟中的题记。他绘制了莫高窟的洞窟分布图，每个窟用科学方法编号。1920—1924 年，他出版了六大本敦煌壁画的图录，比其他国家都早。过去研究敦煌画，比如松本荣一写《敦煌画研究》，不是到敦煌看画，他主要用伯希和的照片和伯希和、斯坦因拿的绢画，把敦煌画的整体结构给构建出来的。现在敦煌研究院学者的主要工作是把经变画做细了，其基础还是伯希和做的。伯希和对每个洞窟都做了详细的快速的记录，详细到一个连环的经变画，第一幅在哪，第二幅在哪，都在上头标了数字。伯希和笔记现在已经出版，也有中译本，但没附原稿本图片。伯希和的语言能力非常强，他一路走一路学，经过波斯学波斯文，经过塔里木盆地学维吾尔文，这笔记上有回鹘文，还有藏文，都是他摹写的。伯希和是一个天才，在很长时间里被西方推为"汉学之父"。

伯希和在敦煌最关键的工作是挑文书。伯希和会汉语，几下就说服王道士，让他进藏经洞自己挑东西了。之前斯坦因告诫王道士，不许把他来藏经洞的事说出去，王道士没告诉伯希和。伯希和不知道斯坦因来过，他还说洞里有点乱，以为东西是僧人逃跑时废弃扔在这儿了，实际上一年前斯坦因把这翻了一遍。伯希和是第二个进藏经洞的学人，他选文书有三条原则，第一是佛教大藏经未收的佛教文献，也就是藏外的佛典，但他不是完全清楚哪些佛典是藏内，哪些是藏外的，很后悔没有带一本《开元释教录》；第二是选带年款的，要有年代；第三选非汉语的。因此他所得敦煌写本学术价值较高。后来北京官员拿了藏经洞文书，现在国家图书馆的收藏中于阗文只有一纸七行，粟特文一件都没有，就知道伯希和挑选文书有多么厉害。他最后悔的是没拿走摩尼教残经，这件没头没尾，看上去像佛经，其实是一个上千年的摩尼教的根本经典。

伯希和留下了一张他在藏经洞里挑选文书的照片（图 2-2），可以看到那些他没有翻的，还是一个包一个包的经帙。伯希和收集品在学术界被评价得非

图2-1　伯希和在
莫高窟木制栈道上

图2-2　伯希和在
藏经洞里挑选文书

常高，但是我做藏经洞整体构成的研究，觉得他把这一个佛藏给毁掉了，因为他要抽选，就把结构打散了。而且按照欧洲的收藏制度，经帙是美术品，放在博物馆里，里面包的经是文献，放在图书馆里，原来一起的东西放到了两个地方，没法复原了。法国有个著名的研究远亚的杂志出过一个"纪念藏经洞发现100周年"的纪念专号，收了我一篇文章《敦煌藏经洞的封闭及其原因》英译本。我在文章里说伯希和把这个佛藏给毁了，法国人编辑的时候很不喜欢这话，就说伯希和没有带《开元释教录》，当时不知道这是一个藏。法国人很维护他们的学术领袖。

我来介绍几件伯希和拿走的东西。

第一号叫《南海寄归内法传》，是完整的一卷，这是唐朝人或者五代人抄的，比现在所有刻本都早的本子。《大唐西域记》，伯希和拿了两三件。这是早期的抄本，离成书不是特别远，非常有校勘价值。

《文选》在唐朝是很重要的书，科举考试要用。当时科举考试的学生在寺庙里复习功课，比如一件在长安弘济寺写的《文选》，而且《文选》后边还有一句藏文，藏文是什么字？就是"文选"这两个字的拼音。这个卷子汉人读，到吐蕃统治敦煌时期，藏人也在读。这样的文书是一个活的文物，表明不断有人读。现在有了新的书籍史的概念，敦煌文献被重新赋予了书籍史价值，这就是一件，它抄得不是很整齐，这不是正规图书馆的藏书，一般就是僧人或者学子用的书。

《珠英学士集》是收录武则天周围的珠英学士诗歌作品的集子。文献里有记载这些珠英学士，但是这部诗集早就丢了，伯希和在敦煌拿到了《珠英学士集》。吴其昱先生经过仔细研究，发现这是非常重要的资料。如果研究唐朝前期的宫廷文人集团，《珠英学士集》和《景龙文馆记》这类文人集团的文献是最重要的资料。如果没有《珠英学士集》，我们就没法具体分析都有哪些诗。敦煌《珠英学士集》有两个抄本，一个伯希和拿走了，一个斯坦因拿走了。此外还有白居易的诗集，后来证明这个卷子不全是白居易的诗集，后边还有李季兰的诗。

《书仪镜》是写信范本，有吉仪和凶仪两部分，比如有《父母亡告兄姐书》，一个弟弟在家，父母如果去世了，他怎么给哥哥姐姐写信。《父母亡告弟妹书》，如果哥哥在家，给弟弟妹妹怎么写信。跟现在的《出国大全》一样，怎么给外国导师写信，就是这类作用。官僚文人看不起这种书，他们大笔一挥就是一篇文章，这些书是给下层民众准备的，所以在中原大多没有传下来，但是在敦煌保留着。伯希和很有眼力，他就拿这些东西。

伯希和也拿了一些画，绢纸绘画。有一幅画得非常好的变文纸本画，它的一面写着敦煌变文的唱词，一面画了降魔变的六个故事，即舍利弗和劳度叉斗法的六个场面，敦煌有好多这种劳度叉斗圣变。这种画是僧人讲故事用的，有画的一面对着观众，反面写着词。僧人讲故事的时候怕忘词，词写在反面，他讲的时候可以偷偷看词。我们现在看到刻本印的，图就是图，文就是文，其实两面的文和图是对应的。这种东西如果不是亲眼实见，哪有这么生动。

还有大量的非佛教、非汉语的文献，比如一个藏汉对照的词汇表。僧人翻经的时候遇到难解词，他就做成对照表，跟我们现在的对译表一样。还有回鹘文的祈愿文、朱墨兼写的回鹘文的摩尼教文书。有于阗文的支出账，写得有点草，是个账目。还有写得非常规范的粟特文的禅宗典籍。粟特人原是琐罗亚斯德教徒，后来皈依了汉地的佛教，不仅把《金刚经》《维摩经》这种普通佛经翻译成粟特语，也把汉地流行的禅宗典籍翻译出来。这是很难得的胡语禅宗史料，但是比较难比定，至今没有学者比定出到底是禅宗的哪部经，当然禅宗的经典很多失传了。此外，值得关注的还有突厥化的粟特语的账目，是毛织物入破历，这种账记得比较草，比较乱。

1908年伯希和探险队把敦煌西域的收集品送出中国后，他本人先去越南河内的法国远东学院述职，然后1909年又奉命往北京，代法国国家图书馆购买线装古籍。他拣选了一些他认为最有价值的敦煌文献和文书带在身边进行研究，不成想在北京走漏消息，罗振玉等中国士大夫纷纷来找他，要求抄录这些敦煌资料。伯希和倾其所携，供他们抄录，于是罗振玉很快编成《敦煌石室遗书》，发表抄录的经史子集四部书的成果，其中还收入蒋斧的《沙州文录》、曹元忠的《沙州石室文字记》，主要抄录非典籍类文书。以后伯希和为感激中国学者"以德报怨"，陆续又把一些敦煌写本照片寄给罗振玉。罗氏从1913年

图2-3 《鸣沙石室佚书》

伯希和寄来的照片里选了23件，编成《鸣沙石室佚书》（图2-3），将这些写本影印出来，其中包括《隶古定尚书》《春秋穀梁传解释》《论语郑注》《春秋后语》《晋纪》《阃外春秋》《水部式》《诸道山河地名要略》《贞元十道录》《沙州图经》《西州图经》《太公家教》《星占》《阴阳书》《修文殿御览》《兔园策府》《唐人选唐诗》等四部要籍，都是清朝士大夫感兴趣的。当时是辛亥革命后，罗振玉跑到日本，这本书就是他在京都的书库宸翰楼影印的，只印了一百部送给朋友。这一百部很快就没了，后来不断有人找他要这书，于是1928年他让儿子摹抄一遍，以应所求。

这个摹本每篇文书的字基本上跟原卷的字一样，但是有漏抄，我在开始做敦煌研究的时候，就被带到沟里了。这本书里有一篇《张延绶别传》（现在编号 P.2568），传主是归义军节度使张淮深的儿子。作者题名处，摹本只有"张"字（图2-4a），我以为这是原卷模样，所以在习作《敦煌卷子札记四则》中①，把摹本当作原本，没有重视看过原件的王重民先生所说此卷"亦为〔张〕球所撰"的提示，以为"从原卷照片却找不到'球'或'俅'字的痕迹"。事实上，原件上清清楚楚有"俅"字（图2-4b），可能是这里有油污，字又小，罗氏摹本干脆给省略掉了。我的文章发表后，左景权先生给我写信，说你弄错了，原件上清清楚楚有作者名字，你看的是个摹抄本。这下我才明白过来。我举这个例子是想告诉大家，我过去掉进过这样的陷阱，所以我一定要到巴黎，把这些看不清楚的文字落到实处。

---

① 载《敦煌吐鲁番文献研究论集》第2辑，北京大学出版社，1983年，631—673页。

满世界寻找敦煌

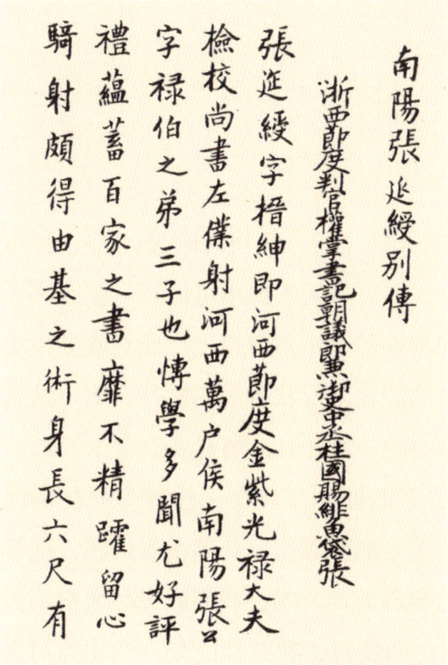

南陽張延綬別傳

浙西節度判官權掌書記朝議郎兼御史中丞柱國賜緋魚袋張

張延綬字搢紳即河西節度金紫光禄大夫

檢校尚書左僕射河西萬户侯南陽張公

字禄伯之弟三子也博學多聞尤好評

禮蘊蓄百家之書靡不精躍留心

騎射頗得由基之術身長六尺有

图2-4a 《张延绶别传》罗氏摹本

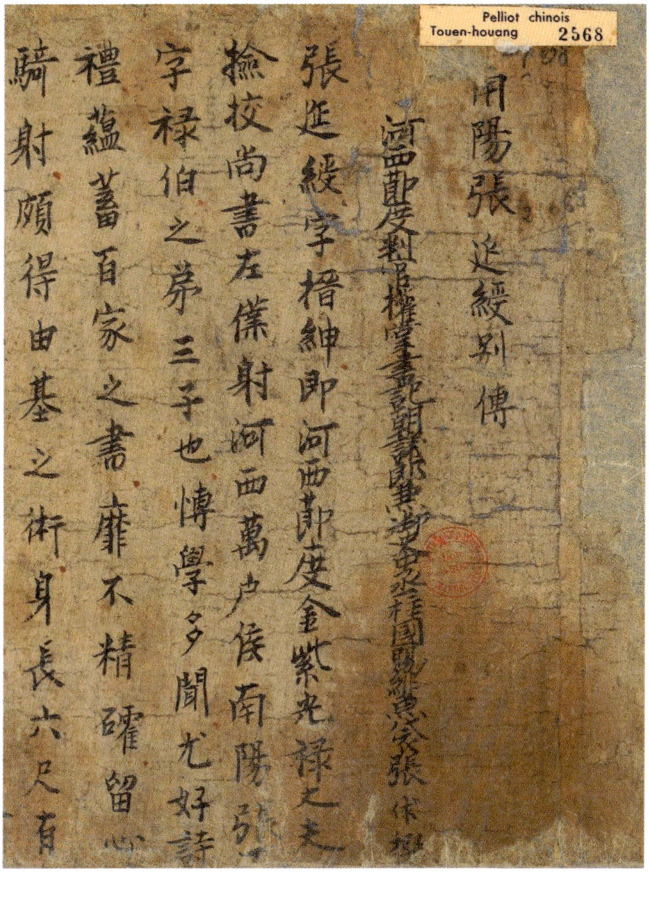

南陽張延綬別傳

河西節度判官權掌書記朝議郎兼御史中丞柱國賜緋魚袋張俅撰

張延綬字搢紳即河西節度金紫光禄大夫

檢校尚書左僕射河西萬户侯南陽張公

字禄伯之弟三子也博學多聞尤好詩

禮蘊蓄百家之書靡不精躍留心

騎射頗得由基之術身長六尺有

图2-4b P.2568《张延绶别传》原卷（IDP图）

与张颂南"对开"

伦敦回来之后，我很快就开始了欧洲大陆之行。我当时刚过25岁，还可以买欧洲学生票，就是叫interview interior，二百多元人民币可以买一张欧洲铁路联营票，一个月之内，任何时间、任何车次的火车都可以上。而且欧洲坐火车的人少，基本不用买座，上来就有座。欧洲大陆寻找敦煌的旅行，第一站当然去巴黎。之所以马上去巴黎，这与张颂南的"对开"计划有关。

什么叫"对开"？我给大家讲一讲这事的原委。我在伦敦教育处住的时候，认识一位从巴黎来的中央美术学院的老师叫张颂南。张颂南告诉我，他想去阿姆斯特丹博物馆看画，我说我想去巴黎看敦煌文书，我们就说好大概十天之后的某一天，我们"对开"，他开往阿姆斯特丹，我开往巴黎，互相为对方解决住处。我在中国驻荷兰领事馆春节聚会时认识三个在阿姆斯特丹做生意的中国人，他们好像是机械工业部派来的。他们仨在阿姆斯特丹租个大房子做生意，打牌三缺一，他们说你们有朋友来，就推荐到我们这儿，管吃管住，但是晚上得跟我们打牌。我就向张老师推荐了这个地方，给了他门牌号，让他去找这三位老兄。张颂南让我住他在巴黎的宿舍，给我画了他所住楼房的地图（图2-5），说好把钥匙放在信箱里。当时没有手机，没有E-mail，也来不及写信，我就在约定的那天，5月6日星期一，一早赶到海牙，转乘7:42的车前往法国，火车晚点，下午1:30到巴黎北站，按照他给的地图找到他的宿舍，记得是一座学生公寓模样的楼。我进去之后，在编号是他的信箱里拿到他留在那里的钥匙，开了他的门，把他宿舍当作我在巴黎的旅馆。

这就是我和张颂南"对开"的友谊。这也是我们当年留学在外的人之间的信任感。

最近我为了讲座在网上搜了一下张颂南先生。他是画家，1978年考取中央美术学院油画系研究生班，1980年毕业留校，1981年成为中国美术家学会会员，1984至1985年被派到法国巴黎美术学院进修，就是当年徐悲鸿读过的学校。张颂南是董希文的大徒弟。董希文曾经跟常书鸿去敦煌画画，后来画了

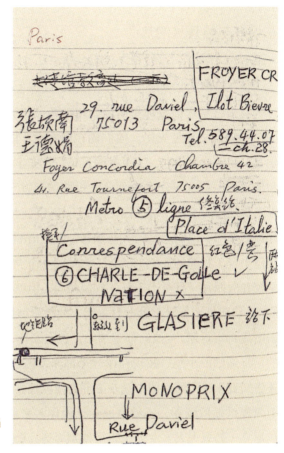

图2-5 张颂南画
的地图

《开国大典》。张颂南是董希文在"文革"后带的第一拨学生，后来也成为了不起的大画家。我在网上看到一幅张颂南在法国进修时画的油画，画的是他的母亲，背景来自《韩熙载夜宴图》，中西合璧，很有创意。张颂南回国后，1985至1987年任中央美术学院院长助理、壁画系副教授，1988年移居加拿大。但是他经常在国内办画展，前几年他70岁时回国办了一个画展，本来可以通过他的朋友、我现在的同事朱青生联系到他，可惜我一直没有清理过自己在巴黎的记录，所以错过和他见面的机会。

左景权与吴其昱的热心

我在巴黎的张颂南宿舍稍作停留，随即去拜访左景权先生。

我去巴黎之前跟那里研究敦煌的两位华裔先生联络过，一位是左景权先生，一位是吴其昱先生。他们俩在戴密微（P. Demiéville）的邀请下，与法国学者一起做敦煌研究，主要是编目录。左先生曾到北京大学讲学半年，所以我和他更熟一些；吴先生也到北大短期访问过。我现在还保留着他们两位在我去巴黎之前的来信，对法国国家图书馆开门时间、找他们的地址路线等，都有详细的说明。他们老辈的人非常好，但是信不加标点，跟敦煌卷子一样。吴先生信中说（我加的标点）："新江学兄……你于四月来法访问，至为欢迎。此间学校春假四月一日至十三日，放假两周，但巴黎图书馆仍开放（七、八两日例假），从四月十五日至廿七日关闭。如欲看敦煌写本，需避免该馆闭馆期，请斟酌后再定行期。"他们都很细心，怎么安排，都告诉你，关怀备至。左景权的信是细细的小字，我现在读起来都非常困难，他信里不仅告诉我放假日期，还告知近年法国国家图书馆东方部为使敦煌卷子不继续受损，对外界读者原则上只提供缩微胶卷，不给看原卷，说你若来此，我可以陪你去见东方部主任莫尼克·郭恩夫人。左先生想得特别周到，已经想到怎么样打通关系让我看原件。信里更加详细地告诉我，到了巴黎怎么乘地铁，怎么找到他的房子，还画了一张他家的位置图（图2-6）。巴黎的街道是以广场为中心放射状的，从一个中心伸出去八条街道。我从地铁上来之后，一看眼前八条街，完全蒙了。凑近一看，街牌号是拉丁文数字。一般来说 I 是1，V 是5，X 是10，这还认识，IV 是4，IX 是9也知道，但50、100怎么写，是不常见到的。L 是50，C 是100，D 是500，M 是1000。街道号一过50，我就傻了，最后不知道怎么摸到了左先生家，他家在五楼。左先生晚上请我吃饭，好像见到了多年未见的老朋友。他原来是到法国做司马迁和希罗多德的对比研究，写过一本很厚的书，后来受戴密微邀请做敦煌研究。他的国学底子非常好，但是脾气怪，谨小慎微。北大邀请他，希望他把卡片带到北大，北大给他抄一遍打印出来。他没答应，说如果

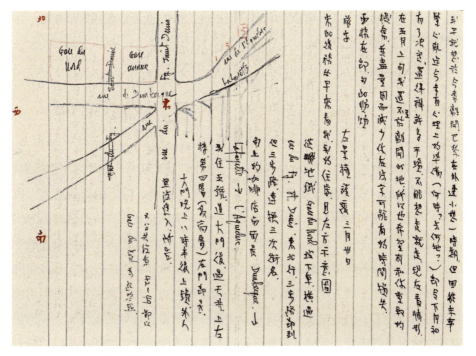

图2-6　左景权先生的信和地图

卡片坐飞机掉下去怎么办？卡片如果掉下去，那人也没了。他就是这样一位老先生。他跟我聊天不让我走，我晚上11点才回去。左先生帮了我非常大的忙，他第二天带我去见了郭恩夫人。郭恩夫人说，荣先生你是学者，可以看原件，我们一天限十件，你看完十件，我让馆员再换十件，看十件就换十件。由此我在法图的效率非常高，比一般读者效率高得多。

　　我也去过吴其昱先生家，他家住在9 rue Robespierre，属于Ivry区，稍远一些。吴先生家的藏书不得了，从犹太一直到中国，我特别想看的书应有尽有，而且他编了一个吴其昱藏书目录，一览无遗。吴先生做学问涉猎很广，一会儿做敦煌希伯来语文书，一会儿做敦煌《景教三威蒙度赞》，和叙利亚文本比较，还有道教《本际经》、唐人《珠英学士集》、法成的传记，什么都做，这就是老辈先生的做法，就是四部都摸一摸，语言学的、文学的、历史的，都做过研究。他过世之后，北大国际汉学家研修基地的汉学图书馆特别想把他的书买过来，但因为这几年疫情运输非常麻烦，得把他的书的目录整理好给海关看，才能够过关，到现在还没办成。

438小组的"鸿门宴"

我还要感激施舟人（Kristofer Schipper）先生，我们从舟人这个名字就知道，他是学道教的，在台湾当过道士，对道教里头门儿清。因为他是荷兰人，所以我的导师许理和介绍我先去拜见施舟人，他在法国地位很高，是法国高等实验学院第四部的主任，而且是道教研究组的组长。我当时不太了解施舟人的学问，只看过他写敦煌道阶制度的一篇文章。敦煌道阶制度过去没有人好好研究过，只有当过道士的人才能弄清楚哪个法师是哪个级，他把敦煌卷子里的道阶制度给搞清楚了，但是他更大的贡献是做西方整个道教计划的主持人，法国研究道教有很强的传统。后来许理和退了荷兰莱顿大学汉学院院长的职位，施舟人接替许理和当了汉学院院长。荷兰的学生跟我开玩笑说："我们原来是佛教徒，许理和研究佛教征服中国史的，现在变成道教徒了，跟着施老师读道教。"

施舟人帮我联系拜访法国科学研究中心敦煌研究小组（438小组）的事宜，他还怕我跟他们沟通有问题，专门请了一位图书馆的中文馆员王太太（罗钟皖）当翻译，实际上438小组成员有的会说英语，有的会说中文。438小组负责法藏敦煌写本编目工作，同时做敦煌学研究。组长叫苏远鸣（Michel Soymié），组员有左景权（Dzo Ching-chuan）、戴仁（Jean-Pierre Drège）、艾丽白（D. Eliasberg）、梅弘理（Paul Magnin）、童丕（Éric Trombert）、茅甘（C. Morgan）、苏玉霞（Marie-Pascale Monnier）、吴其昱（Wu Chi-yu）、施耐德（R. Schneider）等。我去拜访的那天，左景权、吴其昱没在。聊到一半的时候，进来了索安（Anna Seidel），她是非常了不起的一位研究道教的女老师，常年在日本，帮过很多年轻的汉学家。

苏远鸣先生也是研究道教的，访问过北大，我听过他的讲演。戴仁后来成了法国敦煌组的组长，他做书籍考古学，研究写本的物质性，比如写本的纸张年代、纸张的颜色、纸张的各种栏格，还有册页装等各种装帧形式。他研究的东西现在非常重要，走在今天书籍史研究的前面。法国人编目做得非常仔细，把纸的帘文都做过记录，非常了不起。戴仁对我非常好，带我去吉美博物馆（Musée Guimet），他当时算比较年轻的，后来跟我也是交往最多的，他现在已经退休了。戴仁在1997年时曾请我去法国高等实验学院讲学三个月，给我另一次"寻找敦煌"的机会。

我此前是摸过敦煌小组底细的，谁做什么研究大致清楚。苏远鸣先生到北大访问的时候，张广达先生指导我写过《法国科研中心敦煌研究组的研究工作》，并正式发表在《中国史研究动态》上，这是我第一篇正式发表的学术文字。我的第一篇学术文章则是我和张广达先生合写的《关于唐末宋初于阗国的国号、年号及其王家世系问题》，这篇研究于阗的文章用的是敦煌文献。敦煌当时跟于阗联姻，至少联过三次姻，我们把敦煌节度使的年代考证清楚了，敦煌节度使的闺女嫁到于阗，儿子娶于阗公主，对应地就可以把于阗国王的年代世系排出来。张广达先生1981年去过巴黎，和法国敦煌组有很多联系。敦煌组看着张先生的面子，把张先生和我合写的这篇文章翻译成了法语，发表在苏远鸣主编的《敦煌研究论集》第三集上。1984年我的第一篇文章就翻译成了法语发表，是非常幸运的。这篇法语文章的抽印本，成了我1984至1985年在欧洲闯天下的一块敲门砖。人家一看这小子发过一篇文章，还是法语的，对我刮目相看。实际上我没有科班学过法语，自己买了几本法文课本、法文语法书，突击学了一个月法语，还翻译了一篇简单的文章。

我把初次拜访法国敦煌组之行叫"鸿门宴"。为什么叫鸿门宴呢？那天一落座，三句话没完，缩微胶卷机器放出了一张照片，苏远鸣先生考问我，这是什么？我一看，是一张毗沙门天王像（图 2-7），左侧写着"王上卿天王一心供养"，底下有三行于阗文字，写的是与供养人的中文题记相关的内容。毗沙门天王是于阗的守护神，我是研究于阗的，所以他们问我。我看到这张图很高兴，因为我此前读过关于这张画的文章，在一本法国出版的伊朗学杂志上，是于阗文专家恩默瑞克（R. E. Emmerick）和牛津的汉学家杜德桥（G. Dudbridge）

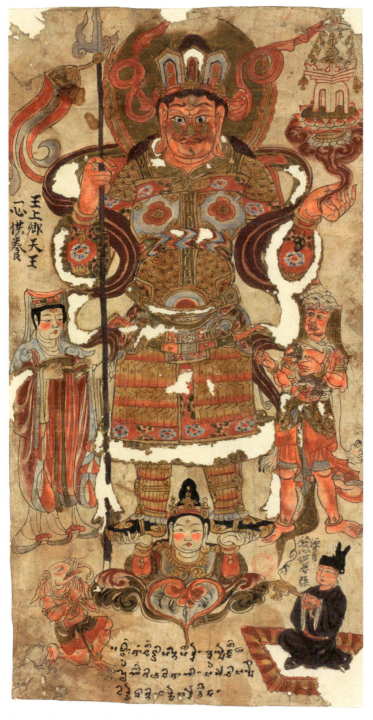

图 2-7 P.4518-27 毗沙门天王像

合写的一篇很短的札记①。敦煌组编目的人不做于阗研究，不知道底下三行于阗文该怎么写。我就告诉他们恩默瑞克和杜德桥的文章，说明这里是什么内容，回莱顿后马上复印了文章，给他们寄过去。敦煌组后来在10月7日给我回了信，那时我已经回国了，敦煌组专门写了一封信，感谢我给他们寄了恩默瑞克、杜德桥二人文章的复印件，帮了他们编目的忙。回国后我跟导师张广达先生讲这件事，他戏称这是一场"鸿门宴"。

当时苏远鸣先生见没把我给考倒，很是高兴，向我全部开放了他们的资料室，所有东西我可以随便复印。我能印的尽量印，尤其是不少日本学者送给他们的抽印本，在外面很难找，比如池田温在《三藏》杂志上连载的敦煌写本识语的抽印本，后来1987年我写《吐鲁番的历史与文化》时，很多高昌郡写经题记都是根据这里看到的抽印本。日本学者把我的文章翻译成日语的时候，问这些写经题记根据是什么，我说根据池田温在《三藏》上写的一篇小文章。日本人一般都找不到，除非作者给对方抽印本，才能找到这种文章。那时候池田温的《中国古代写本识语集录》还没有出版，我引用的一批写经题记都是从抽印本里翻到的。还有布目潮沨、大野仁关于敦煌天宝地志的论文，是未正式发表的一个研究报告书，就是对敦煌市博物馆存的《天宝十道录》的一个研究。还有邓健吾《敦煌莫高窟第220窟试论》，220窟有于阗瑞像，我对它很有兴趣，搜集了有关220窟的研究文献。还有小野胜年写的《敦煌的释迦瑞像图》，牧田谛亮的《智严的巡礼圣迹故留后记小考》，这跟我后边写中印之间的文化交往的文章有关。这些在438小组找到的研究论文，帮了我很多忙，都是支撑我后来若干年敦煌、于阗甚至中外关系史研究的材料。

438小组最重要的工作是编敦煌卷子的目录（图2-8），第一卷在1970年就出版了，是谢和耐、吴其昱两人主编，但是用了左景权的底稿。后来左先生不干了，说你们用我的底稿为什么不署我的名。左先生说你们要出，我告你们去，大概就有这样的原因，到现在第二卷没有正式出版，但是在IDP和Gallica网站的彩色图片旁边有法文的解题目录，应该就是来自左先生所编目录

---

① "Pelliot tibétain 0821", *Studia Iranica*, VII.2, 1978, pp.283-285.

图2-8 《法藏敦煌汉文写本目录》

的底稿。第三卷开始，由敦煌研究小组苏远鸣先生主编，500号一卷，编了第三卷、第四卷、第五卷。2001年最后出版王薇（Françoise Wang-Toutain）编的第六卷，专收藏文文库中的汉文写本目录，第六卷比前几卷要薄得多。

法国敦煌写本的目录是迄今所有敦煌目录里最详细的，内容的考定、编制的方式都是一绝，但是一直没有翻译成中文，中国的敦煌学界几乎不太理会这个目录。我最近主持一个项目，重新给法藏敦煌文献定名，拟由上海古籍出版社出版彩版的图录。我在使用法国目录时觉得他们相当了不起，即使是1970年出的第一卷，现在也很有参考价值。除了标题之外，底下的注记，比如说跟哪个卷子号连接，是哪一个僧人写的，卷子上没有，他们也做过考证，非常有价值。我非常希望中国研究敦煌的年轻学者将来把它翻译出来。我1985年去438小组的时候，法国敦煌写本目录第三卷已经出了，但是苏远鸣先生可能手头没有，也可能太贵，他没给我，而是给了我一本《敦煌的写本与绘画》，是敦煌研究院的段文杰、施萍婷先生去跟他们合开的一个会议的论文集。所以我只好去书店买了一本法国敦煌写本目录第三卷，而且还很运气地买到了第一卷，据法国国家图书馆书店的店员说，只有三本库存了。

法国国家图书馆的收获

下面说说我在法国国家图书馆的收获。左景权先生帮我联系郭恩夫人，敲开了法国国家图书馆东方部的大门。郭恩夫人是傲视群雄的人，她对我非常好。还有一位在北京出生的魏普贤（Hélène Vetch）女士，对我也多有关照。我在法国国家图书馆东方部的时间比在英国图书馆要少，因为晚上要赶回住的地方。前面几天在张颂南处借住时还好，多晚回去都行。五天后张颂南回了巴黎，我就只好去住巴黎使馆教育处。教育处的房子收费高，管得严，和国内作息时间一样，我在下班时间前必须回来，行动非常不方便。尽管如此，我的收获并不少。

法国国家图书馆东方部的阅览室，大概有四五条长桌子，有一个极老的电梯，里头大概只能装两个人，像铁笼子一样。左先生坐电梯，我走楼梯，我比他还快，你想那个电梯有多慢。一层是阅览室，再上一层是线装书架，这些线装书就是伯希和买回去的。1909年伯希和把敦煌卷子送走之后，回到河内的远东学院述完职，又到北京给法国国家图书馆买了这些线装书。这些书的目录在《通报》上发表过，我有记录，我在等工作人员把敦煌卷子拿出来的时候，就拿一本《通报》，按照目录去找线装书，看那些在北大没看过的，或者有兴趣的书。

法国国家图书馆东方部外面是个花园，为了节省时间，我就在一个长凳上吃午饭，买个汉堡包什么的对付一下，图书馆一开门，就冲进去看书。我当时画过一个草图，标识哪儿是登记处，中间是办证的地方，那边是东方部，这边有一个咖啡馆，我吃中饭或者买汉堡包的地方。

在法国国家图书馆查敦煌卷子有个麻烦，它按语言分开收藏，有伯希和汉文文库、伯希和藏文文库、伯希和粟特文库、伯希和回鹘文库。有的卷子一面是汉文，另一面是藏文，王重民编目的时候在汉文文库中，后来拉露（Marcelle Lalou）小姐编藏文目录，看到汉文写本中有藏文，就移到藏文文库中去，另外给一个藏文号。她从1939年出了第一册《法国国立图书馆藏敦煌藏文写本文献目录》，到1962年出版第三册，其中有的卷子括注了汉文卷子编号，但大部分没有。有些号在王重民目录中有，但缩微胶卷里没有了。我过去不知道往哪去找，到了东方部阅览室，发现有一个馆藏敦煌文书卷号对照表放在桌子上，提示哪个汉文号跟哪个藏文号是对应的，这样我就知道了哪些号要到藏文文库去找。但是这个对照表不完备，我复印了一份，自己又做了补充，列了一个新的表放在《海外敦煌吐鲁番文献知见录》法国那一章后边，相信对很多人是有用的。我特别要找移到粟特语文库的个别文书，所以也把粟特语和汉语文书的对照列入表中。

因为伯希和收集的敦煌写本有关历史研究的资料非常丰富，而且很长时间没有全面公布，所以多少年来我对巴黎的敦煌宝藏心向往之，有些文书的缩微胶卷看不清楚，恨不得一步跨到巴黎去核对。我们北大老师讲课举过这样的例子：唐朝的户籍文书，正面写一户人家有多少人，有多少地，要交多少税，背面的纸缝会写一行标题，如"敦煌县悬泉乡　天宝六载籍"，并盖上敦煌县的印。纸缝写标题是为了不让正面的文字被人剪裁，以免有人造假，减去几个男丁，就少了很多税收。当某年的户籍废弃之后，敦煌的僧人会拿去废物利用，因为户籍这类官文书用的纸都特别好，背面可以用来抄佛经，大部分敦煌世俗文书都是因为这种情况而留下来的。僧人抄佛经抄到户籍背面这行字的时候，就拿剪刀顺着字边上一剪，再一粘，把官印和有地点、年代的字粘在纸的下面。本来我们只要看到背面的字，就知道这是唐天宝六载沙州敦煌县悬泉乡户籍，但是僧人这一剪一粘，我们从缩微胶卷上就看不到了。而能够到巴黎看原件的日本学者，拿文书对着灯光一照，字就出来了。如果有人写了考证文章，考证对了还好，年代考错了，就惨了。缩微胶卷上的陷阱非常多，我们做敦煌的人非常害怕这种情况。

我在巴黎国家图书馆抄校的写本，和伦敦一样，主要是归义军和于阗的材料。下面给大家举几个例子。

P.3633《辛未年（911）沙州百姓上回鹘天可汗状》是研究归义军史最核心的史料，甘州回鹘打到敦煌的金山国，金山国投降，沙州百姓一万人上回鹘天可汗状，它的背面是《龙泉神剑歌》。我们当时看到的缩微胶卷是很模糊的，乱七八糟，还有涂抹。王重民先生抄过这一件，应该是很可靠的，但是他抄的时候略掉很多东西，没有注释说明为什么少这些，比如有些地方图片上有个黑疙瘩，是删掉的，还是改字，我们都不知道。现在的IDP就和我当时肉眼看到的原件的效果一样，和缩微胶卷一对比，反差非常大。这次一看到原件就很清楚了，如果没有看过原件，总在那猜想可能是什么。

还有 P.4065《曹元深上朝廷表文稿本》（图 2-9a、b），我们在缩微胶卷上

图2-9a　P.4065曹元深上朝廷表文稿本（缩微胶卷）

图2-9b　P.4065曹元深上朝廷表文稿本（IDP图）

看到的文书一片黑，断断续续露出一些字，到巴黎一看原件，字都出来了。这是曹家第三代归义军节度使给朝廷上表文的底稿，是最重要的归义军节度使文件。我研究归义军，遇到这样的文书，既绕不过去，又录不出来，你说这归义军史怎么写？所以过去做归义军史，如果没有读原件的机会，无法通盘地做通史性研究，只能做个案研究，一旦有了看原件的机会，就可以做一部整体的归义军史。

P.3518v（3）《张保山邈真赞》，因为背面是粟特文，它被移到了粟特文库。这是研究曹议金打甘州回鹘、归义军和甘州回鹘的地位彻底转变的关键史料。但是我起先找不到这件，缩微胶卷汉文部分没有，后来在粟特文库里找到了。

还有，我考证归义军时期都僧统的在位年代，P.3553《钢惠等牒》是关键的材料，我后来在1989年得以发表《关于沙州归义军都僧统年代的几个问题》。

1996年我出版的《归义军史研究》，用到的基本上是1985年伦敦、巴黎之行获得的材料，后来我又补进一些1991年在S.6981号之后的卷子里发现的材料。我把伦敦、巴黎最重要的归义军史料过了一遍，才敢写出《归义军史研究》，从张氏归义军到曹氏归义军，做了系统的讨论，是第一本系统的归义军政治史研究。

除了上述两个方面的材料外，我还想调查用淡朱笔抄写的一些重要文书，其中之一就是《李君莫高窟佛龛碑》。这座碑原来立在莫高窟332窟前室南侧，后来被白俄军队打断，上半截佚失了，下半截收在敦煌研究院的库房里，我进去看过。我们北大有艺风堂和柳风堂藏拓片，非常了不起，其中竟然有李君碑上半截的拓片。宿白先生对北大图书馆藏书是非常熟悉的，他找到这个拓本，写了《"武周圣历李君莫高窟佛龛碑"合校》。我们知道P.2551v有这方碑的抄本，是淡朱笔抄的，敦煌卷子抄文是不分行的，不知道原碑的形式，有了上半截的拓片，再加上写本录文，基本就能把碑复原了。当时我们北大有个敦煌研究室，北大图书馆支持当时的敦煌事业，专门给我们一个阅览室，大概八九平米，从图书馆库里调了五百多种书，那些斯坦因、伯希和的考古报告都在屋里。我当时是学习委员，拿着屋的钥匙。老先生们来看敦煌卷子的缩微胶卷，都是告诉我一个号，我在缩微阅读器上摇到这个号的位置，给他们准备着。有一天宿先生来看 P.2551v《李君莫高窟佛龛碑》的缩微胶卷，一看就说："不对吧，怎么一个字都没有！"这淡红色笔迹在原来的缩微胶卷上，真的一个字都没有。拍照片的时候没有换滤光镜，拍不出来。后来再拍英藏敦煌文献，遇到红色笔迹，我就告诉摄影师要换什么镜头，缩微胶卷就可以显现出一些字迹。陈祚龙先生抄过这个文献，发表在台湾的一个小杂志上，大陆的学者一般看不到。宿先生看不见，就让他的学生晁华山去巴黎的时候抄了一遍《李君莫高窟佛龛碑》，晁华山不是研究敦煌卷子的，他抄的本子毕竟隔了一层。如果不是到巴黎看原件，是完全无法和原碑对校的，所以我到巴黎必看这个，一定要给它抄下来，这次我用陈祚龙的录文做底子校录了一份。

还有一些判集。判集是判案的，遇到一件事儿，长官怎么判。唐朝官员铨选有身、言、书、判四个标准。身，外形长相要过得去；言，说话谈吐要行；书，写字要好，写字不行也不能当官；判，根据唐代的律令格式判各种官司。唐朝人编了一些判集，给官员判案做参考。判集里的判词有实际的例子，可以举一反三。比如发兵晚走了两天怎么判？根据唐律笞、杖、徒、流、死五种刑罚，是判打几板子，还是流放，或是处死。过去我们有一些判文资料，比如白居易的集子里收录了他写的判文，但是一般的判集很少流传下来，敦煌发现了这种判集。比如《西州都督府判集》，里面都是实际的事儿，具体到瓜沙这样的地方。古代没有标点，但是有句读，还有一些涂改。像这样的文书在北大的敦煌胶卷上好多是看不清楚的，特别是红笔改正的字，我们看不出来，很可能录了一个废弃的字。

另外一个是中外关系史的材料，如 P.3931《普化大师巡礼五台山行记》。1991年我给《季羡林教授八十华诞纪念论文集》写《敦煌文献所见晚唐五代宋初的中印文化交往》里录了这篇。它是一个较长的文献，是五代时一个印度和尚到五台山去旅行的记录，非常难得，在传世文献里完全没有。

还有我此前说的邈真赞，邈真赞最重要的是 P.3726+P.4660+P.4986 可以缀合的三个卷子，主体是 P.4660。我在帮饶先生编《邈真赞校录》的时候，其实这些东西我在巴黎全校过，研究过它的抄写系统。像这个是把邈真赞集中抄在一起。这个卷子在缩微胶卷上看不清楚纸缝在哪，到巴黎一看纸缝很清楚，在我的录文上都画清楚了。这是很多张纸抄完之后粘起来的，是古书拼接的一种方法，它应该从后往前粘。这个邈真赞长卷中一些单篇的赞文有年代，从吐蕃统治时期一直到归义军的龙纪年间，最后一个年号，却在卷子的最前面，所有年号都是倒着的。我当时不能决定哪个纸是哪个赞，看到原件后把一张张纸全部拆划出纸缝，重新倒过来，再叠放一遍，整个的年代顺序全部顺过来了。而且，没有年代的，根据两边的年代也有了大致的年代。我在《敦煌邈真赞校录并研究》里写了一篇敦煌邈真赞的年代考，我没有单独写成文章发表，就放在书里头。那篇文章实际是一个书籍史研究的特别好的例子，写本的书是怎么形成的，有错乱的时候，错乱是怎么个错法。

当然一有缓口气的功夫，我还是要去玩的。我看过《巴黎圣母院》，所以第一奔向巴黎圣母院。还有埃菲尔铁塔、凯旋门、香榭丽舍大街等。我也去过卢浮宫，但是枫丹白露这些远一点的地方没去，没有时间往外跑。卢浮宫跟敦煌有关，伯希和拿的敦煌绢画原来放在卢浮宫，后来法国政府把吉美博物馆作为国家博物馆的东方部，敦煌绢画挪到了吉美博物馆。敦煌绢画有两种编号，一个是卢浮宫的编号，一个是吉美博物馆的编号。当年大的绢画基本都在展厅里，我得以浏览一遍。

拜访学人和购买图书

我去巴黎主要有两个目的，一个是调查敦煌文献，一个是收集现代的研究成果，后者就是要拜访学人和购买图书。所以，我此行还去拜访了一些研究学者，主要是与敦煌学相关的汉学家以及研究胡语的学者。除了上面提到的那些人外，我到巴黎还拜访了哈密顿（James Hamilton）教授。哈密顿是美籍法国人，住在巴黎自家的老房子里，吴其昱先生给了我一个地址，我就勇敢地冲过去找他。他是跟张广达先生和我打笔仗的其中一人，就是有关于阗文书年代的争论。

敦煌的于阗语文书有一大批是于阗使者的报告，这些使者为了护送于阗王子去中原王朝，需要打前站，在沿路探明哪儿有回鹘人，哪儿有粟特人，哪儿有吐蕃部落，他们和于阗、敦煌的关系如何，然后写成文书向于阗朝廷报告。这些报告是我研究归义军及其周边民族最重要的材料，但是这些报告在于阗文献里是最难读的。翻译于阗文的佛经，有对应的其他语言的佛典可以参考，翻译世俗文书，没有直接的参考材料，都不知道说的是什么。解读有关沙州的文献，还可以拿同时代的敦煌卷子比对，讲到甘州、凉州，甚至灵州，常常不知道使者在讲什么，有很深的语言隔阂。遇到这些东西，就需要有学者找出其他语种文献中对应的词进行研究。比如说从中文文献里找到所有"龙家"这个词，就可以解读于阗文中与龙家相关的内容。哈密顿是一位突厥学家、回鹘学家，他就把这些东西找出来、镶进去。他学过汉学，后来不会说汉语了，他把《五代史》的《回鹘传》译成了法语，在1955年出版了一本书。我和张广达先生认为敦煌于阗文卷子是不同年代的，他认为都是一批使者写的，是护送一个王子的不同使者打的各种报告。

在西方，学术争论归争论，朋友是朋友，我去了，他对我非常好。那天他府上还有一位蒙元史学者，汉名叫罗依果（Igor de Rachewiltz），是个意大利人，在澳大利亚国立大学当教授。后来罗依果派了一个学生到北京跟我学归义军史，这都有渊源的。我在哈密顿家里碰见罗依果，那时候我还没有做马可·波罗研究，其实他是研究马可·波罗的大家，而且是《蒙古秘史》英译者。我们三个人聊了一阵子，现在想不起聊了些什么，但没有聊到马可·波罗。

哈密顿送了我一些抽印本，没有贝利那么多，有十篇左右。他们这些学者家里专门有个地方放抽印本，来一个朋友，就拿一批给你。其中有他写的研究九姓乌古斯与十姓回鹘关系的抽印本[1]，这些抽印本对我非常有用。当时的复印费很贵，我一般都是抄，我在莱顿用打字机把有用的段落抄出来，做了几百张卡片运回国，后来输入到电脑里，卡片就不要了。我书架没空间的时候，扔掉了很多重要东西，只留了若干张抄的卡片作纪念。回国后我按人物或者主题，把抽印本装在不同的口袋里。我有很多口袋，研究通颊，就从通颊的口袋里找

---

[1] "Toquz-Oguz et On-Uygur", *Journal Asiatique* 250, 1962, pp.23-63.

资料；研究甘州回鹘，就抽甘州回鹘的口袋。一个口袋里一堆材料，再加一加材料就可以写一篇文章。1986年，哈密顿把英、法两国所有回鹘文的世俗文书翻译成法文，书里有转写、有翻译、有注释（图2-10）。他是研究敦煌回鹘文文书的第一人。

　　我还在巴黎的书店买了一些书，最主要的收获在梅松纳夫书店（Adrien Maisonneuve）。这是个老书店，我每次到巴黎都会去。我之前在莱顿时就联系过这家书店，邮购他们的书。我在梅松纳夫书店买到拉露编的《敦煌藏文写本文献目录》第1—3册，最早是1939年出版的，还能买到，后来我把藏学的书捐给了中国人民大学国学院。我办《敦煌吐鲁番研究》的时候，有一期没有经费了，冯其庸先生掏腰包支持了我。后来他们要发展藏学和西夏学，我为了感谢冯其庸先生，把自己的几百本藏学书全捐给他们了。

　　我在梅松纳夫书店买的书有苏远鸣编的《敦煌研究论集》第三集，收了张广达先生和我的《关于唐末宋初于阗国的国号、年号及其王家世系问题》一文。我还买了戴密微的《拉萨僧诤记》（*Lè concile de Lhasa*），哈密顿的《五代回鹘史料》（*Les Ouïghours à l'époque des Cinq Dynasties d'après les documents chinois*），1955年出版的，哈密顿自己没这书了，但书店里有。梅松纳夫书店可以买到1939年的书，这些老书店特别好。

我还买了石泰安（Rolf Alfred Stein）的书。他和于道泉先生是同学，他的书都寄给于道泉先生。于先生很早就研究藏学，后来不做藏学，把书送给了王尧、陈践，所以中国最早搞敦煌藏文文书的是王尧和陈践，那时候别人看不到敦煌藏文的卷子，只有他们手里有，是石泰安寄过来的。我买了石泰安《格萨尔王传研究》（*Recherches sur l'épopée et le Barde au Tibet*, 1959）、《汉藏边境的若干古代部族考》（*Les tribus anciennes des marches Sino-tibétaines*, 1959）、《桑耶寺年代记》（*Une chronique ancienne de bSam-yas*, 1961），还有其他敦煌学、中亚方面的书，这些东西对我研究归义军及其周边民族有很大的帮助。

在我到欧洲前的1983年，苏联敦煌学者丘古耶夫斯基（L. I. Chuguevsky）出版了《敦煌汉文文书》，里面发表的苏联藏敦煌文献都是此前不知道的材料，张先生让我一定要买到这本俄文书。我不会俄语，问吴其昱先生哪儿能买这本书，他说有一个 Globe Bookstore（全球书店）（图2-11），其实是个共产党书店，里面卖俄文书。我们就去找，结果在这家书店里买到了丘古耶夫斯基这本书，

图2-11　全球书店

图2-12　埃菲尔铁塔

非常幸运。俄文书不贵，我多买了几本送人。

　　1985年5月15日，我的第一次巴黎考察到此为止。这一天是星期三，我告别埃菲尔铁塔（图2-12），乘早班7:48的火车从北站出发，凯旋而归。

穿行于汉堡与柏林之间

汉堡走访恩默瑞克教授

德国没有大的敦煌收藏品，"满世界寻找敦煌"是个广义的概念，除了敦煌，也包括吐鲁番、和田、库车甚至楼兰出土文献，其实只要是海外收藏的中国西北地区出土的，都划在我要寻访的地图里。我没有去那么漂亮的意大利、西班牙寻找，那里没有敦煌的东西。现在我希望去那里，因为我如今做马可·波罗的研究。前几年去了意大利，收获非常大，那里有各种马可·波罗的抄本，是个巨大的宝藏。但是20世纪80年代时，我的兴趣在敦煌吐鲁番。同时我做于阗研究，所以新疆和田出土的东西，也是我重点寻找的对象。德国之行与和田、吐鲁番有关，而不是敦煌。

我当时在莱顿大学进修，往北最方便去的地方就是汉堡，汉堡有于阗语专家恩默瑞克教授（图3-1）。之前我去剑桥拜访了贝利教授，贝利对我说，你要是做于阗，就要去汉堡大学找我的学生恩默瑞克。我本来就计划拜访恩默瑞克，听贝利这么一说，更是急着想去见他。法国之行结束后，我就去了汉堡。所以这次的题目叫"穿行于汉堡与柏林之间"。这次学术上的收获没有在英法那么大。我当时主要研究归义军史，大量资料在敦煌文书里。我在英法的行程，更多的是在图书馆抄文书，而德国之行更多的是行走。

我是一个天津新港海边出生的孩子，胆子很大，小时候整天在海里游泳跳水，而且我喜欢一个人走。如果三个人出行，想法肯定要打架，两个人还得商量，一个人最方便，想到哪去就去哪，想走就走，不想走就不走。荷兰人大多骑自行车，我到荷兰买了辆自行车。我去坐火车，把自行车骑到火车站往那一锁，我就走了，过些天回来之后自行车轮胎还没瘪，我就继续骑回宿舍。

先说一下德国之行大概的行程。1985年5月23日星期四，我从莱顿先到荷兰东边乌特勒支的中央火车站（Utrecht CS），转乘8:16的车出发，13:53到了汉堡。我第二天跑到汉堡大学近东历史与文化系，结果恩默瑞克出差了，他非常忙碌，那个时代的欧洲教授是满天飞的。我在汉堡逗留了几天，5月26日去了丹麦、瑞典。我从北欧回来之后，5月31日再次去汉堡大学找恩默瑞克，他的秘书一个人顶仨，耳朵上挂着两个电话，同时帮我拨通了恩默瑞克太太的电话，她说恩默瑞克又出差了。我于是去了不莱梅、柏林，不莱梅有很多于阗出土的东西，柏林是吐鲁番的一个大收藏宝地，当时分东、西柏林。吐鲁番出土的文物和文献原藏在柏林民俗学博物馆（Museum für Völkerkunde），二战时分藏在各地，二战后分别归东西德国所有，艺术品多在西德，我做研究所需的文书大部分在东柏林。我这次没能看到东柏林的宝藏，我到西柏林把西德所藏吐鲁番文书看完之后，去东柏林旅游了一圈后回到汉堡，恩默瑞克终于回来了，他的学生段晴也回来了，段晴带我去拜访了恩默瑞克。

去德国很早就在谋划了。我找到1984年10月12日段晴写给我的一封信，信里说："你来汉堡尽可能搭别人开的车，或者买半价火车票。"当时的学生都是这样跑的，搭夜车或者搭熟人的车，更多的是夜里在火车上过，白天跑，省了旅馆费。现在我们没有这样的概念，那个时候都要计算时间和经费。很可惜段老师前不久去世了。段晴是北大的工农兵学员，学德语的。她是军队老干部的孩子，有军人的风格，能闯荡，特别厉害，五十多岁还可以蝶泳，是一位女中豪杰。季羡林先生"文革"后招的第一批梵文研究生，从北大德语专业招了两个德语最好的人，一个是段晴，一个是胡海燕。季先生带段晴，金克木先生带胡海燕。当时所有梵文语法课本都是德语的，季先生也是德国留学的，他教书也是用德语（图3-2）。后来季先生就把她俩都送出国去留学了。胡海燕去了哥廷根大学，季先生原来留学的地方；段晴去汉堡大学跟恩默瑞克学于阗语。梵语是印欧语系印度语族的一支，于阗语是印欧语系伊朗语族的一支，两者有一定的关联，所以段晴是印度语、伊朗语通吃的人。她要学三十多门语言才能获得于阗语的博士学位，包括梵文、巴利文、藏文、奥赛梯语等等。一般人学奥赛梯语得一两年，她一个学期就拿了高分。段晴说她做过排版工人，记字有特异功能，过目不忘，脑子里不知道装了多少词汇，她是我特别敬佩的学长。我前面讲过，北大图书馆里有一个敦煌研究室，把斯坦因、伯希和、格伦威德尔（Albert Grünwedel）、勒柯克的书和敦煌缩微胶卷等资料都放在里头，我作为学习委员，拿着这个图书室的钥匙。段晴、马世长、安家瑶等研究

图3-2　段晴陪同恩师季羡林先生访问德国（1980年）

生都来图书室看书，我跟他们都非常熟。1984年9月我到莱顿大学后，跟段晴联系说我想去汉堡，让她帮我的忙。她给我写了封信，说你要来的话，给我打电话，到时候去车站接你。当时她到处跑，电话不好找，她还给了一个叫王海洋的留学生的电话，是汉堡学生会的一个头儿。我去汉堡时，段晴恰好不在，她的老师恩默瑞克教授也不在，我通过她介绍的王海洋找到了住的地方，在Langenhorner Chaussee 85。这里原是中国领事馆的房子，后来旁边修机场，领事馆搬走了，房子委托给汉堡的学生会，可以很便宜地招待外来的学生。我们这样的学生，跑了一天，即使飞机轰鸣，也可以睡得很香。但是这个地方在郊外，路程特别远，有一天我差一点没有赶上末班车，险些要露宿街头。

恩默瑞克教授在欧洲的伊朗学界是数一数二的人物。我出发前，把莱顿大学东方写本与图书部里所有的西方杂志、东方学专刊、纪念文集翻了一遍，对恩默瑞克发表的文章有了个底。我给他写信寄了个目录，说我找到你这么多文章，但还有很多文章没找到。西方学者发文有个特点，比如贝利，在50岁之前，基本上守住几个杂志，他在《伦敦大学亚非学院学报》《大亚洲》《皇家亚洲学会会刊》三个杂志连篇累牍地发文，有时候一本杂志里可以发四五篇。欧洲学术界一旦发现一个苗子，就给他创造最好的条件，经费都给他，杂志篇幅都给他，发几篇都可以，发一篇长的几万字也可以，发一页纸的短文也可以，所以很快就能推出一个人才来。过了50岁出名之后，就有很多刊物来约稿，贝利的文章在伊朗有发，在印度有发，在巴西有发，这些文章我上哪儿找？只能找作者要，于是我就勇敢地给作者写信讨要抽印本。我胆子非常大，搞于阗、敦煌、突厥、粟特研究的不少专家，我在莱顿时都跟他们有联络。

恩默瑞克的著作非常之多，1960至1970年代写了《有关于阗文的藏文文献》(*Tibetan Texts Concerning Khotan*)，最主要的就是翻译《于阗国授记》。这是传世藏文文献里有关于阗的最重要的资料，恩默瑞克用了四个刊本来校勘，藏学家都没有校这么精细。他最厉害的地方是把这些藏文文献里的专有名词追溯到于阗文，就是从藏文词看出哪个来自于阗文，他把藏文音译的于阗文，有专有名词，也有非专有名词，通过于阗文把藏文的确切含意搞得更清楚了。恩默瑞克还写了《塞语语法研究》(*Saka Grammatical Studies*)（图3-3），这是贝

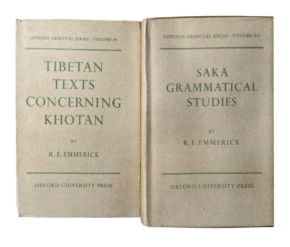

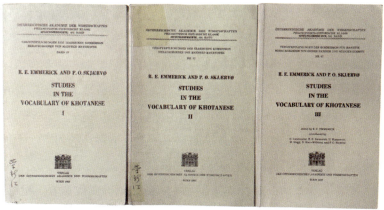

图3-3 恩默瑞克著作

利没有完成的于阗语语法的工作。欧洲的概念认为于阗人是塞人，就是斯基泰人，他们有时候用Saka指称Khotan。Khotan是西文的于阗，就是今天塔里木盆地西南方的和田。他还出了《赞巴斯塔书》（*The Book of Zambasta*），把一部于阗文的佛教诗集翻译出来。贝利后来编了塞语字典，恩默瑞克给他老师的塞语字典写了长篇书评，列了六条不足。西方是不怕批判的，他虽然批判了老师的字典，但是每年贝利生日，他必定从汉堡跑到剑桥去给贝利过生日。而且贝利也推荐我去找恩默瑞克。恩默瑞克虽然批评过他，但是没有关系。恩默瑞克后来还跟他一个学生施杰我（P. O. Skjaervo）合编了三册《于阗文词汇研究》

（*Studies in the Vocabulary of Khotanese*）。施杰我是挪威人，北欧人学古代语言很厉害，很多古代语言如突厥语是北欧人解读的。挪威解读于阗语有一个前辈叫科诺夫（Sten Konow），1970至1980年代冒出了个施杰我。施杰我现在是哈佛大学教授，跟我也非常熟。我1980年代和他通信，他回信说，你把你的名字写清楚了好不好？我说我的名字按汉语拼音就是这么拼的，你照拼就是了。你跟他们这些人打交道，不能够客气，也不能够谦虚。

我到德国后联系了恩默瑞克三次，在德国之行的最后几天，终于等到了他，这时段晴也回来了。段晴见我头发长，对我说："你这么长的头发，怎么去见我的老师？坐下，我给你剪头发。"她没有推子，拿了一把剪刀，唰唰就把我的头发给剪了。她摸过我的头，给我灌了顶。6月9日，我跟着段晴到了恩默瑞克家。

我在段晴的引荐下拜见了恩默瑞克教授。那天恩默瑞克跟我说话的时候，他太太就跟段晴说话，恩默瑞克跟段晴说论文的时候，他太太就陪着我聊天。有趣的是，一开始恩默瑞克捂着嘴咕噜咕噜地跟我说几句话，考一考我能不能听懂他说的。我听懂了之后，他从里屋拿出了早已准备好的四十八个抽印本，摆了一桌子，有的文章非常厚，足有一大摞。段晴说："有的文章，都没有送给过我。"我事先编了个目录给恩默瑞克，有的文章确实找不着，我想他一定会送的，这是一种激将法。我去汉堡最重要的目的是拜访恩默瑞克，虽然行程最后才见到他，但是收获非常大。他当时表示希望我读他的于阗语研究生，我回国后和导师张广达先生商量后，婉拒了。

我后来把这四十八个抽印本装订成了五册论文集。因为常有人来借论文，比如敦煌研究院的杨富学，在我办公室抽出去一百多个抽印本去复印，回来之后往地下一扔。他走了之后，我至少要用两天时间对号入座，把抽印本放回到对应的口袋里，这样我下次才能找到。后来我就找了一个学生，把我的抽印本装订成论文集，这样就不会散失了。

不莱梅海外博物馆之行

德国之行第二站，我从汉堡去了不莱梅。不莱梅有个海外博物馆（Übersee-Museum）（图3-4），那里收藏着德国特灵克勒（Emil Trinkler）探险队1920年代末去和田探险的收集品，特别是在丹丹乌里克的一批发掘品。特灵克勒后来出了车祸，所以他的收集品分散了，美国大都会博物馆（The Metropolitan Museum of Art）、东京大学都买过他的收集品。留在德国的，文物部分在海外博物馆，文书部分在德国国家图书馆（Staatsbibliothek Preussischer Kulturbesitz）。有的壁画上有于阗文榜题，恩默瑞克写过文章进行解读。我不是专门研究文物的，但是我要把有关线索累积到一起，所以要去不莱梅看一下这些文物。

我联系了海外博物馆，5月31日星期五前往，博物馆派了托马斯·海贝勒（Thomas Heberer，这次才知道他的中文名叫王海）博士到火车站接我。海贝勒会说中文，娶的中国太太，是不莱梅中德友好学会的副会长，他在不莱梅大学教书，同时也在博物馆里整理中文书，跟博物馆关系很密切。海贝勒接到

图3-4 不莱梅海外博物馆

我后，特意找了一家中餐馆，我们各自点了一个菜。我好长时间没吃地道的中国菜了，就点了一个京酱肉丝，他点了一盘宫保鸡丁。我一看，这宫保鸡丁不是更香吗，一筷子冲着宫保鸡丁下去了。他的眼神一颤，我意识到错了，欧洲人是分餐制，自己吃自己的，我这一筷子下到他的盘子里，怎么办？只见海贝勒马上反应过来，拿起筷子一筷子就冲着京酱肉丝去了。太好的人了，我在海外真是遇到了太多的活雷锋！他带着我去博物馆，为我节省了很多时间，没有他，我得自己找路。他送了我一本他编写的《中国研究文选》，他研究西南少数民族，我不研究这个，回国后送给研究这方面的人了。我不是藏书家，我有很多书，但是只保存与自己研究相关的书，如果我觉得接下来很多年不会用到这本书，就送给别人。比如我把一些蒙元史的书送给了我们北大毕业的张长利，他在社科院民族所工作，后来他出车祸不在了，那些书也不知道下落了。

周五没有来得及细看，所以6月3日周一我再次到不莱梅的海外博物馆，亚洲部的Dr. Andreas Lüderwaldt接待我。这里特灵克勒收集品有一架子，不多，我现在想不起有什么特别的收获，当然有的时候收获不一定是立竿见影的，而是多少年之后才有回报。

我这里给大家讲一下有关特灵克勒探险队和我调查的后续故事。1927年10月，特灵克勒和地质学者德·特拉（Helmut de Terra）、摄影师博斯哈德（Walter Bosshard）一起进入新疆，从喀什向和田，考察热瓦克、约特干、麻札塔格、阿克斯比尔、丹丹乌里克、达玛沟等遗址，几乎斯坦因去过的地方他们都去了。但他们考古不在行，收获与斯坦因相比简直是天差地别。斯坦因等秋天过了之后，大风把遗址揭开，他到尼雅，木简被风吹出来了。特灵克勒春天去丹丹乌里克，风沙把遗址埋得很深。美国的亨廷顿（E. Huntington）也不懂这一点，他用了斯坦因用过的那个向导，到了丹丹乌里克，没找到什么像样的文物，都给沙子盖住了。特灵克勒雇民工在丹丹乌里克挖了一些房子（图3-5），获得了一些文物。他说一间房子很像斯文·赫定（Sven Hedin）挖过的，但是赫定只画了图，没有照片，所以特灵克勒只是推测。一般来说，那些作向导的挖宝者，是不会告诉后来的探险队前人挖过哪处宝藏的。1920年代中国已经成立了古物保管委员会，发现特灵克勒的行为后，就加以抗议。1928年春，

图3-5　特灵克勒发掘的丹丹乌里克遗址

新疆政府明令特灵克勒一行停止发掘，把他们赶走了。

　　特灵克勒回德国后，1930年出了德文版游记《狂飙之地》（*Im Land der Stürme, Mit Yak- und Kamelkarawanen durch Innerasien*）。当时欧洲很流行旅游探险的书，一出版就译成各种语言文字。我在北大图书馆借到过《狂飙之地》的英文版（*The Stormswept Roof of Asia: By yak, camel & sheep caravan in Tibet, Chinese Turkistan & over the Kara-koram*），书上没有出版年月，但1931年有两个人借过，我从这本书的借阅时间推测，它是1931年出版的。1930年德文版出版，马上就有人翻译成了英文，当时这些书非常畅销。特灵克勒探险队的摄影师博斯哈德后来移民美国，写过《亚洲高原与沙漠历险记》（*Hazards of Asia's Highlands and Deserts* [Pioneer Series 4]），1930年出版。汉堡大学的格罗普（G. Gropp）教授是做考古学的，他帮海外博物馆把特灵克勒探险队的和田收集品做了研究整理，于1974年出版了《中国新疆和田的考古出土文物》（*Archäologische Funde aus Khotan Chinesisch-Ostturkestan*）一书。

　　不莱梅海外博物馆之行，虽然当时收获不多，但故事还没结束。特灵克勒探险队之后一直到1996年，再没有人去过丹丹乌里克。丹丹乌里克在和田北面沙漠深处，外国探险家中斯文·赫定第一个发现了它，斯坦因在此收获极大，亨廷顿空手而归。特灵克勒探险队走后，丹丹乌里克似乎被人遗忘。1990年代初，一位美国企业家罗杰伟（Roger E. Covey）创办了唐研究基金会，我建议唐研究基金会应该对丹丹乌里克进行考古调查和发掘，这里曾是唐朝的一个军镇。当时他出了一笔经费，雇了沙漠车，新疆考古所在1996年前后进去了一趟，找到了丹丹乌里克，得到了GPS的数值，但由于某些人从中作梗，考古工作没有能够跟进。1998年，有一个叫克里斯托夫·鲍默（Christoph Baumer）的瑞士烟草商，雇了几个测绘照相的人，组织了一个所谓"中瑞考察团"，找到了丹丹乌里克并进行了发掘。这是一个完全非法的"考古"。他写了一本书叫《丝路南道：沿着斯坦因和斯文·赫定的足迹前进》（*Southern Silk Road: In the Footsteps of Sir Aurel Stein and Sven Hedin*）。2000年，我在美国亚洲学会年会的书摊上看到过这本书，我翻了翻，见是通俗的，没有仔细看。后来有一年我在香港集中翻阅西文的美术史杂志，在《东方艺术》（*Oriental Art*）杂志看到了鲍默写的他在丹丹乌里克发掘的文章。我吓了一跳，他竟然把斯坦因挖过的坑全挖了一遍，挖出了很多东西。鲍默再次到乌鲁木齐时，新疆考古所询问他东西的下落。其中有个于阗文的卷子，他说那是同去的朋友拿走的，他自己用高价买回来放在香港。新疆考古所的于志勇所长到香港把于阗文书拿回来，交给段晴解读。鲍默之前已经交给施杰我做了一篇文章，几乎是跟段晴的文章一起出来的。文书是一个放在臂上的护身符，于阗文的。另外一些小雕像等，鲍默说放在丹丹乌里克一个树洞里。新疆考古所随即进入遗址区，找到了鲍默说的地方，拿到藏在树洞里的文物。树洞旁边有一个佛寺，秋季的大风吹开沉积已久的沙子，露出了寺庙绘有壁画的墙垣。但是第一次去没有足够装备，于是2002年10月新疆考古所做好装备，再次来到那里，把佛寺清理了一遍，揭取了寺院墙壁上的不少壁画。

新疆考古所传给我一些照片，我对比出土文物，觉得新发掘的佛寺壁画是特灵克勒探险队拍摄过的佛寺壁画。我自己有一个和田文物的资料库，斯坦因把考察过的每个遗址标记得很清楚，我根据斯坦因的标记，每个遗址做一个档案，有十几个文档，每个遗址出的于阗语文书、汉文文书、雕像之类的资料，都放到相应的档案里。第一号就是丹丹乌里克，各个探险队的东西，都放到其中，比如特灵克勒，我一旦判定出东西是哪个遗址的，就放到相应的文档里。学术就是这样慢慢积累起来的。我写过一篇《丹丹乌里克的考古调查与唐代于阗杰谢镇》，把唐代一个镇各个建筑的功能全部解决了，哪儿是伙房，哪是睡觉的地方，哪是办公的地方，哪是拜佛的地方，全出来了。

我判断这座佛寺是特灵克勒挖过的，我去新疆的时候，拿着格罗普的《中国新疆和田的考古出土文物》去做比对，大体可以落实。现在还有一张做对比时的照片（图3-6），我在翻书比对，右二是当时新疆考古所的副所长于志勇，右一是另一位副所长张玉忠，他是带队去丹丹乌里克主持考古发掘的，在我左边是考古所修复壁画的佟文康先生。桌上放着刚拿回来的壁画，还没有加固，现在在新疆博物馆或新疆考古所可以看到修好的壁画。对证之后，张玉忠先生拿出一叠报纸，说是在壁画底部的沙子里挖出来的。我一看，是《新苏黎世报》（ *Neue Zürcher Zeitung* ）和《瑞士画报》（ *Schweizer Illustrierte Zeitung* ）（图3-7a），报纸里面包了一个固体火柴盒（图3-7b），火柴盒上一边写着"Please see inside"（请看里面），一边写着"important matters"（其中有重要的东西）。火柴盒里面是一张薄薄的名片，是博斯喀的，博斯喀应当是博斯哈德护照上的名字。名片背面用粗笔写着一段话："To the poor fellow who believed to find

图3-6 作者在新疆考古所核对壁画

图3-7a　特灵克勒探险队留下的《瑞士画报》

图3-7b　特灵克勒探险队留下的火柴盒和里面的名片

something here we leave this papers with our kindest regards. E. Trinkler, W. Bosshard. 25-3-28." 翻译过来大意是："向那些相信在我们留下这些报纸的这里会发现一些东西的可怜的后来者致以最良好的祝愿。特灵克勒，博斯哈德，1928年3月25日。"特灵克勒没挖着太多东西，他知道后边还会有探险队来挖，就给他们留点东西。由此可见，这个佛寺斯文·赫定挖了，特灵克勒挖了，鲍默又挖了，最后新疆考古所彻底做了考古清理。新疆的考古就是充满了故事，非常有意思！我回北京后，把《狂飙之地》英文本借出来，书里果然写了他们把报纸和名片埋入寺庙，上面一段文字是："To the poor fellow who trusts that he will find something here, for his lonely hours, with kindest regards."（向在孤独的时光里相信在此会找到东西的那些可怜人，致以最良好的祝愿。）文字有点不一样，可能是特灵克勒写书的时候或者从德文翻译成英文的时候稍微有点改变。这是和不莱梅海外博物馆藏品相关的后续故事，是以后的收获。

我在海外博物馆，还翻了一些古书，抄了一个目录，其中有《三礼通释》《程尚书禹贡后论》《皇朝一统舆地总图》《御赐剿平粤匪方略》《古今名人画稿》《增补事类赋》《木郎祈雨咒》等。我觉得海外古籍调查做的工作比我们做敦煌吐鲁番的人差远了。做敦煌吐鲁番的人，把能找到的敦煌、吐鲁番、和田、库车的，即使巴掌大的一个片都找到了，全部登记在案。但是海外古籍调查任重道远，比如与丝绸之路研究有关的海外针经，缺少人调查它们的学术价值。调查古书的人往往冲着图书馆，忘记了博物馆。博物馆的图书馆是一个非常重要又常常被忽略的地方。

海外博物馆的馆员还拿出很多画给我看，有一件题赵孟頫作。看了一大堆画，我也不懂，不知道这些画的价值，不知是真是假。另外，还有《唐贞观二十年残造像碑记》《宋大观元年造像碑记》。馆里还收藏了一个"孝圣慈宣康惠敦和诚徽仁穆敬天光圣宪皇后神位"，我回去后写信问研究近代史的人，得知这是雍正的孝圣宪皇后钮祜禄氏的牌位，应当是八国联军从太庙（今北京劳动人民文化宫）抢走的。

在不莱梅，博物馆的馆员对我非常好，馆长接见了我。馆长说，这些来自中国的文物，我们帮你们暂存在这儿，一旦时机成熟，我们全部归还。但是其他的人未必是这样的态度。1990年代，德国国家博物馆馆长和英国博物馆馆长联合十七家博物馆馆长发表声明，说斯坦因、伯希和这些人是殖民主义强盗，他们抢了殖民地国家的宝藏。但是我们不为殖民主义强盗买单，我们的博物馆是世界性的博物馆，谁愿意来看，我们都好好招待，但是东西不能拿走，一件都不能拿走。

我在海外考察过程中，在很多地方跟相关人士探讨过文物回归问题。我在伦敦认识一个律师事务所的大律师，他娶了中国太太，我们周末经常一块儿玩。我把斯坦因旅行记里记录斯坦因跟王道士对话的两章给他看，我说你只看这两章，斯坦因拿敦煌的东西合不合法，如果打官司，按照英国的法律，中国怎样才能拿回斯坦因拿走的东西。他给了我很好的建议，他说中国可以成立一个专案小组，准备哪些东西，怎么跟英国的博物馆打官司等等。真的有一些非常好的人，他们说我们暂存中国文物，但是很多高层的人物不愿意归还。比如当初法国总统密特朗访问韩国时，韩国希望密特朗能够把一本国宝级的书归还给韩国。法国总统府向法国国家图书馆调这本书，图书馆馆长跟东方部部长说，我们的责任是必须看住这本书，有我们在，谁都拿不走这本书。某一天图书馆馆长和东方部部长都放假了，这本书就不翼而飞，由密特朗带给了韩国。我们是不是什么时候有机会跟英国说，英国图书馆的那本敦煌刻本《金刚经》能不能还给我们。还有如果查尔斯国王要来中国，中国能不能说，如果你要表示对中国人民友好，先把斯坦因的爵士称号取消。那个英国律师告诉我，如果不取消斯坦因的爵士称号，打起官司来，英国人的面子是过不去的。英国皇室因为斯坦因在中国探险取得的成果，授予他爵士称号。你要说斯坦因是盗贼，就是给英国皇室抹黑，第一步必须把他的爵士称号取消了；第二步等查尔斯国王来到中国的时候，请他把那本咸通九年《金刚经》带来。

初访德藏吐鲁番文书

不莱梅考察结束后，6月5日我一早出发，从汉堡坐火车前往柏林，11:38

到西柏林，住在West-Pension旅馆。我这次的主要目的是去德国国家图书馆调查吐鲁番出土文书，那里是世界上收藏吐鲁番出土文献最多的机构之一。当时东西德分立，东柏林很大，西柏林非常小。西德的首都在波恩，但是政治文化中心仍然在西柏林，国家博物馆、国家图书馆都在西柏林。我的导师许理和教授给德国国家图书馆写了信，他们专门给我安排了一个阅览室，东方部的Dr. H.-O. Feistel接待我，还派了一个工人。图书馆收藏的吐鲁番探险队收集品都比较碎，用钢化玻璃板两边夹着，有的钢化玻璃板很大，要用车来推，所以派了一个工人从库房里把玻璃板推来推去。这就是许理和的威力，这让我的工作效率很高，六天半的功夫，基本看完了这里的文书类材料。1997年我再去德国国家图书馆时，每天必须抢占东方部那四张座位，出去吃一顿饭回来，没座了，这天就白来了，和1985年完全不一样。

德国吐鲁番探险队的收集品来自吐鲁番以及焉耆、库车、巴楚等地。19世纪末、20世纪初新疆北面是俄国人的势力，南边是英国人势力，当时德国和俄国关系非常好，俄国把宝藏最丰富的吐鲁番交给了德国人。1902—1903年德国第一次吐鲁番探险队由格伦威德尔、胡特（Georg Huth）、巴图斯（Theodor Bartus）组成，主要在吐鲁番盆地挖掘。格伦威德尔是印度美术史专家，当时是柏林民俗学博物馆的馆长，学问相当了不起，能写会画，他是队长。巴图斯是切割壁画的高手。吐鲁番地区的高昌故城现在是旅游景点，其实里面都是遗址。吐鲁番年降雨量极少，雨飘到半空中，落不到地就蒸发了，所有地下埋的，包括纸张、丝绸、尸体等有机物都保留着。德国探险队用英文字母给高昌古城的遗址编号，26个英文字母用完了，再用希腊字母编号，可以想象他们在吐鲁番挖了多少遗址，攫取了大量文物和文献资料。

1904—1905年的第二次探险队，因为格伦威德尔生病，由民俗学博物馆的临时工勒柯克担任队长。勒柯克出自德法混血的贵族家庭，但是到他这辈早衰落了，他卖了他爸爸的啤酒厂，拿着钱到柏林来学东方语言，学了波斯语、土耳其语等，同时在民俗学博物馆打工。勒柯克自告奋勇带队，带着巴图斯一起出发。探险队到吐鲁番继续挖掘高昌故城，并在柏孜克里克石窟等地切割剥取了大量壁画。古代壁画制作时，先上一层泥，刷一层白色的粉，再开始作画，巴图斯把泥皮撬开，松动之后，拿大铁铲从下面一下揭下来了。当时的西方人不把中国人当人看，探险队住在维吾尔族老百姓家里，带了阿司匹林这些药，有什么病，勒柯克会给一点药，一吃就好了。附近老乡就排着队来房东家里请药，房东拿了点小回扣，勒柯克知道后，拿皮鞭把房东狠抽了一顿。我特别不喜欢勒柯克这个人。

1905年8月，格伦威德尔身体恢复了，就给勒柯克发电报说自己马上去喀什噶尔，我们到喀什噶尔会合，组成第三次探险队，你就不是队长了，我是队长。格伦威德尔是美术史家，他要看壁画原来的位置，切割之后，就看不出原貌。勒柯克不管这一套，他趁着格伦威德尔还没来，带着巴图斯整天切割壁画，因为他怕格伦威德尔一来就不让他割了。

当时是8月，吐鲁番四十多度高温，没法发掘。勒柯克跑到了哈密的白羊沟，遇到一个从敦煌来的俄国商人，告诉勒柯克敦煌发现了藏经洞。勒柯克不太信，掷铜钱决定下一步去哪儿，正面去敦煌，反面去喀什噶尔，结果是反面。这枚铜钱救了敦煌莫高窟的壁画。如果他带着巴图斯这个切割壁画的高手到了敦煌，敦煌就遭殃了。勒柯克不像伯希和、斯坦因还谈判，估计他几鞭子就能把王道士打一边去。结果，勒柯克跑去喀什噶尔，而格伦威德尔的皮箱子丢在了圣彼得堡，迟到12月份才来，勒柯克给气得要死。勒柯克说我要是去了敦煌，那就是西方第一个发现敦煌藏经洞宝藏的人。所以他跟斯坦因结了仇，跟格伦威德尔也结了仇，特别是与格伦威德尔之间，有很大的矛盾。德国探险队把壁画拿过去，一直到今天，在东亚美术馆的库房里，所有壁画都是按照原物的位置摆放的，这应当是格伦威德尔的做法。

1905年12月，格伦威德尔与勒柯克在喀什会合，开始第三次探险，主要挖焉耆、龟兹。焉耆主要挖了一个叫硕尔楚克的大庙，在霍拉山前面，出土了大量佛像。硕尔楚克先是俄国人挖，然后德国人挖，后来斯坦因再挖了一下，现在已没有什么东西了。有一尊常常展览的尊像，是印度模样的，下面的座上是两个联珠对鸟纹，是伊朗模样的，它的信徒可能是伊朗人。现在做大遗址保护工程，做支架的时候必须挖到生土，于是把硕尔楚克整个庙挖出来了。挖的时候，新疆考古所的张平先生在那监工，我去过一次，基本没有出什么东西。

德国人在龟兹挖的点更多，几乎都给挖了。德国探险队在龟兹地区得到了大量胡语文献，包括所谓"吐火罗语"文献，甲种吐火罗语就是焉耆语，乙种吐火罗语就是龟兹语。你要是研究龟兹，就得去德国找资料。德国人为什么研究吐火罗语最强，因为材料多在他们那里，季羡林先生也是到德国学了吐火罗语。古代西域有很多文化积淀，龟兹出过鸠摩罗什这样的三藏法师，通几十国语言。什么是三藏法师？中国的汉语三藏有五千多卷书，三藏法师要通经、律、论，五千多卷书的内容要熟悉，能跟人辩论。玄奘为什么能在印度跟人家赌一个头，谁辩论输了就斩头，因为他有知识储备，有语言能力。唐朝真正的三藏法师没几个，玄奘是，义净是，不空是，实叉难陀是，实叉难陀是武则天从于阗请来传《华严经》的。这些是三藏法师，一般的人只是法师、律师、禅师。古书里这个和尚叫什么，是有定义的，在唐朝不能随便叫。

1906年，勒柯克由于生病先期回国，押运着第二次和第三次探险的部分东西，翻过喀喇昆仑山到奥什，再回到欧洲。

第四次探险是1913至1914年。清王朝灭亡后，新疆处于混乱中，德国政府觉得新疆很混乱，不让他们到新疆考古，勒柯克和巴图斯不顾德国外交部的警告，签了生死状，前往库车、巴楚地区，发掘古代佛寺或石窟寺，把能割走的壁画全部割走，包括巴楚地区的遗址出土文物。在巴楚的图木舒克，虽然已经过伯希和探险队的挖掘，他们仍然挖到非常好的东西，有木雕的像，也有文书，所谓图木舒克语文书，以德国探险队挖的最多。他们雇哥萨克兵穿越帕米尔高原，从奥什上火车，往德国运，带走了大量东西。第四次探险没到吐鲁番。

吐鲁番探险队的足迹，主要挖的是北道，他们从奥什到喀什，再到库车西面的库木吐喇和克孜尔石窟，再到焉耆，到吐鲁番。德国人四次探险，几乎把吐鲁番、焉耆、库车地区的重要遗址全挖过。德国吐鲁番探险队挖到库车，其实已经越过了他们的边界。后来有一次在乌鲁木齐的俄国领事馆里，勒柯克一高兴把挖了库车大庙的事说漏了嘴，俄国总领事拿起鞭子来就要抽他，他地位比勒柯克高得多。他说就让你们挖吐鲁番，你们怎么挖到库车去了！当年的古物争夺充满了故事，非常有意思。

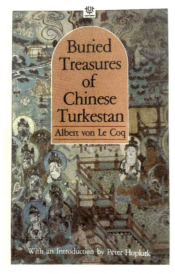

图3-8 《新疆的地下文化宝藏》英文平装本

勒柯克最畅销的一本旅行记是《新疆地下埋藏的宝藏》，德文书名 *Auf Hellas Spuren in Ostturkistan*（《新疆的希腊化遗迹》）。西方人看到中亚的艺术品，第一反应是犍陀罗艺术，而犍陀罗艺术是希腊艺术的衍生，所以他们认为这都是希腊文化的遗迹。后来英国人翻译了勒柯克的书，英文书名是 *Buried Treasures of Chinese Turkestan*，译作"新疆的地下文化宝藏"（图3-8）。这本书畅销了上百年，现在去新疆旅游的西方人口袋里还会揣着它。我有一本平装的英文版，香港牛津大学出版社翻印，做成了窄本，适合旅游的人放在口袋里，要看的时候随时拿出来看。这本书我大概是80年代在北京西苑饭店买的，因为偶尔去访到京的日本友人，在饭店的旋转书架上一转，看到了这本书，只要35元。后来我鼓动一个朋友把这本书译成了中文，我校过一遍。这本书记载了德国第二次、第三次探险的故事，既有学术性，也有通俗性，很好看的一本小书。大家如果想继续了解，可以读格伦威德尔等人写的正式的考古报告，现在大多数也已有中文译本。

这是德国吐鲁番探险队的基本情况。当时我主要奔着国家图书馆去找文书。德国吐鲁番探险队的文书有几万个编号，但文书都比较小。吐鲁番出土汉文文献大多数都在东德科学院保存，佛典部分出过两本目录，大概每本著录一千多个号。西德部分当时只有二战时埋在美因茨（Mainz）的文书，取出来后转移到德国国家图书馆，编号还是美因茨的编号，有一两百个号，主要是佛经，有写本，也有很好的刻本。还有西夏文的，西夏文在吐鲁番出的非常少。其中有五保文书，做隋唐史的学者很熟悉，唐朝的团保制度几家互保，如果一家有人跑了，互保的其他人家就帮逃跑的交税。1930年代日本学者仁井田陞研究的时候有五张五保文书，现在只有两张了。当时图书馆把原件也给我过了一遍，我主要看世俗文书，其中就有五保文书（图3-9）。我向图书馆申请文书照

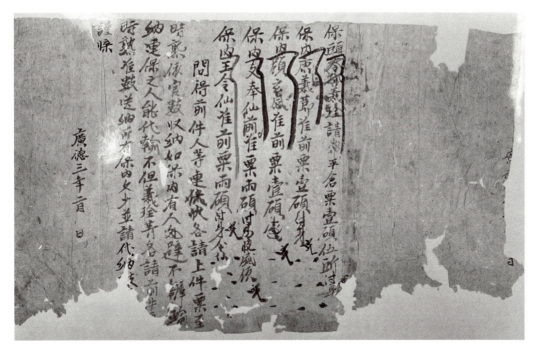

图3-9　五保文书

片，图书馆很慷慨地给我寄了一套，用透明防潮防酸的那种纸袋装好，照片到现在都保存得很好。它们都是放在玻璃板底下，玻璃板上贴一个条，条上写编号，原始编号是勒柯克用花体德文写的，特别不好认。二战时大部分东西埋在地下，泛潮，这些老编号好多飞掉了，好多对不出老编号。但这类东西大多在东德，因为负责人梯娄（Thomas Thilo）出差，我这次没有机会去东德看了。

寻找《丝绸之路沿线的中亚艺术》

6月7日离开西柏林那天的一大早，我去了印度艺术博物馆（Museum für Indische Kunst，SMPK），这里主要是德国探险队收集的美术品，所以我没有提前联系。欧洲的学术分类把中亚的东西放在印度学里，比如德国国家图书馆东方部接待我的是印度部的 Dr. Feistel，而不是中国部的学者。印度艺术博物馆里还有非常多阿富汗、巴基斯坦的犍陀罗地区考古发掘品，但是有些二战时被苏联红军拿走了。我1991年去苏联，当时还不开放，现在开放了，有一个铜牌写着"1945年以前存柏林民俗学博物馆"。俄罗斯发布了一个法令，说这是苏联人民用鲜血换来的战利品，所以绝对不会归还任何一件。克孜尔的壁画有三百多块在艾米塔什博物馆郊外的库房里，我去过库房，三百多块都还是原来德国原装的框子。

印度艺术博物馆在柏林自由大学旁边，离市区比较远，我花了很长时间才到那里，只是为了参观一下。它那里主要是艺术品，有些画的背面有汉文写本，当时只在展厅里展了一件，我也不知道底细。

德国探险队从北道拿走的美术品十分精美，比如吐鲁番的高昌回鹘王画像，特别漂亮，两面画了同一个高昌回鹘国王。还有木头沟出土的壁画，非常鲜艳。另外有不少摩尼教的插图本的书，以及景教的壁画。高昌城东有一个景教教堂，壁画上面有马腿，画的是耶稣进入耶路撒冷的图，左边是一个大法师，右边是供养人。当时的供养人，有穿翻领胡服的胡人，也有穿标准汉装的汉人。龟兹范围的克孜尔石窟的壁画，画得非常漂亮。这些壁画都镶在墙上，有的可以移动，有的只能在博物馆固定的墙上看，但是大量的在库房里。克孜尔出土的菩萨头像，那时候菩萨还没有变成女性，带着小胡子。克孜尔石窟里的木板画，画上面有两个孔，是挂在墙上的，上面有题记或者是供养人。古代画家就这么几笔，非常犍陀罗，非常美的几道弯，构图特别好。克孜尔壁画上的龟兹供养人，画上的人物穿着萨珊波斯的胡服，脚尖冲下站着，这也是波斯的风格，但是人物的头发是红的，他们是讲伊朗语甚至更西边的印欧语的人。还有揭走的整个克孜尔的穹窿顶，镶在博物馆的穹窿顶上。博物馆里的地面上，也嵌了整幅画。从前贵族家里连地板都画了画，探险队把画整个撬起来，弄到博物馆的地板上，不设栏杆，派了一个保安看守。保安每天非常紧张地看着观众，怕人踩下去。所以德国的展示方式非常好，能直接看清原画。

我在印度艺术博物馆看到的这些壁画上，常常有吐火罗语题记，这些文字材料是我所关心的，也不是和我的研究完全没关系，这些感官上的认识，可能就为后来我主持推进龟兹石窟吐火罗语题记调查研究埋下伏笔。我做研究是一步一步深入的，做完于阗做敦煌，做完敦煌做吐鲁番。我很想把龟兹也做一遍，但是龟兹太难做了。我曾在台北"中研院"史语所访问时认识台湾大学学考古的庆昭蓉，我鼓励她去巴黎学吐火罗语。她后来果然去了法国，跟吐火罗语大家皮诺（Georges-Jean Pinault）教授读博士。2008年，我到巴黎参加一个纪念伯希和的会议，见到她和她的师兄荻原裕敏。于是我把他俩请到北京，共同来做龟兹石窟吐火罗语题记研究。从2009年起，我们花了大概十年时间，以克孜尔石窟为中心，把整个龟兹地区七八个石窟跑遍了。在龟兹研究院调查的基础上，搜集了七百多条文字，有的一条长度可以从这个门到那个门，就是一个洞窟里头一直写，要是化成木简，得有十根木简那么长。我们把这些题记全部解读了，编成三册《龟兹石窟题记》，书里有最清晰的图版。被探险队割去一半的，我们都在西方或买或通过朋友要到了高清照片，跟墙壁的题记缀合上。这三册书一出，在学界影响非常大，当年就得了法兰西金石铭文学院的"丝绸之路奖"。所以说做一个东西的成果，有时候不是马上出来的，可能过了十年二十年，结果就来了。当然龟兹的东西，我平时是在攒的，研究龟兹语的书，我都是买的，到了合适时机就有用了。

还有一个插曲，我到印度艺术博物馆时，很想买一本《西柏林国家博物馆藏丝绸之路沿线的中亚艺术》(*Along the Ancient Silk Routes. Central Asian Art from the West Berlin State Museums*)（图3-10）。1982年，德国吐鲁番探险队收集品到美国大都会博物馆做过一次展览，这是有史以来展出文物最多的一次。这本展览图录印刷精美，解说详细，可以说是一份极好的印度艺术博物馆收藏精品目录，也是研究中亚艺术史者不可或缺的工具书，而且是英文写的，对我也最为方便。我就特别勇敢地一路打听找到博物馆馆长办公室，办公

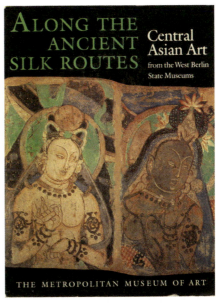

图3-10 《西柏林国家博物馆藏丝绸之路沿线的中亚艺术》

室主任雅尔迪兹（Marianne Yaldiz）接待了我，就是后来1996年对我非常好的馆长。所以许多事情都是有渊源的。当时我说要买这本书，她说没有了，你要到大都会去找。1996年我去大都会博物馆，让博物馆的朋友帮忙找这本书，翻遍了也没找到。谁知两三年之后，我路过北大东门，却在地摊上得到了一本。我从来不买地摊上的书，觉得太脏了，那天眼前一亮，看到一本塑封的 *Along the Ancient Silk Routes*。我问摆摊的，你哪弄的，他说有人卖的。我问多少钱，他说33块钱。我说30怎么样，他说没问题。我说还是给你33块吧，这太难得了，比欧美便宜了不知道多少，而且全新的一本，连包装的塑封都没打开过。我从德国找到美国也没找到的一本书，却在北大东门地摊等着我。这本图录是哈特勒（Herbert Härtel）馆长主编的，用非常地道的英语描述了德国吐鲁番探险队收集的美术品，当然主要是当时西柏林保存的部分。

东柏林偶遇《弥勒会见记》

回到1985年，当时柏林真正好玩的地方，比如博物馆岛，都在东柏林，在柏林墙的另一面，我当然要去看看。欧洲的旅游者从西德到东德，必须在关口兑换东德马克才能进东德。6月6日下午我到了关口，边防人员说你是社会主义国家来的，不用换，直接发给我一个二十四小时的临时签证。我先到布莱登堡门，大概很近的地方有一个大皇宫模样的建筑，就是东德科学院古代历史和考古中央研究所（Zentralinstitut für Alte Geschichte und Archäologie），大部分吐鲁番文书就在里面存放着。我从莱顿出发前一天，收到了东德科学院管吐鲁番文书的梯娄博士的来信，说太不巧了，你来的时候，我正好出差。我站在门口望了望，梯娄博士不在，我没得进去，只能望楼兴叹了一下，就去各处游览了。

在逛一个书店时，我眼前一亮，看到一本《回鹘文译本弥勒会见记》（ *Maitrisimit nom bitig* ），是哈佛大学的特肯（S. Tekin）教授帮东德科学院整理的《弥勒会见记》回鹘文译本，1980年出版。这正是季羡林先生托我找，而我在西欧书店里一直没找到的书，东德出的书在西方的书店里有的买不到。现在忽然摆在了面前，但大街上一时找不到换钱的地方，据说一个西德马克能兑换四十个东德马克，我只好咬牙用西德马克1∶1的价买了这两本书，奉献给季先生。季先生当时正在整理新疆博物馆藏吐火罗语A《弥勒会见记》，一共44页88面。他要用德藏的回鹘文《弥勒会见记》来解读吐火罗语A《弥勒会见记》里的一些词。他完成之后，出版了《中国新疆博物馆所藏吐火罗语A〈弥勒会见记〉剧本残片》。他当时的吐火罗语知识不够，西方有两位吐火罗语大家，德国的温特（Werner Winter）和法国的皮诺，帮他做了一些补充，三个人署名。正式署名是季羡林著，其他两人是用"with cooperation from"这种方式署名。皮诺就是我带过来那两个吐火罗语学生的老师，所以事情都是有关联的。但是相关的事情有时候也应付不了，比如今年皮诺过80岁生日的时候，他在法国的学生要我写一篇文章，我实在腾不出时间来给他贡献一篇文章。

难忘的 Büchen 小站

最后一个故事是关于格罗普教授的。我有一次去汉堡大学找恩默瑞克未遇，却碰到另一位伊朗学教授。他问我哪儿来的，我说中国来的，就跟他聊起来了。他一报名字，我说您就是整理不莱梅海外博物馆和田文物的格罗普教授吧？他说就是我呀。他问，你有《中国新疆和田的考古出土文物》(图3-11) 这本书吗？我说我买不到。他说你什么时候再来，我送你一本。我说不行，明天就去柏林了。他说没关系，我家住在你经过的Büchen小站旁边，火车停靠的时候，你开车窗，我把书递给你。我买好车票，马上打电

图3-11 《中国新疆和田的考古出土文物》

图 3-12 Büchen 小站

话告诉格罗普 6 月 5 日去柏林的车次时间。

话说格罗普教授这本书把散在全世界的特灵克勒探险队收集品汇集到一起，非常有用，是海外博物馆出的，一般的书店里找不着。在北大只有宿白先生有一本，我在宿先生家翻过，但是宿先生不太借人书，他跟季先生一样，季先生是不借人书的，不像周一良先生主动拿出书借人。我们研究室里没有法国敦煌目录的第一卷，法国人寄给了周先生，他拿到研究室里给大家用。周先生是藏书家的孩子，对我们很关心。但是宿先生很厉害，我们不敢借，只是在他家翻了翻，有时候要用什么东西到他家去看一看，那时候我们跟老先生倒是走得很勤。

Büchen 是当时东西德国的边境小站（图 3-12），过了这个站，火车轨道两边拉着铁丝网，外面就是东德，为了怕人翻越，下面是密集铁丝网，上面是密集的电网，往柏林这一路都是这样的铁丝网。火车在这个车站大概要停 15 分钟，西德的边防军下车，东德的边防军上车。他们换完了岗，我望眼欲穿，也没有看到格罗普的身影。我心想德国人讲话是非常严谨的，不来一定是有什么事儿。我到了柏林后，马上给他家里打电话，问您怎么没来，他说实在对不起，车抛锚了，你什么时候回来，到时候通知我，我把书送过去。6月7日中午我回程的时候，在柏林车站给他打了电话。大概16:05，火车快到Büchen站时，远远看见站台上一个黑点，黑点越来越大，越来越大，最后变成了格罗普教授。我打开车窗，他递给我这本书。我们大概聊了20分钟，火车再度行驶，继续向汉堡开去。他一直站在站台上，黑点越来越小，越来越小，我把头伸出车窗望着他，直至看不到他的影子。

6月10日上午我去了汉堡的天地书店，记得买了一本德文的《十竹斋画谱》。下午，我带着德国的各种收获，乘火车离开汉堡，晚上回到莱顿。

四

从哥本哈根到斯德哥尔摩

童话般的哥本哈根

这是一次怀旧之旅，请大家跟着我一起回到20世纪80年代中叶的欧洲，那个时候比现在的中国要落后得多。上一讲叫"穿行于汉堡与柏林之间"，选择去汉堡，一是拜访恩默瑞克教授，二是从汉堡去周边交通方便，往东可以去柏林，往北可以去北欧。我离开荷兰的时候，刚刚拿到瑞典的签证，第二天我就坐火车到了汉堡，过了几天又奔哥本哈根而去。我买票时还不到25岁，可以买一种欧洲铁路联营的学生票，南到卡萨布兰卡，北到赫尔辛基，东到伊斯坦布尔，东欧当时只有匈牙利是开放的，所有火车，不分时间和车次，一个月内随便坐。

1985年5月26日星期天，我乘7:00的火车从汉堡中央火车站（Hamburg Hbf）出发，去哥本哈根。到了西德边境Puttgarden，火车直接开到码头上。此前火车上用丹麦文通知了一遍，我听不懂；又用德文通知了一遍，讲得很快，我也没听懂。看见有人纷纷往前跑，我拉住一个人问，为什么往前跑？他告诉我，这节火车是留在岸上的，去丹麦得到前面的车厢。我幸亏问了一下，不然就被甩在Puttgarden了。随后前面四节车厢开到船舱里，后面的车厢留在岸上。我当时在欧洲跑，有很多这样的旅途经历。我第一次坐火车去巴黎，没看车厢，直接蹦上去，火车在布鲁塞尔停了很长时间，车再次开动，我往后一看，后边的车厢停在原地。如果我上了后面的车厢，当天就到不了巴黎了。进入船舱里的车厢非常拥挤，因为所有去丹麦的旅客都集中在这四节车厢里，好在车厢门很快打开了，可以上甲板去晒太阳、照相、聊天。天气非常好，海峡不宽，但也到了一种四望茫茫皆不见陆地的境界，天很蓝，海水也非常平静，很快到了哥本哈根。

12:07到了哥本哈根，我还是先找中国同学。莱顿大学的同学给我介绍了一位叫蒋惟明的留学生，我打他电话，一直没人接。我到一个新地方，一般先找Information的房子，一是拿各种地图，不论是去各地玩，还是选择交通路线，都离不开地图；二是拿一个旅馆的清单。我把双肩背包存在火车站，先打电话，打不通，我就跑去玩，玩了一阵遇到电话亭，再打电话。当时正好赶上狂欢节假期，天气很好，许多人在草坪上享受日光浴。我先去了蒂沃利公园（Tivoli Gardens），据说这个公园被称为"迪斯尼之母"，挺好玩的，里头的大人小孩看我一个中国人，挺好奇，就往我身上喷节日彩带。我走了一圈之后，满身都挂彩，可惜当时没有留下光彩的照片。

我给蒋惟明打电话一直到晚上6点钟还没人接，只好找了一个交通比较方便的旅馆，Saga Hotel，是家连锁店。我到了旅馆，前台问我，你是从中国台湾来的还是从中国大陆来的？我说是中国大陆来的。他说你是我们旅馆第一个来自中国大陆的客人，就给了我一个加套间的房间，非常好。我住下之后，打通了蒋惟明的电话。他跑过来一看，说挺不错的，就住这儿吧。其实他在哥本哈根大学的学生宿舍可以给我安排一下，但是我之前没联系上，只好花了买书钱去住旅店。他觉得有点对不起我，就请我喝丹麦产的黑啤酒，非常好喝。

第二天是星期一，仍然是狂欢节，我选择一个比较远一点的地方游玩。我一早赶往远郊的Hillerød，去参观腓特烈堡（Frederiksborg Castle，水晶宫）（图4-1），当时要坐四十分钟火车，下了火车，在农村田地里走大约四十分钟，路上基本找不着人问路。这个古堡建于1602—1620年，莎士比亚《哈姆雷特》的故事就发生在这里，这也是我要来的原因之一。现在这里是丹麦国立历史博物馆（National Historical Museum），收藏着19世纪以前丹麦王室所用的物品，雕

图4-1　腓特烈堡（水晶宫）

像、绘画、金银制品、木器家具、兵器、玩具、徽章等，应有尽有，虽然面积非常小，但收藏丰富。我们从前去故宫，每次隔着窗户往里望，也望不着几件东西。一旦进了欧洲的王宫，满眼都是油画、壁毯及各种器皿。后来我到过凡尔赛宫、圣彼得堡的夏宫，里面东西太多了，眼睛应接不暇，知识储备完全不够，我那时候就是看热闹，跟大学里学的那点欧洲历史完全对不上。这一天我还去了美人鱼、神牛雕像、教堂等著名景点，有个哥本哈根大学的同学借给我一辆自行车，并给我带路导游，大半天把这些地方都跑了一遍。

丹麦的敦煌写卷

　　我来丹麦最主要的目标是哥本哈根的皇家图书馆（Royal Library，图4-2）。这里有14件敦煌卷子，我是在藤枝晃的书上看到这个信息的。1966年藤枝晃用英语写的《敦煌写本概说》（*The Tunhuang Manuscripts: A general description*）一文中，曾简略地提到它们。北大有这篇文章的抽印本，原文是在京都大学的西文刊物《人文》上发表的，他给北大寄了一个part one，part two没有再寄，因为我们没给他寄领受书回执。日本人很严格，他给你寄的书里有个领受书，你把领受书寄回去，人家下一本才来。好在描述各地收藏的都在part one。藤枝晃曾经八下欧洲，对各个地方的敦煌收藏都有调查。1970年代，他把发表在一些通俗读物上的连载文章汇总成了《文字的文化史》一书，国内翻译成《汉字的文化史》。这本书介绍这些收藏，重点则是有关书籍历史的内容，包括不同时期笔是什么样的，册子怎么装的。这本书得了法国的儒莲奖，很不简单，因为是一本很小的书。法国国家图书馆《敦煌写本目录》前言也提到了这个信息。

我顺着这个信息去走访哥本哈根，莱顿大学汉学院图书馆馆长马大任给我写了推荐信，他和那里的图书馆员有联系。我到哥本哈根，就是冲着这14件敦煌卷子去的，我不知道它们是什么内容，不知道里头有没有归义军史料，有没有于阗使者的记录。一般情况下，这么小的收藏品，不会有太多重要的学术价值，但是我必须找到任何一个能找到的敦煌的纸片、吐鲁番的纸片。5月28日一早，我终于坐到皇家图书馆的阅览室里。

哥本哈根皇家图书馆藏敦煌写卷是丹麦商人索雷森（Arthur B. Sorensen）捐赠的。索雷森当时在上海，是大北电报公司的首席报务员，他平时喜欢旅行，欧洲殖民主义时代的旅行者们特别喜欢写作，读者也特别希望了解各种

图4-2　丹麦皇家图书馆

新鲜的事儿。索雷森曾写过两卷本《沿着未知的亚洲道路而行》(*Along the Unknown Trails of Asia*)，1951年出版。他1915年到了敦煌，跟斯坦因第三次探险队、俄国探险家奥登堡（S. F. Oldenburg）、日本大谷探险队差不多同时在敦煌。那时候，探险者拿到的东西没有假的。

德国汉学家福克司（Walter Fuchs）曾为这些卷子编了一个草目，题为《皇家图书馆藏14件敦煌卷子的详细注记》，用德语写的，上面还有汉字，是福克司写的，好几页，一个号是一个卷子，注录得相当详细。福克司原来是燕京大学的教员，二战后回到德国，他留在中国的藏书全在北大图书馆。他的书非常好，比如说我用的伯希和的抽印本，有五大册，都是他装订的，应该是伯希和送给他的抽印本，他都给装订好了。此外还有其他人的抽印本合集，都是他装订的，我上学时经常用。福克司还有一些跟西域有关的中文书，比如罗振玉的《西陲石刻录》，他在上面做过校勘，其中刘平国碑是我见到的所有校对中最细的，每一个字在什么本子做什么，都写了，用的功夫很大。这些书全散在北大的大库里头。后来我在柏林待了比较长的时间，柏林有一位他的学生叫魏汉茂（Hartmut Walravens），是国际图书馆协会的秘书长，他有个大办公室在德国国家图书馆里头。他当时说你能不能把福克司在北大的书编一个书目，咱们出一本。我回来摸了一下，太散了，像那些伯希和的，我可以找出来，但是像他校的《西陲石刻录》，还有其他汉文的图书，那像大海捞针一样，所以没有完成这个事儿。福克司后来汉学做不下去了，因为他的书都在北京，于是改做满学。我到柏林自由大学，是冯·曼德教授邀请我的，冯·曼德就是他的学生，他们都是做满学的。

皇家图书馆接待我的是东方部主任劳瑞森夫人（K. R. Lauridsen），也是非常好的人。她给了我一个更好的目录《哥本哈根皇家图书馆藏敦煌写本》，是馆员彼得森（Jens O. Petersen）用英语写的，当时还是稿本，就送给我。我把稿本译成了中文，在1987年第1期《敦煌学辑刊》上发表了。彼得森的文章后来正式发表在1988年哥本哈根东亚研究25周年的一个纪念文集上，那时候我已经回国了，有人给马克垚老师寄了这本论文集，马老师把文章拿给我看。马克垚研究欧洲中世史，但是他对我们这些年轻人都非常好，知道谁在做什么。

他们收到有关论著会拿给相关的年轻人，这是北大老辈学者的优良传统。我对比一下，彼得森正式发表的文章跟我拿到的稿本是一样的。我在旅行中有空闲时间就做翻译，主要翻译贝利和恩默瑞克的文章，也顺带翻译了这个目录。

皇家图书馆的敦煌卷子全是佛经，里面没什么重要的内容，中间有一首打油诗，读起来挺好玩的："不见小人行，早达如来庭。则笔皆感谢，纸上有分明。常与他人隐，不论古人情。师兄好师兄，济接有心灵。"小孩抄经抄累了，就写一些打油诗。我当时问劳瑞森夫人要这件写卷的图，她就给我做了一个缩微胶卷，全部写卷的胶卷随后寄到了莱顿大学，后来我把这份缩微胶卷捐给了国家图书馆的敦煌组。皇家图书馆的卷子里有一个《华严经》的注疏，当时我能查到的敦煌目录里是唯一一件，是个孤本，对那些做华严学的人，肯定是有用的。其他的有七卷《大般若波罗蜜多经》，虽然内容比较普通，但是等所有的敦煌卷子发表之后，也是有用的。我认为敦煌是一个藏经的构成，但不完整。我这样认为的依据是敦煌卷子里的600卷《大般若波罗蜜多经》基本上不重复，比如它卷一有一卷，卷三二三也有一卷，没有一个卷二二有十卷这种情况，所以它不是废弃的，它原来是一个藏的组成部分，才会形成这样的情况。我粗编过《大般若波罗蜜多经》的卷目，虽然说北京图书馆某一卷有19个号，但是这19个号拼起来之后是一卷完整的写本。当年这些卷子拉到北京时，有一些官僚偷了一些，为了填补偷拿后的数字空缺，他们把一卷完整的经撕成很多条，有一卷撕成了21条，有一卷撕成了19条，这样就编成了19个号，但是这19个号当初是一卷。将来我们重现整个藏经洞的宝藏时，把这些零散的《大般若波罗蜜多经》镶嵌到整个宝藏里，它们的作用就显现了。我们去调查每一卷的长短高低，目的就在于此。

斯文·赫定的和田探险和他的收集品

丹麦之行结束后，我坐28日晚上11点的车离开哥本哈根，前往斯德哥尔摩。欧洲火车卧铺，拉开门，里面是面对面各三个座，把面对面的两个座位拉开，就是一张床。欧洲人不喜欢坐夜车，我在欧洲坐夜车，大部分时候一个门里只有我一个人，晚上睡觉非常舒服。但是这趟却非常辛苦，从哥本哈根去斯德哥尔摩，我没有事先订座，火车上了船舱就傻眼了，车上挤得连下脚的地方都没有。欧洲学生旅行带着睡袋，他们连订座的钱都不花，在过道中就躺着睡。边境检查的人来了，他们把身份证一亮就行了，我就得被仔细盘查。我只好坐在靠窗的小板凳上，实在不行，就到甲板上看星星。从哥本哈根到斯德哥尔摩这一夜的火车，是我旅行中最困难的一段。

次日早晨8点多到了斯德哥尔摩，先找到使馆教育处，有刘秋云老师的介绍，他们帮我存放了行李，因为我还没有确定什么时候离开。我来瑞典的主要目标是瑞典国立人种学博物馆（The National Museum of Ethnography in Sweden），这里有斯文·赫定收集品。赫定多次去和田地区探险，收集了大量文物，主要集中在这个博物馆，也有一些给了王室，现存于一些皇家的博物馆里。18世纪的瑞典国王古斯塔夫三世对东方特别感兴趣，所以瑞典的东方学很发达，出了高本汉（K. B. Karlgren）、安特生（J. G. Andersson）这些与中国关系密切的汉学家、考古学家。特别是高本汉，把汉文名起成"本汉"，即本是汉人的意思。

1985年我去调查的时候，瑞典国立人种学博物馆从城里搬到郊外很远的地方（图4-3），我忘记了自己是怎么转车找到新馆的。遗憾的是，我要看的很多和田的收集品都在箱子里，不能打开，我没法看到很多东西。实际上瑞典的和田或者其他的收集品非常丰富。

过去不同时代，欧洲来中国探险的是不同的人。从马可·波罗时代直到明代，主要是传教士时代，鄂本笃（Benedict de Goës）为了证明契丹就是中国，从陆上跑了一趟。19世纪是地理探险时代。到了20世纪，西方考古学家的触角才进入塔里木盆地。斯文·赫定是新疆从地理探险时代到考古时代的转变中非常关键的人物。他十七八岁的时候就单骑横穿波斯，波斯有很多高原、荒漠，荒丘地带一点人烟都没有，横穿非常不易。1896年，赫定组织了一个探险队，第一次进塔里木盆地。这是所有跟古物有关的探险队里最早的一支。那时候的地理学家热衷于发现新的物种，新的湖泊、水流、高山，新发现的地方往往以发现者的名字来命名。比如说喜马拉雅山、慕士塔格峰等，这些在欧洲地

图4-3　瑞典国立人种学博物馆

图上都不是这个名字，而是发现者的名字。斯文·赫定他们为了这个目的，拼死也要来。

　　当时他对塔克拉玛干大沙漠完全不摸门。他在喀什东面的麦盖提准备了六七天的干粮和水，准备一口气冲到和田河。和田河当年还没有断流，可以一直流到塔里木河。塔里木河汇聚了和田河、叶尔羌河、喀什噶尔河等几条河，最后流入罗布泊。斯文·赫定不清楚塔克拉玛干的性格，在春天风最大的时候进入沙漠，此时的塔克拉玛干都是一个一个的大沙山，风一起，天昏地暗，太阳都不知道在哪儿，根本分不清东南西北，必须有熟悉情况的老乡带路。我几次进塔克拉玛干沙漠都是老乡带着，没有这样的向导，一转就没有方向，肯定死在里头。而且塔克拉玛干是东北季风，把沙子推到西南角，斯文·赫定走的路线是沙山最高最大的地方。他走到一半，带的水桶打翻了一个，老乡没敢告诉他，走着走着，没水了，就杀骆驼，喝骆驼血，最后骆驼血也不够喝了。斯文·赫定是探险队里身体最壮的，而且他刚开始时是骑行，体力保存得好，当所有人都倒下后，他没有往回走，而是继续东行。白天拿沙子把自己埋上，保存身上的水分，晚上朝着和田河的方向猛冲，有一天晚上终于找到了一个水池。他用两只靴子灌满水，又跑回去，把一个仆人救了出来，其他人和所有仪器都扔在沙漠里。他们遇到一个牧民，牧民救助了他们。经过九死一生的历险，才到达和田。和田官衙派人帮他去找仪器，什么都没找着。赫定略微休整之后，从和田绿洲出发，继续沿和田河北上，到塔瓦库里村。老乡说沙漠里有个塔克拉玛干古城，他就一路向东走，发现了当时叫"塔克拉玛干古城"的丹丹乌里克，后来斯坦因、特灵克勒都去过丹丹乌里克，赫定是第一个发现它的探险家。他继续往东北行，到克里雅河流域，找到了喀拉墩遗址。沙漠中有顺序排列的胡杨中间，一般原来是古河道，往下挖一米，水就冒出来了。塔克拉玛干底下的水是非常丰富的，但是一般地方挖下去是盐粒子，有一米多厚的盐，而古河道底下是甜水。1986年我从且末去民丰，当时的路是1950年代劳改犯用盐粒子铺的，盐粒子非常坚硬，和沙子路一样。现在那里出了石油，修了塔中公路，塔里木南缘也都修了柏油路，最结实的车都压不坏。赫定的照相机丢在了沙漠里，没办法做详细的考古记录，就画了一些图（图4-4）。他画得非常好，我买过一本日本出版的《斯文·赫定素描集》，其中两幅画，画了塔克拉玛干古城佛寺遗址墙壁上的千佛，画了他挖掘前后的场景。他没带几

图4-4 斯文·赫定所绘丹丹乌里克遗址

个民工，就挖了一两个遗址。他回瑞典后写了《1894—1897年中亚旅行的地理科学成果》，这是正式的调查报告；还写了一本旅游记《穿越亚洲》（*Through Asia*）。赫定又会写又会画，文字非常好。他有一本书非常畅销，1930年代就出了两个中文译本，一个叫《我的探险生涯》，一个叫《亚洲腹地旅行记》。我在中学就读过这本书，为他的这种探险精神所激励。

1899年，斯文·赫定开始第二次中亚探险，他沿着叶尔羌河、塔里木河漂流，顺流而下到罗布泊地区。他想去西藏，考察途中偶然发现了楼兰古城（斯坦因后来编号LA）。当时探险队的斧头落在前一晚露营的地方，向导回去找斧头的时候，无意中发现了一个大塔，就是楼兰标志性佛塔。当时未及发掘就去了藏北，斯文·赫定完成藏北考察后，1901年3月又来到楼兰古城发掘，得到了很多文物，有木简、丝织品等，后来由瑞典学者做了整理。到今天，佛塔仍是楼兰最高的标志，很远就能看到。从当时挖掘楼兰的场景看，风很大，风一吹，很多房子显露出来。楼兰是被放弃的一个城市，很多东西拿走了，有些东西拿不动，比如有个大缸抬不动，斯坦因等好几个后来的探险者都拍过这个缸的照片，很有意思。

楼兰发现了《战国策》（图4-5），是很早的抄本。楼兰遗址实际是三国西晋的海头遗址，是管理整个西域的西域长史府的驻地。后来有一些学者认为西域长史府应该在LK遗址。

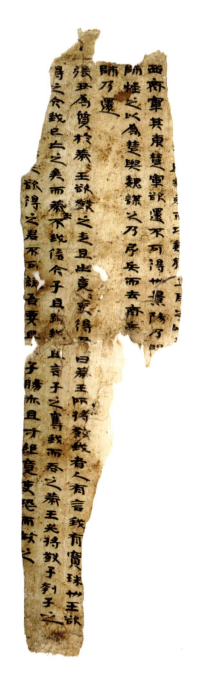

图4-5　楼兰出土《战国策》残片

橘瑞超晚年的时候，日本历史地理学者森鹿三曾拿了几张LK的照片问橘瑞超，你见到的楼兰是不是这个样子。橘瑞超说是这个样子。森鹿三写了一篇文章说楼兰海头应该在LK。这绝对是橘瑞超糊涂了，没有记清楚。楼兰是个大城，LK要小得多，跟楼兰城没法比。楼兰城发现的东西等级非常高，西域长史府的官员带着这些高等级的书到了西域地区，这是中国文化往西走的特别好的印证。我们对比一下，敦煌藏经洞里没有发现《战国策》，为什么没有发现呢？因为魏晋南北朝到唐代的敦煌人，他们读春秋战国的史书，是读西晋时成书的《春秋后语》。敦煌有不少《春秋后语》的抄本，但是没有《战国策》。楼兰居然有《战国策》，这是非常了不起的事儿。古书按卷为单位，有这么一条残片，当年肯定这一卷都在，另一卷在没在就不知道了，但是这一卷绝对在。

1903年，斯文·赫定出版了第二次考古的旅行记《亚洲——一千英里的未知道路》，很快被译成多种文字，英译本叫《中亚与西藏》(*Central Asia and Tibet: Towards the Holy City of Lassa*)，比瑞典文原著更有名。斯文·赫定削尖了脑袋要进拉萨，曾几次装扮成蒙古人或藏人，穿着袍子想进拉萨。当时拉萨对外国人防范很深，不让外国人进，他一直没能进入拉萨。当时的探险家考察之后，一般先写个人旅行记，再写一个正式的考古报告，斯坦因是这么做，斯文·赫定也是这么做。他第二次考古的正式报告是1904—1907年陆续出版的《1899—1902年中亚旅行的科学成果》，一共八卷，其中《罗布泊》《塔里木》两本译成了中文。后来中国社科院文学所的杨镰先生想找小河遗址，到罗布泊考察，他找人翻译了这两本，其他没有翻译。

1920年代末，德国汉莎航空公司准备往中国开一条航线，委托赫定来测量。赫定与中方组成中瑞西北科学考查团，这是第一个中国跟外国合作的科学考察。考查团中方团长是北大教务长徐炳昶先生，成员中搞考古的有北大的黄文弼先生，还有一些学生，如后来成为北大著名气象学家的李宪之，以及到台湾去的刘衍淮。外方团长是赫定，成员主要是瑞典人和德国人，一方面是帮汉莎航空公司测量飞行线路，一方面是各个方面的考察，里面有地质学、天文学、考古学等多学科的专家，这是一个综合性的考察团体。此外，民国政府想往新疆修铁路，委托赫定测量铁路线。当时中国反对外国探险队在中国挖古物，把特灵克勒轰走了，把斯坦因轰走了，但赫定却与中国联合考察。所以斯坦因等人非常恨他，英国皇家地理学会原来给予赫定一个荣誉会员，非常高的荣誉，他跟中国学术团体一联合，英国皇家地理学会马上吊销了他的会员资格。

中瑞西北科学考查团的活动从1927年到1935年，时间非常长，这也是赫定的第四次中亚之行。关于这次考察，他写了一本旅行记，叫《亚洲腹地探险八年》。中瑞科学考察的成果陆续刊发，有一套丛书叫《中瑞西北科学考查团报告集》(The Sino-Swedish Expedition Publication)，出了五十多本，包括考查团有关天文、地理、人文、考古、植物、动物各个门类的研究成果。赫定还用"丝绸之路"(Silk Road)这个名字写了本书，影响很大。他的老师李希霍芬(F. von Richthofen)提出了"丝绸之路"这个名词，但是没有科学的论证，真正对丝绸之路做了科学论证的是斯文·赫定。

中瑞西北科学考查团出了很多人才，像李宪之、刘衍淮，1935年他们在新疆的考察结束后，德国人直接给了他们签证，他们就从新疆坐火车去了德国，读完了博士回到中国。考查团中不少人都是科学家，带出了一些年轻人。有一位搞考古的贝格曼(Folke Bergman)，当时非常年轻，运气非常好，他最重要的成就是跟黄文弼一起发现了居延汉简，他本人还发现了小河墓地。他写的《新疆考古研究》(Archaeological Researches in Sinkiang)收在《中瑞西北科学考查团报告集》中，1939年出版。这是新疆科学考古奠基的著作之一，前面也有斯坦因等人写的考古著作，这本特别对新疆早期文化有论述。小河墓地一共有五层，我们现在已经把整个小河墓地五层揭到底了。贝格曼当时没有这么大力量，但是他基本上把小河墓地各种类型的东西过了一遍手。

中瑞西北科学考查团发现的居延汉简运到北京后，存在北京大学，北大组织了一个班子进行整理、考释。抗日战争爆发后，为了保护居延汉简，北大一个工友挑了一个扁担，把居延汉简从校长办公室运到天津，在徐森玉等人的帮助下，通过天津运到香港，再由邓广铭先生押运，从香港运到四川李庄，存在历史语言研究所。傅斯年把考释工作交给劳榦。抗战后，这批汉简又运到美国，美国又给了台湾，现在保存在南港史语所。所以这批汉简的产权应该属于中瑞西北科学考查团或者是北京大学。前不久北大办过一个展览，展出了劳榦1946年前后写给徐炳昶的信，说你们要出居延汉简，能不能把我这个考释作为附录放上。看来他是没有权利发表的，他得向徐炳昶申请。这个学案，我觉得也是一个很好玩的事情。

于阗文书与吐鲁番仕女画

我到瑞典国立人种学博物馆调查，是想了解和田出土的简纸文书，这是在中瑞西北科学考查团时期拿走的。我去的时候，接待我的是夏义普先生（Bo Sommarström），他出生于湖北，我推测他家是湖北教会里的人。夏义普当时已经不会说中文了，但是对中国人很有感情，见到我像见到老家来的人一样，前前后后帮我找东西。

贝利教授的《于阗语文书集》第四卷副标题叫"赫定收集品中的和田出土塞语文书"（Saka texts from Khotan in the Hedin collection），收录的就是"斯文·赫定收集品"中和田出土的于阗语文书，有转写，还有翻译，但只附了几张图。书中主要是于阗语文书，也有汉语于阗语双语的，但是只有汉语的材料贝利不管。以我对遗址的了解，挖了这么多于阗文的木简，肯定也有汉语文书，这就是我去瑞典国立人种学博物馆的目的。

我获得了当时的入藏目录，表明这批简纸文书是1933年入藏的中瑞西北科学考查团所获的东西。这份瑞典文写的草目，一共著录一百多号，有木简，有纸本。我去的时候，博物馆正在搬家，纸本的全在箱子里，木简的全打开了，我把木简整个过了一遍。根据这份草目，贝利刊布的于阗语文书虽然称为"赫定收集品"，实际上不是赫定本人收集的，是天文学者安博尔特（Nils Ambolt）所获。他当时在和田地区活动，主要负责测量经纬度，从当地居民手中搜集了一些于阗文、汉文写本。当时中瑞西北科学考查团订立的协议，所有文物都不能拿走，可以送到瑞典研究，但是研究之后，必须还回来。实际上，我觉得他们有点偷汤换药，利用那些搞科学的人把古物带走了。

Hedin 24号文书是我最想看的，贝利的书里有这件牒文，但原件在箱子里，我没有见到原物。贝利请了汉学家蒲立本（E. G. Pulleyblank）帮他录文，蒲立本把倒数第三行最上面几个字录成了"五十四年"，认为对应着一个有着五十四年统治期的于阗王。我觉得这个完全不成立。当时的于阗是唐朝的羁縻州，发出去的公文，落款是节度副使都督王尉迟某某，职务写全了应该是"安西节度副使、毗沙都督府都督、于阗王某某某"。他是唐朝的都督和节度使，下达的公文用汉文于阗文双语写，牒文以汉语为主，只有牒文主体部分有对应的于阗文，后面年代、属衔部分没有于阗文。按照我对唐代公文书的理解，纪年的地方没有别的可能，只能是一个唐朝的年号纪年，根据后来瑞典方面寄给我的照片（图4-6），我认为是"贞元十四年"。这是唐朝统治于阗的毗沙羁縻都督府最直接的证据，唐朝怎么统治塔里木盆地，运用汉语和地方语言沟通，这

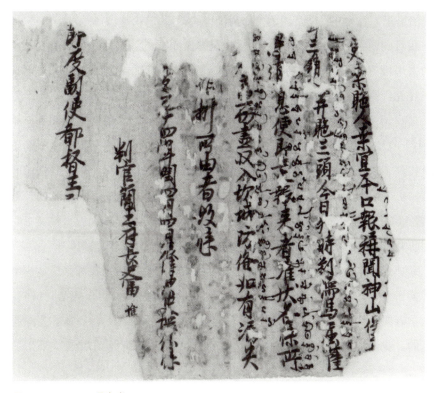

图4-6　Hedin 24号文书

都是最好的材料。

贞元十四年（798），这个年份是唐朝统治塔里木盆地的末期，之后吐蕃占领了这里。这件文书是吐蕃占领之前的最后一个年号的文书，至今没有发现比它更晚的，它是一个非常重要的节点。文书上说的是贼人从塔里木盆地北面沿着和田河到了麻札塔格，麻札塔格在唐朝叫神山堡，现在还有一个非常高大的城堡，在红山嘴上，它是沿着和田河的丝绸之路上最重要的一个关口。文书称，那里的人侦查到了贼人的消息后，从沙漠中横渡到丹丹乌里克，赶紧把这个消息告诉坎城地区的官员。长官发牒文通告管事的小吏——所由，命令"人畜一切尽收入坎城防备"，就是牲口和人都进入城里。古代在塔里木盆地打仗，只要把庄稼、牲口、人全撤到城里，坚壁清野，围攻的敌人没有吃的，很快就会退军。坎城在今天的策勒北面的老达玛沟，斯坦因认为在乌尊塔提。后边说"如有漏失，罪科所由者"，就是说如果有失误，要找这些小吏来问罪。这是唐朝统治塔里木盆地的一条活生生的史料。

我看到原物的还有永泰三年简，也是非常重要的。这片木简只有汉文，贝利的书里没有收录。简上写有："拔伽百姓勿日桑宜纳馆家草壹落子，永泰三年正月五日曹头忽延牌。"永泰三年（767）是唐代宗时期，永泰无三年，二年十一月改元，但消息还未传到于阗，所以仍用永泰年号。简文记于阗一个小吏（曹头）收到了拔伽村一个叫勿日桑宜的百姓交纳的馆家草，我们在于阗语文书里找到了这个于阗人的名字。当地百姓要上交草料来喂马，以此维持馆驿的运营。史书记载，唐朝打败西突厥汗国、建立安西都护府后，在整个四镇地区"列置馆驿"。这个简证明，唐朝已经把馆驿系统铺设到了于阗。每件文书对于我们研究者都是非常重要的，哪怕只有几个字。

瑞典之行的收获不多，但找到的东西在关节点上。后来我和张广达先生写了《关于和田出土于阗文献的年代及其相关问题》。1987年张先生访问日本，日本学者向他约稿，《东洋学报》破例让我们用中文发表文章[1]，这在当时是很少见的。我们把这片木简的黑白照片放在文章里，但没有给出录文，所以一般

---

[1]《东洋学报》第69卷1.2号，1988年。

人常常忽略掉这件重要史料。

1980年代后期，我能和张广达先生一起接连不断地发表有关于阗的文章，都是1985年这趟考察的成果，后来这些文章收录到《于阗史丛考》，1993年12月出版，2008年又出了一个增补版。我和我的学生还写了一本《于阗与敦煌》。这些书和文章非常学术，书里没写我是怎么找到这些资料的，我今天就把找寻的过程都说出来。

夏义普先生还给我看了一批在敦煌买到的回鹘文卷子，写得很整齐，肯定是回鹘文的佛经。日本学者百济康义1980年编了一份《瑞典国立人种学博物馆所藏回鹘文写本草目》。夏义普把目录复印了一份给我，目录里有所有卷子的图片，用photocopy那种机器印的，就跟照片一样，非常好。

夏义普又拿出一幅纸本唐画给我看，画的是一位站立的仕女，左上方有题记一行，"九娘语：四姊儿初学画，四姊忆念儿即看。"（图4-7）意思是说，四姐的小孩在九娘这养着，九娘说，四姐的儿子初学画，四姐想念的时候，看看你儿子画的画。特别生动的一封信。而且小孩画得很好，是盛唐标准的仕女画。吐鲁番阿斯塔那墓葬中发现的盛唐时期的画，真比敦煌藏经洞出的那些绢画好，因为年代早，敦煌的绢画纸画基本是吐蕃统治以后的，阿斯塔那出的唐画都是盛唐时期的。比如《牵马图》《围棋仕女图》，都是长安的画法。这些画可能就是长安画好带过来的，我认为不是吐鲁番当地人画的，但是吐鲁番当地孩子学画，要跟着这些画来学。

关于这幅纸本唐画，社科院历史所的张弓先生去过一趟瑞典，做了学术研究，写了一篇小文章。其他很少有人研究过这幅画，我估计用中文最早介绍这幅画的就是我的《海外敦煌吐鲁番文献知见录》。当时出一本书不容易，画的照片都没有放在书里，只把题记录文放在"瑞典国立人种学博物馆"这一节里。

我在闭馆前看完了所要看的材料，赶紧回教育处，那里的主任说一定要在7点之前回来。结果我匆忙中看错了站名，瑞典文的词儿太长，等我从地铁里上来，是个陌生的地方。问一位老汉，他看了半天我的地图，说"你坐出了地图"。我赶紧往回返，早已过了约定的时间，那位好心的主任一直在那里等着

图4-7　吐鲁番发现唐朝纸画

我，听我讲完为什么大老远的来这里考察之后，说我开车送你去火车站。他被"我的探险生涯"感动了，我节省了时间，赶晚上11点多的火车回哥本哈根。30日在哥本哈根转车，下午回到汉堡。

马达汉收集品的遗憾

1996年我写《知见录》的时候，有些收藏敦煌吐鲁番收集品的地方还没有去。当时美国的好多地方还没有去，日本有些地方也没有去，另外有三个地方，我估计以后也不一定能去了，一个是芬兰，一个是韩国，一个是印度。我1985年在欧洲考察，有我的导师许理和给各个收藏单位写信，一般单位都会接受，唯独被拒绝的就是芬兰赫尔辛基大学图书馆。馆方给许理和回信说这些文书太脆了，要看可以去日本看百济康义拍的照片。他哪儿知道，那时候中国人出趟国多不容易！我出国前跟周一良先生汇报，周先生说，你把马达汉（Gustaf Emil Mannerheim）的这些东西弄回来，就不虚此行了，他觉得这是最重要的。到今天这批资料也没有完全公布，只有个别学者写了文章，有黑乎乎的很小的照片。我到了斯德哥尔摩，离赫尔辛基很近了，但是没去成，特别遗憾。

马达汉的名字，1996年我写《海外敦煌吐鲁番文献知见录》时音译成"曼涅尔海姆"，后来新疆档案馆公布了有关他的档案，他的汉文名字叫马达汉。这是个传奇人物，他早年在沙俄海军服役，是海军部的军官。沙俄派他到新疆打探军事情报，同时他受芬兰的芬乌学会委托，搜集古物和民俗学标本。当时他向清朝政府申请的护照还没发下来，就假装成伯希和探险队的成员，跟着伯希和一起从安集延进入新疆。现在留有一张照片，小个子是伯希和，大个子是马达汉，年轻时候很英俊。他来中国之前，受了两年各种各样的训练，天文、地理、动植物等各方面，比如怎么捕捉完整的蝴蝶做成标本，怎么制作猛兽标本，往哪个地方开枪才能获得完整的兽皮。到了喀什噶尔，他和伯希和吵翻了，马达汉往南去了和田，伯希和往北去巴楚，两人分道扬镳。马达汉不是考古学家，他到和田就在当地买东西，他有钱，什么都买，包括文书、钱币、陶制小雕像、建筑构件、生活器皿，古物也拿，民俗器物也拿，什么都要。和田早期的汉佉二体钱，除英国外，国内外收藏非常少，英国博物馆的汪海岚（Helen Wang）21世纪初到芬兰调查，结果发现有97枚，过去芬兰人没有好好整理过。马达汉在和田也买了一些于阗文、梵文的东西，但是比较少。马达汉的考察日记做得非常详细，他的调查报告现在放在圣彼得堡的海军部里，中国社科院边疆所曾经申请过，他们不给，说这是军事情报，绝对不给。

马达汉从和田北上，由乌什、阿克苏，再北上柯坪，进入天山和伊犁河流域考察。这不像一般搞考古的，他不挖墓，也不挖城址，他为什么跑到天山的山口去?（图4-8）因为他是谍报人员，他要看这些山口的冰层，什么时候可以过人，能过多少人，马驴能过，还是车能过。他对每一个村镇有多少兵，兵营

图4-8　马达汉调查天山山口

满世界寻找敦煌

在哪，用的什么武器，都有记录，而且画了图，比清朝地方志详细多了。他在天山山口待了一段时间，还有一个原因，就是在等他的护照。他从裕勒都斯河谷下到焉耆的时候，肯定有眼线告诉他，清朝政府给他的护照已经到了新疆。他到焉耆才拿到护照，有了正式的身份。他们在申请护照时，都不写自己是考古的，只说是游历者。1995年我曾经到新疆档案馆，没有告诉新疆的朋友，我用了一天时间，从馆长到保管员，全部被我给说服了，同意带我到档案馆库房里自己找东西。我事先整理好了马达汉、伯希和、斯坦因这些探险家到新疆的时间，按照日期在档案里一抽就是一个马达汉，一抽就是一个伯希和，一抽就是一个斯坦因，资料全都有，所有探险队的档案都有。但这些人没有说是来做考古的，都说来游历的，他们的资料跟传教士以及一般旅游者的资料混在一起。但是我一拼，这个叫"马达汉"，那个叫"斯代诺"，只有伯希和就写作"伯希和"。特别是冯·柯勒克，他叫"封里格"，格伦威德尔叫"吕推力"，德文里"伦"不是上面有两点吗，就变成"吕"了，"威德尔"成了"推力"。清朝人根据发音随便给他们护照上写了一个名，我们现在都不用这个名。新疆档案馆是一个大宝藏，很可惜不开放。

马达汉从焉耆到乌鲁木齐，沿天山北路到古城（就是北庭），再南下吐鲁番，在吐鲁番一些地方收集了不少写本，向东经哈密到敦煌。他大概比斯坦因早到敦煌三个月，但没去莫高窟。现在芬兰学者很遗憾马达汉为什么没去，他在日记里说好长时间没有野味，去打野鸭子了，所以没去莫高窟。他是一个军人，对那些经卷兴趣不大。芬兰人非常可惜，说他要是去了莫高窟，马达汉就是斯坦因了。之后，马达汉从敦煌向南山跑到撒里畏兀儿那里，又经武威，到拉卜楞寺去了一趟，然后从兰州、开封、太原到五台山，最后到北京，再经日本，绕海参崴，回圣彼得堡。

马达汉当年写了一本书《由西向东穿越亚洲》（*Across Asia from West to East in 1906-1908*），现在有一个很好的中译本，是中国驻芬兰大使退休后，从芬兰语直接译的。我用的是1940年赫尔辛基出的英译本，1970年代翻印过一次。这本书与调查报告相比肯定删掉了很多内容，主要是旅行过程，但是也有很多记述军事的内容，他特别注意当地军队用什么武器，有什么样的炮，他都有调查。他本来是沙俄的军官，二战中，他指挥了抵御苏联入侵芬兰的战争，1944年当选为芬兰总统。这些探险家里头，各式各样人都有。

1999年芬兰做了一个"1906 ~ 1908年马达汉在中亚"（C. G. Mannerheim in Central Asia 1906-1908）的展览。当时我有个学生到芬兰旅游，我让她买了本展览图录。

迄今为止我还没有机会到芬兰调查这批吐鲁番文献资料，但我在百济康义的研究室看过他拍的所有照片，他也让我复制了其中的非佛教文献。后来我一个学生到赫尔辛基大学进修半年，通过他芬兰的老师，拍了一些吐鲁番文书的照片。这些照片拍得不太规整，但是非常有用。现在，马达汉收集的两千多卷文书已经从赫尔辛基大学移到了芬兰国家图书馆。我这里提示几件重要文书。

高昌王供养的《佛说仁王般若波罗蜜经》（图4-9），残存题记的上半截，上面写"延昌卅一年（591）辛亥岁二月十五日，白衣弟子高昌……"。这是相当于隋朝时期高昌地区最高等级的佛教典籍，用的纸张很高级。这样的写经有两件，另一件是同年十二月十五日写的，也残失下半，虽然第一行只残存了"白衣"，但一定是高昌王，高昌王都供养这个《仁王经》。这些写经和题记与我在柏林看到的高昌王麴乾固的写经是一模一样的，因为他每一卷后边都要写同一个题记，所以我敢把这件定为高昌王麴乾固的写经。

《老子道德经序诀》。前几年我们与旅顺博物馆合作整理该馆所藏大谷探险队的文书。大谷光瑞辞去西本愿寺法主之位后，把大量探险收集品带到了旅顺。当年旅顺是日本直辖的城市，而且是个免税港。大谷光瑞把东西带到旅顺，是为了逃税。他收集的两万六千片佛教典籍留在今天的旅顺博物馆，先是被苏联红军接管，1951年移交给中国政府，一直没有得到彻底的整理。前几年，我们和旅顺博物馆合作，把这两万六千片编成了35大本八开的图录。不光是佛经，里面还有道经、儒家经典，过去都被大谷探险队当成了佛典。我们有大收获，其中有几片可以和马达汉收集品中的《老子道德经序诀》拼在一块儿。小的一片是旅顺博物馆藏文书，大的一片是马达汉拿的，他比大谷探险队去得早，拿到了一块大的。我们现在的工作就是把一片一片做拼图，跟小孩拼七巧板一样，非常好玩。

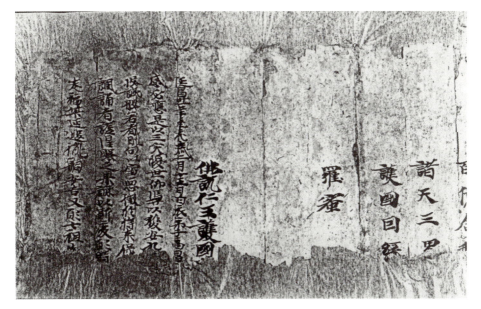

图4-9　马达汉所获《仁王经》高昌王题记

　　我们做旅顺博物馆藏卷的工作中，最有典型意义的是拼合《武周大足元年西州高昌县户籍》，这也是我积累了多年的结果。按照背面的佛经目录顺序，我们大致可以复原位置。大谷探险队的僧人只要正面的佛经，背面大足元年的户籍给粘在纸板里，我们看到里面隐隐约约有字，但是不敢撬开，它粘得很死，旅顺的一件（LM编号）上面接龙谷大学收藏的一件大谷文书（Ot.5452r），这两件是上下缀合的。按照这一个户籍的人家，文书前后的顺序，大概接的多长。再后是旅顺博物馆的一长纸片，再下四五片是日本书道博物馆的（SH编号），是清朝新疆布政使王树枏在吐鲁番收集的，后来辗转卖给了日本。再后面一大片是克罗特科夫（N. N. Krotkov）的收集品（Kr编号），他是沙皇俄国驻乌鲁木齐总领事，收集到不少吐鲁番文书。克罗特科夫就是要拿鞭子抽勒柯克的那个人，他派了眼线到吐鲁番收集古物。他的收集品也有几千件，原来没有公布过，后来日本的东洋文库花钱做了一套缩微胶卷，但是这套缩微胶卷没做副本给俄国人，你到俄国都没法找。前几年我到东洋文库，知道他们有四十四卷克罗特科夫收集品，我用两个星期整个摇了一遍。东洋文库帮我忙的小伙

SH.125-1r

SH.125-5

Ot.5059r

Kr 4/654r

图4-10　武周大足元年（701）西州高昌县顺义乡籍残片关系示意图

子，我要哪件照片，他都给我拍。我是从东洋文库申请到的黑白照片，把它们接在这组文书里。最后一件是龙谷大学藏大谷文书。这里面还可以插进两片马达汉的，但是我们没有图。这是一组由王树枏、大谷探险队、克罗特科夫、马达汉的收集品拼出的户籍，现散落在世界各地，计有12件文书残片（图4-10）。我让整理旅博藏文献课题组成员写了一篇文章，题为《武周大足元年西州高昌县籍拾遗复原研究》，所用材料是我从1985年陆陆续续攒起来的。

　　这些成果收在我近年编的两本书里，一本是和史睿合编的《吐鲁番出土文献散录》（全二册）。大的收集品比如大谷搜集品、英国的斯坦因收集品，这都

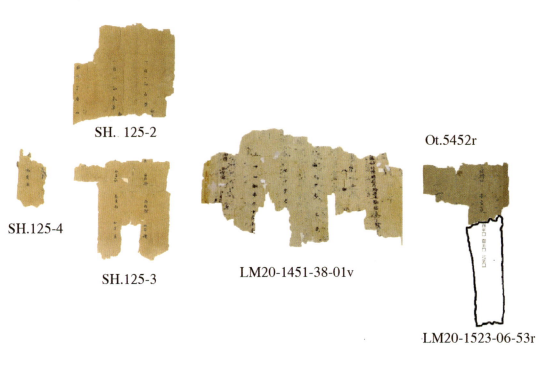

SH. 125-2

SH.125-4

SH.125-3

LM20-1451-38-01v

Ot.5452r

LM20-1523-06-53r

有人出了书。其他的小收集品里吐鲁番的所有非佛经文书，我能找到的，全装在这上下两册里。最主要的是德国的，我花三个月抄的德国的所有非佛教的世俗文书和儒家道家典籍，全在这两册里。另一本是我和王振芬、孟宪实主编的《旅顺博物馆藏新疆出土汉文文献》，35册，全彩印，基本是原大的。我们在整理文书的同时做了很多研究工作，相关的缀合成果发表在我们的研究论集中。

有一年，我在圣彼得堡的机场候机，一位芬兰人没有赶上班机，一点都不着急，因为她很快可以搭后面的班机去赫尔辛基。我多希望自己也能去一趟那里，把马达汉的收集品调查清楚，这是我1985年在欧洲寻找敦煌的最大遗憾。

五

走访散落在东瀛的遗珍

坐船去日本

日本收藏的敦煌吐鲁番文书非常丰富，我分两次介绍在日本寻访的过程，内容都是以我第一次去日本的收获为主。1990年8月到1991年2月，我应龙谷大学佛教文化研究所邀请，做了半年访问研究，把日本收藏敦煌吐鲁番文书的主要地方都跑了一遍。日本的收藏有公家的，有私人的，私人博物馆很难进去，托关系才能看到一些藏品，也不知道看得全不全。我后来多次去日本，有些地方通过多次探访才弄清楚整体情况。

武汉大学唐长孺先生对我去龙谷大学的访问寄予很多期待。唐长孺先生是武汉大学的教授，1976年到1990年代初担任国家文物局下属的古文献研究室主任。古文献研究室在"文革"期间就开始整理马王堆帛书、银雀山汉简、吐鲁番出土文书。唐先生为了吐鲁番文书的整理专门与国家文物局局长王冶秋先生去过一趟新疆，路途颠簸导致他右眼视网膜脱落，后来视力就不行了。1983年唐长孺先生在避暑山庄主持审阅《中国大百科全书·中国历史·隋唐五代史》的词条，唐先生主编，我的老师张广达先生是副主编。我跟着在避暑山庄里面住了近一个月，非常舒服，每天游客散去之后，避暑山庄里就我们十个人左右，还有陈仲安、胡如雷、朱雷、张泽咸、吴宗国等先生。我们念"隋唐史"等长条，唐先生闭着眼睛听，遇到要修改的地方，他就讲这处实际是怎么回事，应该怎么改，相当于给我们上了一个月课。有些网友说我是唐先生的学生，我不敢高攀，但我确实系统地听过唐先生的唐史课。唐先生是非常了不起的，他原来研究辽金史，往上推研究到宋、唐、魏晋南北朝，再从上往下写书。《魏晋南北朝史论丛》和《续编》《拾遗》，把魏晋南北朝各方面都写了；《山居存稿》以及他学生整理的《山居存稿续编》《山居存稿三编》，还有《魏晋南北朝隋唐史三论》中的部分，把隋唐史大的方面写了，但是很多细节的研究成果来不及著述发表。

1990年我去日本之前，唐长孺先生给我写了一封信（图5-1），信中说："东渡想已有期，龙谷大学所藏吐鲁番文书整片碎纸均未发表，必多创获。"那时去日本的人还比较少，特别是我们这样专业的。龙谷大学集中存放了大谷探险队搜集的吐鲁番文书，唐先生希望我能彻底查一下这批文书的情况。现在这些文书全部可以在网上查到了，那时候只有零星地随论文发表，大多没有图片，单看录文是不可靠的。在这种状况下，唐先生给我写了这封信。信的后半部分说国灿同志要去日本，即他的学生陈国灿先生。后来有两位敦煌吐鲁番学者跟我同时在日本，一位是敦煌研究院敦煌遗书研究所（后更名为敦煌文献研究所）所长施萍婷先生，她以调查敦煌文献为主；还有一个就是陈国灿先生，他来得晚一点。如今施先生90岁了，就住在杭州；唐先生不在了，陈先生也不在了。三十多年前的这些事回忆起来，已很有历史感。

1990年我去日本，没有选择坐飞机，而是选择了坐客轮。当时刚刚开通了中

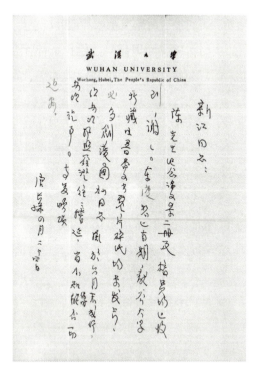

图5-1　唐长孺先生来信

国与日本之间的一条客运航线，客货两运，从天津新港开到神户，叫燕京轮。我出生在天津新港，住在燕京大学的院子里，我想就去坐一趟燕京轮吧。我父亲认识船长、大副，帮我打了招呼，可以多带点儿行李。日本之行结束后，我从日本飞英国继续访问，在日本收集的18箱资料就托给大副、船长运回来，搁在集装箱码头仓库的铁笼子里，我半年之后才去领。我买的是一等舱B级客舱，船上人很多，大多是东北的日本遗留孤儿家属去日本探亲，小孩很多，闹闹腾腾的，但是我的房间位置非常好，可以安静看书。

1990年8月28日，我从天津港客运站办理海关手续，托运行李。然后从客运站乘车到集装箱码头，登上燕京号客轮。上船后，因为人数对不上，又重点一遍，迟到晚上10:30才起锚航行。次日，船在海上航行了一整天，当时中国还没与韩国建交，船不能穿过韩国领海，要绕一个很大的弯儿，两天三夜才到神户。靠岸时，海关下班了，没人办手续，我于是又在船上睡了一宿，次日才登岸。31日一早，船入神户港，靠码头，看到老朋友木田知生先生靠在岸边的护栏向船上张望。他昨晚已经提前来到神户，住宾馆等着接我。9点下船，与木田见面很高兴。他在京都大学人文科学研究所读博士研究生时，1979至1980年在北大历史系留学两年，师从邓广铭先生学习宋史；1985至1986年又来中古史中心进修一年，跟我相当熟，可谓是老朋友了，他中文说得跟中国人一样好。

木田带我乘电车到京都，见了龙谷大学校长、研究所长、佛教文化研究所上山大峻教授、百济康义副教授，百济负责我的来访。他们为我安排了住处，在京都、奈良之间的向岛学生中心的教师公寓。电话接通后，接到藤枝晃先生的问候，约下周见面。9月1日，木田带我到京都站附近的福幸中国餐馆，龙谷大学方面设接风宴，东洋史方面有谷川道雄、小田义久教授，佛教学方面有上山大峻、百济康义等在座。席间主要谈了大谷文书的流散情况，以及中国收藏的敦煌吐鲁番文书情况。

大谷探险队与龙谷大学藏大谷文书

说起日本之行的缘起，和我的欧洲考察是接续的。1985年我在欧洲考察，我的导师许理和给各个文书收藏单位写信，几乎所有单位都邀请我去看，唯独芬兰赫尔辛基大学图书馆不让我看。赫大图书馆说日本学者百济康义刚刚看过，给所有文书拍了照，文书特别脆，再翻一遍怕弄坏了，你想看可以去日本看百济康义的照片。我根据赫大提供的地址给百济康义写了一封信，百济先生非常热情地说有机会就安排我来日本。百济是研究古代回鹘文的专家，跟欧洲学者联系紧密，是一位非常开放的国际型学者。促成日本之行的另一个人是我的好朋友木田知生，他京都大学毕业后在龙谷大学任教，负责与中国学界的交往事宜。所以他们俩这一掺和，成全了我1990年8月的东渡日本之行。我当时是副教授身份，龙谷大学给我的经费和住宿很不错，安排我住在教师公寓。后来陈国灿先生他们到京都就住在我那，他们一来，他们做饭，我就有好吃的了。还有我在日本的同学，只要到京都来玩，基本上就由我带他们到奈良一日游。

我平日工作的地点是西本愿寺旁大宫学舍图书馆403室（图5-2），这是百济康义的研究室，20世纪50年代成立的龙谷大学西域文化研究会的藏书和资料就在这里，当时的负责人是上山大峻先生，具体管事的是百济康义。平日百济康义不来，我自己从图书馆门房拿钥匙进研究室，很长一段时间有位非常勤的中田笃郎先生也在这里工作。房间里面有很多在中国看不到的书和油印本，有所有大谷收集品的缩微胶卷，有赫尔辛基大学马达汉收集品、伊斯坦布尔大学吐鲁番写本等原始资料的照片，还有《西域文化研究》《敦煌宝藏》等大部头书，复印、打字等电脑设备俱全。百济说你可以随便翻看，随便复制。唐先生给了我调查大谷文书的任务，我先把大谷文书的缩微胶卷过了一遍，知道大谷文书整体情况，必要的时候再申请看原件，原件就在我所在的图书馆里面。

龙谷大学收藏的大谷文书是大谷探险队的收集品。欧洲的探险队一般由国家或某个博物馆支持，东西拿回去之后属于公家，除了德国的勒柯克卖过一些

图5-2　龙谷大学大宫图书馆旧貌

小的壁画，其他基本上全部进入国立的博物馆和图书馆，没有流失，而大谷探险队的三次探险是大谷光瑞的个人事业。大谷光瑞是净土真宗西本愿寺法主，娶的是大正天皇皇后之姐，与日本皇室有联姻。日本佛教有很多宗派，其中最大的宗派叫净土真宗，净土真宗太大了，所以国家很早就把净土真宗拆分为八派，如东本愿寺派、西本愿寺派等。东本愿寺和西本愿寺有竞争关系。东本愿寺办的学校叫大谷大学，西本愿寺办的学校就是我所在的龙谷大学。如果我们去京都，从京都火车站往西北走，就到了占地面积很大的西本愿寺，西本愿寺旁边就是龙谷大学本部。

　　19世纪欧洲诞生了东方学，欧洲学者收集了很多梵文佛教写本，用梵文写本来研究汉译佛典，对汉译佛典某些地方提出质疑。日本的宗教团体对此非常敏感。19世纪末，东本愿寺、西本愿寺分别派了两位高僧到英国牛津大学留学，一位叫南条文雄，一位叫高楠顺次郎。这俩人都是日本学术史上了不起的人物，高楠顺次郎在欧洲将《南海寄归内法传》译成英文出版，回国后编了《大

　　　　　　　　　　　　　　　　　　　　满世界寻找敦煌

正新修大藏经》，到今天仍是最学术的佛教藏经文本。南条文雄把《大明三藏圣教目录》译成了英语，每一个经名下都有一个提要，并有构拟的梵文名称。这本书成为欧洲学者离不开的一本佛教目录书，比如翟林奈编敦煌卷子，必须标南条目录的号，比如《妙法莲华经》，他标上南条目录里相应的号，读者就知道是《妙法莲华经》，梵文叫什么名字，是谁翻译的，还有提要。所以南条文雄的目录跟我们敦煌吐鲁番学也有密切的关系。

1900年，第21代西本愿寺法主大谷光尊派他的儿子大谷光瑞去欧洲考察宗教情形。大谷光瑞看到了斯文·赫定、斯坦因等人从中国掠夺去的文物，十分眼热这些从佛教之路上出土的文物，于是组建了大谷探险队。探险队成员是僧人，但是日本很早把佛教世俗化，这些佛教徒吃肉喝酒、娶妻生子，跟世俗人没什么不同。大谷探险队的探险以新疆、甘肃地区为主，他们挖吐鲁番人的祖坟，把文物用驼队一队一队地运走，什么事都干。

大谷探险队有三次中亚探险。第一次探险是1902至1904年，由大谷光瑞亲自带队，率弟子渡边哲信、堀贤雄、本多惠隆、井上弘圆等从尼泊尔出发，经布哈拉、撒马尔罕，越帕米尔，到达喀什噶尔，然后分两路，一路去新疆，一路南下西藏。大谷光瑞刚一进新疆就听到父亲去世的消息，赶紧回日本继任西本愿寺派法主。渡边哲信、堀贤雄从叶城到和田，北上阿克苏，东行库车，对其周边克孜尔、库木吐喇千佛洞和通古斯巴什、苏巴什等古遗址做了考古调查，然后到吐鲁番，挖掘了阿斯塔那、哈拉和卓古墓。这些僧人没有经过考古学训练，以获得文物为主要目的，能挖什么就挖什么。

第二次探险是1908至1909年。这一时期，斯坦因、伯希和、勒柯克等都在新疆考察。这次大谷光瑞派橘瑞超、野村荣三郎从北京出发，出张家口，入外蒙古，考察了鄂尔浑河流域突厥、回鹘、蒙古等游牧民族遗迹，然后越阿尔泰山，到达天山北麓的唐朝北庭都护府遗址，再到吐鲁番，洗劫了周边的交河故城、木头沟、柏孜克里克、吐峪沟以及阿斯塔那、哈拉和卓古墓群。二人在库尔勒分手，橘瑞超南下罗布泊，挖掘楼兰古城，获得了李柏文书，这是前凉时期西域长史李柏寄给焉耆王的一组信的草稿。橘瑞超记载这份文书是插在墙缝里的，哪可能呢？不知道他怎么弄到的。橘瑞超的《中亚探险》记载得非常潦草，很多地方说不明白，他不是真正做考古的，不按考古人一站一站挖掘的规则，他喜欢乱跑，他挖完吐鲁番，跑到库尔勒，然后又南下楼兰，再西行，最后到喀什噶尔。当时处在日俄战争期间，英国人以为橘瑞超是个间谍。橘瑞超自己的记录，有时候连每天走到哪儿都没写明白，但英国的谍报网络里有记录。当时英国在整个塔里木盆地有一个谍报网，俄国也有个谍报网，橘瑞超哪天到了库车，哪天到了阿克苏，英国海军部档案里都有记载。橘的英文为Tachibana，档案里的Tachibana即指橘瑞超。中国早期的报刊把Tachibana翻译成"立花"，是另一种汉字对音，"立花"就是橘瑞超。

第三次探险是1910至1914年，以橘瑞超为主。橘瑞超从伦敦出发，从西伯利亚进入新疆，先到吐鲁番挖了一个月，然后南下楼兰和米兰遗址。此前斯坦因的第二次中亚探险，在米兰遗址发现了有翼天使的壁画，为了赶在伯希和、勒柯克之前获得楼兰的文物，他没有来得及剥离这些壁画就埋了起来，直奔楼兰。斯坦因回到喀什后，派队员辛格去米兰遗址取那些壁画，辛格去往米兰途中突发青光眼疾，瞎了，没拿到壁画。后来这些壁画被橘瑞超发现，橘瑞超没有受过严格的考古学训练，剥壁画的时候将壁画搞碎了，所以斯坦因特别恨橘瑞超。1911年2月，橘瑞超从且末北进，横越塔克拉玛干大沙漠，西至喀什。3月，沿东南到和田，发掘古物。大谷光瑞由于长期得不到橘瑞超的消息，派了吉川小一郎去找橘瑞超。吉川小一郎从兰州到敦煌，于1912年1月26日在敦煌街头偶遇橘瑞超，两人分别买了一些敦煌卷子，然后一起到吐鲁番挖掘。此后，橘瑞超押送探险获得的古物，从西伯利亚回日本，吉川小一郎继续留在吐鲁番工作，并往西经焉耆到库车，调查库木吐喇、苏巴什等遗址，然后西进喀什，南下和田，又穿越塔克拉玛干，经阿克苏、札木台，到伊犁，而后东返乌鲁木齐，经吐鲁番、敦煌等地，1914年5月回到北京（图5-3）。日本僧人的路线不遵循考古的原则，也不知道他们是干什么的，也许有军事的背景，都说不准。

大谷探险队队员的原始记录，主要刊布在上原芳太郎编《新西域记》上下卷中，1937年有光社出版。此前，橘瑞超的探险记录《中亚探险》，1912年东京博文馆出版。堀贤雄的《西域旅行日记》，后来分三篇发表在《西域文化研究》第二、四、五卷，1959、1961、1962年京都法藏馆出版。1915年6月，出版了香川默识编的《西域考古图谱》，刊布了大谷探险队在新疆所获美术品、写经、文书之精品，国华社出版，图版印刷非常精美。《图谱》采用宣纸印刷，将文物照片粘在纸上。该书编辑时，第三次探险所获文物还没有完全运到日本。前几年东京的拍卖行里出现了一些大谷文书，据说是给《西域考古图谱》拍照的摄影师把一些卷子留在了家里，后来不知道这些卷子到了哪里。我们去东京，在拍卖行老板那儿，花了两三天把卷子全部拍了一遍。

图5-3　大谷探险队运走文物的驼队

大谷光瑞花钱如流水，除了做西域探险，还办了一个贵族学校武库中学，造了别墅二乐庄。二乐庄坐落于神户的六甲山庄（图5-4），极尽奢华，别墅内的英国馆，所有家居、地毯、壁毯、炊具、餐具等全部从英国进口，阿拉伯馆的东西都从阿拉伯进口，中国馆的东西都从中国进口。大谷光瑞资助过孙中山搞革命。清亡后罗振玉、王国维避居日本，是大谷光瑞出资把罗、王两家四十口人，以及罗家的收藏运到日本，并出资给罗振玉建了宸翰楼，给王国维租了一个很好的房子。后来由于财政问题，大谷光瑞被迫辞去西本愿寺法主之位，先后住在上海、旅顺、大连、台湾等地，大谷收集品也陆续分散到中、日、韩三国的公私收藏者手中。

韩国的收藏主要在韩国国立中央博物馆。大谷光瑞出现财政问题后，把二乐庄卖给了政商久原房之助，留在别墅内的文物归久原氏所有。久原氏随即将这批文物赠给同乡、时任朝鲜总督的寺内正毅。这批文物后来被搬到韩国，今藏韩国国立中央博物馆。二乐庄后来被人纵火烧了，现在只剩残迹，特别可惜。

图5-4　二乐庄

　　大谷收集品的主体，特别是文献资料部分，因大谷光瑞后来长住大连而运到旅顺。旅顺当时属于日本的关东厅，是免税的自由港。大谷光瑞把东西寄托在满蒙物产馆，就是今天的旅顺博物馆（下文简称"旅博"）的前身。旅博的建筑由设计了东京国立博物馆和京都国立博物馆的建筑师设计，是日本风格的西洋式建筑，非常漂亮。所以我国国内收藏大谷收集品最多的地方是旅博，旅博收藏的纸本文书主要是佛经。1945年日本战败前，大谷光瑞把旅顺的一万多件文书（主要是世俗文书）装在两个大木箱里运回京都西本愿寺，箱子上有"大连关东别院光寿会"的字样，这批文书后来移交龙谷大学图书馆保存。一般称"大谷文书"，主要就是从旅顺运回来的这一批，再加上后来橘瑞超捐的55件及一些断片，吉川小一郎捐的，以及大谷探险队其他队员捐的。但是还有很多流散的文物，现在根本不知道在哪里，比如拍摄《西域考古图谱》图片时流散了一批；据说武库中学解散时，每个中学生发了一枚钱币，有开元通宝、大历通宝等，如果发的是西域本地打制的钱，那现在就值钱了。还有很多小件的壁画、雕像等都不知所踪。

　　20世纪五六十年代，龙谷大学西域文化研究会以石滨纯太郎为主，编了六卷《西域文化研究》，全精装，纸张极厚，号称是日本战后敦煌吐鲁番研究的金字塔。第一卷是佛教资料，第二、三卷研究社会经济史，第四卷研究胡语，梵文、于阗文、吐火罗文、藏文等，第五卷研究美术史，第六卷是历史与美术诸问题，还有一个别册，摞起来一大堆，真是一个金字塔。这套书以论文的形式整理发表大谷文书，比如写到均田制，把均田制相关文书放里头；写到租赁制，把租赁制相关文书放里面。发表的文书是经过选择的，有的有照片，有的没照片。1980年出版了井之口泰淳编的《西域出土佛典之研究》，把大谷文书里的佛教资料重新整理了一遍。1984年起陆续出版了小田义久主编的四册《大谷文书集成》，把世俗文书按照编号顺序校录，但是这套书只发表录文以及比较好的、相对完整的文书的照片，不是全部文书的照片。

我当时想，如果能知道大谷收集品分别是从哪里出土的，就能把它们与后来科学考古发掘的文物对应起来研究。所以我去日本的一个重要目的，是想找大谷探险队的原始挖掘档案，看看有没有草图什么的，以确定这些文物是在哪儿出土的。比如像张怀寂墓出土的所谓苇席文书，垫在张怀寂身下的一层苇席是用唐朝官文书裱的，所以文书背后都有苇席印。日本学者大津透在池田温先生的指导下，把苇席文书全部拼合到一起，一共103片，然后又和阿斯塔那226号墓出土的两大片拼在一起，获得了重要的唐朝仪凤三年度支奏抄和金部旨条，是全国财政预算案，就是第二年全国物资如何调配。这不仅是涉及敦煌吐鲁番，更是涉及唐朝全国财政史的资料，如果没有这件东西，唐朝财政史写不到现在的水平。还有一些苇席文书在韩国国立中央博物馆，去年发表了图片，又补了一些内容，包括广州的物资如何通过水路运到扬州，最后到东都洛阳。韩国现在一类一类地整理大谷收集品，他们主要是文物，这种文书很少。这个资料非常重要，比如我们研究唐代沉船黑石号当年是从扬州出海，还是从广州出海的问题，就可以参考这个资料。

另外，日本学者过去发表整理的大谷文书只是一部分，我有了去龙谷大学访问的机会，就可以在现场一组一组地比对文书，有时候把文书复印出来，按缺痕剪下来，看看能否拼接。现在大谷文书的彩图全部上了IDP，我觉得中国应该有个团队，把大谷文书重新缀合校录一遍。但是有的卷子皱在了一起，彩色照片上看不清楚，遇到这种情况，就得看原件。我后来去了好几次龙谷大学，都是找这些东西，比如库车出土的文书，我都拆开看看里面隐藏了什么字。

龙谷大学有好几个校区，深草校舍是现代化的理工科，大宫校舍是文科，就在西本愿寺旁边。门内正面有一个教堂，平时不开门，做宗教仪式的时候才可以进去。我是2004年参加龙谷大学丝绸之路与科技研讨会的时候，进去看了一下。21世纪初，各个国家变相地纪念他们的探险队100周年，当时中国学者有一点不高兴。我不喜欢那些探险队的人，但是我把所有活动都参加过一遍，是为了学术，不是纪念。龙谷大学的活动也参加了，当然龙谷大学也很谨慎，这次会议不叫纪念大谷探险队100周年，叫丝绸之路与科技研讨会。研讨会第一天，教堂里设了一个大谷探险队成员的灵堂，日本学者在那祭拜，我去看了一下热闹。不开这种会，你根本进不去，不知道里头是干什么的。

图5-5　作者在龙谷大学图书馆书库中找材料

龙谷大学图书馆藏书极其丰富，好多在国内找不着。我进了图书馆挨本翻，和我研究有关的停下来看，没关系的就快速过，杂志我大概翻了三分之一（图5-5）。进龙谷大学图书馆必须穿拖鞋，到了冬天，里头没暖气，穿拖鞋待不了多长时间就得出来暖和一下，再冲进去看。我看到有用的资料就复印，百济康义他们下午5点下班，图书馆晚上8点关门，我利用5点到8点的时间拼命复印资料，我那18箱资料，很多是复印件。

日本学者很关心旅博的大谷收集品，他们不清楚这些东西后来的情况，特别是1981年北京图书馆善本部出了《敦煌劫余录续编》，里面有六百余号大谷探险队从敦煌拿走的写本，这是大谷探险队所获最大一批敦煌的东西。它们怎么从旅顺到了北京图书馆，日本学者不清楚。其实这批东西是1954年由文化部上调，入藏北京图书馆善本部的。当时文化部听说旅博有敦煌卷子丢失，就将旅博所藏敦煌汉藏文写经620件上调，只留下九件完整的敦煌写经供旅博展览之用。文化部给所有文书编了目录，其中有些没有名字的佛经，都编出目录，这份目录比《敦煌劫余录续编》都好，《敦煌劫余录续编》只要没有名字的，就略过去了。我去龙谷大学之前，与北京图书馆敦煌吐鲁番学资料研究中心的尚林、社科院南亚所的方广锠合作，做了一些调查，弄清了旅博藏敦煌文书调拨北图的具体情况。尚林到文化部复印了目录档案，我们对照《敦煌劫余录续编》与橘瑞超编《敦煌将来藏经目录》，核对结果是还有十件文书不知所在，而且都是最好的文献。后来找到了两件，一件倒卖到了日本天理图书馆，一件在旅博的书画部找到了，就是《六祖坛经》。其余八件，现在还不知道在哪儿，会不会是苏联红军给拿走了。1945年日本战败，苏联红军接管旅顺，旅博这些东西他们过过手，敦煌卷子上都有俄文编号。我在莫斯科的列宁图书馆东方中心，看到有的书上有大连图书馆的印，是从大连图书馆或者旅博拿走的，但是不知道有没有这几个敦煌卷子，如果有敦煌卷子，一定放在善本部，善本部我们进不去。如果没编过目录，就一点辙都没有。我到龙谷大学后，做了一个中国所藏大谷收集品的讲演，把我们的调查成果以尚林、方广锠、荣新江合撰的名义，出了一个《中国所藏"大谷收集品"概况——特别以敦煌写经为中心》的小册子，1991年3月由龙谷大学佛教文化研究所西域文化研究会印行，中文日文双语，后附《大谷收集品·敦煌写经诸家著录存佚调查表》，这使日本学者对中国所藏大谷收集品的情况有了整体的了解。

1995年我有机会和上山大峻、小田义久、木田知生诸位先生一起访问旅顺博物馆，第一次参观旅博及其所藏大谷文书。后来龙谷大学和旅顺博物馆合作，对馆藏新疆出土残片做了一部分整理工作，但是不完善。2015年起，我们北大、人大和旅博合作，把所有两万六千片汉文残片做了整理，出了35册全彩印《旅顺博物馆藏新疆出土汉文文献》，基本是原大。但是胡语的文书还没有完全整理好。胡语文书部分，早在20世纪初，南条文雄和一个印度学家柯恩（Kern）用大谷探险队的《妙法莲华经》做底子，出了一本梵文版《妙法莲华经》，非常著名。还有很多胡语文书被橘瑞超粘贴在大本子上，无法揭示。值得高兴的是，汉文部分已经全部刊布了。

藤井有邻馆的秘藏

龙谷大学的大谷文书是我此次日本之行调查的第一目标，既然到了日本，其他收藏敦煌吐鲁番文书的地方，我也要想办法去看，特别是私人博物馆。

京都的藤井有邻馆是藤井善助于1926年10月设立的私人博物馆。藤井氏大力收集中国古代文物，从先秦的青铜器，到明清的字画，应有尽有，尤以所藏古玺印最为有名，也有部分敦煌写经、文书及绘画品。有邻馆每年更换展品，由于敦煌吐鲁番不是它的主要收藏方向，每次展览就拿出几件来，都不全。

1956年，藤枝晃先生曾在书法杂志《墨美》上发表了有邻馆藏长行马文书的照片和研究成果。长行马是唐朝官方的一种运输模式，是史书里没有记载的。唐朝史书记载的驿站体制，官马跑累了，要放到驿站休息，换膘肥体壮的马继续运输。但是我们在敦煌吐鲁番文书里看到许多长行马的记载。过去不知道长行马是什么，藤枝晃依靠有邻馆的资料，把这个制度研究清楚了。长行马即一路不换马，比如说政府要把一批物资从长安运到安西，它不用官方的人马，是由工头组织一个民工队，买好马，一路从长安运到安西，民工队路上慢慢走不换马，有点像后来的镖局。

藤枝晃发表的长行马文书照片只有正面，没有背面。根据我对唐朝文书的了解，文书背面的纸缝处有编号，抄出背面的编号，或许就能把这些长行马文书的顺序排出来，所以我特别想看背面。恰好藤枝晃退休后在龙谷大学开读书班，我问他能不能联系看长行马文书。他说因为他发文章讲日本私人藏卷多为假的，所以人家现在不待见他，他让我去找出身京都大家族的京都大学砺波护教授。我找砺波先生帮忙，果然很快联系好了，9月16日参观。我立刻告诉了

图5-6 藤井有邻
馆合影（左起：陈
国灿、藤枝晃、砺
波护、作者）

图5-7 作者与
藤枝晃、池田温
先生一起参观有
邻馆

陈国灿先生，他在东京大学池田温先生那儿做访问研究，提前一天赶过来，晚上住在我宿舍里。9月16日一大早，我和陈先生赶到有邻馆，藤枝晃先生、砺波护先生都来了（图5-6），远远看到又来了一个人，是池田温先生。他也没看过长行马文书，他听陈国灿先生说今天可以看，赶第一班新干线跑过来。我保存了一张参观藤井有邻馆的照片，是陈先生拍的。照片上我和藤枝晃在交谈，池田温在拍照（图5-7）。池田温、藤枝晃是东京大学和京都大学研究敦煌吐鲁番最顶尖的两位学者，对我都非常好。

藤井有邻馆的馆长给足了面子，在他馆里不对外的小展厅里，放好了长行马文书和其他我们想看的敦煌吐鲁番文书，看完一批之后，请我们出来喝茶，工作人员换一批文书，我们再进去看。然而看了两轮，有五六十张，也没有看全长行马文书，因为东西太多了，他家的展厅比较小。我仔细看了夹在玻璃板中的长行马文书，把每一个卷子背面的编号和残痕都摹下来。我后来得知这些文书是从经帙上一层层揭下来的，早期揭取水平不高，现在也没办法揭干净。这次经历非常难得，有邻馆对外的展览，一周就开放一天，馆藏不开放的资料更难得看到。

看完之后，我们五个人一起吃饭。藤枝先生说自己50年代研究这些文书的时候认为都是真的，现在认为是假的。为什么是假的？他拿测纸器量过长行马文书纸的厚度，与唐朝官文书纸的厚度不一样，有的薄了，有的厚了。池田先生不接他这话，说从内容上来看假不了。我当时也弄不明白，但倾向池田温的观点。后来我到英国图书馆编目，才弄明白纸之所以厚薄不同的缘由。英国图书馆藏的长行马文书与有邻馆所藏是同组文书，都是开元九年（721）的。这些文书是从哪来的呢？古代敦煌僧人用作废的官文书裱糊经帙，这些文书是从S.8877A-E、S.11450、S.11451、S.11458四号经帙上揭下来的裱纸。在我编目之前，英国图书馆请了北京图书馆善本部杜伟生先生帮他们揭经帙。杜先生说，揭取时，先把经帙放在水中泡一天，然后一层层揭，有的可以揭一二十层，所以纸的厚度早就改变了，与唐代官文书纸张厚度不同了。而且裱糊的时候，按经帙的大小，对官文书做了切割。唐朝官文书高一般在30厘米，写经高28厘米，所以这些裱糊经帙的文书天头地角裁掉了一些字，我们看有邻馆文书有一件右边一行"西州牧马所"的"西"字就裁掉了点（图5-8）。此外，中国国家图书馆、俄国圣彼得堡、罗振玉收藏品、书道博物馆也有长行马文书，原本都是同一组长行马文书，可能是从几个经帙上揭出来的。我本来想把长行马文书写一篇文章，后来我的好朋友荒川正晴教授要研究驿传制度，申请看有邻馆的藏品，没看成，我把一口袋长行马文书资料全寄给他了。

藤井有邻馆有很多好藏品，比如王树枏题字的唐人草书写经。其中对我

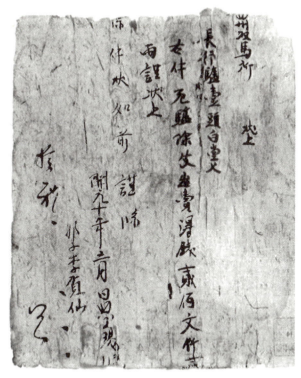

图5-8　藤井有邻馆藏长行马文书

最重要的是一件杂写，上面题："旌节，文德元年十月十五日午时入沙州，押
节大夫宋光庭，副使朔方押牙康元诚，上下廿人。十月十九日中馆设后，廿日
送。"（图5-9）这个杂写对我研究归义军史有极其重要的价值。归义军节度使张
议潮进了长安之后，他的侄子张淮深继任留后，在敦煌处理归义军的军务。张
淮深向唐朝请了三十年旌节，唐朝就是不给他。我们过去从已知敦煌文书中就
了解到这里，没想到在这里看到这条杂写，记录了文德元年（888）朝廷终于
给了旌节，押节大夫叫宋光庭，副使康元诚。宋光庭的名字正好见于张淮深的
墓志。我一看见宋光庭，眼前一亮，抄了这条，后来写入《归义军史研究》中。

　　现在藤井有邻馆可能有些财政问题，陆陆续续出售了好多藏品，2018年
央视春晚上出现的所谓"丝路山水地图"，原题"蒙古山水地图"，就出自有
邻馆。

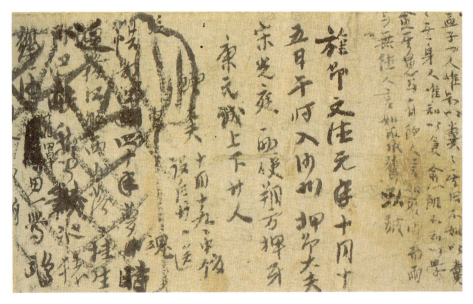

图5-9　有邻馆藏唐人杂写

京都国立博物馆藏卷的真伪

1990年10月23日，藤枝晃先生带着我和美国学者兰卡斯特（L. Lancaster）去看了京都国立博物馆的藏卷（图5-10）。京都国立博物馆有五件大谷文书，由京都大学学者松本文三郎捐赠。松本文三郎曾帮忙整理大谷文书，有五件佛经留在家里，后来忘记还，最后捐给了京都国立博物馆。

京都国立博物馆更多的是守屋孝藏（1876—1953）收集的古写经，有日本古写经，也有中国古写经，一共268件，其中号称有72件敦煌写卷，编成《守屋孝藏氏搜集古经图录》。图录没有刊发文书全图，只刊出首尾，文书尾部多有纪年题记，而且题记大部分写的是六朝时代。这就让人很怀疑，怎么他家的六朝写经题记比例这么高。藤枝晃先生对这批文书的真伪抱有怀疑，认为只有一件咸亨年间的宫廷写经是真的，并让馆员赤尾荣庆拿出来给我们看了。那些带有六朝题记的写经，藤枝先生一概认为是假的，我认为有的写经是真的，题记可能是后人写的，不能一概而论。

藤枝先生对守屋孝藏收集品真伪存疑的一个重要证据是上面的印章，这批文书很多有李盛铎的藏书印"德化李氏凡将阁珍藏"，印文有八个样子。藤枝说这是李盛铎的八个儿子，一人拿着一个印章造假，并且把这些假东西拿到敦煌去卖。可是你想想，常书鸿40年代去敦煌，一路上车马颠得肠子都快颠出来了，民国初年怎么跑到敦煌去卖北京造的假卷子。而且李盛铎家里有的是敦煌卷子，干嘛要造假，造假都是别人干的。藤枝晃先生没有看过真的"德化李氏凡将阁珍藏"印，下一讲我给大家看真的在哪，在我们北大的善本书上，扣了很多这种印。我当时还没有这么多知识，也不跟他讨论这个话题，只是从他那学习，他讲什么我听什么。

还有一件《大智度论》卷第八写本，我们也调出来看了，藤枝先生认为是假的，但这件背面有粟特文，我不敢轻易赞同，因为20世纪似乎还无人能编造粟特文。后来就此请教粟特文专家吉田豊教授，他转写翻译过这件粟特语文书，是有内容的，不可能是假的。

这次同行的兰卡斯特是美国加利福尼亚大学教授，研究佛教典籍，在欧美佛学界非常有名，而且长得也帅。1997年，我们三人在伦敦英国图书馆召开

图5-10　藤枝晃教授带兰卡斯特教授和作者走访京都国立博物馆（1990年）

的"二十世纪初叶的敦煌写本伪卷"学术研讨会上再次相遇。这是一个闭门会议，邀请了二十个学者参加，会议主办方把敦煌卷子拿到会场，可以直接翻看来讲，没有收到邀请的学者不能进入会场，即使从美国飞过来都不能进屋。会议结束后，主办方选了三个人在伦敦大学做公开演讲，就是藤枝晃先生、兰卡斯特和我，所以很多事是挺有缘分的。

书道博物馆的丰富宝藏

东京地区收藏敦煌吐鲁番文书最多的是中村不折（1868—1943）创建的书道博物馆。中村不折是一个油画家（图5-11），后来开始收集中国书画文物，包括敦煌吐鲁番出土文献。1936年，他在东京都台东区自家的宅子里创办了书道博物馆。中村不折收集了许多晚清西北地区官员如王树枏（晋卿）、梁玉书（素文）、何孝聪、孔宪廷等人所藏敦煌吐鲁番文献，又获得部分日本收藏者的藏品。日本曾经旅行陕甘等地的老田太文、旅行新疆的陆军大佐日野强、文求堂主人田中庆太郎以及胜山岳阳、江藤涛雄、黑田久马等人搜罗的藏品，20世纪30年代以前很多进入了书道博物馆，30年代以后很多进入了下一讲我要讲的杏雨书屋。所以书道博物馆里藏有很多宝贝，最好的那些《左传》《三国志》写本有的就在他家，在日本是重要文化财级别的国宝。近年来日本颜真卿大展、王羲之大展，都从书道博物馆借东西。

我在龙谷大学图书馆西域文化研究室见到一种蜡纸油印的《书道博物馆所藏经卷文书目录附解说》，题"西域文化研究会复制"，

图5-11 书道博物馆老馆内中村不折铜像

没有复制年月、编者姓名，推测是五六十年代从书道博物馆复制来的。这份目录只在很小的范围里能看到，没有出版过。我后来复印一份给陈国灿先生和刘安志先生，作为他们编《吐鲁番文书总目·日本收藏卷》书道博物馆部分的底本。现在在书道博物馆重新整理馆藏敦煌吐鲁番的卷子，底子也是这份目录。

图5-12　书道博物馆走访（1990年）

1990年11月25日，池田温先生带我去书道博物馆参观（图5-12）。此时由于经营不善，满屋子蚊蝇，冷不丁被叮一下。我只看到展出的五件写本，包括题吐鲁番出唐代藏经目录，敦煌出六朝写经、《佛说法句经》、延昌二年写经、《律藏初分》，这其中有的分不清是敦煌还是吐鲁番出土的，也没法看到库存。当时抄写了写本上的题跋，摹了文书上的印。我一直想看中村家的库存，找了好多人，都没有成功。

后来中村家经营不下去，把博物馆转归东京都台东区，2000年"台东区立书道博物馆"重新开馆，原来的旧楼变成窗明几净的新模样。随着博物馆归公，所有藏品也随之公布，这就是2005年出版的矶部彰主编《中村不折旧藏禹域墨书集成》三大本，收录了书道博物馆藏全部敦煌吐鲁番文献的彩色照片，是用日本文部省的资金印的，非卖品。矶部彰教授给我们北大国际汉学家研修基地送了一套，现在能看到书道博物馆全部的藏卷。

最近二三十年敦煌吐鲁番研究进步非常快，就是因为大量的文献以高清的照片发表，或者在网络上，或者纸本出版。《中村集成》中，文书正文、题记、跋文都印出来了，比如有一份长长的诗卷和书仪（图5-13），首次影印出来，十分重要，里面有梁武帝的诗、梁简文帝的诗、唐玄宗的诗，都在这个卷子上，但是被裱乱了，到现在也没有完全整理好。书道博物馆好东西极多，王

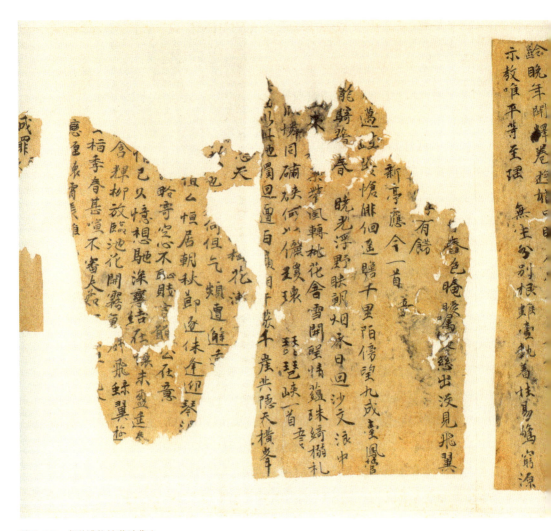

图5-13　书道博物馆藏诗集之一

树枏、梁素文把很多藏品粘在册子上，有的册子就有几百片，没有仔细编过目录。我让我的学生包晓悦根据《中村集成》，利用大藏经电子数据库，比定断片，重编成《日本书道博物馆藏吐鲁番文献目录》，在《吐鲁番学研究》上分三期发表。

日本国立国会图书馆的敦煌写卷

东京的日本国立国会图书馆也收藏有部分敦煌文献的写本，其来历不一，据说主要是经井上书店而得自滨田德海的旧藏。池田温《中国古代写本识语集录》记录原石井光雄藏《神会语录》在国会图书馆，这是我最想寻找的材料。我在曾经留学北大的松浦文子女士帮助下，前往国会图书馆考察，因为有一位国会议员打了招呼，善本部的服务人员很热情，但是找了半天也没找到《神会语录》，估计没有在该馆收藏。《神会语录》原来在日银财团的总裁石井光雄家里，后来流散出来，当时池田温先生听说被国会图书馆买了。实际上，这批敦煌文书国会图书馆刚买了一部分，藤枝晃先生就说那里头都是假的，国会图书馆就不敢买了，因为拿国家的钱买假卷子，真的很糟糕。所以国会图书馆一开始对我的到来很谨慎，问我是来看真假的还是干嘛的，我说我是找史料的。他们看我没有查真假的意思，才放心地拿出文书给我看，并且给我做了一个全部敦煌文书的缩微胶卷。我后来把胶卷捐给了北京图书馆敦煌吐鲁番学资料研究中心。事实上，这批卷子中还是有一些很不错的材料，如道教写本《金箓晨夜十方忏》(图5-14)，背面是《吐蕃午年（826）、未年（827）敦煌诸寺付经历》。

这批文书原先由滨田德海家族收藏，然后通过井上书店卖到国会图书馆、东洋文库等几家，现在还有一些在井上书店。我曾跟着土肥义和先生到井上书店看过库存的敦煌卷子，就在书店的小柜台上展开看，我都怕给弄坏了。

国会图书馆买卷子的时候，做了非常好的目录，上面打着"机密"字样，因为涉及国家财产。现在东洋文库出的一本内部发行的书《滨田德海旧藏敦煌文书收集品目录》里，把这些机密文件全都影印出来了，包括几次买卖等情

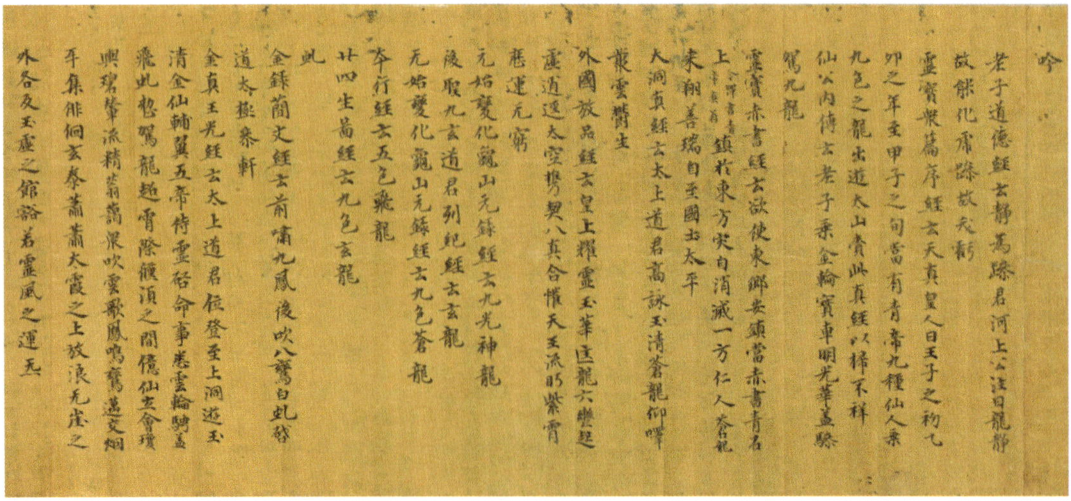

图5-14　日本国立国会图书馆藏敦煌道教卷子

况。但是最关键的像《神会语录》《历代法宝记》，目录里列了，下家是谁没有记录，所以我们的"寻找敦煌"还任重道远。

2016年北京伍伦拍卖行拍卖过滨田德海旧藏50件文书。方广锠先生编了《滨田德海蒐藏敦煌遗书》，就是拍卖的这批，基本是佛经，稍微有一些杂件，也不是很重要，等于是国会图书馆挑剩的。

东京国立博物馆的大谷收集品

东京国立博物馆也有一批大谷探险队的收集品。1904年大谷探险队第一次探险所得物品运到日本后，由于大谷光瑞跟皇室的关系，把一部分家里放不下的文物寄托在京都帝室博物馆，即京都国立博物馆的前身。1944年，这批东西被木村贞造买走，后来由国家收购，交东京国立博物馆东洋馆收藏。1971年，出了一本黑白版的《东京国立博物馆图版目录·大谷探险队将来品篇》，专门刊登大谷收集品，几乎每件文物都有一张很小的图，但很多看不清楚。

我循着这本图录提示的线索，1999年11月29日造访东京国立博物馆东洋馆。在东京大学进修的新潟大学关尾史郎先生陪我前往。池田温先生事先帮忙联络，东洋馆负责人臺信祐尔很认真地接待了我，恰好臺信手下的组长谷丰信是我的大学同学，北大考古78级留学生。他们安排我在一个单独的房间里看文物，把我想看的大谷收集品摆了一大屋子。我在图录上勾出要看的东西，有壁画、雕塑残片，有青铜造像，还有纸本文书、木简等，凡是我勾出来的，他们全都拿出来给我看，真是不错。

我最主要想看一方壁画的供养人榜题，是从库木吐喇第16窟割走的，其残文现在基本可以全部读出："大唐 庄 严寺上座四镇都统法师 悟 道"（图5-15）。其中"庄""悟"是后来释读的，1990年时还没认出来。但"四镇都统"是指唐朝安西四镇的僧都统，是西域地区的最高僧官，这点是确定的，这是我要落实的文字。庄严寺是长安的寺院，这位供养人是从长安派到安西管理汉化系统的佛寺的最高僧官，是一个法师，叫悟道。释读了这个题记，加深了我们对唐朝在安西四镇统治形态的理解，我后来写了一篇《唐代西域的汉化佛寺系统》的文章，核心资料就是这方题记。另外，我还看了和田出土的雕像、龟兹出土的木简等。

另外，这里还收藏有张怀寂墓出土的绢画《树下美人图》，原在屏风上，应该有好几屏，背面是用《唐开元四年（716）西州柳中县高宁乡籍》和《唐开元年间西州交河县名山乡差科簿》裱糊的，是现存西州户籍和差科簿中较长的一件。这些材料都已公布，我没有调阅。

我在小房间看完之后，又参观了展厅的陈列，忽然眼前一亮，我看到一件《刘子》残卷，盖的是罗振玉的藏书印（图5-16a、b）。

图5-15 东京国立博物馆藏大谷探险队切割的壁画榜题

从前我们不知道这个卷子在哪儿，1988年上海书店出版林其锬、陈凤金两位

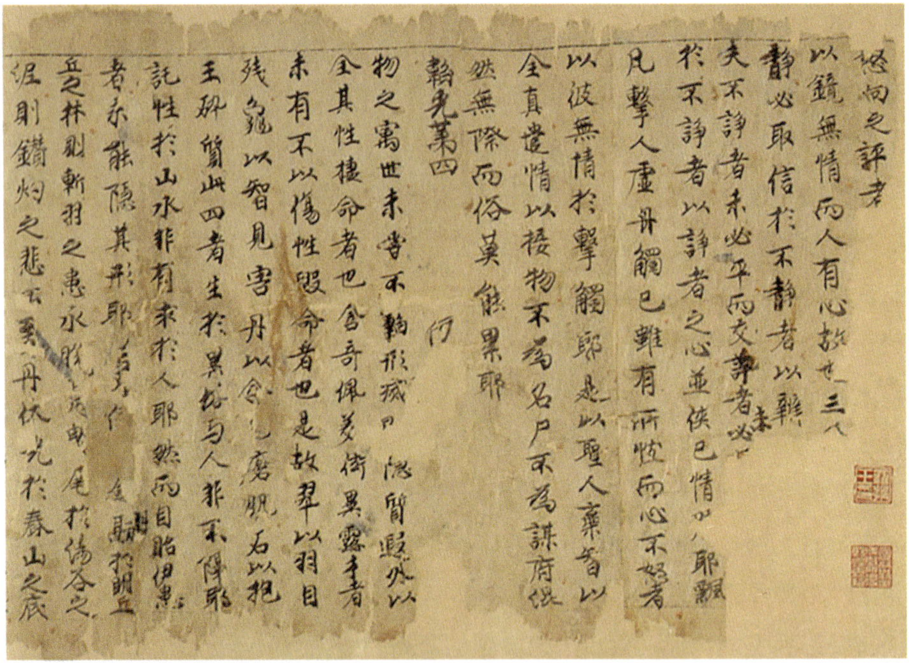

图5-16a 罗振玉旧藏《刘子》残卷首部

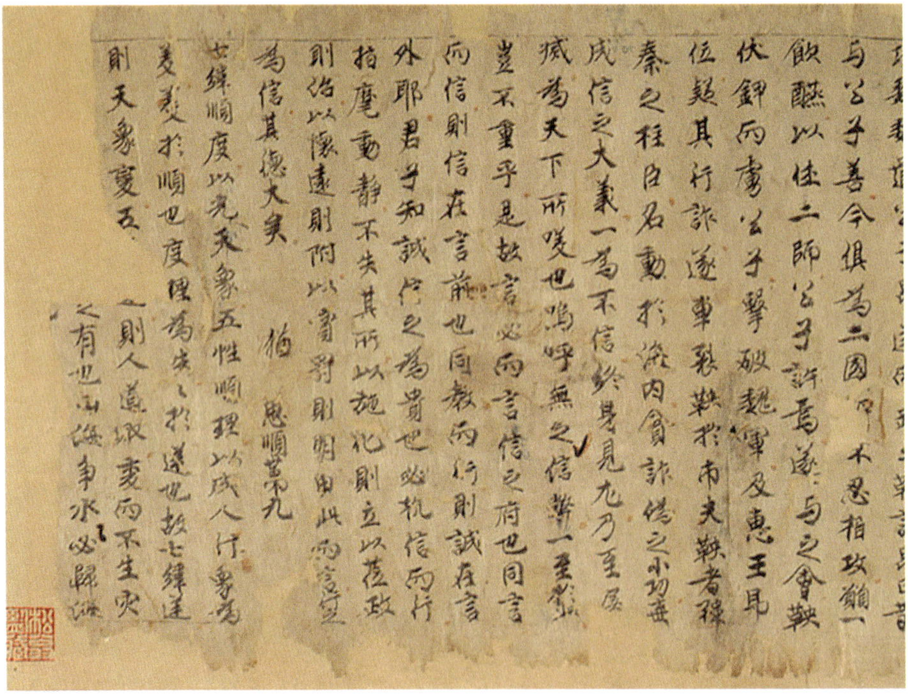

图5-16b 罗振玉旧藏《刘子》残卷尾部

先生合著《敦煌遗书刘子残卷集录》，提到他们专门跑到北京图书馆校对了根据这个原卷排印的一个本子。我没想到在东京国立博物馆看到了原卷，于是立刻向东博订购了这件写本的全卷照片，后来林、陈二位先生出修订本，托人问我，我就把照片转给他们了。

六

从羽田亨纪念馆到杏雨书屋

今天这一讲，先讲一些小的馆藏，最后讲羽田亨纪念馆和杏雨书屋。

走访静嘉堂文库的惊喜

静嘉堂文库是日本三菱财团第二代社长岩崎弥之助创建的收藏中国古书的文库（图6-1）。1907年，岩崎家购入中国清代四大藏书家之一归安陆心源的全部藏书，奠定了静嘉堂的基础。陆心源的收藏非常丰富，其藏书楼叫皕宋楼，

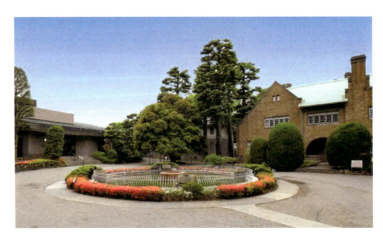

图6-1　静嘉堂文库

即有两百部宋版书的意思。三菱财团还有一个东洋文库，以莫理循（George Ernest Morrison）文库西文书为基础，跟敦煌学的关系更为密切。莫理循常年居住中国，曾任北洋政府的政治顾问，收藏了大量有关中国的西文书。他的藏书可以说是20世纪20年代中国境内关于中国的西文书最全的文库，其中有西洋人调查中国的植物图谱，我看过，大羊皮装的，黏贴有植物标本；我也看过其中很多版的《马可·波罗游记》，最早的一版是14世纪的刺木学本。陆心源皕宋楼藏书和莫理循藏书被日本人整锅端地买走，是中国近代文化典籍的重大损失。

研究敦煌学的学者肯定要去东洋文库，对于静嘉堂文库收藏的吐鲁番文书，早先外间知者甚少。1966年，龙谷大学小笠原宣秀《吐鲁番佛教史研究》一文，介绍了静嘉堂文库藏的六件佛典断片。我原以为静嘉堂文库就这几件，没有什么特别。1990年11月30日，我跟随关尾史郎先生走访静嘉堂文库，是去参观宋本《册府元龟》的。看完《册府元龟》，随口向司书增田晴美女士问了一句，你们有敦煌吐鲁番文书吗？她说有，一下子抱出八大函装裱好的文书断片（图6-2），每一函封皮上都写了一个封题，如"北魏以来写经残字 素文珍藏 第多少号"，从81至88号，可想而知素文的收藏非常巨大。我当时不知道"素文"是谁，也不知道这些文书从何而来。增田帮我查看了这批写本的入藏记录，得知是1935年前后购入，购入时已装裱成折本形式的八册，均为"素文珍藏"。我花了三个多小时，粗编目录，并抄题跋和有关文书资料。

随后我便开始搜寻素文旧藏文书，在日本期间就找到一些线索。

1990年11月，日本"古典籍下见展观大入札会"展出了一件《唐仪凤二年西州都督府北馆厨牒文》（图6-3）。仪凤二年西州都督府北馆厨牒文是唐朝的官文书，有很多片，主要存于大谷文书中。这组文书记载了西州一个馆驿买柴、买酱、买醋等等的账目，多是小片，而古书展上这片是比较完整的一大片，后边有跋称"素文先生以为是否"，知道是素文旧藏。这张图片来自展览图录，上面没有展示跋文部分，我的朋友荒川正晴、大津透在展览上抄了跋文发给我。这件文书后被千叶县国立历史民俗博物馆买去，朱玉麒曾去该博物馆拍了完整的照片，但没有发表过。

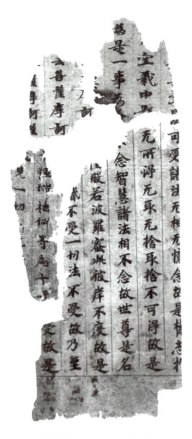
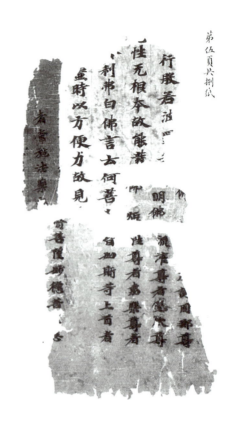

图6-2 静嘉堂文库藏高昌写经残字

图6-3 "古典籍下见展观大入札会"陈列之《唐仪凤二年西州都督府北馆厨牒文》

　　　　　　　　　　　　　　满世界寻找敦煌

1990年秋，京都临川书店《洋古书总合目录》第130号刊出了两件此前未见的西域出土古写经书影。临川书店拍卖前，请研究回鹘文的学者小田寿典先生鉴定，小田寿典给我寄了一份目录。其中一件轴端签题"回鹘写经残卷"，下小字书"吐鲁番出土　素文珍藏　十号"，这件文书非常完整，后边有王树枏写的很长的一篇跋。"十号"是素文的收藏编号。装裱用的织物、装裱形式跟静嘉堂文库的吐鲁番文书一样。小田寿典就这件写经写过一篇文章，在一个学术会议上发表，指素文为"Sven Hedin"（斯文·赫定）。其实素文和斯文·赫定风马牛不相及，小田寿典是搞回鹘文的，不知道素文是一个人的字，不是姓名。

我回国后，问北京图书馆善本部有没有"素文珍藏"，工作人员找到两件，一件轴端签题"北凉以来写经残卷　出吐鲁番　素文珍藏"，编号涂抹掉了，当时文书转手后，新藏家把老的编号涂掉了。还有一函编作"临"字号，装裱和静嘉堂收藏的完全是一个模式，内容一半是汉语，一半是胡语，很重要。这两件后来在《中国国家图书馆藏敦煌遗书》里影印出来了，连跋、装帧形式都有，黑白版的。我后来碰到的素文珍藏越来越多，有的藏家把签题上的"素文"两字涂掉了，但是仔细一看，还能看到底下的"素文"。

经过一番调查，得知这位素文姓梁，名玉书，字素文，名和字对得很工整。周一良先生提示我清末笔记《都门识小录》里记述了一段有关素文的事，说吐鲁番出了很多经卷和文书，外国人大力收购，王树枏、梁玉书也收购，但是老百姓宁肯售给外国人，也不给王树枏和梁玉书。

王树枏是新疆布政使，是新疆当地最大的官。梁玉书是什么人？梁玉书是清朝派到新疆清理财务的官。他是去查账的，查清朝官员腐败贪污的账，所以那些官员就使劲给他送东西，把最好的文书送给他。他的收藏一点不比王树枏差，可惜整个散了。梁玉书出身沈阳的大家族，我搜寻过他的后人，宿白先生让我找这个人，周一良先生让我找那个人，我跟破案似的，满世界寻找素文，故事非常好玩，也很成功。当然我是研究古代历史的，我更多的精力是研究唐代的于阗、吐鲁番。后来国家图书馆的刘波老师把素文的各种题跋辑出来，准备在上海古籍出版社出一本敦煌吐鲁番题跋的书，我给写了序，这本书里关于素文的信息更多了。

这是我在静嘉堂的收获。在我之前，仅有龙谷大学小笠原宣秀在文章里提过静嘉堂的净土宗文献，一般人不知道静嘉堂的吐鲁番文书。我买了一套文书的照片，并把消息告诉了施萍婷、陈国灿、池田温诸位先生。静嘉堂文库的人后来给我写信，说你走之后，又来了好几拨人看这批东西，过去没人看这个。因为静嘉堂文库不对外，它都是预约的。中国现在花这么大力量印各种善本书，全国高校古籍整理委员会安平秋先生调查日本藏中国古籍，很多宋元版的都给我们影印，唯独静嘉堂一本不给。虽然你去看的时候，他对你很好，可能会给你照片。但是你不能随便发表照片，发哪张要向他们申请。

天理图书馆的莫高窟北区文物

天理是关西地区的一个小城市，因天理教而得名。天理市的街上会看到很多教徒穿着天理教的黑袍子，袍子后面有一个圆的标识，这番情景让这个城市与其他日本城市显得不太一样。天理教是日本的一种小宗教，在二战后发展迅速，聚集了很多财富。教会借一些图书馆和收藏家缺钱抛售之际，大力收购图书文物，建立了天理参考馆、天理图书馆，一个放文物，一个放图书。我去参观过，都非常好。其藏书有唐朝初年的类书《文馆词林》，还有《永乐大典》等，以及大量西文书。在我之前，台湾成功大学王三庆先生曾去天理大学交换一年，仔细看过馆藏敦煌写卷，写过一个报道式的目录。

1991年2月12日，我经奈良女子大学横山弘教授介绍，去天理图书馆进行考察，中田笃郎先生陪我一道前往。天理图书馆藏品的来历比较复杂，其中最主要的一批敦煌文物是张大千收集的莫高窟北区文物，不是莫高窟藏经洞出的。莫高窟北区464、465窟是一个回鹘文的印刷所，里头有回鹘文木活字，有很多回鹘文佛经，也有很多残片，如回鹘文插图本《十王经》残片。张大千在莫高窟临摹壁画的时候，偷挖了很多文物。后来张大千去了巴西，把这批文物放在香港出售，有些被天理图书馆买走了，有题为《石室遗珠》《西夏文经断简》的册子，其中有西夏文的册子，还有回鹘文、汉文残片，主要是宗教典籍，世俗文书很少。我把每一件文书、每一个册子过了一遍，做了记录。这些东西现在有一些刊布出来了，有一些还没有完全刊出。

与唐史关系密切的是一组张君义文书。张大千说这些文书是在沙子里发现的，他有一天吃完西瓜，把瓜皮往沙子里一戳，结果露出来一个臂骨，往下一挖，还有一个头骨，几片残片，一个完整的卷子，还有几件公验（图6-4）。张君义是个军官，打仗战死后，士兵们收了他的遗骨和公文书，一起运回他的家乡敦煌。张君义文书肯定是埋在莫高窟北区顶层的那一排洞窟中，那是瘗窟，就是埋人的，这些文书都是随葬品。张大千不能说自己挖了人家的祖坟，就说是在沙子里头掏出来的，这都是瞎编的，搞考古、搞历史的一看就知道这都是随葬品。其中的公验文书被天理图书馆购去，上面钤有盐泊都督府的印章，盐泊都督府是位于今焉耆的一个唐代羁縻州。

与天理图书馆藏张君义公验相关的还有《张君义勋告》，原件也是张大千挖出来的，现藏于敦煌研究院陈列中心。唐代官员下葬时会随葬告身抄件，告身原件留在家里。唐朝有门荫制度，比如说你是一个三品官，皇帝过生日一高兴，给每个三品官的儿孙一个九品官。儿孙授官的时候要拿出告身来证明祖上在哪年哪月哪日得了一个几品的官。所以家里需保留告身原件，抄一份副本随葬，抄件是没有盖印的。吐鲁番唐代古墓出土了很多告身，全是不带印的，而且抄件一般会省略原件上一起授官的人的名字。一起授官的人有时候多达好几百人，抄那么长，搁地下也没用。《张君义勋告》是景龙三年（709）张君义在打了一次胜仗后授勋的告身，这件文书把当时一起立功授勋的人名都抄上了，非常难得，史料价值很高，朱雷先生专门写过一篇《张君义勋告》的研究文章。

张大千的功过都在敦煌，他画得非常好，对敦煌做了编号、记录等工作，但是他非法挖掘文物，特别是为了看里层的唐代壁画，剥了一些表层的壁画，由此受到学术界的诟病。北大的向达先生对他最愤怒。我写过一篇文章《惊沙撼大漠——向达的敦煌考察及其学术意义》，讲向达先生两次敦煌之行。在这个问题上，我是坚决站在向先生的立场上批判张大千，那篇文章是批判得非常厉害的，大家可以去看。但是张大千这个人非常值得研究，我收集了若干张大千的画集，也看了一些张大千的画展，比如四川博物院藏的，香港藏家收藏

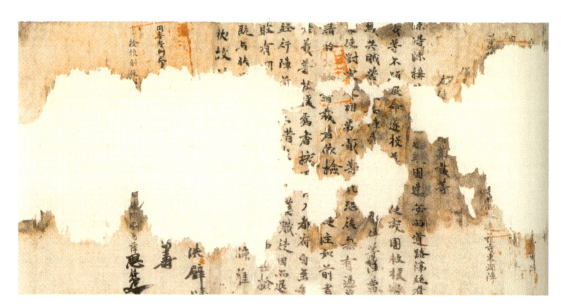

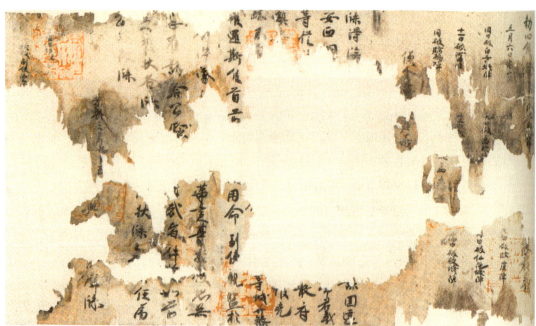

图6-4　天理图书馆藏四镇经略使公验

　　　　　　　　　　　　　　　　　　满世界寻找敦煌

的，我也研究过，这些和敦煌很有关系。

《张君义勋告》原件是怎么到敦煌研究院的呢？这要感谢徐伯郊先生（图6-5）。据尚林先生查阅文化部档案，得知这件文书是1962年12月香港王南屏售出，由文化部委托在香港的徐伯郊先生购回，于1963年8月5日拨交敦煌文物研究所收藏。徐伯郊是徐森玉的儿子，抗日战争时，徐森玉先生押送北京图书馆的善本书去后方，经过袍哥的领地时，袍哥说："我没儿子，你得把你儿子过继给我，你就可以过。"徐森玉就把徐伯郊留给袍哥了。谁知后头来了一帮兵把袍哥队伍冲散了，徐伯郊躲在草丛里，找机会溜了。徐伯郊先生开玩笑说："我是捡了一条命，要不

图6-5　徐伯郊先生在张大千所临敦煌菩萨大士像前

然过几年共产党剿匪的时候，我被当成袍哥领袖灭掉了。"1949年以后应周总理的安排，他代表国家在香港购买文物，《伯远帖》等著名文物都是他从各大藏家处购买来的。1992年我第一次到香港，住在北角，和他家很近，经他的弟弟徐文堪先生介绍拜访他，听他讲了很多故事。他曾说过："不客气地说，香港藏家手中的东西都是我买剩的。"他的人缘也非常好，和张大千很熟，可以在现场看张大千作画。徐伯郊还讲了很多关于自己和父亲徐森玉的故事。徐先生特别风趣，讲了很多事，但他就是不写。

张大千送给徐伯郊一些临摹敦煌的画，这些不是那五个喇嘛画的。有人批评张大千的画有匠气，其实张大千画不过来，就请了青海黄南县五个做工笔唐卡的喇嘛打底，喇嘛勾好线，他再上色。四川博物院有很多张大千的画只有勾勒，没有上色，那是喇嘛勾的。给徐伯郊的这些画都是张大千自己画的。徐伯郊因为跟张大千熟悉，得知《张君义勋告》要辗转出售，就帮国家买了。1994年8月，我在敦煌研究院敦煌遗书研究所的资料室中，仔细看过这件《勋告》原件。

借此机会讲一讲徐森玉、徐伯郊和徐文堪先生。徐森玉先生对我国学术文化贡献极大。日军侵华时期，日本人贱价大量购买中国的古籍珍本，徐森玉两次潜入上海、苏州、杭州等地区，为国家抢救古籍珍本。徐森玉先生跟日本学术界也有很多交往，1990年我去日本时，徐文堪先生给了我狩野直喜写给他父亲徐森玉的明信片，我去找狩野直喜的孙子狩野直祯，代表文堪先生把这个明信片赠给他。徐文堪先生对我的海外调查给了很大的学术支持，介绍我去找相关的人，我第一次去香港找徐伯郊，也是他给了我电话和地址。最近我在《文汇学人》周刊上写了一篇纪念徐文堪先生的文章，大家可以配着这个看。

天理图书馆藏有敦煌《行脚僧像》，图上画了一位行脚僧，背了许多经卷。有人说画的是玄奘，但是长得不像玄奘，是个胡僧的样子。这张画与《玄奘取经图》实际是一个模子来的，是唐朝或者五代时期画的，图中的卷轴画得很清楚，一轴一轴的。这种行脚僧图有很多张，有绢本的，有纸本的，这一件是流散出去的大谷收集品。大谷探险队获得的文物很多，有很多非常好的东西流散出去了，现在不知在哪儿。

天理图书馆还有很多好东西，其中一件是敦煌写本《太上妙本通微妙经》卷十，完整的一卷，其卷轴以龙蟠云衮锦绣装裱，和北京图书馆所藏大谷探险队所获敦煌写本相同，题签上有"太玄真一本际妙经道本通微品第十　殿"。上一讲说到旅顺博物馆藏大谷探险队所获敦煌写经丢了十件，这就是其中的一件，上面有大谷探险队用《千字文》编的号。天理图书馆馆员帮忙查入藏记录，得知这件是1961年从东京古书店反町氏弘文庄购入，原卷末纸尾钤"月明庄"印。《本际经》在其他敦煌文书中有很多，但卷十的整卷只有天理图书馆这一卷。《本际经》是唐初盛行的道教经典，后来散失不全，只见残本。吴其昱先生把巴黎、伦敦的残本做过汇辑，但是他也没见过这件，我找到了这件，特别高兴。天理图书馆好意提供了这件文书的复印件，我交给姜伯勤先生的弟子万毅，他把整卷录出来发表了。复印件我手里没有留，有些东西来不及做复制就直接给人了。

宁乐美术馆的热情款待

宁乐美术馆也有敦煌吐鲁番文书，以蒲昌府文书最为有名。宁乐美术馆也是私人的，位于奈良水门町依水园内。依水园是非常漂亮的日式庭院，就在奈良国立博物馆附近。我去宁乐美术馆看过两次普通展（图6-6），但没能看到敦煌吐鲁番文书。后来请花园大学研究敦煌禅宗典籍的衣川贤次教授联系到了馆长，馆长答应我们去看文书，并且同意拍照。1991年2月21日，在我离开京都前的一天，我们去了宁乐美术馆。衣川教授专门找了一个摄影师，神野先生，扛着三脚架，把未刊敦煌写本全部拍摄了高清照片。中村馆长热情接待我们，还招待我们吃了一顿他自己做的午饭。

我们很早就知道宁乐美术馆有一批唐西州蒲昌府文书。唐开元二年（714），为了防突厥来侵，蒲昌府有大批往来文件。大概三十五叶，包在一个很大的锦缎书函里，每叶贴的残片不等。书函外套上题"唐蒲昌府都督府官文残牒册"，书函封面题篆书"西垂（陲）碎金"四字。函内有伯希和法文题跋，并附有不知名者的汉译文。20世纪30年代，一个叫顾鳌的官人托人把这批文

图6-6　作者
在宁乐美术馆
（1991年）

书带到日本出售，经过多次辗转收藏，最后到了宁乐美术馆。这批文书之前发表过部分照片，这次考察我得到了全部文书的照片，文书上的茬口都拍得非常清晰。后来我在《历史档案》杂志里看到一篇名为《唐代档案》的文章，刊布了六件辽宁省档案馆从罗振玉家接收的唐代档案。是什么档案呢？就是蒲昌府文书。杂志上的图比较模糊，我拿宁乐美术馆藏文书的茬口一对，有一件基本能够拼合。我就写了一篇很小的文章，判定辽宁省档案馆藏的是蒲昌府文书。现在辽宁省档案馆有很好的彩色照片，馆方提供给我们，所以可以做进一步的对比。

蒲昌府文书还有几处收藏，桥本关雪美术馆有三件，另一位藏家有二十余件，京都大学日比野丈夫教授发过研究文章，但是他对藏家守口如瓶。将来如果能把散在各处的蒲昌府文书凑在一起，可以拼出一个很大的长卷。

蒲昌府文书的学术价值是加深了我们对唐代府兵制度的了解。过去认为唐代府兵"上番"是轮流去京城宿卫。那么问题来了，吐鲁番去京城长安路途遥远，吐鲁番的府兵去京城上番，可能刚走到长安，番期已经到了，他要如何上番？蒲昌府文书表明，吐鲁番的府兵不用去京城上番，他们上番就是守护烽燧、巡探、打仗，这些工作也是定期轮值换番的。《新唐书》记载的兵制主要是中央的制度，地方怎么做没有细写。蒲昌府文书写了地方上的做法，补充了《新唐书》的空白，贡献非常大。

比如一件《西州都督府牒蒲昌府为寇贼在近督查事》(图6-7)，是西州都督府发给下属蒲昌府，催促其赶紧去督查贼寇的文书。第一行右上角"都督府"就是西州都督府，是发文单位，这是唐朝发文的写法。

蒲昌府文书记录了许多人与事，是我们研究唐代兵制的重要资料。蒲昌府文书虽然记了吐鲁番的事，但不一定是吐鲁番出土的。有邻馆的长行马文书记的是吐鲁番的事，却是从敦煌的经帙上揭下来的。蒲昌府文书记的也可能是类似的情况，目前虽然没有明确的来源，但看其大小也像是经帙揭下来的，可能是在吐鲁番当官的敦煌人回老家时，把文书带到了敦煌。

宁乐美术馆还藏有敦煌《八相变》(图6-8)，经吴昌硕、长尾雨山递藏，最后入宁乐美术馆。变文铺陈释迦牟尼的八个故事，这是过去的《敦煌变文集》

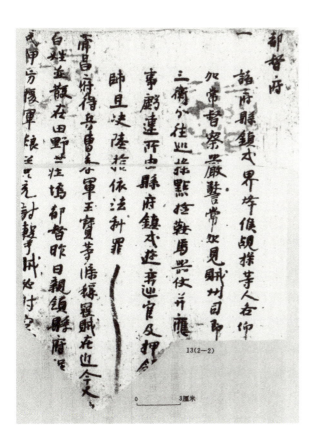

图6-7　宁乐美术馆藏唐西州都督府牒

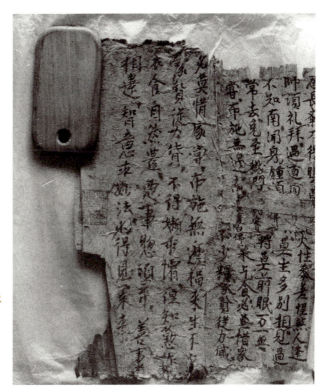

图6-8　宁乐美术馆藏《八相变》

没有收录的，随行摄影师拍了高清照片，我回国交给张涌泉和黄征，供他们校注《敦煌变文集》使用。我收集的很多资料，虽然有的自己也可以做一篇文章，但我把国外收集的资料交给相关最专业的人来做，把很多资料送给了学界的朋友们。

探访羽田亨纪念馆

下面讲这一讲主标题中的羽田亨纪念馆。

羽田亨（1882—1955）是日本东洋史专家，曾任京都大学校长。他出身京都大家族，自幼非常聪明，20世纪20年代留学法国，是日本东洋史学者中的法国派。《羽田博士史学论文集》里收录的文章，西文目录不是常见的英文目录，而是法文目录，所有文章都有法文提要，这在别的日本学者文集中很少见。1926年，羽田亨与伯希和合作，选取巴黎藏品中重要的写本，辑印为《燉煌遗书》，出了一个影印本，出了一个活字本，活字本是录文本，影印本选的都是当时最有眼力的人挑选的重要文书，比如《慧超往五天竺国传》《汉藏对译千字文》，法成译《萨婆多宗五事论》，选的都是非常好的，一看就是学术水平最强的人做的工作。可惜只出了第一辑，没有继续编下去。他对学术界影响最大的著作是《西域文明史概论》，这本书发表于1931年，篇幅不大，影响却非常大。我有一个很大的志向，就是总结该书发表后几十年来西域文明史研究的新成果，写一本《西域文明史概论新编》。羽田亨还是日本学界第一个学会回鹘文的人，他不是橘瑞超那样囫囵吞枣地转写回鹘文，他不仅能解读佛教的回鹘文，还能解读摩尼教的回鹘文，这都收在他的集子里。羽田亨的学术精神也非常可贵，他为了研究元代的驿传制度，从京都跑到圣彼得堡去抄徐松藏《经世大典》里的"站赤"条，后边我讲俄国那篇里有这些故事。羽田亨后来当了京都大学校长，日本叫学长。他是日本侵华时期的京都大学的校长。所以羽田是个很复杂的人，一方面学术地位非常高，一方面掺和了政治，他跟日本大财团也有非常密切的关系。

羽田亨去世后，京都大学把他的旧宅改建成羽田亨纪念馆，他的普通书存放在纪念馆内，善本书被杏雨书屋买走。杏雨书屋属于武田科学振兴财团，书屋的名字来自内藤湖南的书斋名。内藤湖南去世后，其善本书被杏雨书屋收购，普通书和手稿被关西大学买去。我在关西大学待过三个月，看过一些内藤的藏书和手稿。

1991年2月13日，我在高田时雄先生的陪同下走访了羽田亨纪念馆。我之所以去羽田亨纪念馆，还要从小岛文书说起。1943年，日人小岛靖号称从李盛铎家的遗留品中得了两件景教文书，一件是《大秦景教宣元至本经》(图6-9a)，一件是《大秦景教大圣通真归法赞》(图6-9b)，称为"小岛文书"。小岛靖将文书的照片分别寄给了羽田亨和佐伯好郎。羽田是日本当时最权威的东洋史专家，佐伯是日本研究景教的大家，1916年就在英国出过英文的景教研究著作。

两位学者收到照片后都发表了文章。羽田在文章里表示他有点怀疑真伪，但是因为佐伯写了文章，他也得对小岛靖有个交代，所以他写了文章，对内容做了一番考证。这两件文书，一件尾题"开元五年十月廿六日，法徒张驹传写于沙州大秦寺"，另一件题"沙州大秦寺法徒索元定传写教读，开元八年五月二日"。羽田认为题记的年代有悖史实。

景教最早由波斯人阿罗本在贞观九年（635）传进中国，故此唐朝人以为景教是波斯人的，将景教寺庙叫波斯寺或波斯胡寺。玄宗时有一批大秦国的景教僧人来到长安，告诉唐朝人景教源于叙利亚，唐朝称叙利亚为大秦，所以应该叫大秦景教，而不是波斯景教。天宝四载（745），玄宗发诏敕将波斯寺全部改成大秦寺，这时才有了大秦寺。开元五年（717）也好，开元八年（720）也好，哪来的大秦寺？所以羽田亨说题记不对，但他最后还是肯定两件写本是景教文献。

然而题记和正文是一个人的字迹，当然也可能是高手照着正文的笔迹摹写了一个题记，中国摹写的高手多了，但一般来说，正文和题记字迹一样，就是一个人写的，题记存伪，本文不也是假的吗？文书里还有一段老子《道德经》的注文，他们就说景教徒为了增加自己的势力，把唐朝人喜欢的《道德经》抄

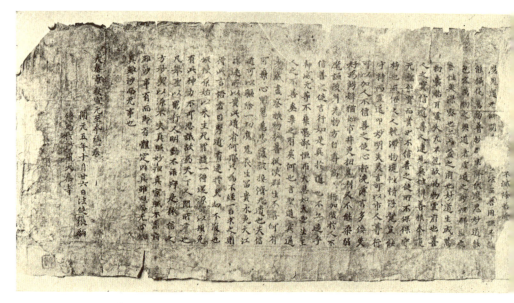

图6-9a　小岛靖所获《大秦景教宣元至本经》

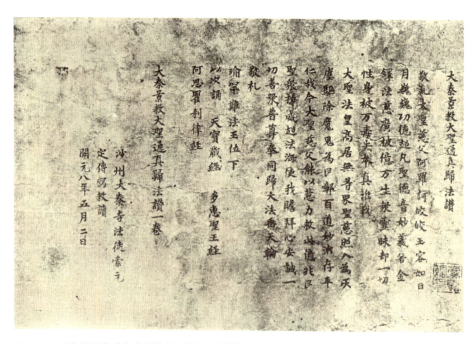

图6-9b　小岛靖所获《大秦景教大圣通真归法赞》

进去了。这是曲解，我对这个论点很怀疑。

1945年日本战败前，小岛靖从天津回日本，在船上丢失了《大圣通真归法赞》，另一件《宣元至本经》带回日本，后捐给同志社大学。同志社大学位于京都，是一座基督教学校，学校校舍由欧洲建筑师设计，非常漂亮，是文化财。大家如果去京都，可以去同志社大学转一转，校门口没有人管，随便进门。我向同志社大学申请看《宣元至本经》，申请了三次，都不给看。

榎一雄先生也曾怀疑文书真伪。他去同志社看过原件，50年代写的文章里提出，文书上有一行李盛铎题记，是另外用纸贴上去的。榎氏认为，李盛铎若要题记，可以直接写在文后，没有必要另外贴纸。榎一雄先生是很有名的东方学家，他在英国读过小学，英文非常好，担任了很多东方学西文刊物的编委，长期担任东洋文库的文库长。东洋文库一直由洋派的学者掌门，比如负责把莫理循文库运到日本的石田幹之助，后来是榎一雄、护雅夫，再到现在的斯波义信，这都是东京大学教授退下来之后出任。榎一雄当文库长的时间最长，对东洋文库的学风影响最大。

有意思的是，羽田亨之子羽田明编辑《羽田博士史学论文集》时，在为小岛文书研究的文章配图时，没放小岛文书的照片，而放了另外两张照片，一张是《志玄安乐经》，后有李盛铎题记，一张是《大秦景教宣元本经》。小岛文书叫《宣元至本经》，这件叫《宣元本经》。文章和配图的内容对不上，我猜测可能是羽田明故意放错，他知道小岛文书有问题，于是改放了两张李盛铎旧藏真品。

我看到《志玄安乐经》和《宣元本经》的照片，就想知道这些照片现在何处。我猜在羽田亨纪念馆，于是去那里找。到了那儿，我问有没有照片？馆员说有，933页，两大柜子，都洗成很大的照片，并裱在硬纸板上。我们赶紧快速翻阅，里头有一大堆李盛铎家的旧藏，还有藤井有邻馆的藏卷，书道博物馆的，宁乐美术馆的，大谷光瑞的，旅顺博物馆的，大量没有发表过的敦煌卷子、吐鲁番文书，其中特别亮眼的是李家的东西。我们搞敦煌学的人一看，一点都不假，全是黑白照片，虽然看不到原彩色，但是一看就是真的。之前我只见过三四种李氏收藏印，如"李盛铎印""木斋真赏""麐嘉馆印"，这里有"两晋六朝三唐五代妙墨之轩""李盛铎合家眷属供养"等很多印章，在其他敦煌卷子上没见过。我快速地摹了这些印文，准备回北京后，与北大图书馆藏李盛铎善本书上的印章进行比对。

几天后，我就结束了日本之行，飞到了伦敦。我在英国时，和中山大学林悟殊教授住同一个公寓。林悟殊是研究摩尼教、景教的。我与林悟殊探讨，我说敦煌景教文书共有七件，只有一件属于伯希和收集品，其他六件属于散藏品，分散在李盛铎、小岛靖、高楠顺次郎等藏家手中。这从概率上来说不对，其中肯定有假的。林悟殊说咱们就开始研究吧，你研究传播史，我研究内容。于是我们俩以小岛文书为突破口开始研究。

我选小岛文书为突破口，是有底气的，小岛文书据说出自李盛铎旧藏遗留品。我知道李盛铎的敦煌卷子已经全卖出去了，他家的善本书全在北大图书馆。

李盛铎和他的收藏

这里说一下李盛铎和他的收藏。李盛铎出身书香门第，曾任清朝驻日本大使、驻比利时大使，获得了牛津大学、剑桥大学名誉博士。李盛铎祖上就开始藏书，本人收藏了大量古籍善本以及朝鲜、日本古籍，他晚年寓居天津，成为北方最大的古籍收藏家。敦煌文献运到北京清廷学部后，李盛铎伙同刘廷琛、方尔谦盗走其中精品。李盛铎精心挑选敦煌文书，分得的是最好的。

罗振玉得知李盛铎盗走卷子后非常愤慨，加上李盛铎除自己研究外，很少示人，罗振玉看不到，后来在写一个文书的跋文时大骂李盛铎。李盛铎托人带话给罗振玉，给你看文书，你不要再骂我了。现在出了一本《罗振玉王国维往来书信》，原来只有王国维的信，现在两边的信都出来了，所以特别好玩，把很多故事都给连在一起了。

1919年7月2日，罗振玉给王国维写信说："李木斋藏有敦煌古籍，多至四五百卷，皆盗自学部八千卷中者，已展转与商，允我照印，此可喜可骇之事。弟当设印局印之，此刻且勿宣为荷。"罗振玉说李盛铎的文书"盗自学部八千卷中"，这话说得特别准。过去说押送敦煌文书的马车到北京后先进了李盛铎女婿的私宅，李盛铎等人盗取文书，其实这些文书是李盛铎在学部监守自盗的。罗振玉在劝说清廷收购敦煌文书时说，这批文书你们学部不买，京师大学堂买；京师大学堂不买，我自己买。其实当时花不了多少钱，所以就给了学部，后拨交京师图书馆，即现在的国家图书馆。

京都大学得知消息后，派内藤湖南、狩野直喜等五位教授到清朝学部调查敦煌卷子，并做了仔细的经眼目录，每一个卷子的题记都抄下来。这份目录从内藤湖南传到松本文三郎，松本文三郎留了一份在京都大学人文科学研究所。我从高田时雄那儿复印了一份。我一比对，发现李盛铎家的好多件敦煌文书就在松本文三郎的目录里，因为有题记，可以一一对出来。也就是说，这批敦煌文书都进了学部，内藤湖南等人看完后，李盛铎再偷走的。有一阵子李盛铎在学部挂职，监守自盗偷出来的。

罗振玉7月3号又给王国维写信，说："木斋处之石室书籍，已与约，待渠检出，弟当入都一观。异日检视后，再陈其概略。闻其中有《汉书》数卷、六朝写本无注《论语》一卷，其断简不知书名者无数，必有奇物也。李请弟不咎既往，弟已诺之，故此事且勿披露为荷。"

9月17日的信中写道："弟前日往看李木斋藏书，敦煌卷轴中书籍，有《周易》单疏（贲卦），有《左传》，有《尚书》（帝典），有《本草序列（例）》，有《开蒙要训》，有《史记》（张禹孔光传），有《庄子》（让王篇），有《道德经》，有七字唱本（一目连救母事，一记李陵降虏事），有度牒（二纸，均北宋初），有遗嘱。卷中印记，有归义军节度使新铸印。其写经，有甘露二年（当是高昌改元）、麟嘉四年（后凉吕光）及延昌、大统、景明、开皇、贞观、显庆、仪凤、上元、至德、天宝、证圣、乾宁等。其可补史书之缺者，有敦煌太守且渠唐儿之建始二年写《大般涅槃经》，其《华严经》有《志玄安乐经》及《宣元本经》（其名见《三威蒙度赞》中），以上诸书乃木斋所藏。渠言潜楼藏本有《刘子》。以上诸书颇可宝贵，恨不得与公共一览之也。"《甘露二年写经》就在我刚才说的松本文三郎的目录里，所以没有第二份，只有这一份，肯定是从学部盗的。信里提到《志玄安乐经》《宣元本经》，罗振玉影印过伯希和所获《三威蒙度赞》，这两件见于《三威蒙度赞》的"尊经"名录。

当时王国维在上海，9月20日收到信的第二天，王国维就回信说："李氏诸书，诚为千载秘笈，闻之神往。甘露二年写经，君楚疑为符秦时物，亦极有理。景教经二种，不识但说教理，抑兼有事实，此诚世界宝籍，不能以书籍论矣。"王国维的水平还是比罗振玉高，他知道《志玄安乐经》《宣元本经》是景教经，而且能说出里头写了什么，其实王国维也像侦探一样四处打探各种东西。王国维说："此诚世界宝籍，不能以书籍论矣。"他的眼界很开阔，看到了这两种景教经极高的学术价值。

1928年10月，羽田亨专程到天津黄家花园拜访李盛铎。是谁介绍他去的呢？就是徐森玉。羽田亨说由于徐森玉的面子，在李家看到《志玄安乐经》原件并做了录文，《宣元本经》没看到，李氏说放在上海老宅了。其实是不想给他看。罗振玉来的时候，李盛铎也是自己先清点一遍，确定哪个给罗振玉看，哪个不给罗振玉看。

李盛铎晚年和姨太太打官司输了，要赔钱，钱不够，其善本书抵押在天津新华银行，并在1935年把432号敦煌卷子以8万日元出售给日本人。《中央日报》等报纸登了这个消息，有的还刊发了目录，但当时不知被谁买走，下落何处。1937年李盛铎去世后，民国政府派胡适带着徐森玉、傅增湘、赵万里等人到天津与李家后人交涉，由国家收购李氏藏书。李家开价80万，胡适只拿出50万，最后口头协议以60万成交，胡适南下庐山向蒋委员长再请10万元。后来发生"七七事变"，北大学人多数撤离北京，这批善本书最后还是被北大收购。李家的小儿子李滂是李盛铎的日本太太所生，"七七事变"后在伪政权中做官。

我从伦敦回北京之后，到北大图书馆善本部找张玉范老师，她对北大的李氏善本书最熟悉，曾把李盛铎善本书上的题跋全录下来，出了一本书。我说我要看李盛铎印，她进库里两三分钟就拿出一本书来，告诉我这个印在这儿，那个印在那儿。与羽田亨纪念馆藏卷上相同的李家藏书印，如"木斋审定""木斋真赏""德化李氏凡将阁珍藏"（图6-10），他儿子"李滂""少微"的印，都在北大善本书上。北大图书馆还藏有李盛铎印谱，李盛铎怕有人伪造他的藏书，所以把自己的印做了一个印谱。印谱上的"德化李氏凡将阁珍藏"，非常清楚，与之一比对，可见京都国立博物馆守屋孝藏收集品上的印有个别是真的，其他都是伪刻。藤枝晃所说八种伪刻的"德化李氏凡将阁珍藏"，他只能说哪个是最好的，但是他没有看过真的"德化李氏凡将阁珍藏"印，真印都钤在李家的善本书里。

图6-10 "德化李氏凡将阁珍藏"印

我把李盛铎印谱和其他善本书上的印鉴照片洗了一套给高田时雄，高田拿着照片去和羽田亨纪念馆藏照片上的印鉴复核了一遍，说没一个假印。拿真的李盛铎题记跟小岛文书上的李盛铎题记一对，确认小岛文书的题记是别人模仿的。李盛铎科考时中了榜眼，全国第二名，字写得非常漂亮，小岛文书的题记字不能与之相比。还有一处疑点，《宣元至本经》题记下盖了"麐嘉馆印"。张玉范老师告诉我，李盛铎写题跋时钤私印，即个人的名章，而不是书斋的印。所以小岛文书从多方面来看都是假的。

我又拿着李盛铎印比对了其他收藏，上海图书馆、天津艺术博物馆等各个散藏的，发现假冒李盛铎的太多了。为什么到处都是假托李盛铎之名的？原因是那会儿坊间都知道李家有敦煌卷子，所以在假卷子上盖一个李家的印，当真的来卖。其实李盛铎收藏的432号敦煌卷子从来没打散过，李盛铎自己编了目录，题《李木斋氏鉴藏敦煌写本目录》(图6-11)，收藏在北京大学图书馆。王重民在编《敦煌遗书总目索引》时抄了这份目录，但是当时为了省纸，合并同类项了，比如说《妙法莲华经》卷四、卷五是两个号，就编作《妙法莲华经》卷四卷五，变成了一条，所以数不出432号。

那么432号敦煌卷子究竟被谁买走了？就是羽田亨。1935年羽田亨听到出售的消息，赶紧运作，最后以八万日元购买，资金当出自武田家族。羽田亨购买时自己做了一个目录，432号，一号不少，一号不多，但是旁边有一些缺头缺尾的注记，买的时候记一下，李盛铎目录没有这些记录。这份目录羽田亨传给了塚本善隆，塚本善隆传给了牧田谛亮。牧田谛亮是研究敦煌疑伪经的一位

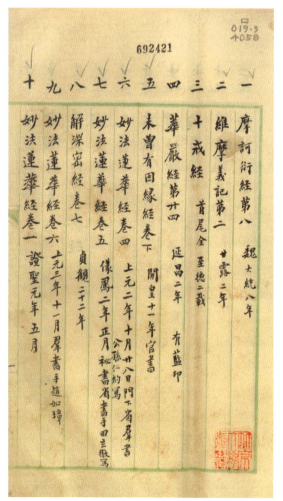

图6-11 《李木斋氏鉴藏敦煌写本目录》

老先生，京都大学人文科学研究所退休。我曾向牧田先生请求，能不能复印一份给我。他说这里涉及一个关西大财阀，我们不敢惹，所以不能给你。后来牧田的弟子落合俊典把目录一点一点地发表了出来，我跟北大藏的李盛铎目录一对，就知道这是羽田亨做的目录。

上海图书馆藏有顾廷龙先生抄的一个李盛铎藏卷目录，也是432号。顾先生也是很厉害的，他大概是从李盛铎家抄来的，或者在琉璃厂买的。这些学者，他们只要知道哪儿有资料，就赶紧弄一份。

有的假卷子上盖着真的李盛铎印，这是怎么回事呢？我在台湾出版的恽茹辛《书林掌故续编》找到一条记载："传闻李盛铎的印记都流落在北平旧书店中，店主凡遇旧本，便钤上他的印记，以增高价。"北大也遇到一回这样的事。50年代在隆福寺的旧书店里，出现了一些李家的善本书，扣着李家的印，而且李家的善本书目里也有这些书。北大图书馆很紧张，不知道是不是李家卖书的时候掉包了，把真本留在家里，这会儿卖出来？馆长赶紧抱着馆藏李家的善本书，带着张玉范和白化文跑到隆福寺。现场一对，那家书店里都是假的，真的还是在北大，但是假书的印都是真的。原来当初北大收李家藏书时兵荒马乱的，没收印，印落到了京津地区的旧书店里。后来这些假书连带印一块没收了。北大现在有一些李盛铎的印，但不是全部的。

周珏良先生在《我父亲和书》一文记过一件事："1941年辛巳，在天津出现了一批颇像从敦煌出来的草书帖、书籍（如《论语》）、文书等等，往往还有李木斋的收藏印。他（指周叔弢）当时用大价钱买了近十种，后来仔细研究，看出是双钩伪制，并请赵万里先生看过，也认为不真。在看准了之后，他毫不犹豫，说这种东西不可留在世上骗人，就一火焚之，费了多少钱，毫不顾惜。"一般人发现买了假货，退给卖家就算了。周叔弢先生说假的东西不可留在世上骗人，一把火全烧了，真是了不起。现在天津艺术博物馆、天津图书馆有一些周叔弢先生捐的敦煌卷子，一般认为是真的，也有带李盛铎印的，但也有极个别可能是假的。

周珏良在注文里又说道："伪造敦煌藏品还不是唯一的例子。当时天津有一陈某，听说是李木斋（盛铎）的外甥，见过李氏所藏的敦煌卷子。他精于书法，所以造了不少假东西卖钱。我曾见过一卷近一丈长的仿隋人写经，若不仔细看，几可乱真。"其实周珏良知道陈某是谁，大概周家跟李家太熟了，不便直说。这个人叫陈益安。《天津文史资料选辑》里有一篇雷梦辰的回忆录《天津三大商场书肆记》，说卖假卷子的是李盛铎的外甥陈益安，他抽了大烟之后，精神头一来，做的假卷子以假乱真。后来史树青先生在一篇关于李盛铎的小短文中也说起，真正造假的不是李家，是李的外甥陈逸安。陈逸安就是陈益安。

我在满世界追寻敦煌宝藏的时候，也追寻到很多敦煌伪卷，将来我想写一本小书叫"国宝与赝品"，把这些事情记下来，当然涉及到很多人，要再晚一点写。

杏雨书屋——敦煌的最后宝藏

我在1996年6月出版的《海外敦煌吐鲁番文献知见录》中，简略地提到了羽田亨纪念馆藏有李盛铎432号敦煌写本的部分照片。池田温先生看到后即到京都，抄出其中的户籍类、归义军账目类文书进行研究，发表了论文。落合俊典抄录发表了《佛说照明菩萨经》和《法花行仪》，并从佛教学的角度加以研究。牧野和夫先生抄录了《孔子见项橐》，岩本笃志刊布了《十六国春秋》。等我2005年12月16日再次去羽田亨纪念馆时，好东西基本被人发表得差不多了，没留下几件给我。这次是在京都大学文学部杉山正明先生的安排下，承志先生开车带我去的，应当表示感谢。这时原本是散叶的照片已经装订成册，题了一个正式的名称，叫"羽田博士收集西域出土文献写真"。我用了整整两个小时，把所有照片全部翻阅一遍，主要记录了李盛铎旧藏文献的情况。一些我在十五年前看过的照片并不在其中，不知何故。

杏雨书屋在大阪一幢不起眼的楼里，属于武田科学振兴财团，藏有敦煌文献758件，其中432件系李盛铎旧藏。我知道李盛铎旧藏在杏雨书屋后，多次申请看资料都不成功。

2009年，杏雨书屋编集出版《敦煌秘笈·影片册》，共九册，刊布了一直秘不示人的所藏全部敦煌资料。时任杏雨书屋文库长的是吉川忠夫先生，他也是从京都大学人文科学研究所退休的，是吉川幸次郎的儿子。吉川幸次郎对中国非常友好，他在中国留学时住在辅仁大学孙人和教授家里。当时其他日本留学生住在北京的日本寮里，穿日本的和服，唯有吉川幸次郎和仓石武四郎两位住在中国人家里，穿中国人的衣服。仓石回日本时也穿着中国衣服，还被海关卡住，刁难了很长时间。吉川忠夫出生在这样的家庭，同样对中国友好。他一当上文库长，就出版了《敦煌秘笈·影片册》，把所藏资料全部公布。这套书

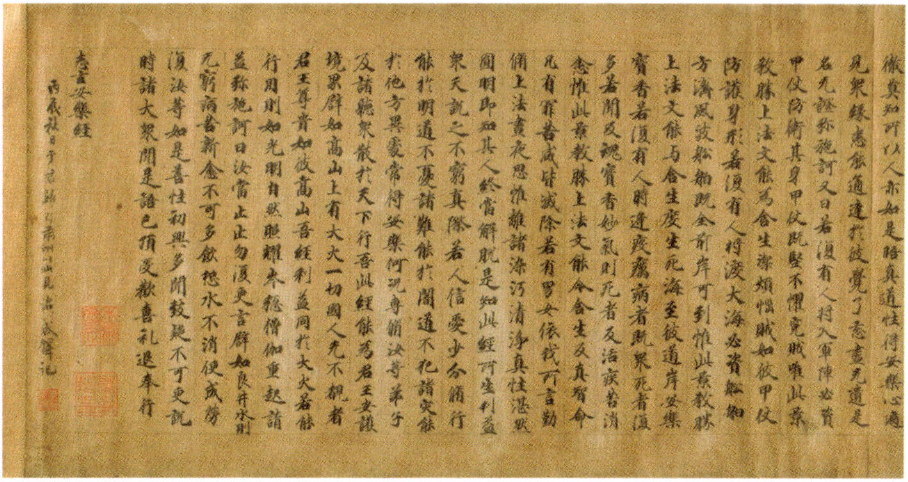

图6-12　羽13《志玄安乐经》卷尾及李盛铎跋

是武田科学振兴财团的非卖品，十大本，全彩版，研究者向他们申请，基本上都免费赠送，我们中古史中心有一套。

书的前面432号即李盛铎旧藏，跟李盛铎目录一模一样，一件不少。现在所有文书编号为"羽"字号，因为原来在羽田亨那儿。现在举一些例子，看看我寻找的李氏旧藏品和杏雨书屋收藏的其他文书。

编号为羽13《志玄安乐经》（图6-12），这是景教的真写本，这就是我一系列寻找的起点，《羽田博士史学论文集》里有黑白照片，现在终于看到杏雨书屋原件彩图了。羽431《宣元本经》（图6-13），我们原以为它后边很长，其实就这么短的一个小经。后来洛阳出土了一个景教经幢，经幢只有上半截，前面刻了《宣元本经》，后边刻了发愿文，经幢上《宣元本经》的内容跟这件文本一模一样。所以李家这个东西绝对假不了，因为经幢是唐朝元和年间（806—820）刻的。前面说六件散藏的景教文书可能有假，李盛铎家的东西一件都不假。

羽2的《甘露二年写经》，上钤"两晋六朝三唐五代妙墨之轩"印，这个章是李盛铎专钤敦煌卷子的，其他藏书上不钤这个章。这件文书王国维神思梦想也没看到，我们现在能看到彩色照片，应该感谢吉川忠夫先生。羽11《法

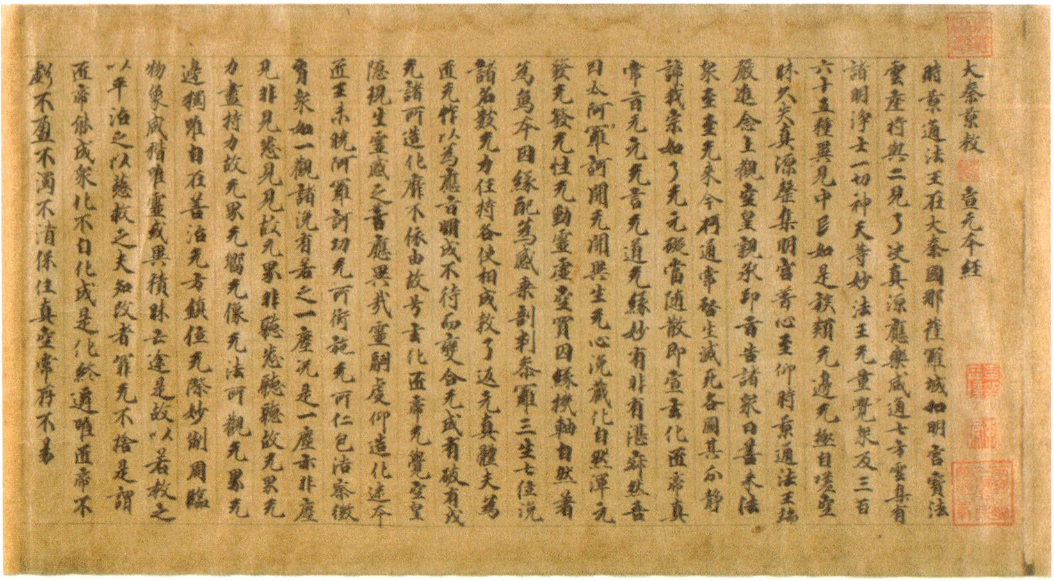

图6-13　羽431《宣元本经》

花行仪》是法华经的一个注释书。羽84《佛说照明菩萨经》是疑伪经，中国和尚照着释迦牟尼的口吻编造的经，这件书法也是非常漂亮的。羽432-9《汉书》卷八十一，这都是秘籍，过去整理《汉书》的人也没见过这个《汉书》抄本。羽38R《十六国春秋》，我们原先见到的是明代的《十六国春秋》辑本，这是原本《十六国春秋》。羽20《开元律疏议》，是开元年间《唐律疏议》的一个抄本。羽24《唐天宝六载敦煌郡龙勒乡籍》，这件户籍在伯希和、斯坦因收集品里都有，加上这一件，能拼成一个很长的卷子。池田温先生编过《中国古代籍帐研究》，他从羽田亨纪念馆抄出这件，马上一篇文章出来了。

　　羽32《驿程记》（图6-14），我当时在羽田亨纪念馆看到这张文书的照片，就想起《李木斋氏鉴藏敦煌写本目录》里有个"驿程记"，觉得这件八成就是它，于是申请照片，但没有成功。羽田亨纪念馆说，如果给你照片，原藏家会有意见。原藏家就是武田药品公司。当时没拿到照片，现在可以看到彩版图了。在杏雨书屋公布前，高田时雄写《敦煌汉文文献》的书评，把这个文书录出来，现在已经有四五篇研究文章了。这是归义军的押牙们去中原上贡，经过

　　　　　　　　　　　　　　　　　　　　　　　　满世界寻找敦煌

天德军那段地方的驿程记。这里记载的驿程能增补严耕望的《唐代交通图考》。

羽40《新修本草》序并卷上。李盛铎敦煌文书是从学部藏卷里偷来的，从《新修本草》上可以找到一个证据。《新修本草》是唐高宗时期官修的一部本草书。日本学者冈西为人《本草概说》（创元社，1983年）书前的图版里就发过首部的一张照片，当时是黑白照片。我后来在国家图书馆发现编号BD12242的一张小片，左上角有残缺的"新修本草"几个字，可以与《本草概说》上发的李盛铎旧藏《新修本草》的茬口缀合起来。李盛铎盗取敦煌文书时，为了凑学部八千卷总数不变，把一张文书撕成好几张，其中有一卷《大般若波罗蜜多经》撕成了21条。所以我们搞敦煌学研究，千万别按号数去统计敦煌卷，没有意义的。它从敦煌藏经洞出来时是一卷，到了李盛铎手里，被撕成了21条。这件《新修本草》，李盛铎从书名这个角撕开，文书主体部分自己留下了，给

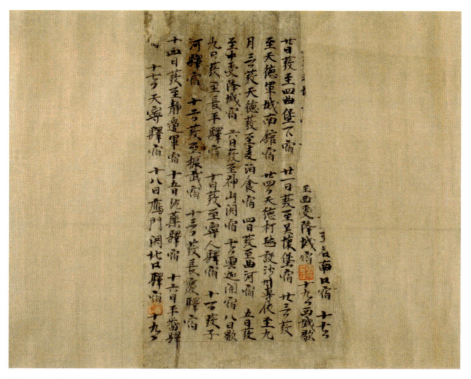

图6-14　羽32《驿程记》

学部留下一个小角。现在可以看到彩图了，我让国家图书馆的刘波帮我把两件文书拼了一下，他拼上了（图6-15），这就证明了李家文书的来历。

当时羽田亨和武田药品公司有一个计划，把市面的敦煌卷子全买到杏雨书屋。现在杏雨书屋敦煌卷子有七百多号，前432号是李盛铎旧藏，432号以后，各家收藏都有，大部分是真品，也有个别假的。羽田亨是高手，他看的敦煌卷子多，所得精品也不少。下面举几个例子。

羽561号不知从哪来的，包首题签"唐时物价单残纸　吐鲁番出土　素文珍藏"，这是新出来的素文旧藏。里面是一些裱好的物价单残片。大谷文书里有一个唐代物价表，杏雨书屋又出来一批新的物价表，都是吐鲁番出土的《唐天宝二年交河郡市估案》，这是有关丝绸之路商品贸易的重要文书。我让我的学生陈烨轩把这些新发现的残片按照池田温的复原本重新缀合，做了一个新的

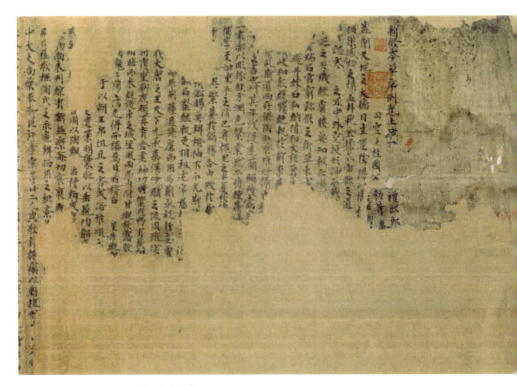

图6-15　BD12242+羽40《新修本草》

复原本，写了一篇名为《〈唐天宝二年（743）交河郡市估案〉新探》的文章，发表在我最近编的《丝绸之路上的中华文明》上。所以杏雨书屋是一个大宝藏。实际上，《敦煌秘笈》的图片还是有点小，上下栏，有些部分有好几层，他们没有拆过，只照了一层照片。真正要做研究，还要看原件。

羽459《序听迷诗所经》。唐朝的景教文献把弥赛亚译成"弥施诃"，从《大秦景教流行碑》到景教经幢，到《三威蒙度赞》，都写成"弥施诃"。可是这个卷子写成"迷诗所"，我认为这么写是假的，唐朝官方的译经不可能这么写。这个卷子看上去写得很漂亮，实际上有些地方语句不通，漏字缺字，比如"一切有无"，它写成"一有无"。而且纸张也有问题，我过去看黑白照片时就觉得它像是日本纸，密得很，所以我一定要看原件。我对此写了一篇文章，在香港的一个景教会议上发表，结果他们出英文论文集时没收我的文章，他们肯定不高兴我说他们这些是假的，所以我是得罪了一些人。

羽460《一神论》的纸张也是这样的，和敦煌卷子纸不太一样。而且他们认为这是阿罗本时代翻译的景教经典，怎么可能。贞元年间才翻译出《三威蒙度赞》这样的小经，怎么可能在唐朝初年翻译出这么深奥的长篇经典，逻辑上说不通。原来林悟殊先生觉得这是唐朝人抄的，抄错了，现在他观点和我一致，认为这是民国时期伪造的。

2014年10月，我终于有机会进杏雨书屋（图6-16）。我是通过吉田豊联系的，他曾帮杏雨书屋整理有关伊朗文资料，有面子。这天我和吉田豊早晨6点多从京都出发去大阪，一开门就冲到楼上赶紧看，要利用所有的时间来看。我看了《序听迷诗所经》《一神论》和其他一些感兴趣的世俗文书，特别对两件所谓景教文书坚定了自己的看法。

除了以上地方，我还看了很多散的藏品。2018年3月我承九州大学坂上康俊教授的好意，调查了九州大学的十几卷敦煌文书，这些文书没有装裱修补过。其中最重要的是《新大德造窟檐计料文书》。这是莫高窟建窟时，计算窟檐用料的文书。后来有两个搞建筑的人通过计算，推测出可能是哪个窟的窟檐，所以这件文书是莫高窟重要的营建材料。敦煌研究院的马德在日本进修

图6-16 作者在杏雨书屋调查敦煌文书（2014年）

时，我曾介绍他去找坂上康俊，他把这文书也抄了。

此外，东洋文库也有个别敦煌卷子，但是我去东洋文库，更多的是找相关书籍。当然还有各地的古书店。1990年11月我和池田温先生去逛了京都古书市，池田温先生是帮我很多忙的。我逛得更多的东京神保町，在疫情之前，我每年大概去三趟日本，主要是去看日本出的有关中国的各种书。

七

再访英伦未刊宝藏

去英国图书馆做敦煌残卷编目工作

我第二次比较集中地去欧洲寻找研究敦煌资料是在1991年。我结束日本的访问后，将收集的18箱子材料托给燕京轮，运到我的老家天津新港，寄存在集装箱码头的仓库中。2月24日，我乘坐苏联AEROFLOT航空公司SU582航班，下午2:00从成田机场起飞，经停莫斯科国际机场，当地时间晚上8:45到达伦敦。

2月25日，我就去英国图书馆和吴芳思讨论工作计划，吴芳思是当时的中文部主任。我在第一讲里提到过，1985年我第一次去英国图书馆时，吴芳思希望我将来有机会能把S.6980号以后的敦煌文书残片编一个目录。1991年，我和方广锠应英国图书馆的邀请做编目工作。我还存有吴芳思给我的正式邀请信（图7-1）。方广锠是优秀的佛教文献学者，他负责编佛教文献的部分，我编非佛教文献的部分，这项工作由"英国学术院王宽诚奖学金"（British Academy K. C. Wong Fellowships）资助。

当时的英国图书馆东方部还在罗素广场，我在上班地点的门口照过一张像，作为留念（图7-2）。东方部离英国博物馆很近，我每天去英国博物馆的职工餐厅吃饭，虽然贵一点，大概1英镑多，但是非常方便。

图7-1　吴芳思
邀请信

THE BRITISH LIBRARY

CONSERVATION AND BINDING

14 STORE STREET
LONDON WC1E 7DG
Switchboard 01-636 1544
Telex 21462
Telephone 01-323 7707

our ref
your ref
date

荣新江 教授：

我现在正式写信邀请您 以访问学者的身份'到
伦敦来访问. 时间是三个月. 从一九九一年二月底所始.
英国国家图书馆将提供你的来回机票. 你在英
期间的生活费将由王宽诚基金会支付.

我们邀请你到英国国家图书馆 对最近刚刚
修复好的敦煌 文书进行研究工作.

如果你在办理签证时有什么地方需要帮助
的话 有来信告之. 我们期待着你的访问.

吴芳思（博士）
英国国家图书馆中文部主任
一九九一年 四月十二日.

图7-2　作者在
英国图书馆东方
部（1991年）

S.1—S.6980号的敦煌文书早先由英国图书馆馆员、汉学家翟林奈编了目录。翟林奈从1919年到1957年一直在编目录，1958年他去世了。原来我们以为英国图书馆的敦煌汉文卷子只有S.6980这么多，1985年我到了那发现有11604号，1991年增长到了13677号。为什么不断地增长？其中一个原因是有一些文书翟林奈比定不出结果就没编目。现在有了电子版《四库全书》、中华电子佛典协会（CBETA）的大藏经这些数据库，比定非常方便，尤其是佛经。CBETA做得非常好，按古代标准写经的格式录入，每一栏17个字，CBETA里文字的位置与唐朝写经基本是一样的，比对起来非常方便。在翟林奈编目的时候，没有数据库，他得对照纸本文献，光是《大般若波罗蜜多经》就有六百卷，比定工作量很大。翟林奈编出6980号，已经非常了不起了，但还是剩了大量的佛经断片和世俗文书。另一个原因是英国图书馆从经帙、经卷、绢画背后揭取了许多裱糊纸片，把这些残片列入到后面的编号。其他图书馆也在揭经帙、经卷背后的裱糊纸，法国人给揭出来的纸片编号是附在母本号码后面的，比如母本编号是P.2504，它上面揭出来的断片一编为P.2504 pièce 1，断片二编为P.2504 pièce 2等，这种做法比较好。

斯坦因当年把藏经洞翻了个底朝天，一共有一千多个包，所有汉文佛典原先都包在包里。古代佛经一般十卷一个包，称为一帙，如果是小经，可能十五卷一个包。其他胡语文书、绢纸绘画、碎纸片，也都包在包裹中，可见藏经洞的东西是有意埋藏的，不是随便废弃的。我在第一讲中提到过，斯坦因发表的一张他从敦煌藏经洞刚刚拿出来的经帙照片，包布的右上角上写了"摩诃般若海"，表明是《摩诃般若波罗蜜经》的第二帙，这是按千字文编的"海"字号。如果有千字文编号，我们对照《开元释教录》的《入藏录》，就能查出这个帙子里是什么经。但是欧洲的收藏机构把这些用丝织品制成的帙和里面的典籍分开收藏，于是现在丝织品收藏在博物馆，文本收藏在图书馆，伦敦、巴黎、圣彼得堡的都分开了。我老想把这些分开的帙和经重新给搁在一起，这样就知道藏经洞原来是个什么情形，但是很难做到，这些帙被拆开之后，里面的东西到底去哪了，我们不知道。

现在收藏在英国博物馆的一件经帙非常漂亮，边缘有联珠纹锦的包边，图

片左下角有个"开"字（图7-3）。"开"有两种可能，一种可能是千字文编号，还有一种可能是它属于开元寺。究竟是什么意思？由于缺少整个包裹内的信息，没法确定。所以我特别想把藏经洞的经卷重构一下，但是还做不到。裱糊纸片很多来源于经帙包裹皮的内侧，由于看经时要打开经帙，所以经帙很容易破。破了之后怎么办？僧人就拿纸粘在背后加固，他们特别喜欢用废弃的公文书，因为公文书的纸张质量好，有的经帙最多加固了二三十层。在我们编目之

　　　　　　　　　　　　　　　　　　　满世界寻找敦煌

前，英国图书馆请了北京图书馆善本部的揭裱专家、修复部主任杜伟生先生，用一年时间揭取经帙的加固纸。杜伟生把要揭的帙泡在水盆里，泡上一两天，慢慢地一层一层揭，有的能揭干净，有的揭不出来。

从经帙中揭出来的重要文书

（一）《唐景云二年（711）七月九日赐沙州刺史能昌仁敕书》

能昌仁是沙州（敦煌）最高长官，这份敕书是唐朝皇帝发给能昌仁的回复，是唐朝七种敕书中的论事敕书。它作废之后，被僧人拿来加固在经帙上。这份文书上写道："敕沙州刺史能昌仁：使人主父童至省，表所奏额外支兵者，别有处分。使人今还，指不多及。"意思是："你打了个报告，要国家额外支援一些兵，别有处分。"因为发兵要用另外一种敕书，这份敕书仅仅是一个回复，没有其他的内容。敕书正文后面画了一个很大的"敕"（图7-4）。我们在唐朝人的文集里能看到很多敕书的正文，比如白居易文集里收了很多白居易起草的敕书正文，但是正文后面的内容，因为是格式化的内容，就被删掉了，不见于

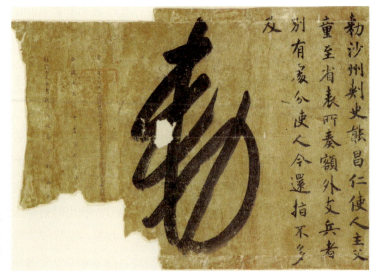

图7-4　S.11287C
《景云二年（711）七月九日赐沙州刺史能昌仁敕》

文集和碑帖。有些唐朝碑上即使有"敕"字，也是缩小了的，如果刻一个原大的"敕"字，太占地方了。过去我们以为"敕"字就这么小，看到这件文书，才知道唐朝敕书的原貌。

（二）《唐北庭瀚海军牒状文事目历》

事目历就是文书的目录，里面写了什么呢？比如墨笔右起第五列，"一牒仓曹为肯仙寿赐事"，这个牒是为从仓库里取东西赐给肯仙寿的，下面有经办人的署名，还加了印。虽然这只是目录，不是文件本文，但是可以从中了解瀚海军这个地方军政单位每天做些什么事。这些内容对研究隋唐史非常重要，我把这批经帙揭出来的材料拿回来给了专门做吐鲁番军制文书的孙继民先生，他写成了一本书，《唐代瀚海军文书研究》（甘肃文化出版社，2002年）。

今天的学者没机会近距离接触这些文书，看不到太多的细节。比如说瀚海军文书，有些地方揭得不干净，两张纸粘在一块儿，上面那张纸上写的人名把下面那张纸上的人名盖住了。从照片上看，只能看到上面的人名，我拿灯光一照，能透过纸看到下面的人名。类似这种情况，我都告诉了孙继民。

（三）长行马文书

我给大家看一下我当时做的笔记（图7-5）。我编的每一件文书，都按原来的格式进行了抄录，包括它残破的地方，以及钤的印。如果是见过的印，我就记一下印的文字，如果是没见过的印，我就做一个摹本。我对文书做了简单的考证，比如"大使杨楚客"，是最高的首领，应该是节度使级别的，晚上我就翻资料，在《吐鲁番出土文书》第八册的206页找到了这个人。《吐鲁番出土文书》是我从北京背到日本，从日本又背到伦敦的。我出国之前，准备了一些编目时可能用到、在伦敦又比较难找的书，比如《吐鲁番出土文书》，这部书是新出的，伦敦的图书馆可能还没有上架，我从北京背了过去。文书下方签名处"有"后面只剩一个角的字，可能是"孚"，因为在别的文本里有这样签名的人。我在背后的纸缝能看到"百卅八"或"卅八"的字，我也记了一下。古代公文书卷成案卷之后，在每一个纸缝要编号。我当时遇到认不出的字，就摹一个样子，以后再慢慢推敲。最后这行字，我摹一个样子，唐朝人的签名非常草，很多签名的部分我没法认。但这些签名都是非常重要的，有杨楚客，有司

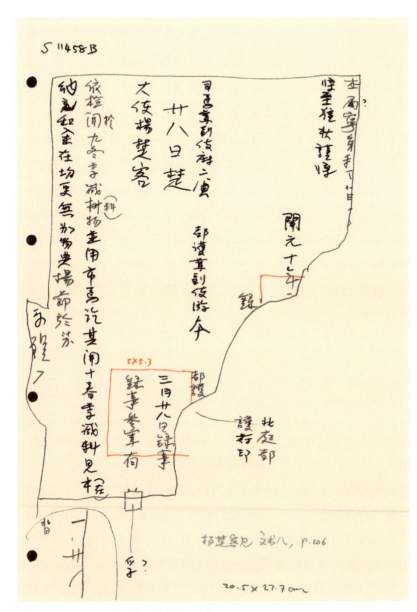

图7-5　S.11458B 长行马文书作者录文稿

马兼副使姓麻的，还有都护兼副使游本，这都是非常重要的人物。在我们研究唐史的人来看，这都是最高等级的官府文书，有较高的研究价值，我把它们都抄出来了。

这件其实是一组长行马文书中的一件，我后来发现长行马文书至少一百多张纸，规模很大。这些是在敦煌发现的，原来是北庭都护府的文书。唐朝在西域设两大都护府，天山以北属于北庭都护府，天山以南属于安西都护府。杨楚客相当于是北疆的"军区司令员"。另一件文书有典杨节"八月一日受，其月二日行朱"。行朱是盖了印，可以行文往下发送了。文书上钤了四枚"瀚海军印"。过去我在敦煌文书中没见过"瀚海军印"，因为这是北庭都护府下面的军的印章，在敦煌文书中很少。我标的 S.5914、S.8515，表示这两个号是同类的东西，同类文书还见于《沙州文录》。《沙州文录》是罗振玉旧藏的长行马文书，没有图，只有录文。

我当时的工作就是这样，把能找到的线索先标在边上，然后赶紧做下一个文书的编目工作。

碎片中的遗珍

有的残存文书非常碎，所以翟林奈放弃编目，我们这次不能遗漏任何纸片，这样一来，也发现了不少重要的典籍和文书。

在我编的断片里，属于经史子集四部书的有《周易》王弼注、《古文尚书》孔安国传、《春秋左氏传》《孝经郑氏解》《孝经》白文无注本、《论语郑氏注》《庄子》《刘子》《列子》等，还有各种书仪，很多道经。我当时比定了一大批道经，主要用日本学者大渊忍尔的《敦煌道经·图录编》来对照。还有占卜书，《孔子马头卜法》《李老君周易十二钱卜法》《圣绳子卜》，以及一些葬事目录、药方、音韵书等。

比对典籍类的断片，对我来说是一个非常大的挑战。我不是学文献学的，但是我之前为了找于阗的史料，把从战国到北宋初年的书大致翻过一遍。遇到一个东西，我大概知道要找什么书，然后去亚非学院图书馆找，先从敦煌文献里找，比如《敦煌变文集》、王重民《敦煌古籍叙录》等，然后再找其他书。王重民先生20世纪30年代在巴黎整理敦煌文书，其中许多典籍本身已经失传，只有部分见于其他传世书籍的引用，有的已完全失传。王重民先生凭借深厚的文献学功底，有时候从现存古书的目录，来推这个写本可能是什么书。有些典籍现在还没有认定，王重民当时已经推定可能是一本什么书。我当时最大的理想是找到王重民所编敦煌典籍之外的东西，最后没有找到，所以我的文献学水平比王重民差得远了。当然我面对的文书比王重民当时整理的小得多，残碎得多。我现在很想把我编的目录重新增订一遍，但是还没有安排出时间。

我也有很有成就感的事情，比如我把十九件残片比定为《列子·杨朱篇》张湛注的同一件写本，并缀合成三大片（图7-6）。《列子》是一部子书，当时没有电子文本，我工作的时候，先把文字抄下来，判断它可能是什么书，周末到伦敦大学亚非学院图书馆去比定。我刚到英国不久，就在亚非学院艾兰（Sarah Allen）老师的帮助下办了借书证。我办公室只有最基本的书籍，从英国图书馆提一本书出来比较慢，而亚非学院图书馆五层楼的书全部开架，随便看。我在缀合这些碎片的时候，一页页翻典籍，最后在《列子》很靠后的《杨朱篇》里找到了相应的几个字。我不像老辈先生们那样熟读四书五经，我编目

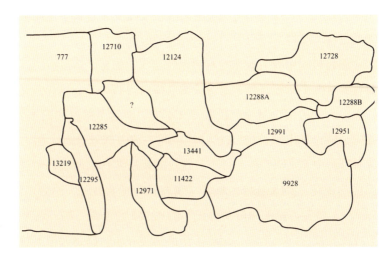

图7-6 《列子》
缀合图（部分）

的时候就靠翻书，当然我也有一些切入点，不是随便翻的。我当时可以直接进东方部的库房拿敦煌卷子，想看哪个号自己去拿，可以拿一堆出来，跟拼七巧板一样，慢慢就拼出了三大片。这十九片碎片的编号前后不关联，有些距离较远，最后拼成了三大片，这是我在编目时拼得最多的一件。我回到中国之后，问北京图书馆善本部的人敦煌文书里有没有《列子》，他们说有一片，我说那肯定跟英图的是同一抄本，拿出来，果然能缀合上。

S.9502《下女夫词》也是非常好的材料。唐代婚礼有一个"下女夫"仪式，即给上门娶亲的新郎设置各种障碍，新郎要作一首诗，才能通过一关，进一道门；到下一道门，又要再作一首诗，直到新娘的闺房，这些诗歌称为"下女夫词"。过去发表的敦煌卷子里也有《下女夫词》，是一种特别活泼、富有民俗气息的文学形式，是研究唐代妇女史的生动材料。S.9502《下女夫词》写得非常规整，朱笔写标题，墨笔写诗歌（图7-7），在已见的《下女夫词》里属于上品。其中包括到了大门口，要作咏门诗，到了中门，要作咏中门诗。我回国后，把这个寄给了天水师专的张鸿勋先生，他写了专门的研究文章。

有一张笔记上面写了S.9945《沙州灵图寺塑释迦像功德记》，这是一个比较完整的文本，也比较长，我做一些记录，然后另外用一张纸抄录它。

S.9946，我初步判断它是一个变文，因为变文都写得特别草，我认出里面有个字像"陵"，可能是《汉将王陵变》，我就要去查相关的文书，如伯希和文库的P.3627+P.3867《汉八年楚灭汉兴王陵变》一部、S.5437《汉将王陵变》、北大藏卷《汉将王陵变》，最后做出判断。

编目过程中有一些非常有意思的事。比如S.11564这片很小，只有九个字，我看着这九个字很眼熟，有一天喝咖啡时灵机一动，这不就是S.3329《张淮深碑》中间缺的那个洞吗？我做归义军史，对这个碑文和写本的样子非常之熟，我把S.3329拿出来，把S.11564往中间一放，严丝合缝（图7-8a、b）。这是我编目过程中非常兴奋的一件事。这块碑藤枝晃1964年曾经拼过，他把原名"张氏修功德记"的S.3329、原名"残表状"的S.6161、原名"张义潮别传"的S.6973、原名"张淮深修功德记"的P.2762缀合到一起，认为是归义军第二任节度使张淮深的一个碑，记载了张淮深建寺庙、修北大像等功德。这篇碑文是

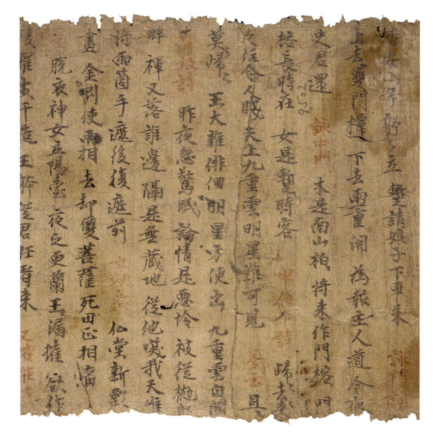

图7-7　S.9502《下女夫词》

沙州有名的文学作品，有人加了句读，做了注，成为沙州文人写碑文的参考用本，是一个非常重要的文献。我后来发现，北京图书馆藏《大方等大集经》卷第八（BD06091）写本背面，有一行字"敕河西节度兵部尚书张公德政知碑"，字迹拙劣，当是小孩子写的，"之"写成了"知"，但这行字应当来自一块石碑的标题，所以我推测这个应当就是《张淮深碑》原来的碑名。另外一个卷子上也有这么一个标题，有两个标题，足以证明它是碑名，从而把缺失的碑头文字补充完整。我后来在庆祝周一良先生八十生日的时候，写了一篇题为《敦煌写本〈敕河西节度兵部尚书张公德政之碑〉校考》的文章，把上面的成果集中写

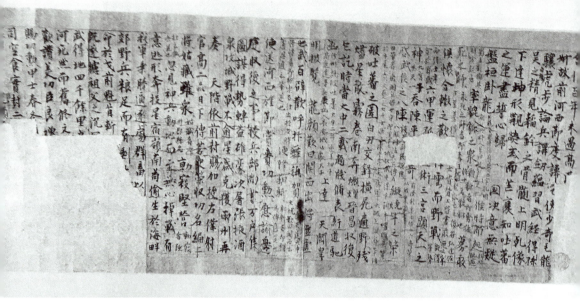

图7-8a 《张淮深碑》(S.3329)

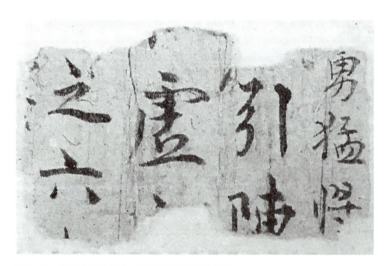

图7-8b 《张淮深碑》(S.11564) (局部放大图)

出来，这个题名的看法得到了学界的公认。1992年我应饶宗颐先生之邀，去香港帮忙编《法藏敦煌书苑精华》时，把我缀合的成果和考证的碑名告诉了饶先生，在这本书里用了填补空缺后的照片。

残片中好东西还有不少，如归义军节度使曹元忠牓。这件由十来个断片缀合，是10世纪中叶归义军节度使曹元忠发的一个牓文（S.8516 A+C），牓文后有曹元忠的签名，"使光禄大夫太保兼御史大夫曹"。这个签名的每个字上下挨得很紧，每一捺写得又粗又长，这个签名字体很怪，像一只小鸟，这是他特意设计的签名。广顺三年（953）曹元忠为了防御东边甘州回鹘的侵扰，设立了一个新乡军镇，这篇牓文招募百姓移民新乡，移民的百姓可以免几年税，如遇甘州回鹘军队打过来，要参与抵抗回鹘军。愿意移民的百姓，在牓文后写上自己的名字。

牓是古代信息传递的重要载体，往往张贴在官府衙门前面，或者人来人往的市场前面。这件文书让我们第一次看到了实实在在的五代时的牓，背面厚厚的浆糊都在。牓文结束张贴后，还被寺僧拿去收藏，可能是还没来得及废物利用，也可能僧人觉得它比较重要，没用来写字或加固经帙。后来北大有一位博士生研究宋代的牓文，我把曹元忠牓背面涂浆糊的照片给了他，这件背面没有文字，一般图录是不发表的。

2004年英国图书馆办了一个大型的丝绸之路展，向我约稿，我利用曹元忠时期丰富的文书材料，写了一篇《曹元忠的日常生活》，并请英国图书馆根据我画的缀合图，把文书断片进行了拼合（图7-9），发表在展览图录 The Silk Road: Trade, Travel, War and Faith 里，其他书刊上只能看到断片的照片。这张图前面拼得不错，后面有的部分缀合得不够严丝合缝。这些断片现在都固定在防酸的塑料夹板里了。我跟英国图书馆修复部的负责人皮特说，这样的文书不应该固定在夹板里，固定了以后，我们没法直接拿断片去拼，只能用图片拼了，给研究增添了不少麻烦。而且英藏敦煌卷子的彩色图片目前只有三分之一上了网，用彩色图片去拼，许多写卷还无法操作。

我当时的工作就是这样，有时候很失落，什么有学术研究价值的材料都没找着，什么东西都比定不出来；有时候很兴奋，比定出来一个眼前一亮，就非

图7-9　曹元忠牒（S.8516 A+C）

常高兴。我获得的第一手资料，有的我陆陆续续写了一些文章，比如说《张淮深碑》，在藤枝晃研究的基础上，又推进了一步；有的我交给相关的同事或者朋友，由他们去做研究；有的放着没有来得及写，我的兴趣转移到别处，到今天也没有人写。

1991年8月6日，我完成了编目工作，形成《英国图书馆藏敦煌汉文非佛教文献残卷目录（S.6981—13624）》的稿本，并且写了一篇英文的工作报告——《英国图书馆所藏敦煌写本残卷的重要史料价值》（*The Historical Importance of the Chinese Fragments from Dunhuang in the British Library*），介绍了我发现的重要文书，其中放了我补了窟窿的《张淮深碑》的照片、《列子·杨朱篇》的缀合图等一些图片。1998年，《英国图书馆馆刊》杂志做了一个敦煌专号，发表了三四篇文章，其中就有我这篇。目录和文章是我对英国学术院（The British Academy）、英国图书馆的交代。《英国图书馆馆刊》是一份核心刊物，对我也是荣誉。那个时候我的英文还是很不错的，文中所有文献名，都用了西方汉学的译法，是写给英国人看，给外国人看的。

我编的《英国图书馆藏敦煌汉文非佛教文献残卷目录（S.6981—13624）》（图7-10），1994年7月由台北新文丰出版公司出版，吴芳思作的序，书里有我做的注记。由于我后面还有其他研究计划，当时没能做得非常细致，后来因为看不到原件，也没法重新核对。但这本目录得到了学界的肯定，成为大家认识这部分敦煌文书的工具。后来有些日本学者在研究这批断片的时候，对一些编

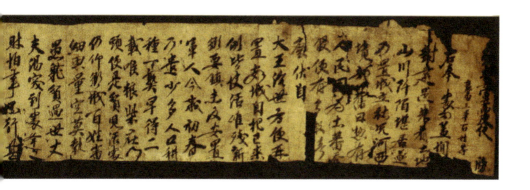

号提出不同的意见，据说池田温先生说我们只能信荣新江的，只能认《英国图书馆藏敦煌汉文非佛教文献残卷目录》这本目录。这本目录里的编号不是连续的，因为这部分的残片大部分是佛教文献，由方广锠编目。他把佛教部分编到S.8400，后边的到现在还没有出版。《英藏敦煌文献》S.6980之后只收了非佛教部分，是在我编的目录基础上，用他们的定名原则进行了标注。所以S.6980之后佛教部分的资料，到现在我们还是没有完全占有，如果要看，IDP没有上传的话，只能看缩微胶卷。

在编目的过程中，我也会去看S.6980以前的、跟我的研究有关的材料，特别是归义军史的材料。我1985年去时，只有一个多星期的时间，看的有限，这次我有了库房钥匙，想看什么，随时可以拿出来，可以把几个卷子拿到桌子上对比，非常方便，所以我趁这个机会看了很多S.6980以前的卷子。但是如果看佛经，一个上午最多只能看四件。看佛经非常花时间，一边看一边卷，得对齐了卷，看到最后的题记，再卷回去。所以中国人去英国图书馆，一般不看佛经，而是专挑有学

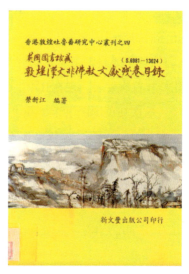

图7-10 《英国图书馆藏敦煌汉文非佛教文献残卷目录（S.6981—13624）》

术研究价值的世俗文书看，而后者大多是残片。这给我们造成了一个错误的印象，以为藏经洞的东西是残卷，其实藏经洞文书以完整的佛经为主。我们到北京图书馆看敦煌卷子，大多是残经，其实这些是斯坦因、伯希和劫余的，是李盛铎他们偷的时候撕碎的，刚出来的时候很多是完完整整的。英国图书馆保存了大量斯坦因拿走的完整经卷，有一卷很粗的，长达十几米的佛经。有的佛经可能第一纸、第二纸由于经常翻阅而脱落了，后面的都在，其实还是一个近乎完整的卷子。

英国图书馆修复部曾在20世纪50年代对敦煌文书进行托裱，他们用了日本师傅的托裱方法和日本纸。日本纸的热胀冷缩和中国古代的纸不一样，一到冬天，托裱纸收缩得厉害，展开阅读时，可能嘣的一声，中间断了，一下子连原纸都可能折断了。我们冬天遇到卷得特别紧的卷子，不敢展开，这种托裱方法是很糟糕的。我跟修复部时常有一些争论，有个别文书，他们裱的时候，把字给糊在里头了。1997年7月我借到伦敦参加会议的机会，帮助徐俊校对S.6973、S.3329、S.6161诗集卷子，它背面都是诗歌，但是S.6973在《敦煌宝藏》上是一张白纸，《英藏敦煌文献》里也没有这张照片，因为给托裱了，字糊在里面，看不见里面任何字。我跟修复部说，你把我们中国的字给糊在里面，这是你们的错误，必须拆。最后这一件我争取成功了。拆了之后，我单独为徐俊《敦煌诗集残卷辑考》申请照片。他在这本书前特别放了这张照片，英国图书馆授权首次发表。现在IDP上已经有这张卷子的彩色照片了。

这次在英国图书馆，我也把和田出土的汉语文书重新校对了一遍，还有部分有关于阗的敦煌文书，但马继业（G. H. Macartney）所获M.9杰谢文书没有找到。这项工作是为了后来的和田出土汉语文书合集做准备。

英伦其他收获

这里我想要特别感谢英国图书馆中文部主任吴芳思女士。20世纪70年代，吴芳思在剑桥大学读博士，研究北京四合院。这期间中国接受了一批留学生，她就在那拨留学生中，我们管他们叫"工农兵留学生"。吴芳思有一本记录留学中国的书，写她跟着中国学生一起上山下乡，扔手榴弹、种地、淘粪的经历。这一拨留学生都特别亲中国，跟中国特别好。后来，吴芳思写了一本《马可·波罗到过中国吗?》(*Did Marco Polo go to China?* London: Secker & Warburg, 1995)，她说没来过，把马可·波罗这位古代中国的友好使者给弄没了，所以很多中国学者，特别是蒙元史的学者，很不高兴，写文章批判她。其实吴芳思才是中国人民的友好使者，对在英国的中国学者特别关照，对素不相识的中国人也给予帮助。吴芳思在办公室忙得不得了，各种人来找她。有一次希思罗机场发现一对中国夫妇拿着假护照，想坐飞机去巴拿马，转机时被扣在了机场。可是女的快要生孩子了，机场没办法把他俩送回去，也不能去巴拿马，就打电话给吴芳思，说你来把人接走吧。吴芳思把这对夫妇接到家里，雇了一个保姆照顾孕妇，还给男的找一个打黑工的地方。这真是一个活雷锋啊。

其实吴芳思写的《马可·波罗到过中国吗?》自有她的出发点，她从13世纪初威尼斯的文献记载的角度出发，认为马可·波罗没来过中国，只是凭借威尼斯所见的资料，写出了游记。她的父亲是英国图书馆研究意大利中世纪文学的学者，她受家学影响写了这本 non-fiction（非虚构作品），是畅销书类的，在香港机场都摆着卖的，她写的不是纯学术著作，没必要和她较真。吴芳思写畅销书，又翻译中国文学作品，她后来不搞研究，是一个社会活动家。我们提什么要求，她都努力办到。现在她在中国做好多讲演，有很多照片，虽然年岁大了，但跟我们中国学术界往来很多。

我工作的后期，东方部房租到期了，要搬到 Orbit House 的印度事务部图书馆里。他们搬家拿不走的书，准备送给南斯拉夫的一个大学，那个大学因为战争一直不来取。吴芳思说你随便挑，喜欢的拿走，我由此白得了一大批书，比如《伯希和考古丛刊》个别册，这么厚一大本，卖五百法郎的，都是白拿的，运气非常好。英国图书馆还有一个好处，邮资总付。中文部门口的事务室有两个邮件筐子，一个是 out，要寄出的邮件；一个是 in，寄来的邮件。吴芳思告诉我，要寄什么东西，往 out 的筐子里一丢就可以了，不用付邮费。我把复印好的或者买的书，攒够一袋子就往 out 的筐子里一扔。我回到中国后，一麻袋一麻袋地收，一分钱都没有掏。那段时间，北大收发室一看到英国皇家邮局的袋子，就给我打电话，说你的书又来了。所以我在英国图书馆中文部，在吴芳思主任的关照下，收获非常大。

顺带说一下，我与英国学术院的渊源，也是从这次编目项目开始。这半年间，我去了好多趟英国学术院。我记得第一次去英国学术院参加学术交流时，门口的秘书小姐对所有中国嘉宾说："你们进屋以后不能跟中国人说话，要跟外国人多说话。你如果总是跟中国人说话，我就去把你们分开。"其实也没几个中国人，但是有的中国人进去之后，三个钟头就扎堆跟中国人说话，这样就缺少交流了，他们是不允许的，这点让我感受很深。我一直想写一个小文章，讲西方的party和中国的宴会有什么区别。

2021年，我荣幸地当选了英国学术院的通讯院士，中国以前只有陈寅恪和夏鼐先生当选过。其实英国学术院提名前，不与提名者联系，我事先完全不知道。直到消息发布前的最后一步，英国学术院给我发一封信，告诉我当选了通讯院士，他们将对外发布，请我确认一下头衔这么写对不对。这是英国学术院在全世界的院士和通讯院士一起投票选上的，所以这个还是很给中国学者和北大争光的。

我这次在伦敦的时候，还去维多利亚与阿尔伯特博物馆（Victoria and Albert Museum）进行了探访（图7-11）。斯坦因当时觉得英国博物馆太大了，东西太多，保护不好，把一部分绢画借存到了维多利亚博物馆。这里是皇家博物馆，条件很好。我首次去英国图书馆时认识的马克乐，此时是维多利亚博物馆东方部的负责人，她邀请我去参观馆藏斯坦因收集品，都是丝织品，其中有一件有于阗文题记的绢画，是我所感兴趣的。8月13日

图7-11　作者在维多利亚与阿尔伯特博物馆（1991年）

满世界寻找敦煌

我快离开英国前，特地跑去看了一下。

我平时工作非常忙，基本上都在英国图书馆编目、抄文书，但是也看了一些其他地方的敦煌卷子，主要是Sam Fogg书店的。Sam Fogg是一家印尼人开的书店，看上去不太起眼。伦敦大学亚非学院艺术史教授韦陀（Roderick Whitfield）有个台湾学生在Sam Fogg书店打工，有一天她拿了一些敦煌卷子的照片让我看看是真的假的（图7-12）。我当时说了几句话，这些话后来印在了书店的拍卖品目录上，我平常是不给人家看真伪的。我回国后才从日本学者辛嶋静志那里得知这个情况，就写信给书店，让他们把那几本目录寄给我。这份目录里有几个敦煌卷子，还有一封重要的楼

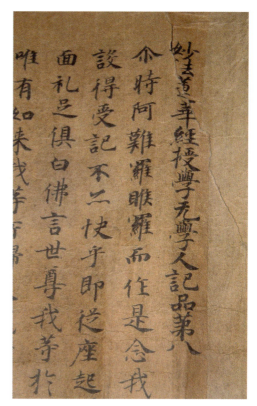

图7-12　Sam Fogg书店的敦煌写卷

兰发现的书信。新疆考古所也有一件楼兰发现的信，没有正式出版，我在于志勇手里头看过。Sam Fogg书店这件楼兰出土的信被不懂行的人剪过，太可惜了，但是大致内容还在。拍卖图录上放了一支笔在上头，录不全信里的字，书店给我的图是全的（图7-13），后来我给了专门研究楼兰的伊藤敏雄先生，这封信真是一个好东西。但是也有一看就是假的东西，如有一块写了"敦煌大守军"的麻布。大守军是啥东西？完全不通。这块麻布是不是真的，不知道，得专家去鉴定，但是这个字和内容是绝对没戏。图录里还有《妙法莲华经》，有三个还是五个，后来这些敦煌写本被一个挪威的铁路大亨收藏了。

Sam Fogg最厉害的是出售了上万件阿富汗出来的梵文、佉卢文写本。最早的一批从白沙瓦流出来的桦树皮佉卢文写经被英国图书馆买了。后面成组的东西，一共一两万件，全部被挪威大亨Martin Schøyen给买走了，里面比较杂，有最早的梵文写本，还有佉卢文写本、巴克特里亚文写本。这个人很好，邀请

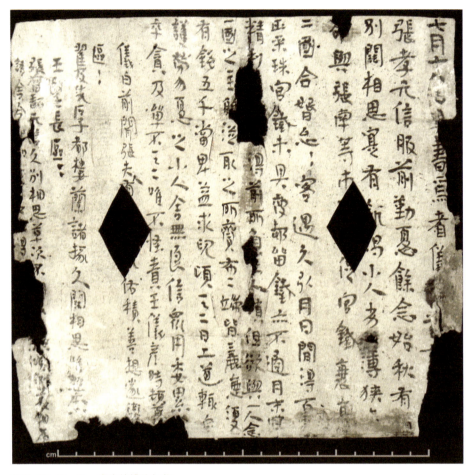

图7-13　Sam Fogg 书店的楼兰文书

了世界上的梵文学家去他那儿管吃管住搞研究，然后一批一批地出书，佛教文献已经出了好多本了。

　　8月18日，我完成了在伦敦的工作，早上9点出发，到Gatwick机场，10:30起飞，一小时后经停巴黎，然后继续飞十二小时，香港时间19日上午8:37到港，参加香港大学主办的唐史学术研讨会。

再访法京的敦煌宝库

1991年之后，我去了好几次法国，每一次都看一点东西，或者帮朋友们核对一些东西，比较零碎，放在这里一起讲一下。

我在英国编目的这半年，忙里偷闲跑出去了三趟。我在英国移民局签证排队的时候，先侦查一下几个窗口的工作人员。我们北大留学生排美使馆有些经验，据说有个老太太是超级杀手，不能排她的队，看着这个小伙子是刚上班的，就排他的队，同时一定要穿个北大的背心之类的衣服。我根据这个经验，排了一个黑肤色的小姑娘的队，她看着20岁左右，肯定刚上班的。签证窗口的墙上写着："以下共产党国家……不给多次入境签证。"我排到了问她："我又要去法国，又要去德国，又要去苏联，能不能给多次入境签证？"小姑娘眼皮都没抬，说了句："多交20镑。"好，我马上递给她20镑。我拿到护照一看，护照上先是按照一般规定给了一次入境签证，然后又盖了注销印，再给了我一个多次入境签证，这真是太好了。后来我每次从欧洲大陆回到希思罗机场，机场的人都说："你不应该拿多次入境签证，你要去移民局把这个改了，一定要改了。"我回到伦敦，吴芳思说："你不能改。英国的签证从入境即日起半年内有效。你想多在英国留些时日，可以在签证快到期的时候去一趟法国，回来之后又能在英国待半年。有了多次入境签证，你就不用愁英国签证到期了。"所以我拿了多次入境签证，有机会就去法国，我的业师张广达先生住在巴黎。那会儿，英法之间还没有地下隧道，但是有气垫船，1991年5月17日我就是上午10点从伦敦Victoria站出发，中午到Dover港，乘气垫船，45分钟就过了海峡，非常快，到法国Boulogne港，换乘火车，16:46到达巴黎北站。我还去了一趟荷兰，看望老师许理和教授。我又去了一趟列宁格勒，在苏联变成俄罗斯前的最后一个月去的，有很多好玩的事情。

5月这次巴黎之行，法国国家图书馆当然是最主要的走访对象，我要来核对研究中需要看原件的敦煌文书。我也帮委托我看原件的其他学者一些忙，比如帮郝春文先生校社邑文书，帮李正宇先生校录 P.3829《吐蕃论董勃藏重修伽蓝功德记》。李正宇是敦煌研究院的学者，文史兼通，语言、文学、历史都能做，对敦煌文献极为熟悉，他有机会跟着段文杰先生、施萍婷先生去了一趟列宁格勒，抄录了俄藏Дx.1462《论董勃藏重修伽蓝功德记》的上半截。他知道这件《论董勃藏重修伽蓝功德记》的下半截在巴黎，即 P.3829，是上下接着的，但卷子上油污的地方，黑白照片上黑乎乎的，有蓝色污点的那些地方，当时的照片上是看不清楚的。李正宇跟我说，如果有机会去巴黎，帮忙校一下下半截的卷子。我在他初稿的基础上，把看不清楚的字校录了，寄给他，后来李正宇发表了论文《吐蕃论董勃藏修伽蓝功德记两残卷的发现、缀合及考证》，发表在1997年出版的《敦煌吐鲁番研究》第二卷。

现在可以在俄罗斯的展览图录上找到Дx.1462的彩色图片，我让学生按李正宇的接法，把照片拼在了一起（图7-14）。这是个非常重要的文书，是吐蕃贵族论董勃藏在敦煌城里建了一个寺庙的功德记。论董勃藏是一个吐蕃首领，"论"是吐蕃最高贵族名字带的字，他的官职全称是"大蕃古沙州行人部落兼防御兵马使及行营留后监军使"。他的父亲、祖父都是军事首领，是大人物，在吐蕃其他碑铭里也可以印证。论董勃藏的祖父曾经作为行军大节度使，率吐蕃军队征讨勃律，勃律即今天的克什米尔。这件文书里信息丰富，不仅有建寺庙的信息，还有很多吐蕃历史的信息，从中可以了解吐蕃进攻勃律，与大食争夺克什米尔地区主导权的重要信息，是研究中亚史的重要资料。森安孝夫看到李正宇的文章后，在他写的有关中亚出土文书的文章里，特别提到了这个卷子在中亚史研究上的重要意义。这是李正宇先生的重要发现，我在其中起到了一些作用，帮助他完满地作出了文章。

我还保留着校录《论董勃藏重修伽蓝功德记》的手稿，当时有电脑了，先打好原文，录文的时候，在上面校补一些缺字。虽然有了 IDP 上非常好的图片，对于我们专家来讲，还是要看原件。比如说我要研究纸，必须在原件上测纸的厚度，感受纸的手感。再比如，有很多文字在页边上，有些纸会折掉底下的字，我们都要调查清楚，如果原件还看不清楚，我就认了。

我在法国国家图书馆做过的另一个工作是帮徐俊先生校录敦煌诗歌，当时徐俊先生在编写《敦煌诗集残卷辑考》，有很多看不清楚的地方。我在他寄来

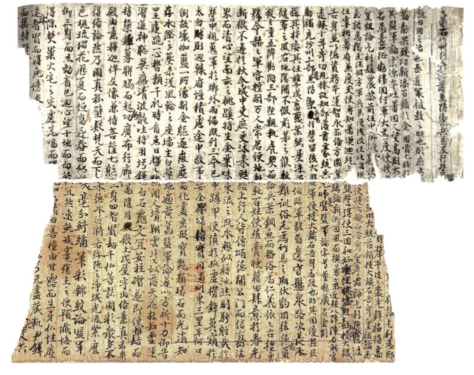

图7-14　拼合后的《吐蕃论董勃藏重修伽蓝功德记》

的录文稿上做校补，把很多字补出来，再把稿子寄回去。

　　诗集也是我做归义军史研究时注意的内容，其中有一件《河西都防御招抚押蕃落等使翁郜牒》，我校录的时候，卷子上只有一个"郜"字，我研究归义军史时，一直不知道这个"郜"是什么人。后来兰州大学李军博士从史籍中发现了"郜"是翁郜。翁郜在晚唐时期担任河西都防御史，管理凉州地区，翁郜与归义军的关系似乎蛮好的。还有一组写卷，编号有 P.5007+S.6234、P.2672，我认为是翁郜收到的书信，是牒和状的形式。这组文书字迹很乱，在缩微胶卷上根本看不清，原因是翁郜看完信之后，拿信纸做了写诗的草稿纸，在正面空隙的地方打草稿，然后在反面把作好的诗誊写一遍。翁郜从凉州一路吟诗，吟到了焉耆的铁门关（今新疆库尔勒），形成了一个很长的诗卷。从王重民到项楚，再到徐俊，他们都整理过这组诗卷，把这组诗卷连在了一起。这个卷子的反面虽然是誊写过的，仍有修改，所以这是一个特别好的唐诗的生成史料，富有文学史价值。我们现在念的唐诗，都是整理完毕、收录在书里的固定版本。这个卷子从草稿一直到整理成文本，体现了创作的过程，是一个文献生成史，在研究唐诗的学者看来特别重要。我尽最大的努力校录了这组诗集文字，但还有一些文字没有释读出来。这些校录成果，都体现在徐俊先生2000年出版的《敦煌诗集残卷辑考》一书中。

我还去了吉美博物馆做进一步的考察。吉美博物馆收集的多是敦煌绢画等艺术品，我主要看画上的题记。一般这种画上面是主体画面，下面是供养人，中间有时有一方供养人题记，我当时主要是核对题记中的文字。有一幅《被帽地藏菩萨十王图》（编号 MG.17662），把供养人张氏的邈真赞写在这中间了，非常难读，我和张广达先生花了两个小时把这篇邈真赞录了出来，我写了一篇文章《敦煌邈真赞拾遗》，其中一件就是绢画上的邈真赞。

我最重要的一个发现是伯希和收集的一个经帙（现在编号 EO.1208），这个经帙被伯希和认为是他得到的最精美的经帙。伯希和当年从敦煌到北京，再到河内的远东学院述职，再从河内经南京到北京，一路把这个经帙带在身上。伯希和1909年在北京的时候，给罗振玉、王仁俊等人看过这个经帙。罗振玉在书里描述说："与日本西京博物馆（即正仓院）所藏者同，以竹丝为之，有一枚以席草为之，盖古人合数卷为一帙，此即其帙也。帙之里面，有旧书糊之，有唐人书状一纸，上加以印，其文不及备录。"其实王仁俊把文书录在了《敦煌石室真迹录》里，只是不太完整。这件糊在经帙里的文书是一个告身，是给令狐怀寂的一个委任状，但是研究告身的学者不知道这东西在哪儿。直到1989年，我在香港的 *Orientations* 杂志上看到一篇吉美博物馆藏伯希和收集品的介绍，是吉美博物馆馆员 Laure Feugère 写的，上面刊布了经帙内外两面的照片。其实外面的照片，里博（K. Riboud）夫人编《伯希和考古丛刊》丝织品那一卷里早就发过了。里面文书的照片直到这时才发出来。我一直在寻找这个告身，终于在吉美博物馆找到了。这个经帙用竹子制作（图7-15a），藏经洞的竹经帙大概只有两件，因为敦煌不产竹子，这个经帙可能是长安传过去的，也可能是南方传过去的。

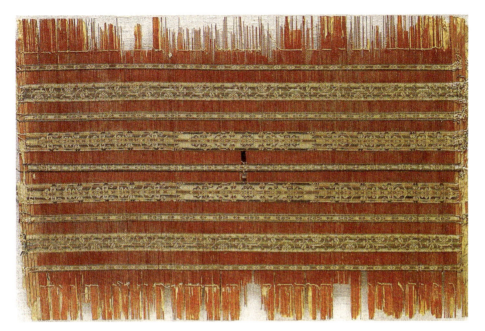

图7-15a　伯希和所获竹制经帙正面

图7-15b　竹制经帙背面的令狐怀寂告身

我后来正式要做告身研究的时候，发现 *Orientations* 杂志上的图还是不清楚。正好赵丰馆长在吉美博物馆做丝织品研究，我就拜托赵馆长拍了很多细部照片（图7-15b），从而把告身上的钤印都读出来了。这件令狐怀寂告身，其实纸是粘乱了，不是接续的。后来我在上敦煌吐鲁番研究课的时候问班里的学生谁愿意研究这件告身，有一个魏晋南北朝史专业的学生唐星自告奋勇来做。被授官的令狐怀寂是个小人物，在史籍中查不到信息，但是在唐朝史书里查到了文书上苏淳的史料，从而把这件告身的年代基本判定在唐高宗时期。唐星的文章《释令狐怀寂告身》，2011年发表在《敦煌吐鲁番研究》第十二卷。在这里我要感谢一下中国丝绸博物馆，是赵丰馆长给了我最清晰的照片资料。

我在吉美博物馆还有一项值得一提的收获。伯希和个人的手稿都在吉美博物馆，包括探险档案、日记、公文、往来信件等。2008年我去法国开会的时候，通过当时在巴黎留学的社科院文学所王楠的介绍，认识了吉美博物馆馆长。馆长非常好，同意我们复印想要的资料。我用博物馆的投币复印机，印了一百多封斯坦因给伯希和的信和其他资料。我找博物馆的咖啡馆换零钱，几乎把咖啡馆的硬币全换出来了。其中有一张清廷发给伯希和的护照原件，护照上印着"派名士伯希和，带军医员瓦阳，及照相生共三人……入新疆龟兹、蒲昌海、沙州等处赴京，沿途考求古迹"等字（图7-16），这是非常珍贵的资料。伯希和的档案里还有李盛铎的名片，可能是李盛铎做比利时大使时的名片，写作"LI SHENG TOU"，这是清朝时的音译，跟现在的翻译不太一样。不了解这段历史的人，看见也不知道这是李盛铎的名片。认出李

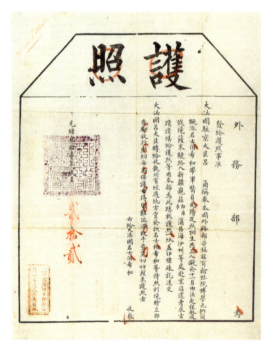

图7-16　伯希和护照

　　　　　　　　　　　满世界寻找敦煌

盛铎的名片，一联系，一批故事就都来了。伯希和沿路遇到的清朝官员的名片，都在吉美博物馆，这里头可以写出很多故事。斯坦因在收到的名片后边往往写上几行字，备注这是个什么人；伯希和没写，名片都是没字的。斯坦因的那些名片，现在收藏在匈牙利科学院图书馆，我也去看过。吉美博物馆的伯希和档案是敦煌学学术史的一大宝藏，目前只有少量与中国学者的通信发表出来，还有伯希和的考察日记全本也已出版，但大量的材料，包括伯希和与当时其他国家的考察队、与同时代的东方学家的通信，仍然没有整理。我在看这些档案的时候，吉美博物馆的馆员曾拿来一些老照片让

图7-17 柴剑虹（左一）、哈密顿（左二）、吴其昱（右二）、荣新江合影（1997年）

我辨识，我也不知道拍的是什么地方，这些照片因为判定不出地点，所以没有收入伯希和的日记。

1997年，我应戴仁教授的邀请，到巴黎的法国高等实验学院讲学三个月，因为授课任务重，所以看的材料不多。记得曾跟哈密顿、吴其昱、柴剑虹一起去巴黎国家图书馆的钱币部，看伯希和探险队所获新疆出土钱币，钱币学家蒂埃里（François Thierry）接待我们，看了公元1至3世纪丝路南道的贵霜钱币、于阗汉佉二体钱，4至7世纪丝路北道的拜占廷金币、波斯银币、汉五铢铜钱、龟兹王国自铸汉龟二体五铢钱、高昌王国的高昌吉利钱，以及唐朝占领西域时期（650—790）的开元通宝，特别是西域当地铸造的大历元宝、建中通宝铜钱，还有突骑施钱等等，琳琅满目。我们在图书馆门前照了一张合影（图7-17），也是难得的学术交流记录。

八

从列宁格勒到圣彼得堡

从伦敦硬闯列宁格勒

本章的标题叫"从列宁格勒到圣彼得堡",前面也有如"从哥本哈根到斯德哥尔摩"式的标题,那是地理空间的转移,而这次是时间的转换。1991年苏联解体,列宁格勒更名为圣彼得堡,我第一次去这个城市,是它叫"列宁格勒"的最后岁月。

1991年7月13日,我和方广锠先生从伦敦前往列宁格勒。当时,我们在编英藏敦煌残片目录,为了将俄藏文献与英藏文献对比,所以打算去一趟列宁格勒。出发前咨询中国驻英国使馆,使馆说中国人去苏联,社会主义国家之间不要签证;打电话问苏联驻伦敦的领事馆,对方却说中国人要签证。我们俩想了想,得信中国使馆的,所以就没办签证。到了希斯罗机场,机场的票务人员见我们没签证,不让上飞机。我把中国使馆的说法告诉他们,他们给AEROFLOT航空公司打电话,航空公司表示的确不要签证。机场票务人员对航空公司说,如果他们俩进不了苏联,你们把他俩运回来,航空公司说可以,我们就这样匆匆忙忙上了飞机。从伦敦飞到列宁格勒很快,大概两个小时,下午3点起飞,列宁格勒当地时间7:50到达,飞机沿着欧洲海岸线,途经北欧上空,一路上景色很美。

到了列宁格勒，进关时，边防的人听不懂中文，把我们的护照拿进去研究了十五分钟，回来之后"啪"地扣了个戳子，我们就进关了，真是不容易。来接我们的是孟列夫（L. N. Menshikov）的女儿玛莎，玛莎是做中国艺术史研究的，会讲英文，她把我们送到旅馆就离开了。我和方广锠都不会俄语，我登机前在希斯罗机场买了一本英俄对照的小册子，一边是英文词汇，一边是俄文词汇，标注了俄语的拉丁字母发音。打车的时候，用俄语拼"出租车"，列宁格勒的司机非常好，不管是不是出租车，看到有人在那儿，就停下来，问你去哪儿。我用小册子上的俄语，连指带比划地说，我要去某某博物馆、某某大学、某某宾馆，诸如此类，我们就这样勇闯了一次列宁格勒。

7月15日到苏联科学院东方学研究所列宁格勒分所，见到孟列夫，看了写本展览。下午丘古耶夫斯基来，说研究所一般只星期三开门，但他可以安排我们从明天起看卷子。

列宁格勒聚集的敦煌等地出土宝藏

苏联科学院东方学研究所列宁格勒分所（现为俄罗斯科学院东方文献研究所）（图8-1）收藏了大量敦煌、吐鲁番、和田、库车文书，特别是黑水城出土的文献，最为丰富。俄国在中国的北面，从地理上很容易进入中国西北地区。清朝末年，新疆南疆的北道在沙俄的势力范围下，沙俄的各支探险队和外交人员，很早就开始收集西北地区的古物。当时俄国跟德国关系比较好，俄国把古代写本储存最多的吐鲁番盆地部分让给了德国探险队，当然俄国探险队也多次去吐鲁番。俄国探险家奥登堡（S. F. Oldenburg）曾到吐鲁番、敦煌考察，科兹洛夫（P. K. Kozlov）去了黑水城，把一整个图书馆搬回去了。

奥登堡是各国西域探险队的领队里学术地位最高的人。德国的格伦威德尔是印度美术史家，法国的伯希和是年轻的汉学家，当时不到30岁，英国的斯坦因是一个受过波斯文、梵文训练，但不懂中文的考古学家，而奥登堡带队考察时已是圣彼得堡皇家科学院（今俄罗斯科学院）的院士，后来成为皇家科学

图8-1　苏联科学院东方学研究所列宁格勒分所

院副院长。今天在俄罗斯科学院里有一个档案室，专门存放奥登堡的档案，其中有不少是他西域探险的档案。奥登堡平时工作很忙，没有写出正式的西域考古报告，但是他本人的学问非常了不起。格伦威德尔在吐鲁番柏孜克里克第38窟发现一幅壁画，画的中央有三棵树，两侧有人祈祷。格伦威德尔看不出画的意思，向奥登堡请教，奥登堡一眼看出这是摩尼教的壁画。今天我们看这些探险家，要客观地、一分为二地看，他们都是来抢我们文物的帝国主义强盗，但是他们中确实有一些饱学之士，奥登堡就是一个很有学问的人。

奥登堡曾两次带队到中国西北探险。第一次是1909至1910年，以吐鲁番盆地为主要目的地，当时的照片显示，探险队成员里有彪悍的哥萨克兵，所以他们在西域通行无阻。1914至1915年，奥登堡第二次探险去了敦煌。他去敦煌，是在斯坦因、伯希和以及清朝政府调运文书之后，按理说敦煌藏经洞里没什么东西了，但是俄罗斯现有一万八千多号敦煌文献。这么多文书是从哪儿来的？前三百多号是卷轴形式、比较完整的卷子，可能是从王道士或者其他老百

满世界寻找敦煌

姓那儿获得的；后面的残片，除了混进去的黑水城、于阗、吐鲁番等地出土文书，至少还有一万号左右的敦煌残片。这些敦煌残片的来源，由于奥登堡没有正式的考古报告，我们不知道确切来源，凭猜测，可能是奥登堡挖掘了洪䛒座像下的大坑。藏经洞洪䛒像下面有一块木板，木板下有个大坑，比一张桌子还大，或许奥登堡挖掘了这个坑而有了巨大收获。

俄藏敦煌文献，过去没有系统发表过，我们仅从相关研究文献里看到过一些记录。比如20世纪二三十年代，狩野直喜去欧洲途经列宁格勒，看过编号为Ф.242的《文选注》，这是一个非常漂亮的《文选》注本。50年代，中国和苏联关系很好时，郑振铎先生在苏联看到了大量敦煌文献，他写了一封长信，把这一情况告诉徐森玉先生。这封信后来由徐森玉的儿子——徐文堪先生录文发表在《读书》杂志上，是一件非常珍贵的寻找敦煌卷子的史料。郑振铎回国时飞机失事，不幸去世，后面便没有中国学者系统地整理这批文献，只有个别学者在做其他工作时，连带着做一点敦煌的东西。

我们了解俄藏敦煌文献，主要是通过俄国学者编的两本目录，即孟列夫主持编纂的《苏联科学院亚洲民族研究所藏敦煌汉文写本注记目录》第一、二册，分别在1963年和1967年出版。这两本目录著录了近三千号，仅仅是全部藏品的一部分，而且目录仅抄录文书最前面一句和最后一句，有个短短的叙录，没有图片，非常简略。很多文献从目录上看着很好，但到底长得什么样，不知道。多年来，中日学者和欧美学者都很难看到俄藏敦煌文献。每次苏联学者发表出一点东西，就成为全世界敦煌学者追踪的对象。法国汉学家戴密微在1970年去列宁格勒时，曾写过一篇《列宁格勒的敦煌学》，介绍俄国的出版物。戴密微当时也只能靠两本目录去了解俄藏文献，目录上没有的，一点辙都没有。我去的时候，就是这种状态。

我这里举一个俄藏敦煌卷子发现历程的例子。Дх.1349是法忍抄本《王梵志诗集》（图8-2）。王梵志诗的研究开展得很早，英、法等地收藏的王梵志诗大都是连着抄，一首抄完，紧接着抄第二首，这给判断哪几句是一首诗带来了麻烦。一首诗可以这样拆分，也可以那样拆分，有很多拆法，很多人就拆错了。俄藏的这个抄本，抄完一首，换一行顶栏抄下一首，抄得明明白白，不

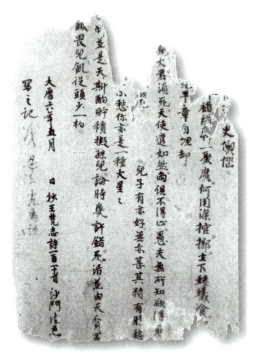

需要研究者再去拆分。孟列夫曾就王梵志诗写了一本书，因为苏联的经济条件欠佳，一直没得出版。后来法国的陈庆浩先生托朋友在列宁格勒抄了这个本子，交给台湾的朱凤玉老师，我最早就是在朱凤玉发表的录文上看到这个文本。后来又有好几位学者到列宁格勒抄过这个本子。项楚先生得到抄件后，以他了不起的校勘功夫，校勘了王梵志诗。为了赶在日本学者入矢义高之前发表项楚先生的王梵志诗整理本，北大的先生们决定在所编《敦煌吐鲁番文献研究论集》第4辑上一口气把项楚先生三十多万字的书稿当作文章发出来了，其实就是一本书，然后才是1991年上海古籍出版社出的《王梵志诗校注》。这本书其实就把孟列夫的书给废了，孟列夫的书最终也没有出版。后来朱凤玉的《王梵志诗研究》也出版了。这两本书给王梵志诗的整理工作，画上了一个终结符号。终结符号能够画好，离不开法忍抄本《王梵志诗集》，离了这个卷子，没人能做到最后一步。俄藏有很多这样的好东西，所以我一定要到列宁格勒，开展"挖宝式"的调查。

俄藏敦煌断片里还有大量的户籍、契约等各类世俗文书，以及非佛教文献。

编在黑水城文书编号中的B63，是宋端拱二年（989）智坚西天取经文书，应当是在敦煌发现的文书碎片，虽然很短，但是填补了学术上的一个空白。俄藏敦煌的碎片里有很多世俗文书，学术价值较高。

俄藏还有大量的吐鲁番文书，如吐鲁番出土燕京弘法寺印本大藏经（弘法藏）。这件刻本是曾任俄国驻乌鲁木齐总领事的克罗特科夫收集的，后来被编到了敦煌文书的编号里。俄藏敦煌吐鲁番文书来源很多，有些没有原始编号，管理比较混乱。克罗特科夫收集了上万号吐鲁番文书，很多没有发表过，主体是回鹘文，还有一些文书一面是汉文，一面是回鹘文，还有吐火罗文、梵文的，这些编作SI.Kr.开头的文书，被日本东洋文库拍成缩微胶卷入藏，而纯汉文的编到了敦煌文书的编号里。我在东洋文库曾把44个缩微胶卷摇了一遍，所以我知道哪些卷子背面有汉文文书，哪些是重要的汉文文书，我还获得了少量重要文书的照片。

　　这页弘法藏刻本是混入敦煌文书的吐鲁番出土物。敦煌的印刷品比较粗糙，除了一件咸通九年（868）的《金刚经》，其他都是单页的。而这件是长卷中的一纸，是弘法藏的一纸（图8-3），虽然只有一纸，但价值连城。弘法藏是金元时期燕京（今北京）弘法寺印刷的大藏经，在今天的中国内地没有存下一片纸。20世纪50年代，宿白先生曾在西藏的寺庙里发现了弘法藏，这是一个

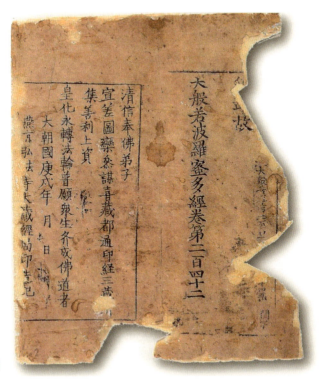

图8-3　弘法藏

特别重大的发现。宿白先生写过一篇弘法藏的文章，材料全来自西藏的寺庙。有些西藏的寺庙几乎没被毁过，所有的东西都存着，是一个很大的宝藏。20世纪30年代，意大利藏学家图齐（Giuseppe Tucci）声称在萨迦寺见过本的回鹘文大藏经，现在的中国学者还没找着。萨迦寺有很多墙是用书垒的，敦煌研究院帮萨迦寺修壁画的时候，我托人拍了一些书墙上拿下来的经本照片，也没找着回鹘文大藏经。各位读者如果去萨迦寺旅游，看看哪个墙角露出点什么东西来，要注意一下。

俄藏文献的另一个重要来源是科兹洛夫所获黑水城文书。科兹洛夫是一位军官，也是探险家，他年轻时跟着普尔热瓦尔斯基（N. M. Przhevalsky）在中国西北考察，进出甘、新、蒙、藏等地。1907至1909年，他第一次去了黑水城。黑水城位于内蒙古额济纳旗，额济纳河的下游，西夏时期在此处设立监军司，这里曾经是丝绸之路上的一个交通枢纽，后来因为沙漠化，被废弃了。20世纪初，黑水城附近的蒙古族百姓提防着外国人，不给外国人指路，很少有人能进到黑水城。今天的额济纳旗已经开发成了观赏胡杨林的景区，自驾车从宁夏银川出发，900公里开到额济纳旗。顺着额济纳河、黑河向西南300多公里，就是著名的酒泉卫星发射中心。我有一年从黑水城考察回来，在额济纳旗的宾馆看到酒泉卫星发射基地有民航机飞北京南苑机场的航班，我问宾馆工作人员怎么才能坐这班飞机。工作人员说，机场在酒泉卫星发射中心的南边，去机场要穿过卫星发射中心，外国人不让进，中国人可以凭身份证穿过，他们可以打电话，我们去发射中心取票。我是一个很有闯荡精

图8-4　俄国地理学会展室中的黑水城收集品

神的人，我邀了一个朋友，我们俩穿过卫星发射中心，去坐了飞机，路上还看了神五、神六的发射塔。

科兹洛夫成功进入黑水城，收集了大量古物。有一张照片是1910年俄国地理学会展室中的黑水城收集品（图8-4），可以见到黑水城的收集品非常丰富，西夏文的、汉文的，有很多是整本的书籍。这些文献发现于黑水城佛塔的塔基底下，应是封存的图书馆。艾米塔什博物馆有一个展厅全是黑水城唐卡等艺术品，也是科兹洛夫这一趟拿走的。科兹洛夫不是考古专家，也漏了很多东西。后来斯坦因去了黑水城，彻底挖掘了一遍，收集了很多古物。斯坦因收集的西夏文、汉文文书，有些是从科兹洛夫发掘过的同一个坑里挖出来的。

黑水城出土文书，除了西夏文、汉文，还有大量回鹘文、叙利亚文、藏文的。黑水城是一个特别重要的研究点，这里的好东西非常多，现在有一个非常大的团队在做黑水城出的各种文书的研究。

在列宁格勒东方文献研究所抄书

敦煌、吐鲁番、黑水城等地出土文献，现在收藏在俄罗斯科学院东方文献研究所（Institute of Oriental Manuscripts of the Russian Academy of Sciences）。这个机构改过好几次名字，原先叫亚洲博物馆，即沙俄皇家博物馆的亚洲部，所以早期说起俄藏敦煌文献，说是亚洲博物馆藏。苏维埃时期，亚洲博物馆改为苏联科学院亚洲民族研究所，后来又改为俄罗斯科学院东方学研究所圣彼得堡分所，现在叫俄罗斯科学院东方文献研究所，没有"分所"了。实际上，现任所长波波娃（I. F. Popova）很想把东方文献研究所恢复到亚洲博物馆。东方文献研究所紧挨着艾米塔什博物馆，也是一个大王宫，漂亮极了，阅览室里金碧辉煌。它其实是一个博物馆，管理体制也像博物馆，里面研究者不多，而且经常居家办公，把敦煌卷子拿到家里慢慢研究。我去的时候，想看什么东西，经常找不到，说是去修复了。

我找俄藏文献依据的是两本书，一个是孟列夫编《苏联科学院亚洲民族研究所藏敦煌汉文写本注记目录》(现在有中文译本《俄藏敦煌汉文写卷叙录》),另一个是俄文版的丘古耶夫斯基《敦煌汉文文书》。1985年我曾在巴黎的全球书店买到过《敦煌汉文文书》,这本书出了第一卷,后面就没出了。孟列夫、丘古耶夫斯基是当时苏联最优秀的两位敦煌学家,非常友好地接待了我们。孟列夫在中国留学过,中文很好,他书里所有的汉字据说都是自己写的。俄藏敦煌文献有很多断片已经缀成了一个号,据说这个工作全是孟列夫做的,是非常大的贡献。孟列夫的研究偏文学,他出版过《双恩记》《妙法莲华经讲经文》,都是非常重要的敦煌变文的材料,是20世纪50年代编《敦煌变文集》时完全不知道的材料。丘古耶夫斯基出生在哈尔滨,汉语也非常好,他父母原来是哈尔滨工业大学的老师。当时丘古耶夫斯基是东方所的副所长,他和我都是做历史的,有时候比较保守。他拿出许多正在研究的东西给我看,每一件都是好东西,让我看了心跳的东西,但是他不让我抄,我告诉他是什么,他就拿进办公室里去了。

东方文献研究所还有大量西夏文的东西,我不懂,但是我知道俄国学者研究西夏文在全世界是最厉害的,因为西夏文的资料主要都在他们那儿,特别是西夏文字书,比如《番汉合时掌中珠》,一边是汉文,一边是西夏文,双语对照的工具书,是解读西夏文的重要资料。当时研究西夏文最权威的是克恰诺夫(E. I. Kychanov),他是当时东方文献研究所的副所长,曾在北大留学,对我们也很好。

从7月16日开始看文书,研究所腾了一个一楼的会议室给我们用。研究所工作人员一般11点上班,下午3点下班,下午5点关门。丘古耶夫斯基上午把我们要看的卷子拿出来,我们可以看到5点,看完了,把东西放到保险柜里一锁就可以了。我还保留着一张1991年7月16日在东方所工作的照片(图8-5),桌上放着一卷一卷的卷子,我在埋头苦抄,主要是归义军史料、西天取经文书、高昌大事记等。因为离开这里就看不到卷子了,也申请不到照片,所以全靠抄,能抄回多少,就能写多少文章。当时苏联食物匮乏,商店里除了黑面包和腌咸菜,几乎买不到其他食物。我去苏联前,买了一些巧克力,准备当作礼物送人。后来因为工作关系,不方便出来吃中饭,外面也没有什么可吃的,中

图8-5　作者在列宁格勒东方文献研究所抄书（1991年）

午就用巧克力当午餐，把巧克力都吃掉了。

　　我是靠上面说到的两本书来选择文书，目录提供文书最前一行和最后一行的录文，特别是最后一行，往往有官文书的押署。比如Дx.354最后一行有"开元九年十一月十四日　兵曹参军某某"字样，我推测这片与藤井有邻馆、英国图书馆藏的长行马文书有关，我就"蒙"着提出来，一共五片，果然都是同一组长行马文书的残片。我当时的抄本是先大致摹一下边痕，然后录文（图8-6），有的字认不出来，比如兵曹参军的签名，可能是"爽"字，可能是别的字，唐朝人签名非常草，所以就用铅笔把它摹下来，以便跟别的卷子比对，其实如果有照片，就不用这样摹了。

　　在调查俄藏敦煌文献研究时，我非常关注禅宗文献。在日本访问期间，我在禅宗研究上下了很大的功夫。敦煌市博物馆有《六祖坛经》和《神会语录》抄本，这个本子原藏于任子宜家，解放后入藏敦煌市博物馆，后来周绍良先生以敦煌文献编辑委员会的名义，派邓文宽先生到敦煌市博物馆拍了照片。我说这是日本学者削尖脑袋找了几十年未果的卷子，咱们开始研究它吧。邓先生说咱们是搞历史的，咱们不搞这个，但是我说一定要搞，所以我在日本搜集了所有关于《六祖坛经》和《神会语录》的研究文献。我到东方文献研究所后，第

图8-6　Дх.354长行马文书录文

一个找的就是《历代法宝记》。这是四川的禅宗僧人写的禅宗灯史，一本已经佚失的古书。我后来写了一篇《敦煌本禅宗灯史残卷拾遗》，其中有一部分就是讲《历代法宝记》的，1997年发表在中华书局出版的《周绍良先生欣开九秩庆寿文集》上。

我来列宁格勒，重点想看的有两件孟列夫目录里的《景德传灯录》。《景德传灯录》成书于宋真宗景德元年（1004），而藏经洞有年号的最晚的文书，时间是1002年。所以敦煌学界一般认为《景德传灯录》是藏经洞年代最晚的卷子。戴密微在《列宁格勒的敦煌学》一文中，曾对其中一件《景德传灯录》的比定表示怀疑。我把两件《景德传灯录》提出来，一看编号为Дх.1728的文书，根本不是《景德传灯录》，而是比它早得多的唐朝开元年间编的《楞伽师资记》，所以这件跟《景德传灯录》八竿子打不着。《楞伽师资记》也是写禅宗的历史，与《景德传灯录》不同的是，它是北宗的灯史，《景德传灯录》是南宗的灯史。唐代安史之乱后，以慧能为代表的南宗兴起，北宗式微，北宗的文献渐渐没人读了，《楞伽师资记》也失传了，但在伯希和收集品里有比较全的抄本。传世文献里没有北宗文献，而敦煌藏经洞发现了不少北宗文献，这是敦煌文献的一个重要价值。后来随着五宗七家的兴起，神会的文献也渐渐丢失了，所以胡适在20世纪20年代到伦敦、巴黎去找神会的资料。胡适在《荷泽大师神会传》中这样描述神会："南宗的急先锋，北宗的毁灭者，新禅学的建立者，《坛经》的作者——这是我们的神会。"胡适评价神会，就跟他写自己一样，浑然一个新文化运动的急先锋。

满世界寻找敦煌

另一件编号为Φ.229v+Φ.241v的写本，的的确确是《景德传灯录》卷十一，而且尾题写了"景德传灯录卷第十一"（图8-7a），另一面抄的是《大般若波罗蜜多经》卷一九二（图8-7b）。我看到这件写本，第一眼觉得这不是敦煌卷子。景德时，敦煌的文化水平非常低，没有书法老师，这一时期的卷子应当写得非常差，而这件写得很规整。疑点二是尾题下有印一方，文曰"李丑儿／宅经记"，这个印没在其他敦煌卷子里见过，但在孟列夫编《西夏黑水城出土的西夏时期汉文文书目录》里著录的黑水城文书中有此印。这件文书从书法到印记都不像敦煌的，我的第一判断是不是把黑水城出土的东西，编目时编到敦煌文献里来了。

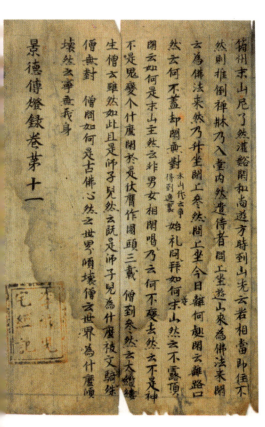

图8-7a　俄藏《景德传灯录》卷十一

图8-7b　俄藏《大般若波罗蜜多经》卷一九二

我回国后，在马伯乐（H. Maspero）编的《斯坦因第三次中亚探险所获汉文文书》里看到一条英藏黑水城出土 KK.Ⅱ.0238 的文字著录，正面是《景德传灯录》卷十一（图 8-8a），背面是《大般若波罗蜜多经》卷一九二（图 8-8b）。我心想这两件的正背面是一样的内容，怎么这么凑巧，于是向英国图书馆的吴芳思申请这件卷子的照片。吴芳思第一时间给我做了 6cm × 10cm 的大照片寄过来。我一对，书写字体和版式完全一样，只不过 KK.Ⅱ.0238v 尾部破了，被古代僧人托裱过。斯坦因收集品有原始编号，KK.Ⅱ.0238，KK.Ⅱ 指的是哈拉浩特（Khara-khoto）古城西面的一个寺院遗址，旁有被毁的佛塔，哈拉浩特即黑水城的蒙古语叫法。科兹洛夫曾在此掘得大批写本、绘画和各种古物。1914 年，斯坦因在科兹洛夫报告的指引下，也发掘了这一遗址，获得了一批文书和艺术

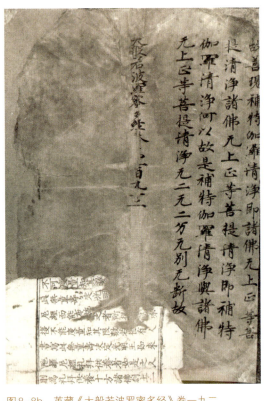

图 8-8a　英藏《景德传灯录》卷十一　　　　图 8-8b　英藏《大般若波蜜多经》卷一九二

　　　　　　　　　　　　　　　　　　　　满世界寻找敦煌

品。由此不难推测，这件长卷的主要部分先被科兹洛夫掘得，余下的一小部分为斯坦因获取。至此，可以肯定地说，俄藏所谓敦煌本《景德传灯录》是出土于黑水城，以它作为敦煌藏经洞最晚的文献是错误的。我写了一篇《俄藏〈景德传灯录〉非敦煌写本辨》，发表在1996年出版的《段文杰敦煌研究五十年纪念文集》上。花园大学的衣川贤次很快把这篇文章译成日语，发表在1996年《禅文化》第161夏季号上。衣川贤次是做禅宗典籍研究的，中文非常好，我在日本访问期间，他带我去过宁乐美术馆考察。如果没有1991年的这次探访，那就没办法做这些文章。

1991年之行也有遗憾，最遗憾的是没看到我最想看的《天寿二年文书》。我和张广达先生跟一些学者就于阗王统纪年打笔仗，其中一个问题是于阗的天寿年号对应的公元纪年是何时，属于哪个于阗王。这个问题有两三种说法，我们推测了一种可能。只要《天寿二年文书》一拿出来，估计就有定论了，但丘古耶夫斯基说是修复去了，不给我看。后来敦煌研究院的施萍婷先生跟着段文杰院长去俄罗斯，我托施先生抄这个卷子。段文杰先生一行来自敦煌，东方所对他们非常友好，所有要看的，都找出来。当时丘古耶夫斯基去日本了，研究所把他办公室的门打开，那些好东西都被施先生抄回来了。施萍婷、李正宇过北京的时候，给我们看他们抄的东西。我当时帮老先生们编《敦煌吐鲁番研究》，约他们赶紧写经眼录，因为是他们抄的，所以要让他们先发表出来。后来我和张广达先生根据施先生抄的材料，写了一篇《十世纪于阗国的天寿年号及其相关问题》。天寿年号是一组文书，内容非常丰富。当时归义军节度使与于阗王室联姻，于阗国因为和信仰伊斯兰教的黑汗王朝打仗，把王子、公主寄养在敦煌。伺候王子、公主的人就给于阗王室或宰相打报告，索要小孩用的箭、绢、棉布等物。其中有一件文书提到，西天大师去时附着书信带过去一些东西。恰好法藏伯希和收集品里有一件文书提到曹元忠介绍西天大师去于阗。法藏文书可以考出大致的年代，与于阗人书信中的天寿年号两相对照，就确定了于阗天寿年号的时间，从而排出了于阗年号的先后和天寿的于阗王归属。

苏联那时候经济条件不好，但是学者们在乡下都有别墅。前面说孟列夫让他女儿来接机，因为他那段时间到乡下别墅去了。他回来之后，请我们到他家里喝酒，拿黑面包蘸盐当下酒菜。虽然那时候日子不好过，但第一次列宁格勒之行给我留下了非常好的印象，我游览了涅瓦河畔的镇海神塔、要塞、教堂，看到了阿芙乐尔号巡洋舰等很多从小在文学作品、电影中知道的名胜。

7月20日我结束列宁格勒之行，乘11:35班机，12点起飞，下午3点到伦敦机场。

后来，我有很多机会去俄国，至少去过五六趟，有时是开会，有时是专门去调查，每次抄一些卷子。后来管理变严格了，如果没有什么特别的关系，每次只能提三件，提完三件，你再写三个号，工作人员进去给你找。因为工作人员很少，每次去调三个卷子，几乎要等半个小时到四十分钟，一天看不了几个。我们抓住每一个机会去看，有时候我用我的权限帮朋友们提号，提出来，实际上是让朋友看。比如有一年开会，我们好几个中国学者，大家事先讲好了，谁给谁提，谁提哪个号。如果你看一点，他看一点，谁也弄不全一个东西，所以大家帮忙，保证一个人把资料看全了，完成一项工作。

后续走访圣彼得堡的收获

1992年，上海古籍出版社与俄罗斯方面达成协议，出版俄藏敦煌收集品，只要属于敦煌的部分，全部影印，但是SI编号下的克罗特科夫、奥登堡、马洛夫（S. Ye. Malov）等收集的西域文书，没给上海古籍社出版。SI是"西域"的缩写词，后边是一个P或者一个M，P是彼得罗夫斯基（N. F. Petrovsky），沙皇俄国驻喀什总领事，他买了大量和田出土的梵文、于阗文的文书；M是指马洛夫，他也曾到新疆、甘肃考察。我们现在能看到俄藏敦煌文献，但是看不到俄藏吐鲁番文献，也看不到和田出土文献，后者可以去东洋文库看。东洋文库有胶卷，看起来很方便，俄罗斯没有胶卷，看原件，提出的时间很慢。我建议大家查吐鲁番的东西，先到东洋文库把那四十四个胶卷翻一遍，记录下号，再到俄罗斯按号去提。我后来有些文书的查阅工作程序就是这样的。

上海古籍出版社的《俄藏敦煌文献》陆陆续续印了近十年，在这过程中，我经常去上海，只要上海古籍拍回一批照片来，我就买张火车票，跑到他们旁边找一小旅馆住下来，看新拍回来的文书照片，抄录重要的内容，也帮出版社做一点编目的事，然后有机会再去圣彼得堡调出原文书来看。

这一过程中有很多发现。比如伯希和收集品的P.2492，从头到尾全是白居易诗，王重民先生说这是一个《白香山诗集》。结果我们发现俄藏文献Дx.3865能接在P.2492后面，在《盐商妇》这首诗后边，完满缀合（图8-9）。下一首不是白居易的诗，而是李季兰的。李季兰是一个女道士，是唐朝有名的风流女子和诗人，和很多唐朝诗人有交往。唐德宗时期，朱泚叛乱，李季兰给朱泚写了一首颂扬的诗，唐德宗平叛后，下令杀死了李季兰。史籍上记载了这件事，诗却丢了，结果在敦煌卷子上出现了这首诗。从史料价值和诗歌价值

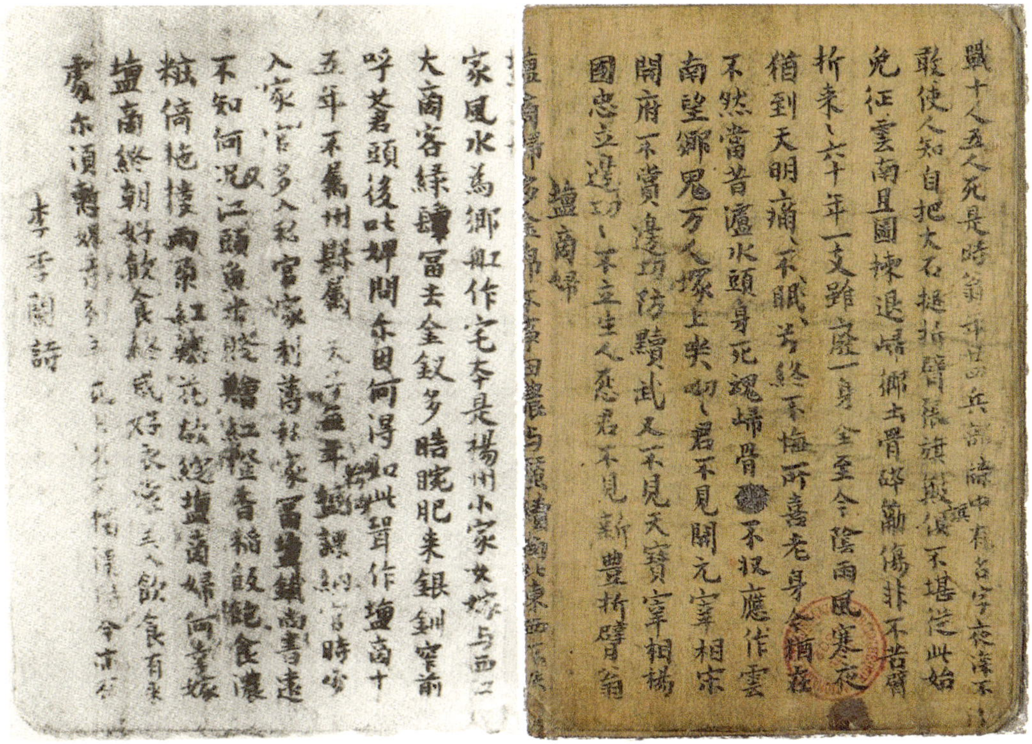

图8-9 Дx.3865+P.2492唐诗文丛抄

上看，都是非常重要的。李季兰诗后边又接了一篇岑参的文章，由此可见，P.2492+Дx.3865不是《白居易诗集》。我和徐俊先生合写了一篇文章《新见俄藏敦煌唐诗写本三种考证及校录》，发表在1999年出版的《唐研究》第五卷，我们把它称为"唐诗文丛抄"。

一个更重要的发现是《瑶池新咏集》。这是一个唐朝女诗人的诗集，唐人蔡省风编纂，收录了李季兰、元淳等诗人的作品，后来佚失了，只在一些笔记里有部分保留，如宋代的《吟窗杂录》里有女诗人诗集的目录，过去不知道这个目录是不是按次序抄的。比对俄藏《瑶池新咏集》，发现前面十几首的排序是一样的。通过俄藏《瑶池新咏集》残卷，加上宋人的笔记，基本上把《瑶池新咏集》的架构整理出来了。它不仅让我们发现了很多佚诗，也是研究妇女诗歌的重要材料。我现在还有当时抄录的纸片，发现的过程是先找到了上半截，后找到了下半截，最后拼合起来（图8-10），为了做对比，我用两种色笔来抄。因为有了图片，抄得非常快。我和徐俊先生发表了上面提到的《新见俄藏敦煌唐诗写本三种考证及校录》，其中包括《瑶池新咏集》。写完这篇文章后，又发现了几片《瑶池新咏集》，于是又写了一篇《唐蔡省风编〈瑶池新咏〉重研》，发表在2001年出版的《唐研究》第七卷。

还有一些重要的历史研究资料，即Дx.3558祠令。唐代的行政法律文书分律、令、格、式四种，"律"在《唐律疏议》这本书里整个地保留了下来，令、格、式则佚失了。如果找到这些资料，历史研究可以省很多事儿，找到了规则，就不用我们拿残文书再去推补了。但是这类文书很少，是学界一点点发现的。我发现俄藏Дx.3558是一个令的文书，内容应是祠部的令文，讲唐朝祭祀的时候怎么操作。我和史睿就此写了一篇《俄藏敦煌写本〈唐令〉残卷（Дx.3558）考释》，发表在《敦煌学辑刊》1999年第1期。李锦绣提出了和我们不一样的观点，我和史睿不太同意，又写了一篇《俄藏Дx.3558唐代令式残卷再研究》，发表在2006年出版的《敦煌吐鲁番研究》第九卷上。

Ф.209《圣地游记述》是一个僧人到印度旅行的记录。这个记录如果是一个实际的游记，他走的线路非常凌乱，所以我对这件比较迟疑，没写文章。后来郑炳林先生写过两篇文章，认为是义净《西方记》的残卷，因为义净的书

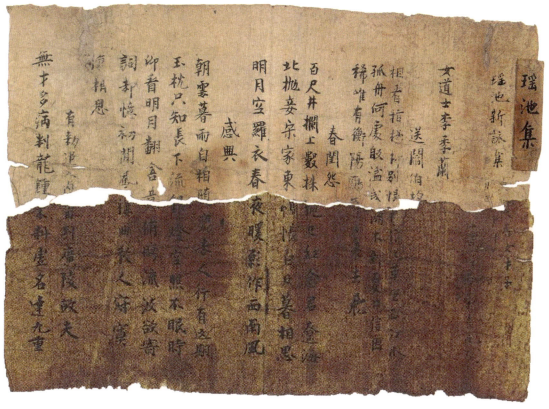

图8-10 《瑶池新咏集》

佚失了，没有印证，只是推测。陈明和万翔也写过文章，万翔的《俄藏敦煌遗书Ф.209号写卷考订》是我课上的一个作业，他写得非常仔细，我把这篇文章发表在2008年出版的《敦煌吐鲁番研究》第十一卷上。Дх.234是另一件《圣地游记述》，这件的字体比较偏古。郑炳林也写过文章，认为是王玄策《中天竺国行记》残卷。王玄策的书早已散失了，今人从《释迦方志》等书里辑出了一些，没有完整的原本可以用来比对。这件是不是王玄策的，大家可以继续讨论。这两件我当年录了文，没有做进一步研究。

Дх.2881+Дх.2882《开元廿九年（741）二月九日沙州大云寺授菩萨戒牒》（图8-11），是一件授菩萨的戒牒。和尚出家后要不断地授各种戒，最高位是授八戒，有的人授过五戒，有的人授了三戒。其中有一个级别叫菩萨戒，菩萨戒也授给俗家弟子，有的皇帝就授过菩萨戒。这个卷子我在北大的"长安读书

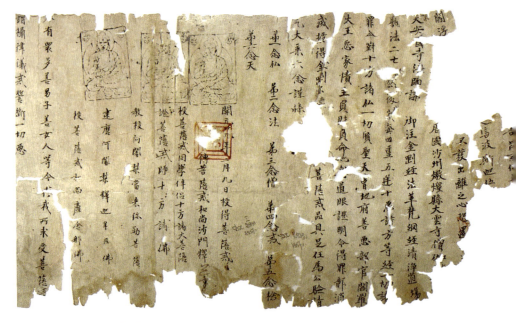

图8-11　开元廿九年授戒牒

班"上讲过，为什么？因为主持授戒仪式的和尚是从长安大安国寺派来的。文书第五行"大安国寺"右上角有个"京"字，指的是京城的大安国寺。沙州（敦煌）也有个安国寺，但那是个小庙，不能叫大安国寺。这件文书讲的是沙州大云寺举行授戒仪式，长安大安国寺派了和尚道建来主持仪式，并且带着唐玄宗刚刚编纂完毕的《御注金刚经》。主持和尚的签名写得很草，我认作"道建"。大安国寺原是唐玄宗父亲睿宗的宅第，在西安老火车站一带。睿宗当皇帝后，捐宅为寺，大安国寺后来成为一个传习律学的重要寺院，所以从大安国寺派一个律僧到敦煌主持授戒。我写过一篇《盛唐长安与敦煌——从俄藏〈开元廿九年（741）授戒牒〉谈起》，2007年发表在《浙江大学学报》第37卷第3期张涌泉主持的一个敦煌专栏中，从这件文书讨论长安和敦煌的密切关系。

　　这件文书还有一个重要问题，文书上的三个佛像是印刷的，这件文书应当是现存最早的带年代的印刷品，将全世界的印刷史提前了一百多年。目前普遍认为带年代的最早的印刷品是咸通九年（868）印的《金刚经》。后来邓文宽考证俄藏的一个具注历日比咸通九年《金刚经》年代早，但这是根据甲子干支推的年代，原件没有年代记载。明代文献记载玄奘用回锋纸印普贤像，没有实物佐证。我很早就注意到《开元廿九年授戒牒》的佛像可能是印刷品，但是我一直没机会看到原卷，便没有对此专门写文章，只在上述《盛唐长安与敦煌》里点了一下。后来在2018年11月，我有机会到圣彼得堡的东方文献研究所，仔细观察了这个戒本，确定是印刷品。2021年，东方文献研究所准备出一本论文集为波波娃所长祝寿，于是我以这个授戒本为题，写了一篇英文的文章"The Earliest Extant Example of Woodblock Printing: the Precept Certificate of the 29th Year of Kaiyuan（741 A.D.）"，配上研究所提供的高清图片，发表在研究所编的 *Pis'mennye pamiatniki Vostoka* 18.3（festschrift for Popova），2021。可以肯定，《开元廿九年授戒牒》是迄今所见带有年代的最早的印刷品，但是所有印刷史的著作都没提这一件。

俄藏敦煌文献里混了一批和田出土的文书，在18000号偏后面的号码里。1991年我去苏联的时候，压根不知道有这些。施萍婷先生去圣彼得堡时从东方文献研究所抄了几件，我一看这些人名、地名都是于阗的，那一定是混进去的于阗文书（图8-12）。不久后，我和张广达先生在巴黎遇到了东京大学研究于

图8-12　俄藏和田出土文书Дx.18917

阗文的熊本裕。熊本裕从东方文献研究所的沃罗比耶娃—捷夏托夫斯卡娅（M. Vorobyova-Desyatovskaya）处得到一批于阗语文书中的汉语资料，邀请我们和他合作研究。

比如一件唐大历十六年（781）杰谢百姓买卖契约，是一份于阗文、汉文双语契约。于阗人原先用伊朗文书的形式写契约，到了唐朝，受汉文化影响，开始用汉文的形式写契约，前面说事项，卖野驼一头，后面是保人。这件文书用于阗文去拼汉字的发音，在研究唐朝古音上，有着和唐蕃会盟碑一样的重要价值，是汉语音韵学的宝贵材料。这是研究古音的最直接也是最可靠的材料。

在施萍婷、熊本裕提供的材料以及《俄藏敦煌文献》的基础上，我和张广达先生合写了一篇《圣彼得堡藏和田出土汉文文书考释》，发表在2002年出版的《敦煌吐鲁番研究》第六卷。这组文书有十几件，保存得相对完整，从内容看，都出自唐代杰谢镇，即今丹丹乌里克。这组文书里有一件《兰亭序》临本，编号为Дх.18943-1。之所以说是临本，因为它顶着纸边写的，如果是书籍抄本，应该在栏格里写，或者留个页边。我当时还犹豫了一阵子，后来发现中国人民大学收藏的和田文书里有《兰亭序》，我才确定这件东西的价值。和田文书中除了《兰亭序》，还有王羲之的《尚想黄绮帖》，不过《尚想黄绮帖》没有临本，只存文字。我经过研究，画出了一条汉文化书法典籍从长安到敦煌，到吐鲁番，到龟兹，再到于阗，一路传播的线路，专门写了一篇《〈兰亭序〉与〈尚想黄绮帖〉在西域的流传》，2014年发表在故宫博物院编《二零一一年兰亭国际学术研讨会论文集》。唐朝统治安西四镇时期，汉文化的传播非常强劲。

2013年9至10月份我去圣彼得堡，集中校录了和田出土文书。我手边有一张2013年9月在东方文献研究所的照片（图8-13）。这是在二楼，相比1991年一楼的阅览室，二楼的屋子非常漂亮，工作环境舒适，等待工作人员拿卷子的时候，还可以欣赏房间里的画和窗外的涅瓦河。东方文献研究所门口的大街叫涅瓦河大街，旁边就是涅瓦河。涅瓦河有很多故事，河上的折叠桥很有名，折叠桥晚上打开，让大船出去，白天再合起来。我们为了看桥打开，一直等到凌晨3点。圣彼得堡靠近北极圈，冬天几乎没有白昼，夏天几乎没有黑夜，夏天凌晨3点天还是亮的。

现任东方文献研究所所长波波娃与京都大学高田时雄教授合作较多，高田时雄请俄国学者与他的研究团队一起编写一本小书，叫《涅瓦河边谈敦煌》，2012年由京都大学人文科学研究所出版，像是一个内部出版的书，里面有些重要的文书是第一次发表。直到今天，俄国学者仍然经常发表一些新的东西，特别是吐火罗文、梵文的，他们像挤牙膏一样，不断挤出新东西，这些文章值得我们追踪。

图8-13 作者在圣彼得堡的东方文献研究所（2013年）

艾米塔什博物馆的西域美术

在俄国，除了东方文献研究所，我也多次去艾米塔什博物馆参观。艾米塔什博物馆早期开放度比较小，陈列的展品每次都是那么几件。上海古籍出版社出版了《俄藏敦煌艺术品》《俄藏黑水城艺术品》，让我们系统了解了这两组艺术品。

2008年，东方文献研究所为庆祝亚洲博物馆建立190周年，和艾米塔什博物馆合作，举办了"千佛洞：俄国在丝绸之路上的探险"（Caves of Thousand Buddhas: Russian Expeditions on the Silk Road）大型展览。展览之后，办了一个大型会议，会议论文集《敦煌学：第二个百年的研究视角与问题》（*DunHuang Studies:Prospects and Problems for the Coming Second Century of Research*, 2012）由波波娃和中国的刘屹教授合编出版。展览主要以文物为主，俄藏文物也是非常了不起的，其中也有敦煌、吐鲁番、库车、和田出土的文书精品。这些文书精品，通过高田时雄先生的努力，在京都国立博物馆办了一个小型展览，名为"丝绸之路古文字巡礼——俄国探险队收集文物展"，也出版了展览图录。

俄国目前还保存有德国探险队在克孜尔、库木吐喇等地盗取的壁画。1945年，苏联红军进入柏林后，把几百块壁画运到了列宁格勒，现藏于艾米塔什博物馆在圣彼得堡郊外的一个仓库里。赵莉老师做过一个《克孜尔石窟壁画复原研究》的大图录，收录了其中一些壁画的图版。2008年俄罗斯通过了一个法令，表明二战时期苏联从德国拿来的文物是俄罗斯人民用鲜血换来的战利品，一件都不归还。之后博物馆把德国拿来的部分东西公开陈列了，展厅里琳琅满目，犍陀罗风格的雕像、整幅的龟兹壁画，都是从德国搬回来的，标牌说明里注了1945年以前存柏林人种学博物馆。

俄国探险队也盗取了一些克孜尔石窟的壁画和硕尔楚克的佛像。硕尔楚克是焉耆的一个大庙，俄国人很早开始发掘硕尔楚克，收获了很多非常好的东西。我每次去艾米塔什博物馆，把每一件文物都拍下来（图8-14），照片有时候是比日记还详细的记录。我写"满世界寻找敦煌"，很多时候靠照片上的日期，才知道我哪天走到哪里。

我还去看了粟特壁画。2007年7月我去圣彼得堡的时候遇到马尔沙克（B.

图8-14　作者参观艾米塔什博物馆（2013年）

I. Marshak）先生，他是从苏联到俄罗斯时代片吉肯特遗址的考古领队，大部分时间在中亚做考古，那次正好在圣彼得堡，他带着我去看艾米塔什博物馆中亚厅。中亚厅的蓝厅展示从片吉肯特拿去的壁画，红厅展示从布哈拉的瓦拉赫沙拿去的壁画。当时壁画正在修复，用塑料布盖着，马尔沙克让人把塑料布揭开给我们看。美术史虽然不是我的专业，但它是我研究中外关系、西域史时的取材对象，也是我研究入华粟特人时最需要的感性认识。

莫斯科列宁图书馆的徐松藏书

2005年以后我多次去俄罗斯，在莫斯科的列宁图书馆发现了另一类宝藏，主要是徐松的著作和藏书。起因是朱玉麒老师跟我做博士后时，整理校勘徐松的《西域水道记》。《西域水道记》刊印后，徐松做了多次修订。我们从周振鹤先生处得知早稻田大学图书馆藏有徐松《西域水道记》增补本，早大的藏本来自钱恂。钱恂是清朝的外交官和教育家，钱玄同的兄长，物理学家钱三强的伯父。钱恂在日本期间，发现早稻田大学接收了很多中国留学生，于是把自家藏书捐给了早大。周振鹤老师注意到早大图书馆汉籍目录里，《西域水道记》题下有四个字——"徐松肉笔"。"徐松肉笔"即徐松亲笔写的意思，果然书里有徐松亲笔增补修订的笺条。周振鹤把徐松的笺条录了出来，整理发表。早大藏《西域水道记》一共五卷，其中四卷里都有笺条，唯独卷三没有，显然卷三的笺条本丢掉了。丢哪去了？我们一直在寻找。

徐松于1848年去世，同一年，俄国学者斯卡奇科夫（K. I. Skachkov）来到北京，以"俄国驻北京布道团"随班学生兼天文师的身份，负责俄罗斯馆内的观象台，定期把气象观测数据整理成报告，寄给俄国天文台。那时西方的科学院很早就在记录中国的各种东西。斯卡奇科夫没事的时候，就到北京周边的农村调查农业、手工业、风土人情，还雇了一个高手帮他买汉文书籍，其中有大量刚刚散出的徐松藏书。我们过去不知道这事儿，后来台湾影印出版了清代抄本小说《姑妄言》，俄罗斯科学院院士李福清（Boris Lyvovich Riftin）先生在前言中写道，这个抄本来自斯卡奇科夫的收藏，斯卡奇科夫还收藏了大量的徐松的书。我根据李福清的脚注，在北京图书馆找到了《斯卡奇科夫所藏汉籍写本和地图题录》，这本书自1974年入藏北京图书馆后，我是第一个借出来的人。这本解题目录编得非常好，但是只有写本部分和地图部分，没有印本部分。俄罗斯的收藏制度规定，凡是汉文印本，不管是什么时代的本子，不管有没有笺条、批校，都收藏在列宁图书馆东方中心，不在善本的范围内。

2005年7月4日我去圣彼得堡开会，特意先飞到莫斯科，请李福清先生帮我递申请，申请看所有徐松的著作。7月13日我结束圣彼得堡的行程后，回到莫斯科。15日那天一大早走进了东方中心主任的办公室里，徐松的著作堆了一桌子。我的目的是找《西域水道记》卷三笺条原稿本，结果没找到，但让我惊喜的是，在三种《西域水道记》刻本中，有两种有笺条和眉批，几乎每一卷都有笺条（图8-15），在场的人都大声欢呼。当时我放弃莫斯科一日游，王三庆、郑阿财两位也自告奋勇留下来，一起帮我抄笺条，我们三个人抄了一整天，还有十九条没抄完，最后在李福清先生的努力下，全部让我复印回来了。我们工作结束后，与李福清先生在东方中心大门前合影留念（图8-16）。当时朱玉麒整理的《西域水道记》标点校勘本正在中华书局印刷，我当晚给朱玉麒打电话，说赶紧停印，又发现了新的材料，他说已经开印了。

回北京后，我把俄藏本上的笺条和眉批与早大的徐松笺条原稿对照，发现俄藏本文字工整，不像徐松原稿文字那样用流畅的行书，因此可以断定不是徐松的原稿。俄藏本和徐松原稿基本上内容一致，可知俄藏本过录自徐松的原稿。俄藏本中有十四条文字是徐松原稿没有的，但从文脉和语气上可以肯定是徐松本人补注定本的文字，说明钱家得到徐松原笺条本时，一些笺条已经散落。俄藏本上有"月斋藏书"印，即张穆（号月斋）的藏书印。北大图书馆藏徐松《唐两京城坊考》手定底稿本上，也有张穆"月斋金石书画之印"朱印，且有张穆的笺改条，与俄藏本《西域水道记》字迹一样，可知俄藏本是张穆的过录誊清稿。将来如果再次出版《西域水道记》，得把俄藏本的内容补上。

实际上，徐松的书，当初一部分卖给了一个长沙的收藏家，后来又回到琉璃厂，被钱家买到，另一部分更早的被斯卡奇科夫买走了。斯卡奇科夫后来

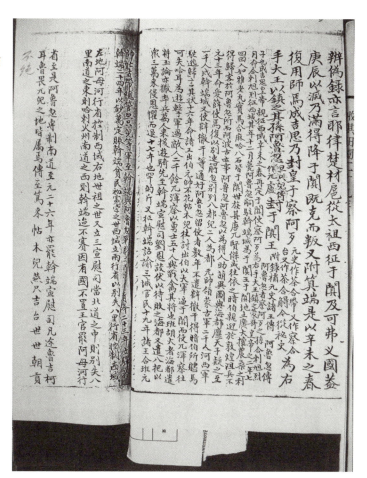

图8-15　徐松《西域水道记》笺条本

图8-16　李福清先生（右二）与王三庆（右一）、郑阿财（左二）和作者在列宁图书馆东方中心门前合影（2005年）

图8-17　作者在列宁图书馆善本部（2013年）

做过俄国驻塔城领事、天津领事，他还收集了很多中国地图和边疆史地的东西，如《经世大典》《新疆道里表》《山口卡伦塔尔巴哈台》等，这些都是研究边疆史重要的材料。

过去汉学家去俄罗斯寻访汉籍，主要是奔着圣彼得堡的东方文献研究所、圣彼得堡大学、国家图书馆等处，其实莫斯科的列宁图书馆有大量好书。列宁图书馆的斯卡奇科夫藏汉文印本古籍没有正式的目录，只有三盒卡片目录，我们把卡片目录基本上录出来了，每次根据这个卡片去申请相关的书籍。2013年10月和2018年12月，我又去过列宁图书馆善本部（图8-17）和东方中心两次，馆员对我们非常好，和馆员熟悉了以后，他们找书很快，一大堆都给你堆在桌子上。东方中心阅览室与列宁图书馆主馆不在一个楼里，它是对外开放的公共图书馆。我们与列宁图书馆达成合作协议，挑选了一批国内佚失的古籍，在国内整本影印，第一批原本已经准备拨款影印了，因为疫情暂停，现在疫情过去了，我们可以继续这项工作了。

九

再访两德统一后的柏林 "吐鲁番收集品"

　　1985年6月初，我曾短暂访问西柏林的西德国家图书馆和印度艺术博物馆，看到少量德国 "吐鲁番探险队" 的收集品。当时东西德分治，更多的吐鲁番出土文书收藏在东德科学院古代历史和考古中央研究所，我未能见到。两德统一后，东德收藏的文书都归属德国国家图书馆，部分伊朗语、回鹘语等文献由于整理研究的方便而存于柏林布莱登堡科学院吐鲁番研究所中，所有文物集中在德国国家博物馆的印度艺术博物馆（后改名为亚洲艺术博物馆）。1996年6—8月，我应柏林自由大学邀请，做三个月客座教授，又有机会重访柏林。我在德国国家图书馆、印度艺术博物馆、柏林科学院吐鲁番研究所，每个地方花了大约一个月，在三个月的时间里把柏林收藏的文献和文物整体调查了一遍，系统翻阅了德藏吐鲁番文献，抄录了其中所有的非佛教文献。

德国 "吐鲁番探险队" 收集品

　　满世界寻找敦煌，其实我寻找的不仅仅是敦煌文书，也包括中国西北地区发现的吐鲁番文书、于阗文书、龟兹文书。德藏文书以 "吐鲁番收集品" 为中心，这里说的 "吐鲁番收集品" 打了一个引号。当时德国和俄国关系好，俄国把势力范围内的吐鲁番盆地交给德国探险队来挖掘。德国探险队挖着挖着，挖出了吐鲁番，到了焉耆、库车、巴楚，超出了俄国规定的边界。德国为了表明自己并未越界，所以将所有收集品都叫"吐鲁番收集品"，实际上里面包括焉耆的、库车的、巴楚的，还有在喀什噶尔买的和田的文物和文献。了解德国吐鲁番收集品，要先弄清楚这一点，否则在利用这些材料做研究时，就容易张冠李戴。

德国的吐鲁番探险一共有四次，我在前面第三讲略有介绍。德国探险队挖掘了吐鲁番盆地很多石窟寺，如柏孜克里克石窟寺、吐峪沟石窟寺等，还有很多地面遗址，如佛教遗址、官衙遗址、民居遗址（图9-1）。其他地方很少能保留这么多地面遗址。在敦煌，城里的古代地面遗址已经荡平了，大部分值钱东西被人捡走，只有像悬泉那样距敦煌城几十公里的偏远处，还能保存一个汉代驿站的遗址。

如今去高昌故城旅游，从南门进去，摆渡车会把你拉到西南大寺，就在西南角有个豁口的地方，那里有两道内城的城墙，城墙上有个小的方形遗址，标作希腊字母的α，是一个摩尼教寺院，里面发现了一个图书馆，出土了大量摩尼教文书，有中古波斯语的、帕提亚语的、粟特语和回鹘语的。像这样的摩尼教寺庙图书馆，勒柯克在高昌城还挖了一个，在编号K寺的地方，就在可汗堡的南边，那是皇家供养的最大寺。1995年我拿着地图找到这个寺，原来的房间结构还是清楚的。另外，德国探险队在吐峪沟挖了一个佛教图书馆，在葡萄沟山顶上还挖了一个景教寺庙的图书馆。

所以，柏林吐鲁番收集品是一个巨大的宝藏，有各种宗教的典籍，佛教的、道教的、摩尼教的、基督教的都有。这些收集品最初收藏在柏林民俗学博物馆，二战时藏到了地下，其中很多藏在柏林的地下水道，二战后取了出来，一部分被苏联红军运到了列宁格勒（今圣彼得堡），现藏于艾米塔什博物馆；大量纸本文书落在东德，目前收藏于德国国家图书馆和柏林布莱登堡科学院；美术品大部分埋在西德，现收藏于德国国家博物馆的印度艺术博物馆。为什么把新疆出土的东西放在印度艺术博物馆？因为在西方人的学科划分里，中亚分在印度学里。同样的，中亚出土的汉语文书，在德国国家图书馆中文部里是找不到的，得到印度学部去找。

图9-1　今日吐鲁番高昌故城遗址

　　德国探险队的收集品非常丰富，在这里简单地给大家看几个例子。如高昌
回鹘国王肖像的幡画，正反两面都有画，画得非常好，画上的回鹘文题记表明
画中人物是当时的高昌王。又如高昌佛教供养天人壁画，这是壁画底下的一块，
切割水平非常高，中间没有断裂。勒柯克在《新疆的地下文化宝藏》里详细讲
述了他们是怎么包裹、捆扎壁画的，这些壁画运到柏林后，大部分保存完好。
这幅壁画画了一个供养天人，举着一个果盘献给佛。这幅壁画因为处在壁画的
最底部，寺庙坍塌后，它埋在地下一两米处，颜色保持得非常鲜艳，没有氧化
变色。敦煌莫高窟的壁画氧化变色了，原来金碧辉煌的颜色变成了黑乎乎一片。
我们研究古代壁画，最好先看颜色保持好的壁画，否则你一进敦煌莫高窟，都
是黑乎乎。你如果懂得颜料的氧化，就能自动戴上一个变色眼镜正确看待现存
的壁画了。

　　又如公元9—11世纪摩尼教彩色细密画插图本书籍。摩尼于公元3世纪在
波斯创立了摩尼教。在摩尼教的教义中，世界有三个阶段，光明世界到黑暗世

界，再到光明世界。在现实世界中，光明分子被黑暗势力吞噬了，所以天降各路神来解救光明分子。摩尼教把佛教、基督教、琐罗亚斯德教等各种宗教里的神佛都装到了自己的宗教里，有弥勒、耶稣、琐罗亚斯德等等，但是他们的神性和等级与在原来的宗教里不一样。由于摩尼教否定现实社会，它在波斯经过短暂的成功后，很快被禁了，摩尼被钉死在十字架上。摩尼教徒一支往西跑，跑到今天的北非，北非的科普特语里有大量摩尼教经典；另一支往东跑，跑到了中国。安史之乱时，前来协助唐朝平叛的回鹘可汗在洛阳遇到了摩尼教大法师，将摩尼教带到漠北，立为国教。后来，回鹘人西迁到吐鲁番盆地，建立了高昌回鹘王国，摩尼教成为高昌回鹘的国教。高昌出土的摩尼教文书纸张极好，文字非常漂亮，有很多彩色的插图本。从书籍史来看，是很了不起的古书。有件彩色文书上面，穿白袍子的是摩尼教徒，即选民，是入教的，要遵守戒律；下面是在家教徒，作世俗人的打扮，都是回鹘的上层人士。

还有景教供养人画像，在高昌故城东边约一里的景教教堂发现。高昌国里佛教、摩尼教、景教各种宗教共存。高昌城东的景教寺庙主要给信徒做婚礼等仪式，出土过婚礼仪式书。还有一座景教寺庙在葡萄沟一座山的山顶上，是教徒的隐修地，出土了《圣乔治受难记》等宗教文书，以及天文、地理等科学文书，后者也是景教徒要学习的知识。

德国吐鲁番收集品中有大量文书，这里举一个例子，婆罗谜文所写的甲种吐火罗语文书。甲种吐火罗语的官方名字叫焉耆语，是古代新疆的一种印欧语。婆罗谜文是古代印度的一种文字，可以拼写梵语、吐火罗语，也可以拼写于阗语，甚至回鹘语，当然大部分回鹘语用粟特文字拼写。中亚的语言和文字要分开看，语言是语言，文字是文字，不同的语言差距很大，但是可以用一种文字来拼写。

印度艺术博物馆的吐鲁番丝路宝藏

1996年6—8月，我住在柏林自由大学的公寓房，距印度艺术博物馆（图9-2）

图9-2　德国印度艺术博物馆（今亚洲艺术博物馆）

很近，走路只要五分钟。1985年我第一次去印度艺术博物馆找人买书时，认识了当时还是办公室主任的雅尔迪兹。1996年，雅尔迪兹已经是馆长了，她了解了我的考察意愿后，同意我进库房工作。当时在库房里工作的学者，除了我，还有三位。一位叫巴塔查亚（Chhaya Bhattacharya-Haesner），原来在印度国立博物馆做佛教美术研究，后来嫁到德国，帮助印度艺术博物馆整理吐鲁番收集品里的佛教画幡。一位是美国来的博士生古乐慈（Zsuzsanna Gulácsi），她做摩尼教艺术的研究，后来出了一本书《柏林藏摩尼教艺术品》（*Manichaean Art in Berlin Collections*）。还有一位是古乐慈的合作者J. D. BeDuhn，是做中古波斯语研究的。我们四个人经常一起讨论，他们遇到汉文就问我，我遇到胡语就问他们。有时候他们仨不在，保安就把我一个人锁在库房里，要上洗手间，得从里面打电话，才能出来。

印度艺术博物馆收藏的壁画，按原来的位置镶在墙上。原来在多高的地方，就镶在墙上多高。原来在墙拐角上，就在库房墙上弄一个拐角，把壁画镶上去。原来在穹窿顶上的三组壁画，一组在展厅里，两组在库房，博物馆都在天花板上挖了个大窟窿，把壁画镶上去。现在亚洲艺术博物馆要搬到柏林博物馆岛上的老皇宫里，老皇宫大教堂的穹窿顶放上了克孜尔石窟穹窿顶的壁画。

博物馆也收藏了部分吐鲁番文书，因为上面有图像，所以存于博物馆。长卷很少，大部分是碎片，博物馆按照文书碎片的大小，用钢化玻璃板夹住文书，放在保险柜里。钥匙放在桌子上，我可以一个个打开来看。

我在出发前做好了功课，把印度艺术博物馆第三组（中亚组，编号 MIK III）的藏品，按编号顺序在本子上一行一个编号写好，注明是否已刊（图9-3）。如果文物图发表过的，我就快速过一下，没有发表过的，我在该编号一行注一下，文书类的注明语种，其他的注明木器、铜器、铁器、石膏，一件件清点。在一个月里，我把印度艺术博物馆中亚组的家底翻了个底朝天。

印度艺术博物馆除了艺术品，也有很多重要的文书，我有很多新的发现，增进了我对吐鲁番历史文化的认知。

编号为 MIK III 4996 的是《大般若经》第五十八帙帙条，编号为 MIK III 6591 的是《大悲经》等帙条（图9-4a-c）。古代的佛经大概十卷为一帙，用一个包裹皮儿包起来放在书架上，经帙上搭下一个帙条，写明里面包的是什么东西。《大般若波罗蜜多经》有六百卷，MIK III 4996 是第五十八帙的帙条。一些比较小的、不足十卷的经，就把几种经包在一个经帙里，MIK III 6591 的帙条上就写了好几种经。有这样的帙条，我们基本上能知道这个帙里包了什么经，就可以去复原这个寺庙的藏经。吐鲁番石窟寺前面堆积的塌方土层下，出土了很多碎片文书，这里原来是寺庙的图书馆，塌方以后，经卷戳碎了。这两件帙条对我们研究吐鲁番寺庙的图书馆非常有意义。

印度艺术博物馆藏的佛教类文物有很多画幡，在此工作的巴塔查亚编了一本画幡的目录。目录里每一张都有彩图，有详细描述。巴塔查亚不认识汉字，画幡上的汉字是我帮她解读的，一条一条翻译成英语，我大概写了四五页，作为第二个附录附在她的书里。

MIK III 7484 是道经，我把照片寄给首都师范大学的刘屹，他告诉我这是《太上洞玄灵宝无量度人上品妙经》（图9-5），是隋唐时期非常流行的道经。这件道经书法优美，乍一看就像《开元道藏》。《开元道藏》是唐玄宗开元年间（713—741）编辑的，后抄送给全国三百多个州。怎么抄送到全国？过去不知

391	△	31	Sangam Buddhalegende	tochar. HS. aus Schortschuk		MIK 86.391
392	△	32		sog. HS. aus Murtuq 金剛経		MIK 86.392
393	● △	33	P1/TM 195	中古？役割 HS. aus Murtuq	Liste von Verbformen	MIK 86.393
394	△	34	Toyuk	Runen u. Manichäisch Alphabet		MIK 86.394
395	△	35	Murtuq	Runen Turkisch		MIK 86.395
396	△	36	D II 128 Chotscho	MP u. Turk. Hymnen manichäische id. III 6371		MIK 86.396
397	△	37	T II Toyok	Großes Haphtalitch frag.		MIK 86.397
398	△	38	M 795 (murtuq)	Parthisch Manichäisch.		MIK 86.398
399	△	39	T II Y 45 uig. Manichäisch? ende des Taišanki	景教壹什経？涛活語		MIK 86.399 ±12
400	△	40	Chotscho	Chin. u. Uig. buddh. wörter		MIK 86.400
401	△	41	Turfan	tib. HS.		MIK 86.40
402	● △	42	Chotscho mongol. 真文那本 Subhāṣitaratnanidhī			MIK 86.40
403	✓ △	[43]	T I a (chotscho) 景文《正法華経》AD.399 ±3			MIK 86.40
404	△	44	B 52	叙利亜文・景教 Baršabbā-Legende		MIK 86.40
405	△ ✓	45	Bulayïk	" "	choralbuck der Nestorianer	MIK 86.405
		46	Tumschuq	Terrakotta , id. III 9006		
521	△	47	Toyoq 135 ASR	S.60 MIK 86.521 斯画景教 Illuminiertes uigur. MS - Frag. zeit 900		
	✓	48	Chotscho	votiv - stupa id. III 6858 Y		
	✓	49	T II D 170/14.445	Sog. Hwydgm'n Mackenzie Papers to Boyce 85		
	✓	50	● T II cistim No.6	Frag. kontrakt. Schrift u. Uig.		
	✓	51	S.N.2/410010 Toyok	Sog. frag.		
	✓	52		Sog. HS.		
		53	T I chotscho ♂	ⓔ Parthisch " Part of a Bema Liturgy ⓔ Sog. Confession text for the elect.	ASR 112.S.74	
		54 a.b.		書判 Brahmi id. III 4048 a b		
		55	kizil	本	ACA 49	
	✓	56	T II B 66/12.955 (Bulayïk)	Uig. Georgs-Passion		
	✓	57	TM 352/18.121	ms. Uig.文, MI 語		
	✓	58	T II B 10	ms. " "		
	✓	59	● T II B 17/12.601, B 28	Christl. - sog.		
		60	T II B 14	sog. syrisch-Estrangela		

图9-3　德国印度艺术博物馆藏吐鲁番收集品草目

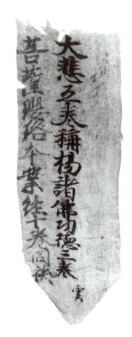

图9-4a MIKⅢ 4996
《大般若经》五十八帙帙
条（正面）

图9-4b MIKⅢ4996
《大般若经》卷五十八帙
帙条（背面）

图9-4c MIKⅢ6591
《大悲经》等帙条

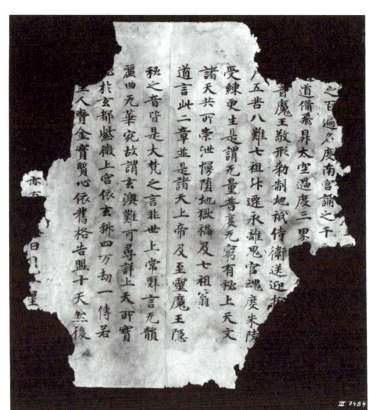

图9-5 《太上洞
玄灵宝无量度人
上品妙经》

222

道。这件背后纸缝上清清楚楚钤了一个"凉州都督府之印"。由此可知，这件出土于西州的道经是从凉州转抄的。我们过去知道敦煌卷子 P.2819《公式令》背面纸缝钤有"凉州都督府之印"，这次我正好有机会从柏林到巴黎，就把伯希和的卷子调出来，摹了印文，回去跟柏林的一对，是一个印。此外，P.4634《永徽东宫诸府职员令》背面、俄藏Дx.01111+Дx.01113《老子道德经》背面，也有"凉州都督府之印"。我得出一个结论，敦煌吐鲁番大部分标准道经写本，即使背面没有"凉州都督府之印"，其实也是从凉州转抄的。我后来写了一篇文章《唐代西州的道教》，过去没人专门写过唐代西州道教，我有这样的材料支撑，就讨论了一下，把这件事写在文章里。

比较重要的写本是 MIK III 520 白文《文选》(图 9-6a)。《文选》是唐朝士子必学的课本，写各类文章都要参考《文选》。这个《文选》没有注，次第跟现存本的《文选》不一样，是较早的写本时代的《文选》。它为什么布满了窟窿？因为它的背面后来画了一系列神像，图中尊像的头部被异教徒抠掉了(图9-6b)。什么人抠掉的？回到吐鲁番的历史背景里，这卷画很有琐罗亚斯德教的风格，早期伊朗文化的风格，可能是摩尼教徒或者佛教徒抠掉了画中的尊像。画虽然不完整，还是很有研究价值，到现在还没人把这卷画的内容解通了。画上有一些婆罗谜文字。我在印度艺术博物馆时，曾向印度文字学专家桑德尔（Lore Sander）博士请教过。她是瓦尔德施密特（E. Waldschmidt）教授的学生、季羡林先生的师妹，她的博士论文是《吐鲁番收集品中的梵文字体研究》。当时老太太把画上的婆罗谜字都认了一下，比如上面有个婆罗谜字，像小花一样，指的是旁边的物品或尊像，比如一条蛇或一杆秤。这里面内容非常丰富，有些可以和撒马尔罕粟特壁画上的一些图像对应起来，有些又说不太清楚，最关键的是这些图像为什么这样组合到一起，是个未解之谜。我写过一篇文章，在巫鸿教授主持的"汉唐之间"学术讨论会上讲过，发表文章时，我把相关内容全部删掉了，因为我还没全弄懂。法国的葛乐耐（Frantz Grenet）和皮诺对这卷画写了一篇释读文章，用希腊罗马占星术的图像来解读这卷画，我觉得缺乏说服力。德国很少有这么长的文书，但是它们是出土的，跟敦煌藏经洞包在经帙里的文书保存状况完全不一样，德国的文书，大部分都是一小片，

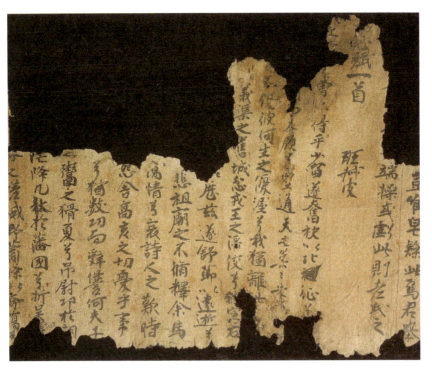

图9-6a　MIK III 520 白文《文选》（局部）（正面）

图9-6b　MIK III 520 图像（局部）（背面）

　　　　　　　　　　　　　　　　　　　　　满世界寻找敦煌

后来保存在很厚的玻璃板里。二战转移的时候，玻璃一碎，纸就给擦碎了。现在博物馆不用这种方式了，但是德国已经用了玻璃板的，现在还是这样放着。

这里有两件吐鲁番出土的《具注历日》，一大一小两片（MIK Ⅲ 6338、MIK Ⅲ 4938），上面画了二十八宿和黄道十二宫的图，是一个很好的材料。大片的德国人发表过，夏鼐先生写宣化辽墓发现的黄道十二宫时用了大的那张图，他不知道还有一片小的。

重要的官文书，有编号为 T Ⅳ Chotan（MIK Ⅲ 7587）的文书。T Ⅳ Chotan 是原始编号，T 表示吐鲁番探险队，Ⅳ 表示第四次探险，Chotan 表示和田的收集品，其实这是在喀什买的，MIK Ⅲ 7587 是馆藏编号。这些文书夹在玻璃板里，曾经藏在地下水道，潮气把大部分文书的原始编号糊掉了，现在是按照馆藏编号来管理的，这件幸运地保留了原始编号。从内容可知，这件文书记的是唐代于阗镇的神山等馆驿的支粮账。这些馆驿在塔里木河畔。这件小小的文书，实际是讲古代丝绸之路上的粮食供给，留下了一串五个馆驿名称，让我们可以勘验这条古代道路上的地名，其中"神山"一名见于《新唐书》记载。这件文书之所以留在印度艺术博物馆，是因为背面画了一匹马。我在研究于阗史时多次引用这件文书，最近写了一篇《从黄文弼所获两件文书看龟兹于阗间的交通路线》，提交西北大学召开的"黄文弼与丝绸之路"研讨会。我用黄文弼所获两件小文书做引子，以斯坦因收集品和德国收集品来构筑这篇文章，讲龟兹于阗之间的交通道路，这件重要的文书是研究这条道路的最重要史料。

印度艺术博物馆藏的官文书很少，有一件编号为 MIK Ⅲ 172 的武周天册万岁二年（696）一月四日关。"天册万岁"的"天"字写法特殊，是武周新字。"关"是一种官文书的格式，在敦煌吐鲁番文书里留存的不多。后来我的学生雷闻把敦煌吐鲁番文书里的"关"集中起来写了一篇文章，交给我看。我说还有一件，把 MIK Ⅲ 172 给他看，这件没有发表过，他不知道。这件其实只剩了一个尾部，正文内容没有了。

这里还保存有回鹘王国建佛寺的木柱。现在建房子有奠基石，古代就是打这么一个木桩，木桩上写为什么要建寺庙，这是非常重要的史料。德国有三根这样的木桩，有汉文的，有回鹘文的，都是哪个王、哪个可汗为了什么事要建一个寺庙，其中有一个是把摩尼教寺庙改成佛教寺庙。这都是研究高昌史的重要史料。

以上是我在印度艺术博物馆的收获。这里的许多材料还没有上网，只能在展览图录上看到一些，所以给大家讲得比较细。

寻找《安周碑》

我去印度艺术博物馆调查的一个重要目的，是寻找"凉王大且渠安周造祠碑"。这个碑右上角缺了一块，碑名是我们推补的。1902年格伦威德尔在胜金口挖掘时，听说老乡在高昌城里发现一块大石碑，就去买了过来。石碑运输过程中断成了两截，所幸保留了碎块，可以把断裂处的字补上去。这块碑立于公元5世纪中叶，发现于高昌故城M寺，是一个王家供养的寺庙，就在著名旅游景点可汗堡旁边。1905年，德国汉学家奥托·弗兰阁（Otto Franke）在《德国皇家科学院学报》上发表了一篇文章，考释碑的内容，将碑文译成了德语，并附了照片。当时是斜着拍照，照片上所有字都能看清楚（图9-7a）。

1905年前后，清朝政府派五大臣出洋考察宪政。端方是五大臣之一，他参观柏林民俗学博物馆时看到《安周碑》，惊喜不已，与馆方商议，对碑进行了捶拓。由于没带专业拓工，技术不佳，第一次拓印的拓本很多地方不清楚，最后一行重要的年代没拓到。第二次拓印时，拓工用力过猛，把碑敲掉了一小块，博物馆不让拓了。端方带回了一张整拓和一张四分之一拓，现藏于中国国家博物馆。由于《安周碑》在二战中失去踪迹，这个拓本成为十分珍贵的孤拓（图9-7b）。

端方非常珍爱这个拓本，邀请诸多好友题跋，拓本四周有21个题跋，分别由杨守敬、张之洞、郑孝胥、张謇、罗振玉以及伯希和等人题写，清末的一流高手几乎都曾在上面题跋，有的人题一首诗，有的人写了长篇考证文章，如杨守敬考证碑的年代，但是没考对。其实碑上年代写得清清楚楚，他们如果

图9-7a 《安周碑》照片

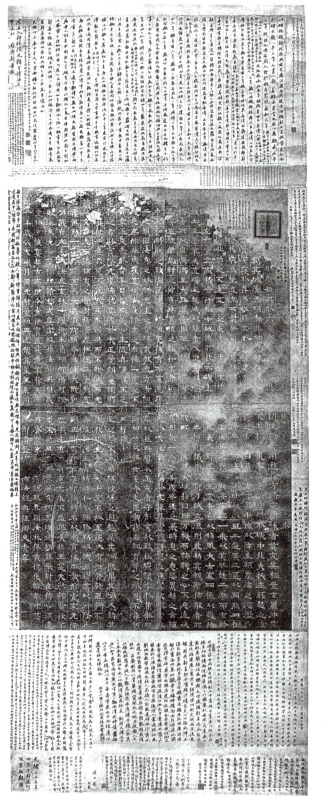

图9-7b 《安周碑》孤拓本

看到碑的照片，年代问题会迎刃而解。后来伯希和到中国探险，身边带着奥托·弗兰阁文章的抽印本，他在北京时曾借给王仁俊看，王仁俊在《敦煌石室真迹录》里录了《安周碑》的文字。王仁俊根据照片录的文，比拓片录文好多了。当时还有一个大学士恽毓鼎也看到了《安周碑》的照片，1915年他在一件佛经的跋中写到了《安周碑》，对年代的判断十分准确。这卷佛经后入藏北京图书馆（今国家图书馆），我在国图调查时曾抄录出来（现在已有图版发表）。当时这些学者间没有互相通气，所以中国一批学者写了很多考证文章，几乎都没考对年代。这个碑年代太早了，他们几乎难以想象。1912年新疆布政使王树枏看到王仁俊的《安周碑》录文，结合自己所获吐鲁番出土《佛说菩萨藏经》尾署"大凉王大且渠安周所供养经，承平十五年岁在丁酉"，正确判断碑文年代为承平，但他的《新疆稽古录》流传不广。而恽毓鼎虽然据此也有正确的认识，但跋文没有正式发表。直到1918年王树枏《新疆访古录》出版，国内学人才认清《安周碑》的年代。

立碑的且渠安周是北凉的王子，北凉是河西走廊上的一个小国，439年被北魏灭了，凉王投降，且渠安周是凉王的弟弟，逃到敦煌，与哥哥且渠无讳会合，坚守敦煌。后来北魏大军打到敦煌，两人不敌，率众向西撤到鄯善，又北上高昌，赶跑了高昌太守，建立大凉流亡政权。且渠兄弟带来的人马多，在高昌引起了饥荒，为了安抚民众，且渠安周修庙立碑，这就是当时立的一块碑。写碑文的是夏侯粲，是当时从河西去的大手笔，非常了不起的人物。我们读过《三国演义》都知道，夏侯氏是魏晋以来中原的大族，在已经出土的上万件吐鲁番文书中却查不到一个姓夏侯的，可见夏侯家族没有在吐鲁番繁衍下来。作者文化功底深厚，熟悉内外典故，碑文文笔也非常漂亮。古人写碑文有模板，唐朝以后的人给庙里写碑，拿《文选》的《头陀寺碑》作为模本，先赞颂释迦牟尼，再夸两边的菩萨，最后写功德主，起承转合基本是这么一个逻辑。《安周碑》比《头陀寺碑》早得多，《头陀寺碑》的所有逻辑，在《安周碑》里都有，所以《安周碑》有很高的历史和文献价值。后来吐鲁番有六七块碑，都是照着《安周碑》照猫画虎写的，《安周碑》是一个母本。

过去研究吐鲁番的人比较注重文书和墓志。大多数文书巴掌大一块，记录的不过是一个官衙，一个小吏的东西；墓志记录一个人的信息，吐鲁番大官很少，大部分是普通官人和百姓；而一块碑往往涉及一个重大历史事件。我曾在北大的敦煌学课上和研究生一起仔细读了五块吐鲁番出土的碑，《安周碑》是第一块。我们仔细读过碑文，做过所有专名的注释，把《头陀寺碑》跟它做过对比。1995年，我还到高昌故城考察，找到了《安周碑》出土的地方，即德国人标作"M"的遗址。德国人拿走碑的时候没有碑头，他们说地下积水所以没有挖。碑头应该还在地下，我非常希望中国的考古工作者把那个坑再挖一下，生怕哪天几个盗墓贼去了怎么办，我一直很担心。

格伦威德尔第一次探险之后出版了《高昌故城及周边地区的考古工作报告（1902—1903冬季）》一书，记录了M寺遗址的情况。我研究《安周碑》出土地的时候，根据考古报告，知道《安周碑》是镶在房子里的墙上的。《安周碑》里写主尊像是"於铄弥勒"，这是宿白先生关于"凉州模式"西渐的最好证据。宿先生说，北凉时期，在凉州地区建立了以弥勒像为主体的佛寺，影响到敦煌莫高窟的北凉三窟，敦煌最早三个窟主尊像都是交脚弥勒。立有《安周碑》的寺庙里的弥勒像已经没有了，但是碑上"於铄弥勒"这几个字对于宿先生的看法是重大的支持，远比宿先生举的北凉石塔重要。我在读书班里读《安周碑》时，宿先生的学生把这个信息告诉他，宿先生就问我是哪看的。我把德国汉学家奥托·弗兰阁的文章复印了一份给宿先生。陈寅恪先生从德国带回了这篇文章的抽印本，后来藏在北大东语系阁楼上的书库里。我在北大也像在欧洲一样到处寻找东西，在东语系的阁楼里，我找到了陈寅恪旧藏的这个抽印本。

后来我专门写了《〈且渠安周碑〉与高昌大凉政权》，发表在《燕京学报》

图9-8 《安周碑》碑座

满世界寻找敦煌

上。这篇文章的英文版发表在德国《重访吐鲁番——丝绸之路艺术和文化研究百年回顾》论文集里，这是2002年德国为纪念中亚探险队出发100周年的会议文集。我发表《安周碑》的文章，也是希望德方调查这块碑的下落。《安周碑》在二战时失去踪迹，只剩一个碑座在印度艺术博物馆的库房里（图9-8）。碑上哪去了？会不会被苏联红军搬到圣彼得堡去了？这些年我几次走访圣彼得堡，拿着《安周碑》的照片问艾米塔什博物馆的馆员和库房管理员，他们都说没见过。如果是炸毁了，理应连碑带座一块炸了，怎么座好好的，碑不见了。所以我相信这块碑还在，也许哪天运气来了，就找到了。

德藏吐鲁番文书的老照片和"新"文书

我工作的另一处是德国国家图书馆。去德国国家图书馆之前，我到柏林科学院，把全套缩微胶卷过了一遍，把其中非佛教文书的号挑出来，到图书馆之后，把这些号拿出来看。文书夹在玻璃板里，我拿薄纸蒙在玻璃板上，先摹出残状，再把文书一字不落抄下来。我用的这种纸是从龙谷大学带过来的，是日本学者设计出来录大谷文书的。佛教文书有传世文本，我即使要用，也是抄一个头一个尾。现在德国国家图书馆藏文书已经上网了，可以在柏林科学院网站和IDP网站上看到。

德国国家图书馆东方部的善本部阅览区只有四到八个座位，每次得占座，如果占不着，一天就白去了，中午出去吃一顿饭，回来也没座了。阅览室不能吃东西，桌上堆着原卷，即使馆内有个咖啡机，也不敢去打咖啡。所以我早晨吃得饱饱的，一直撑到下午，饿得拿不动笔，再出来吃饭。

我在德国国家图书馆有很多发现，支撑了我后来很多的研究。我的吐鲁番研究是一波一波的。研究起点在莱顿大学，当时我的导师许理和希望我写一篇介绍中国新出土吐鲁番文书的英文文章。我写完了文章，没敢拿出去，因为都是概述中国学者、日本学者的研究，自己的贡献太少。第二波是1991年去龙谷大学之后。1996年访问柏林之后，我又出了一波文章，形成一个小高峰。

我在满世界寻找敦煌的过程中，是伸出很多触角的。我去柏林之前，在当时还在文津街的北京图书馆有一个重要发现。北图敦煌吐鲁番资料中心有一面墙的柜子，柜子里放着王重民先生从巴黎拍来的敦煌卷子的照片，还有一些底片，有几千片，比缩微胶卷清楚。我把这些照片过了一遍，遇到关键的文书，我就去敦煌吐鲁番资料中心录文。这批照片的最后几盒，有很多来源不一的照片，没有人整理过。其中有的编号以T开头，T写得拐了个弯，很像P，所以容易被看作是伯希和敦煌文书，因为没有伯希和编号的四个数字，所以就放到最后。我仔细看后，发现是柏林吐鲁番文书的照片，也是王重民拍的，编号是勒柯克用花体德文写的原始编号，这些照片过去我只在周祖谟先生的《唐五代韵书集存》里见过。我发现了这个小宝藏，就托人把照片拿出来，到照相馆翻拍了一份，带着这批照片去了柏林。这些照片都是王重民先生感兴趣的典籍一类的写本，但是照片上只有原始编号，没有新的馆藏编号。我在柏林翻检了所有非佛教文献，陆续一件件找到这些照片上的原文书，确定了哪些存在，新编号如何，哪些已经佚失。这里举几个例子。

Ch.2432正面是《春秋左传》写本，对比原件和老照片就会发现，现存原件下边少了一块，丢了几个字，是在二战搬运中掉了一块（图9-9a、b）。像这种缺了一小块的还有好几件，有一些文书则掉了一大块，只剩了一小块。

Ch.734（T Ⅱ 1578）是《春秋后语》注，实物和王重民先生的老照片完全吻合。这是一个《春秋后语》的注本，为德国第二次探险所得，没有具体的出土地点。敦煌出了很多《春秋后语》，但没有这种带双行小注的。这件文书保留了四行小注，通过对比《太平御览》引的卢藏用注的文字，我认为这四行小注是卢藏用的注，这是目前发现的唯一一件唐朝卢藏用注本《春秋后语》。为此，我专门写了一篇《德藏吐鲁番出土〈春秋后语〉注本残卷考释》，发表在《北京图书馆馆刊》1999年第2期。

旧照片中有一个卷子存有三纸，一纸二十八行，三纸大概一米多长，是玄应的《一切经音义》。二战后，实物只留下了巴掌大的一块（编号Ch/U.6782d），其他的找不到了。此外，我又新发现了八件Ch编号的断片和这件属于同一个卷子，并推补出八片处在什么位置上。后来学者又在俄藏Дx号里

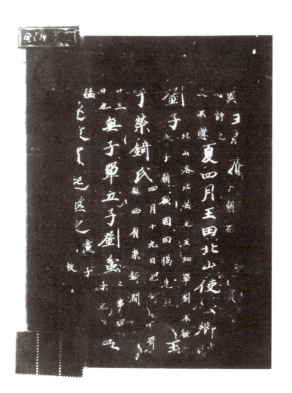

图9-9a 《春秋左传》
旧照片

图9-9b 《春秋左传》
现状（Ch.2432）

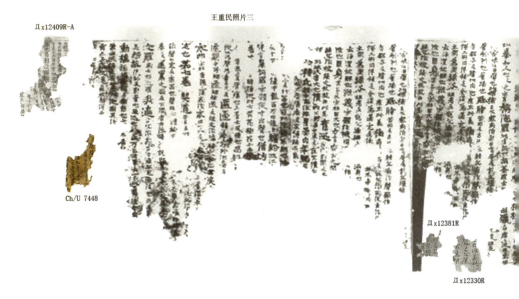

图9-10　玄应《一切经音义》现存部分残卷

发现几片属于这个卷子的，有的可以粘连，有的离得很远（图9-10）。这个卷子背面是一个回鹘文佛典，写得非常漂亮。现在只能在八个小残片上看到回鹘文，研究回鹘文的皮特·茨默（Peter Zieme）曾问我北京图书馆有没有背面的照片，我说没有，王重民先生对此不感兴趣，没拍背面的回鹘文。我把所有图片相差多少行，画了一张图给茨默，将来若有人翻过来比定，至少知道这些回鹘文的文书属于一个卷子，残片相距多少。我很想写一篇关于《玄应音义》的文章，因为《大正藏》留存的是慧琳的《一切经音义》。后来在日本教书的张娜丽向我要《玄应音义》的资料，我就送给了她。她以王重民先生的照片和旅顺博物馆的断片为中心，写了一篇非常好的文章：《敦煌吐鲁番出土〈玄应音义〉写本——中国国家图书馆藏王重民所获写真与旅顺博物馆藏断片》，2007年发表在《相川铁崖古稀记念书学论文集》上。

典籍之外，也有重要的文书照片，即《唐开元廿三年（735）西州高昌县顺义乡籍》。中国古代的户口本编得非常严谨，记录了户主、全家人口、田亩，纸缝里写了"顺义乡　开元贰拾叁年籍"，并盖了印，这是王重民先生的老照

满世界寻找敦煌

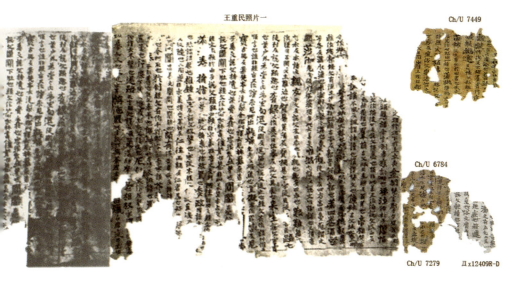

王重民照片一

Ch/U 7449

Ch/U 6784

Ch/U 7279   Дx12409R-D

片上显示的。我找到现在德国的原件（新编Ch.2405），发现带有"开元贰拾叁年籍"这些文字的一块断掉，没有年份了。池田温先生用德国现存文本做录文，知道是西州高昌县顺义乡籍，但不知道是哪年的。我们可以据王先生的老照片把年份补上了。这个年份的补充十分重要，唐代每四年编一次户籍，开元初年有一次在本该造籍的年份没造，推迟到次年造籍。这样，学界不清楚下一次造籍是四年后造，还是三年后。我曾经在北京大学图书馆发现了一件开元二十九年的户籍，这里又发现了开元二十三年籍。又因为注记户口的时候，往往注上一个籍是哪年哪月，籍后会怎么变动，所以开元二十三年、开元二十九年注记上说到前面四年编籍的情况，于是就把开元年间造籍的年份完全排出来了。就此，1998年我给《中国古代社会研究——庆祝韩国磐先生八十华诞纪念论文集》写了一篇小文章，《唐开元二十三年西州高昌县顺义乡籍》。韩国磐先生写过一篇从敦煌吐鲁番文书看唐人造籍之勤的文章，文章发表时还没发现开元二十三年籍和开元二十九年籍，我的文章给韩先生的文章增添了新的支撑。

还有几件汉语文书，如《刘涓子鬼方》、不知名类书等，我翻遍所有汉语文书都没找到，说明实物在二战时失掉了，只在中国国家图书馆还存有照片。我在2005年发表的《中国国家图书馆善本部藏德国吐鲁番文献旧照片的学术价值》一文里，把所有吐鲁番文书照片对应的新编号都找到了。后来国家图书馆把这批照片影印了一套书，把我发现的新编号填上了。

据王重民先生《柏林访书记》，他在柏林待了十天左右，没提到看吐鲁番文书的事。他如何在这样短的时间里，把柏林收藏品中最重要的经史子集断片拍成了照片？其中一定有德国汉学家的帮助。我怀疑是突厥学家葛玛丽（Annemarie von Gabain）帮的忙。葛玛丽那时还是学汉学的，在北大留过学，她的博士论文是研究陆贾《新语》的。她大概觉得王重民先生关注经史子集，于是把经史子集断片提前准备好，所以王先生能在十天里从上万号文书里获得所需最重要的典籍和文书的照片，这真是了不起的事。

通过我这次彻底的翻检，又找出更多的典籍和文书，其中颇有一些具有研究旨趣，这里提示几件。

Ch.938是一个小断片，我比定出是班固《汉书》抄本。那时候没有数据库，是靠对古籍的熟悉读出来的。有意思的是，反面抄的是《史记》。后来我在大谷探险队1915年印的《西域考古图谱》里发现一个卷子，一面是《史记》，一面是《汉书》。两件一对，字体一样，只不过中间还有残缺。西域的文书经常有这样上下连不起来，但原来是一个纸页的。我写了一篇自己很满意的小札记:《〈史记〉与〈汉书〉——吐鲁番出土文献札记之一》，发表在《新疆师范大学学报》2004年第1期。这件文书短短几行，文本的意义不大，但是一面是《史记》，一面是《汉书》，书籍流传史的意义很大。

Ch.2132、Ch.2286、Ch.3623、Ch.3761、Ch.3903这五个断片可以拼合在一起，略当一页，是《新唐书》卷一七一《石雄传》的部分，我画了一个缀合图（图9-11）。因为我推测这是一个宋版《新唐书》的残叶，而吐鲁番文书里出现宋版书，是一件重要的事，所以我当即向德国国家图书馆购买了这组文书的照片。当时照片的价格，有人订过的照片是7马克一张，没有人订过的要32马克一张。西方学者和日本学者还没有人关注这个《新唐书》残片，这五张文书都没人订过，我于是花了160马克买下照片，很贵。我回来后，把照片交给我的

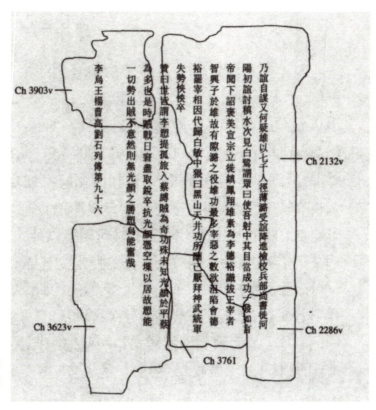

图9-11 《新唐书·石雄传》残片复原图

硕士生林晓洁研究。她不负所望，在国家图书馆找到了同样版式的宋版《新唐书》，和德藏五张不是同一卷，但版式完全一样，是湖州印的本子。这五片虽然拼起来只有一页，还是很有价值的。她的文章《德藏吐鲁番出土宋版〈新唐书〉残片小考》，发表在《文献》2009年第4期。

编号为Ch.3164是《文选》李善注本。前面说到过白文《文选》，《文选》李善注是一个非常流行的注本，有全本传世。我在柏林发现Ch.3164一大片后，又发现俄藏Дx.1551和它的文字、正背一样。后来我的学生李昀在整理旅顺博物馆藏大谷文书时，发现旅博LM20-1517-275也是同一个注本，随后又发现日藏大谷文书Ot.11030、Ot.10374、Ot.5423、Дx.8011也都是同一写本的不同部分，有些还可以缀合在一起。德国Ch.3164这片保留了上下栏，有了它，就可以复原出版式，再把其他的一片一片缀合上去。她写了一篇文章《吐鲁番本〈文选〉李善注〈七命〉的再发现》，发表于《西域文史》2014年第九辑。

我们将来如果要文物回归，这张缀合图是一个很好的证据，证明各国探险队把中国的古籍撕得乱七八糟，它们应该回到一处。

我还发现了四件非常古老的六朝时的写本《幽通赋注》，并做了录文。班固《幽通赋》见于《文选》和《汉书》，六朝时有人给《幽通赋》加注，《隋书·经籍志》里列举了《幽通赋》的各种注本。后来我的学生徐畅把我的录文整理出来，写了一篇文章，分析写本的性质、年代及其流传，发表在《吐鲁番学研究》2013年第2期上。文书的另一面是一个十六国或者北朝前期的诗卷，抄了一些诗，有一首诗有作者毛伯成的名字，这件文书对研究魏晋南北朝诗歌很有价值。我邀请徐俊一起把这件文书整理出来，发表在《中国诗学》2002年第七辑上。吐鲁番文书里有各种各样的好东西，对应好多学科，这件在吐鲁番文书里算字比较多的，大部分是小断片。

和田出土的文书也是我特别关心的。编号为Ch.3473和田出土写本《经典释文》，背面是一个于阗的派役名录。文书碎残几片，德国人不了解《经典释文》，夹到玻璃板里的时候，一些残片正反面位置错乱，现在玻璃板里，正面大部分是《经典释文》，有一小块是名录。玻璃板没法动，只能拍了照片，再用电脑重新缀合。

德国吐鲁番文书的目录，1975年、1985年分别出版了《汉文佛典残片目录》第1、2卷，这两本目录编的是汉文佛经。1996年，我系统翻阅了德藏吐鲁番文献，抄录了所有非佛教文献，并陆续就所关心的典籍和文书做过一些探讨。1998年我在《德国"吐鲁番收集品"中的汉文典籍与文书》一文中，给出了非佛典文献的草目。2001年西胁常记出版《柏林吐鲁番收集品中的汉文文献》，2005年百济康义所编《柏林藏吐鲁番收集品中的汉文佛教文献》第3卷出版，都编辑了部分文书目录。2007年，我汇集前人研究成果和自己工作的收获，编成《吐鲁番文书总目（欧美收藏卷）》，当时还没有IDP网站，工作的基础就是靠我在柏林的记录。2014年，西胁常记出版《柏林吐鲁番收集品中的汉文印本目录》，专门研究了印本。敦煌、吐鲁番、黑水城出土的刻本佛经，95%以上是从契丹运过去的契丹藏，有少部分是金藏，最珍贵的是极少的开宝藏。现在，又到了重新增订《吐鲁番文书总目》的时候了。

柏林科学院吐鲁番研究所的友情

最后讲一下我在柏林科学院吐鲁番研究所的收获。我在这儿待了一个月，主要是看缩微胶卷，不仅有汉文的，还有回鹘文、中古波斯语、摩尼文（将近一万个号），还有六七十件图木舒克语的。我把这些缩微胶卷都过了一遍，我看不懂胡语，但是要了解整体情况，总共有多少件，还要看看胡语背面有没有汉语。我在《海外敦煌吐鲁番文献知见录》里尽可能写明了各个博物馆、图书馆收藏了多少号胡语文书。

柏林科学院在东西德合并前叫东德科学院，在布莱登堡门的前面。东西德合并后，科学院搬到了 Jaegerstrasse 22-23（图9-12）。吐鲁番研究所是科学院下面的一个项目组，虽然叫研究所，我去的时候里面工作人员不多，最主要的是宗德曼（W. Sundermann）和茨默。这两位都是顶级高手，宗德曼是研究中古伊朗语的，波斯语、帕提亚语、粟特语都会，特别研究摩尼教的材料。茨默是研究回鹘语的，被日本学者称为最伟大的回鹘文专家，他不仅能解读佛教回

图9-12　柏林布莱登堡科学院

鹘文，还能解读摩尼教、基督教、世俗文书的回鹘文。一般的回鹘文学者，会解读宗教经典的，不一定能解读世俗文书，也许契约还能套一套，遇到户籍、婚礼唱词就不知道了，而茨默全都能做。另外还有两位女士，一个叫Simone Raschmann，一个叫Christiane Reck，是德国哥廷根科学院派驻到吐鲁番所来编目的。宗德曼和茨默把文书解读出来之后，两位女士用德国编目系统，编到《德国东方写本目录丛刊》里。还有一些非正式的帮忙人员，平常有五六个人在那儿工作。很可惜的是做汉语的梯娄在两德统一后失去了吐鲁番研究所的工作，只在柏林自由大学挂了一个兼职研究员。

我原来做于阗研究，和宗德曼研究的都属于伊朗学的范围，所以宗德曼先生的纪念文集，我写过文章，很可惜的是茨默的纪念文集，我两次都没有赶上。宗德曼先生给辛维廉编纪念文集，也约我写稿。宗德曼先生是个非常伟大的学者，他去世之后，所有藏书出售，我们动员当时刚成立的中国人民大学国学院把书全买来了。所以中古伊朗语的书在人大国学院是最多的，是一个宝藏，可惜利用率很低。另外一位茨默，我曾邀请他到北大讲学，人大也请他来过。茨默也是非常了不起的大学者，他解读过回鹘语的普通佛典、藏外佛典、占卜文书、世俗文书，现在已经解读到回鹘语翻译的汉语字书了。几年前在圣彼得堡开会，我和他住在同一家旅馆，有很多时间交谈。他问我一些回鹘文拼写的汉字的意思，我说这像《开蒙要训》。《开蒙要训》是古代儿童的识字课本，将一个偏旁的字归在一起，写成四言韵文。他把这个文书译成英语，我让一个学生拿英语去对《开蒙要训》，真对出来了。所以很多研究是需要合作的，中国文献浩如烟海，他不可能熟悉所有的文献。我在吐鲁番研究所调查时，他们给我很多帮助，他们对我全开放，什么东西都给我看，也让我利用他们非常好的图书馆，并且帮我联系其他有藏品的地方。

2002年，德国举办"重访吐鲁番——丝绸之路艺术和文化研究百年回顾"会议，我现在还有一张与会人员的合影。西方人拍合影，不像我们这儿领导在前面坐一排，后面学者按照不同的身份等级排列。他们吆喝一声照相，大家找个空旷场地站好，赶紧把头伸出来，咔咔几张就照好了。前不久，我们在维也纳大学开吐火罗语会议，我就没赶上合影。我陪着徐文堪先生，他腿脚不好，我们俩走到的时候，合影已经照完了。2002年的吐鲁番学大合照里，有全世界研究吐鲁番的语言学专家、艺术史专家，比如有已故的耿世民先生，有桑德尔，有雅尔迪兹——给了我很大帮助的专家，有柳洪亮——吐鲁番文物局局长、吐鲁番博物馆馆长，出车祸去世了。2022年年底，德国政府觉得吐鲁番文书整理基本完成，并已全部上传到网上，所以结束了吐鲁番研究所的项目。该所有的学者继续在柏林科学院工作，两位负责编目的女士回了哥廷根科学院，其他雇员解雇了。吐鲁番研究所编了五十本《柏林吐鲁番文献丛刊》，成绩斐然。这个项目的结束，标志着德国吐鲁番研究一个时代的落幕，但德国

图9-13　作者在柏林赶车（1996年）

的吐鲁番学研究仍会继续。今后没有组织，就是个人研究了。

讲到这里，我回想起有一张朋友拍的照片。我当时从柏林自由大学的招待所，坐很远的地铁去柏林科学院，这是我等地铁时着急的样子（图9-13）。

德国其他地方的敦煌于阗收藏

最后说说德国其他地方收藏的敦煌吐鲁番文书。巴伐利亚州立图书馆（Bayerische Staatsbibliothek）有三件敦煌文书，都是佛经，比较有意思的是一件咸亨四年（673）《金刚般若波罗蜜经》。据说此卷是一个德国人在1900年前后购自天津，背面有题记："光绪贰拾伍年（1899）敦煌千佛洞塌出唐时写经。"这个说法大概有一点错，因为1899年藏经洞还没打开，是误传，但是这件文书很早就传出去了，1955年入藏巴伐利亚州立图书馆。我没有看过原件，是根据相关材料写的，后来张国刚从德国带回一些相关的信息，我们俩写了一篇非

图9-14　作者与段晴老师一起走访慕尼黑五洲博物馆（2017年）

常短的文章，给胡如雷先生七十寿辰祝寿。

慕尼黑五洲博物馆（Museum Fünf Kontinente），原来也叫民俗学博物馆（Völkerkundemuseum, München），收藏有奥古斯特·赫尔曼·弗兰克（August Hermann Francke）和田收集品。2017年我终于在段晴老师的带领下，有机会去了这个博物馆（图9-14）。弗兰克收集品里有一件相当好的屯田史材料，这件文书记载唐朝在和田建了一个军屯，种植了粟、稻子、糜子、小麦等作物。唐朝塔里木盆地可以种稻米，因为挨着于阗河，水源非常充足。这些文书的内容，全部录入到2022年中华书局出版的拙著《和田出土唐代于阗汉语文书》。我满世界除了寻找敦煌吐鲁番，也在寻找于阗。和田出土的汉语文书，除了佛典，其他基本上一网打尽，全收在这本书里了。

追寻美国各地的吉光片羽

这一章，讲调查美国收藏的敦煌、吐鲁番、于阗文书和艺术品情况。美国在西域探险方面步伐比欧洲的老牌殖民国家慢一步，他们没有特别大的收藏，但不少大学、博物馆都陆续入藏了一些东西，有的是探险队收集品，有的是通过拍卖行或捐赠获得，非常零散。东西虽然零散，收藏虽然少，但有些却闪烁着耀眼的光芒，所以我把这一讲的题目称作"追寻美国各地的吉光片羽"。

耶鲁、哈佛及其他藏品

我第一次去美国是1996年12月至1997年春，参与韩森（Valerie Hansen）教授主持的耶鲁大学"重聚高昌宝藏"项目，在美国待了三四个月。我以耶鲁大学为中心，沿着东海岸，从波士顿到华盛顿跑了一遍，调查了耶鲁大学、哈佛大学、波士顿美术馆、大都会博物馆、普林斯顿大学、弗利尔美术馆、美国国会图书馆等处收藏单位。

耶鲁大学有"亨廷顿收集品"，我从一开始做于阗研究时就知道。亨廷顿是耶鲁大学的教师，研究气候与地理。他于1905年到新疆考察，但是运气不太好，或者说他做考古的经验不多。他和斯坦因雇了同一个向导，但是他到丹丹乌里克的时候，正巧风沙把遗址埋起来了，根本看不到斯坦因所拍照片里的样子。斯坦因去丹丹乌里克是冬季，风沙把遗址都吹出来了。斯坦因说在尼雅，地上插着一根根佉卢文木简，可以直接捡。亨廷顿去的季节不对，只得到了少量小件的东西。亨廷顿写了一本《亚洲的脉搏》，对塔里木盆地的气候研究和水道分析很有价值，国内出版了中文摘译本。

亨廷顿收集品，一部分在耶鲁大学图书馆（Yale University Library，图 10-1），一部分在耶鲁大学档案馆（Yale University Archives）。我到耶鲁大学后，首先去了图书馆，找到了一些于阗文、佉卢文木简，还有一些佛像，装在牛皮纸口袋里，佛像拿出来，口袋里全是掉下来的沙子。图书馆按照保管图书的方式保存文物，没有按博物馆的方式保存文物，对文物的损害很大。1996 年 12 月 20 日，我和韩森教授在 Sterling Library 中的手稿部和档案馆（Manuscripts and Archives）走访，找到了有关亨廷顿的大量资料，包括佉卢文木简，于阗文、藏文文书，以及 E. Luemann、F. W. Thomas、M. J. Dresden、N. Brown 以及贝利和 G. Uray 等梵文、于阗文、藏文专家调查其藏品的通信。

除了寻找亨廷顿收集品，我去耶鲁大学档案馆还有另一个目的，是想找陈寅恪先生给芮沃寿（Arthur F. Wright）的三封信。芮沃寿是耶鲁大学研究中国佛教史的教授，他在自己的文章中说，曾就《高僧传·佛图澄传》中的胡语请教陈寅恪，陈寅恪给他写了三封信。现在的知识分子非常崇拜陈寅恪，我也是一个陈寅恪迷，到处寻找陈寅恪的东西。遗憾的是，我在芮沃寿的档案里搜与

图 10-1　耶鲁大学图书馆

　　　　　　　　　　　　　　　　满世界寻找敦煌

图10-2　柏孜克里克石窟出土麻布摩尼教幡画

"陈"相关的文件，用威妥玛式拼法，也用汉语拼音的拼法，用陈寅恪老家方音的拼法，然后让工作人员去找，都没有找到芮沃寿曾经提到过的三封信。我还翻检了芮沃寿用的《高僧传》和相关资料卡片，里面也没有。档案中夹的两个敦煌佛经残片，一为写经，颇值得怀疑；一为戒本，则似真迹。

　　耶鲁大学的收藏品中比较重要的，是一件吐鲁番柏孜克里克石窟出土的麻布幡画（图10-2）。这件幡画由勒柯克卖出，背后有勒柯克写的编号。二战前德国经济很差，博物馆决定出售一批小件文物，以美术品为主，由勒柯克经手卖出。幡画上画了一个非常漂亮的摩尼教供养人。1937年，这件藏品由Mrs. William H. Moore捐给耶鲁大学美术馆（Yale University Art Gallery）。1996年12月18日，我与耶鲁大学的韩森教授和云南大学来的访问学者武建国教授一起走访美术馆，亚洲部的 Laura G. Einstein 接待我们，安排看我要求看的两件文物。

耶鲁大学美术馆还有一件有所谓隋大业三年（607）智果题记的敦煌写本，上面画有一个佛像，很不到位，一看就是假的。包裹纸里面夹着一张字条，记录说段文杰先生来看过，说是假的，没有任何价值。但是入藏的东西，学校也不能随便扔掉。这种东西在流散品里很多，我在好几处看到了大致同样的写本，大概是集体卖到各地去赚钱的。早年美国人没看过多少敦煌的真卷，容易掉到陷阱里去。

1996年12月30日，我和在耶鲁进修的中国学者武建国、于学军、翟英谊一起去了哈佛大学赛克勒博物馆（Arthur M. Sackler Museum）。说起哈佛大学，就要说到华尔纳（Langdon Warner）。华尔纳是哈佛大学美术史专业的老师，1923至1924年，华尔纳第一次到敦煌。他来得比较晚，藏经洞的宝藏所剩不多，他把主意打到了壁画上，用涂着黏合剂的麻布把壁画从墙上一块一块粘下来，再用药水把壁画从麻布上脱下来。他剥离了莫高窟第335、321、329、320、323等窟唐代壁画精品十余幅，连同第328窟的一尊彩绘供养菩萨塑像，掠回美国，入藏哈佛大学福格美术馆。赛克勒博物馆建成后，由福格美术馆转藏赛克勒博物馆，属哈佛大学艺术博物馆（The Harvard University Art Museums）东亚部。华尔纳的旅行记已出版了中译本，书名叫《在中国漫长的古道上》，是我找人翻译的，所以写了一篇序。

华尔纳剥离的壁画，最著名的是第323窟的一幅。第323窟南北两壁绘有佛教史迹画，描绘了康僧会、佛图澄、昙延法师等八位重要佛教人物的故事，最前面的一幅张骞出使西域图，是佛教徒根据张骞的史实改编加工的佛教故事。华尔纳把其中"东晋杨都金像出渚"故事画的主体部分剥走了。今天第323窟被剥离的壁画前面放了一张从哈佛大学拍回来的照片，也有一些出版物把被盗的壁画用电脑拼到整张图上。日本学者秋山光和先生调查对比过被盗部分和现存壁面，发现华尔纳用的化学药水损害了壁画，使壁画发黑。华尔纳在书里冠冕堂皇地说，剥取壁画是为了保护壁画，实际上他破坏了壁画颜料，也破坏了整体画面。

1925年，华尔纳第二次去敦煌，北大派了陈万里先生跟着他，后来说是去监督华尔纳的，但是从陈先生写的《西行日记》看不出是监督。华尔纳的翻译、燕京大学学生王近仁曾参与华尔纳第一次敦煌探险。王近仁见华尔纳这次又准备了大量化学药水和布料，就偷偷跑到燕京大学历史系主任洪业家里报告。洪业告诉了教育部，教育部通知了甘肃的地方官。华尔纳探险队的先头部队到敦煌后，早已得知消息的当地军民，天天跟着探险队，不让探险队动壁画一分一毫。探险队看出端倪，通知华尔纳敦煌有危险，不要过来。华尔纳第二次没能进莫高窟，转头去了榆林窟，后来写了一本小书《万佛峡：一个九世纪石窟佛教壁画的研究》，其实是一篇长文。这篇长文在《在中国漫长的古道上》中译本有收录。

华尔纳在书中记录了1920年代中期的敦煌，有一定的学术价值。他书中有一张照片可以看到北大像正面的面容。今天在九层楼里看北大像，站在下面往上看，看到的是失真的样子。华尔纳去之前的两年，发生过地震，九层楼被震塌了，他拍到了这张裸露佛像头部的珍贵照片。我原以为华尔纳是爬到树上照的，后来有一次我站在宕泉对面岸上的位置拍了一张照片，视角和华尔纳的非常相近，我觉得他应该是在那里拍的。2004年，我在给英国图书馆丝绸之路展图录写文章的时候，主编魏泓联系到华尔纳的后人，获得了这张照片的版权，放在展览图录我的文章里。

华尔纳拿走的第328窟供养菩萨，是敦煌彩塑里最好的一级品，原先是一对，一尊还在洞窟里，一尊被华尔纳拿走了。他还拿走一些佛像、经卷、画幡。1920年代华尔纳还能得到这么好的东西，可见王道士和当时敦煌人家里藏了很多东西。

哈佛大学赛克勒博物馆还有两件比较好的绢画，可能是王道士或敦煌的地方官早期送给达官显贵的。当时有很多被发配往新疆的官员路过敦煌，敦煌当地官员遇到这些被贬的官员，会请客送礼，这些官员有的很快回京，官复原职，就是京中说得上话的人了，所以敦煌官员会送最好的东西给他们。其中一幅十二面六臂观音经变画，有宋雍熙二年（985）纪年题记。还有一幅弥勒说法图，后晋天福十年（945）绘。这两幅绢画是1943年温索浦（Grenville L.

Winthrop）捐赠给哈佛大学的，都有单篇的研究著作和整体的记录。绢画在藏经洞里与外界空气隔绝，过了一千多年，颜色仍然保持较好，而莫高窟壁画的颜色氧化失真了。我们研究敦煌壁画的色彩，要多看这种颜色保持较好的绢画。这些画可能是藏经洞最先拿出来的文物，很早就流散出来了。据斯坦因考古报告记载，好多绢画放在藏经洞的上层。由于王道士不懂得文物的学术价值，他挑东西，主要挑书法好的卷子。书法写得最好的往往是普通佛经，最没有学术价值。而斯坦因、伯希和专挑非佛教文献、胡语文献、绢画，他们拿走的学术价值高的文书，恰恰是王道士不要的，这是当时中国文化界的悲惨之处。

到哈佛，我顺便去了波士顿美术馆（The Museum of Fine Arts，Boston）。这里的收藏品，我最关注的其实是两块粟特石棺屏风。这套石棺早在1920年代就流散出去了，不同部分散在多个收藏单位，有两块石屏在法国吉美博物馆，两个门阙在德国科隆美术馆（Art Museum of the Archbishopric Cologne），底座在美国弗利尔美术馆（The Freer Gallery of Art），底座前档在大都会博物馆。现在做研究的学者需要先测量这些部件的尺寸，然后在电脑里按照尺寸重新拼合。

这里收藏着一幅敦煌藏经洞出土宋开宝八年（975）观音经变绢画（图10-3），是端方旧藏。端方是清末大收藏家，曾任两江总督，我在讲德国藏品时说到，端方在出洋期间拓了《且渠安周造祠功德碑》。这幅绢画的两侧有端方幕僚王瓘的题记："宋灵修寺开宝八年观音画像，光绪二十五年（1899）出敦煌千佛洞，严金清自兰州寄赠。""匋斋尚书永充供养，光绪三十三年（1907）元旦清信士王瓘敬书。"王瓘是清末篆书大家，端方的幕府里养了很多这样的文人墨客。严金清是当时任职甘肃的官员，他将这幅绢画送给了端方。这幅绢画有两个时间节点，一是宋开宝八年供养的题记，这个时间接近藏经洞封藏的年代；二是王瓘在光绪三十三年元旦的题记，斯坦因是1907年3月到了敦煌，而这幅画在斯坦因之前落入端方手中。因为这两个时间节点，这幅画对于推估藏经洞原来的情况有重要意义。绢画保存完整，经过辗转收藏，至今颜色鲜艳，是敦煌藏经洞的精品。这幅绢画的黑白照片最早发表在1918年上海有正书局

图10-3　波士顿美术馆藏北宋观音像绢画（端方旧藏）

出版的《中国名画》第九集。1924年，罗福苌把绢画下面的《敦煌灵修寺尼戒净画观音菩萨像记》录入其所编《沙州文录补》。1929年8月11日出版的《艺林旬刊》第59期，也发表了带王璀题记的照片。我为了收集敦煌吐鲁番资料，曾把民国时期可能与敦煌吐鲁番相关的杂志翻过一遍，特别是书法杂志，里面有很多珍贵资料。《艺林旬刊》是金城办的中国画学研究会的杂志，发表了很多敦煌相关的东西。我过去在北大图书馆看《艺林旬刊》，要看哪一页，只能看那一页，不让翻页，怕一翻给弄坏了，后来史树青先生通过天津美术出版社影印了《艺林旬刊》，我买了一本，翻起来就方便了。这幅绢画因为是散藏敦煌文物中最早流散出来的，所以在敦煌文物流传史上值得特别关注。第九讲最后我提到德国巴伐利亚州立图书馆藏有一件咸亨四年（673）《金刚般若波罗蜜经》，也是端方旧藏，与这件绢画很可能都出自严金清之手。

我也有机会在1996年12月15日和1997年1月31日两次走访纽约大都会博物馆，这里的中国馆以山西广胜寺元代壁画最为知名，整幅壁画镶在中国馆展厅的一面墙上，还有云冈的石雕佛像、龙门宾阳洞皇帝礼佛图。该馆收藏品有一些小幅的德国探险队所获克孜尔壁画，有一组腰带，由和田玉做成，据说来自克孜尔或新疆某地，有九片上刻吹弹乐人，一片长方形的刻舞者，作胡旋状，均极佳。还有特灵克勒的于阗、丹丹乌里克的收集品。特灵克勒探险队后来由于缺乏资金，出售了部分所得文物，大部分文物在德国不莱梅海外博物馆，有一批被纽约大都会博物馆、东京大学等几个机构购买。我们"重聚高昌宝藏"项目有一个成员在大都会博物馆东方部工作，她带我到库房里看了这些文物，大多是小件艺术品，其中有一件是曹元忠时期雕印的观世音菩萨像。这种单板的印刷品，敦煌有很多，有真有假，这件应该是真的。

普林斯顿大学收藏的敦煌吐鲁番文书

在普林斯顿大学葛斯德图书馆（Gest Library），我有比较重要的收获。1997年1月，我去普林斯顿大学拜访余英时先生，7日那天去了葛斯德图书馆，调查敦煌吐鲁番文书，馆员何义壮（Martin Heijdra）接待，我要看的材料已经摆好，陆扬也一起来看。我很早就从葛斯德图书馆的馆刊上得知，馆内有一批敦煌吐鲁番文书残片。我走访葛斯德图书馆之后，陈国灿先生写了一篇文章《美国普林斯顿所藏几件吐鲁番出土文书跋》。此后，我的一个学生、任教于中山大学的姚崇新曾前往调查，拍了一些照片给我。2010年，我的学生陈怀宇去普林斯顿读博士时，给这批敦煌吐鲁番文书编了一个目录，208页，每个卷子都有图，实际上是葛斯德图书馆把文书放到网上之前，让陈怀宇发在他们自己的期刊《东亚图书馆馆刊》（*East Asian Library Journal*, 14/2, 2010）上。所以这项工作是接力式的，1997年我的调查是第一步。

普林斯顿收藏的这批文书从哪里来的？大部分是张大千卖给罗寄梅，罗寄梅的太太又卖给普林斯顿大学的。罗寄梅曾任中央社摄影部主任，1940年代受常书鸿邀请，给莫高窟拍摄了大量照片。这批照片后来也放在普林斯顿大学，供学者研究，版权属于罗太太。我在普林斯顿时把这套照片翻看过一遍，罗寄梅的照片比斯坦因、伯希和的照片细致得多，有很多局部图，可以清楚地看到画中人物的服饰头冠。最近敦煌研究院赵声良先生帮普林斯顿整理出版了这套照片，一共九大本。

张大千1941年5月到敦煌，临摹历代壁画，为莫高窟重新编号，并获得了一批文物。后来张大千来不及临摹，就从青海黄南县请了五个喇嘛来帮忙，喇嘛先勾白描底，张大千上色。所以看张大千的敦煌临摹画，要分哪些是张大千画的，哪些是喇嘛画的。张大千又邀请了好友谢稚柳和学生刘力上、萧建初来敦煌帮忙，共同临摹壁画，编号做记录。1955年，大陆出版了谢稚柳的敦煌石窟记录《敦煌艺术叙录》。张大千的记录1990年代才出版，很多内容和谢稚柳的一样，台湾学者在序里说谢稚柳抄袭张大千，实际他们是关系很好的朋友，一起看壁画，一起记录，你一句我一句，没有谁抄谁。张大千对敦煌也有破坏，为了看唐朝的壁画，他揭掉了一些画在外层的西夏时期的壁画。北京大学搞文物考古的向达先生为此和张大千产生冲突，发动了一次驱逐张大千的行动。中央政府给兰州政府发电让张大千离开，他于1943年6月离开了敦煌。

张大千在敦煌待了两年多，收集了大量文献。过去我们以为张大千只有

图 10-4　葛斯德图书馆藏唐开元二十三年（735）告身

敦煌文书，后来在葛斯德图书馆里看到了一二十件有张大千印章的吐鲁番文书，应当是张大千从文物商贩那里买来，后转卖给罗寄梅夫妇的，这个量在吐鲁番收集品里算一个小有规模的藏品了。这些敦煌、吐鲁番文书是艾礼德先生（John B. Elliott）从罗家购买后捐给普大的。我从罗太太处买了一批文书照片，非常贵，后来在我开的吐鲁番文书读书班上，按照专业把照片分给学生做研究。比如学考古的学生王璞，我就给她衣物疏的照片，这是一件高昌郡时期的衣物疏。我们知道高昌郡时期墓葬里带衣物疏的很少，这件很有研究价值。她完成的《普林斯顿大学葛斯德图书馆藏高昌郡时代缺名衣物疏考》一文，发表在《吐鲁番学研究》2009 年第 2 期。

有一件《唐西州高昌县下武城城牒为贼至泥岭事》，是高昌县发给下面的武城的令，我在 2020 年给《祝总斌先生九十华诞颂寿论文集》写的《新见唐代于阗地方军镇的官文书》一文中用过这件文书。文书只剩七行，后半截残缺，文中说探人即唐朝的侦察兵在吐鲁番北面的鹰娑地方，也就是对敌前沿地带巡查侦探敌人的情况。这份文书短短七行，却写得很有画面感。又有一件《天宝八载天山县鹳鹆仓牒》。天山县在今托克逊县，是从吐鲁番盆地去南疆要经过的一个县，此地在史籍里没什么记载，所以这些记载当地官府运作的文书显得

非常珍贵。北大历史系做吴简的凌文超同学撰写了《普林斯顿大学葛斯德图书馆藏两件天山县鸜鹆仓牒考释》一文，也发表在《吐鲁番学研究》2009年第2期。还有一些文书断片可以整理出一个告身（图10-4）。告身是授官凭证，发布日期以及官位的部分会钤上排印，排印覆盖每一个字，以防修改授官日期或官位。这组断片中间第二条写了"开元廿三年十二月十四日"，后边几片里写有唐朝中书、门下、尚书省的官员的列名，都是大官人，有的名字见于史籍记载。拼合后的录文，收入我和史睿主编的《吐鲁番出土文献散录》下册，2021年中华书局出版。

断片最多的是一组经义策问卷（图10-5），是唐朝学生写的作业，学生写好一题答案，空出一块留给老师写评语。细笔字迹是学生写的，粗笔字迹如"对""通""注虽得，错处大多"等是老师的评语。这组文书有十几件，内容涉及《论语》《孝经》《尚书》等唐朝学生学习的典籍。这些文书被废弃后，家庭主妇废物利用，做成鞋底或鞋面，做葬具用品。其实它们对于研究唐朝的教育史，是很生动的材料。比如说写篇唐代教育史、中国教育史的文章，把它作为插图，是很有说服力的。中国国家图书馆的刘波老师写过一篇文章《普林斯顿大学藏吐鲁番文书唐写本经义策残卷之整理与研究》，发表在《文献》2011年

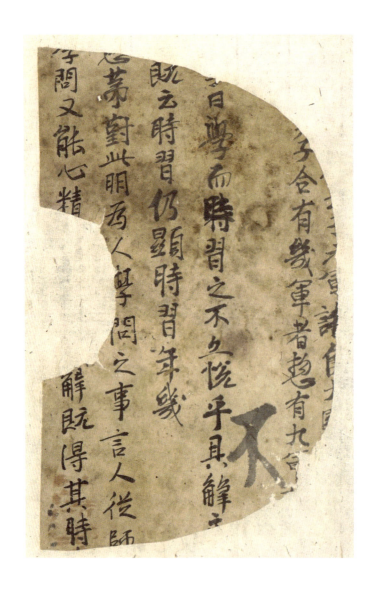

第3期，对此做了研究。

这些材料现已在IDP上网，有彩色照片，我去普林斯顿的时候，资料还没有上网。我当时买了一些文书的照片，罗太太说家里还有文书，后来陈怀宇编目的时候，把罗太太家的文书也一起发表了。如今普林斯顿收藏敦煌吐鲁番文书目录和照片都已公布，可以成组地来做研究。

1月8日，我到葛斯德图书馆继续看文书，并代李际宁核对碛砂藏，与北图藏本多有不同。普林斯顿大学收藏品里，有一部分是张大千在莫高窟北区发掘所得。他自己说是顺手捡的，实际上他做过发掘，我在《从羽田亨纪念馆到杏雨书屋》中讲《张君义勋告》时说过原委。莫高窟北区有僧众生活的僧房窟、修行的禅窟、仓储的廪窟、埋人的瘗窟。上层的瘗窟有许多随葬品，比如《张君义勋告》就是张君义的随葬品。彭金章老师从武汉大学调到敦煌研究院后，把莫高窟北区的洞窟全部做了考古发掘，清理到生土层，发现了大量西夏、元时期的文书，有回鹘文的、西夏文的、藏文的、汉文的，数量多到八开的图录可以印成好几卷。瘗窟随葬品的年代更早一些，其中发现了写有李轨大凉政权年号的衣物疏，隋末唐初的，非常珍贵。北区最北端的第464、465窟，有上下三层，其顶层在元代是个印回鹘文经典的印刷所，后来顶层坍塌，文书和木活字塌到了中层。斯坦因、伯希和对其做过比较粗浅的挖掘，伯希和拿走了一百多个木活字，现在收藏在吉美博物馆。张大千在敦煌两年多，虽然不是考古学家，但不时去发掘点东西。这些汉语文书、回鹘语文书还有很多世俗文书上有张大千的印章，可以肯定是张大千得来的。比如有元代回鹘文佛教典籍，里面夹杂了很多汉语（图10-6），回鹘人译经时，翻不动的专有名词就直接保留汉语；还有带插图的回鹘文印本，文书和托裱纸上都有张大千的印章。大阪大学的松井太、新疆大学的阿依达尔老师做过相关的研究。

这里收藏有一件敦煌写经，是《摩诃般若波罗蜜经》卷第十。有个麻布经帙，材质比较差，写有"第十一帙"，钤有"瓜沙州大王印"，或者叫"瓜沙州大经印"，有两个读法，可以确定是敦煌的经帙，与敦煌研究院藏的两个麻布经帙非常相似，我在《敦煌藏经洞的性质及其封闭原因》一文脚注里提到这两个经帙。

这两天我还去了普林斯顿大学美术馆，保管员 Cary Liu 接待我。这里也有一些收藏，有一些辽代文物非常好。我看了其收藏的索紞写本《道德经》（图10-7），这件写本的真伪是敦煌学界的一桩公案，有很大争议。文书上有"德化李氏凡将阁珍藏"印章，有黄宾虹和叶恭绰的题记，原为香港收藏家张虹寄传庵所有。写卷在张虹手中时，叶恭绰告诉饶宗颐，张虹手中有一件好东西，你去研究研究。饶先生写了一篇长文，发表在香港大学的《东方文化》杂志，这也是饶先生第一篇研究敦煌写本的文章。我在调查李盛铎收集品时，看到周

图10-6 葛斯德
图书馆藏莫高窟北
区出土回鹘文写本

珏良先生在一篇文章里写道："当时天津有一陈某，听说是李木斋（盛铎）的外甥，见过李氏所藏的敦煌卷子。他精于书法，所以造了不少假东西卖钱。我曾见过一卷近一丈长的仿隋人写经，若不仔细看，几可乱真。……现在流传到海外的所谓索紞写本《道德经》，从字迹上看来，也很可能出自此君之手。"陈某名益安，我在《李盛铎藏敦煌写卷的真与伪》一文中引用了周先生的这段记述。饶先生看到文章后将信将疑，后来他没把考证《道德经》的文章收到自己的敦煌论文集里。

索紞写本《道德经》文末题"建衡二年庚寅五月五日燉煌郡索紞写已"。

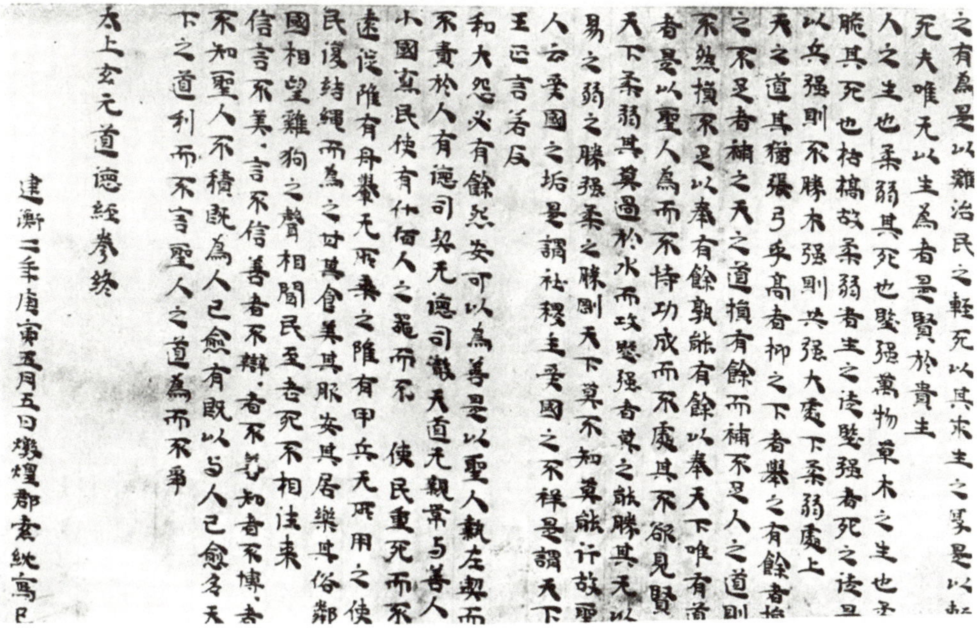

图 10-7　普林斯顿大学美术馆藏索紞写本《道德经》

建衡是三国孙吴的年号，比现存所有敦煌卷子的纪年都早。普林斯顿大学买下后，牟复礼（Frederick Mote）教授发表了一篇文章：The Oldest Chinese Book at Princeton。但学界对它的真伪有很多看法，它有两个可疑的地方，一是建衡二年的落款，敦煌在三国时属于曹魏，敦煌的索紞却用孙吴的年号，显得不合常理。二是文中写了"太上玄元道德经"，《老子》最开始被列为子书，进入道教，被称为《道德经》要晚一点，被拜成《太上玄元道德经》则晚至唐代，与建衡二年时间不符。所以我不相信这件是真的，依周珏良文中所怀疑的，这件应是陈益安造的。也有人认为这件是真的，有一位研究汉简的美国学者提出，索紞写本《道德经》的注和马王堆出土《老子》的注很像，这个注不见于别处。现在据说普林斯顿大学把这件卖了，真卖假卖，我没核对过。关于这个卷子，有各种观点，我都列在这里。

普林斯顿之后，我回纽黑文不久，就再次南下，1997年1月21日，在宾夕法尼亚大学访问的北大老同学水涛带我看了宾大艺术系图书馆和博物馆，博物馆里有柏孜克里克千佛洞和克孜尔千佛洞壁画残片四件，据说也是勒柯克出售的。22日，在宾大读博士学位的北大师弟杨继东开车，带我和水涛去华盛顿，走访美国国会图书馆（Library of Congress）。过去王重民先生在那里帮忙编善本书目录时，著录过五卷敦煌卷子，有《妙法莲华经》卷二、卷七，《大般若波罗蜜多经》卷二四七、卷二六六，《胜天王般若波罗蜜经》卷四。葛斯德图书馆馆长、普林斯顿大学国际中文善本书书目编撰项目总编艾思仁（James Sören Edgren）先生告诉我，美国国会图书馆后来又陆续入藏了一些敦煌文献。我得知消息，去往美国国会图书馆。接待我的是一位华人模样的老先生，见了我开玩笑地说："你来找敦煌卷子，敦煌卷子都给斯坦因偷到伦敦去了，我们这哪有？"其实他们是有一些的，那次给我看了几件。2005年，李孝聪先生受美国国会图书馆邀请去编纂馆藏中文古地图，我托他打听已知敦煌文书之外有没有其他卷子。他找到当时中文部主任居蜜（Mi Chu Wiens），居蜜把一整套照片给了我。其中一件是1919年入藏，两件1953年入藏，一个是北魏的，一个是唐朝的。早年入藏的一件后面有罗惇曧民国四年（1915）的题跋，称此卷曾"移置故陕甘总督左宗棠祠堂，宣统二年（1910）教育部请陕甘总督运至京师"（图10-8），值得注意。罗惇曧是广州的收藏家，好多敦煌吐鲁番卷子里有他的跋，比如藤井有邻馆出售的北馆文书、杏雨书屋的素文珍藏里都有。这两件是普通写经，没有太高的文本研究价值，但对于研究敦煌文献流散有一定的意义。

弗利尔美术馆的于阗公主供养画像

华盛顿之行，我们还去了弗利尔美术馆（图10-9）。弗利尔美术馆和赛克勒美术馆是联合体，共同组成美国国立亚洲艺术博物馆。弗利尔美术馆的张子宁（Joseph Chang）和Stephen D. Allee两位先生接待了我，他们给我看了民国初年甘肃官员许承尧旧藏的一件《大般涅槃经》卷三三（图10-10），有"歙许苊父游陇所得"印，首尾完整，为敦煌写卷中的精品。许承尧是安徽人。民国初年安徽人张广建任甘肃督军，拉了一批安徽帮到甘肃当官，这些安徽籍官员手中多少收藏了一些敦煌写卷。许承尧也是张广建的手下，他辞官回安徽后，

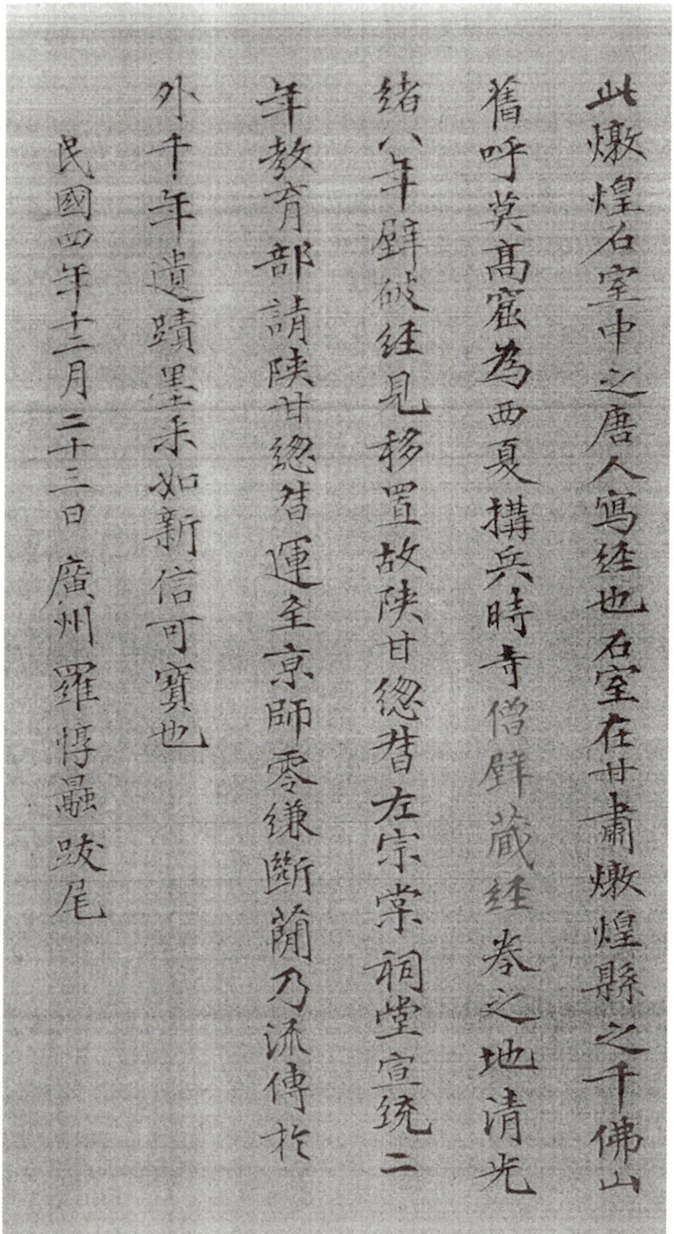

此燉煌石室中之唐人寫經也石室在甘肅燉煌縣之千佛山舊呼莫高窟為西夏攜兵時寺僧辟藏經卷之地清光緒八年辟破經見移置故陝甘總督左宗棠祠堂宣統二年教育部請陝甘總督運至京師零縑斷簡乃流傳於外千年遺蹟墨采如新信可寶也

民國四年十二月二十三日 廣州 羅惇曧跋尾

图10-8　美国国会图书馆藏敦煌写卷题跋

图 10-9　弗利尔美术馆

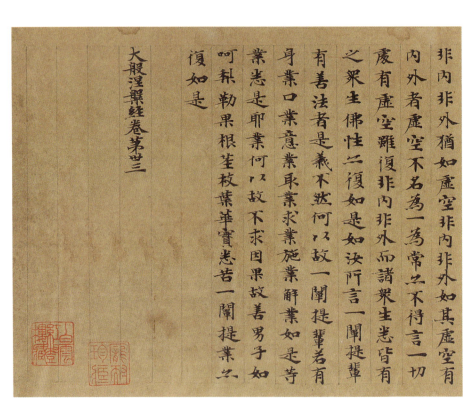

图 10-10　弗利尔美术馆藏《大般涅槃经》卷三三

转而研究乡邦文献，就把敦煌卷子全部出售了。现在安徽博物院有一批很好的敦煌文书，还没有系统地发表过。

弗利尔美术馆还有一件藏川述《十王经》写本，上有翁方纲、杨守敬、端方等人题跋，是从庐山开元寺里流散出去的，不是敦煌藏经洞的，但敦煌也有这个本子，可以对比。我把这个信息告诉了社科院宗教所的张总先生，后来他去弗利尔美术馆把这件《十王经》整理出来，发表在2001年出版的《敦煌吐鲁番研究》第五卷上。

我去弗利尔美术馆，最重要的目的是调查叶昌炽旧藏绢画。叶昌炽是晚清著名金石学家，1902年至1906年任甘肃学政，巡行甘肃各府州县，按试诸生，考核教官，但是他巡行范围不出嘉峪关，没到敦煌县。如果他到了敦煌，以他金石学家的眼光，一眼就能看出藏经洞文献的巨大价值，敦煌宝藏可能不会落入外国人之手。但是话又说回来，伯希和在乌鲁木齐看到一个敦煌卷子，放下原来的目标吐鲁番，直奔敦煌，而中国的知识分子被清朝锁在书房里三百年，缺乏西方考古学者的进取精神。叶昌炽错过藏经洞，一是因为他巡行没到敦煌，另一个原因是敦煌县令汪宗翰给了他错误消息。汪宗翰说敦煌藏经洞里只有几百件，被道士分掉了，没多少东西了。其实这是王道士骗人的话，叶昌炽信了。叶昌炽虽然看到了敦煌写卷，但没有前往敦煌追根问底，当时的中国文人缺少今天考古学家挖到生土层的精神。现代学者，满世界寻找敦煌，一定要尽自己的能力刨根问到底。

叶昌炽的《缘督庐日记》从1870年记到1917年，前后四十八年，其中有关于藏经洞的最早记录，比斯坦因、伯希和的都早。1933年，叶昌炽的学生从原稿辑出十分之四的内容，出版了摘抄本。1990年广陵古籍刻印社出版了全本四十八册影印本，日记中保存了大量清末民初的学术史料。

叶昌炽是学部派来的大官，甘肃当地的官员士绅竞相给他送礼。据《缘督庐日记》记载，1904年9月29日，敦煌县长汪宗翰送叶昌炽一幅宋代绢画《水月观音像》，一部写经。绢画上有乾德六年（968）题记，是宋朝初年的，属于藏经洞晚期的文物。写经三十一页，叶昌炽日记说是梵文，其实叶昌炽不认识梵文，根据目前发现的敦煌梵文写经和于阗文写经都用婆罗谜文所写的情况判断，这件可能是于阗文写经。20世纪初的中国知识分子还不知道于阗文这回事儿，可能将于阗文误认作梵文。这三十一页的写经如今不知所踪，如果发现了，做一个博士论文是可以的。

同年10月13日，敦煌王宗海以同谱之谊送叶昌炽塞外土特产，以及唐人写经两卷、画像一帧，都来自莫高窟藏经洞。叶昌炽收了书画，土特产退了回去。写经一件是《大般若经》卷一○一，现在也不知在哪里，还有一件是《开益经》残经。画像上画了南无地藏菩萨、五道将军、道明和尚，下方有一个妇人拿着花，旁题"故大朝大于阗金玉国天公主李氏供养"。这幅于阗公主供养的《地藏菩萨像》就是我寻找的目标。

叶昌炽晚年将收藏品出售，两幅绢画归浙江吴兴蒋汝藻的传书堂所有。蒋汝藻雇了王国维编藏书目录，王国维看到这两幅绢画，写了两篇跋文，刊于《观堂集林》卷二十。据王国维的跋文，乾德六年画像的题记已有残缺。叶昌炽家里保存条件差，烂掉了，有些字不全，现在记载绢画信息最全的是叶昌炽的日记。1925年，蒋汝藻因实业亏损出售藏书，两幅敦煌绢画流入上海书肆主人金颂清处，1930年被一日本人买走。买画的日本人是谁呢？是山中商会的人。山中商会跟卢芹斋一样，非常值得研究。《水月观音像》早在1957年就在Dietrich Seckel的 *Buddhistische Kunst Ostasiens*（Stuttgart）中发表了，说明是收藏于弗利尔美术馆，《地藏菩萨像》却一直没有踪迹。

我很早就注意到《地藏菩萨像》。我的第一篇学术文章是和张广达先生合写的《关于唐末宋初于阗国的国号、年号及其王家世系问题》，里面讲到了这幅画。当时我们没见过这幅画，是根据《观堂集林》王国维跋文写的。我一直想看到这幅画。我猜测，既然《水月观音像》在弗利尔美术馆，《地藏菩萨像》很可能也在那。1997年终于有机会去弗利尔美术馆了，我把叶昌炽日记、王国维题跋、《兰州学刊》有关金颂清售画的记录，复印了一整套，拿给张子宁看。他不动声色，带我进了库房，先看到了《水月观音像》，有些题记的字烂掉了，不全了，但是整体保护得非常好，颜色非常鲜艳。然后看镶板另一处，《地藏菩萨像》果然也在（图10-11）。入藏档案显示，前者是弗利尔美术馆1930年从纽约购入的，《地藏菩萨像》是1935年购入的。两幅画进入弗利尔的时间不

图 10-11　弗利尔
美术馆藏于阗公主
供养地藏菩萨画像

一样，但是大致的脉络是全的。张子宁说，过去不敢发表《地藏菩萨像》，是因为绢画保存非常好，十分清晰，看过的人不少觉得是假的。

据我考证，《地藏菩萨像》是藏经洞年代最晚的绢画。于阗国叫金玉国是公元982年以后的事，这幅画是公主去世后画的，年代可能更晚。藏经洞于11世纪初封闭，这幅画应当是藏经洞封存之前画成的。我写了一篇《叶昌炽：敦煌学的先行者》，发表在 *IDP NEWS* 第7期，1997年春季号上。*IDP NEWS* 此前都有一个封面人物传记，一期说斯坦因是敦煌的发现者，一期说伯希和是敦煌学的伟大人物。我对主编说，敦煌学的先行者是叶昌炽，于是写了这篇文章，并把《地藏菩萨像》的图片附在文章里，当时弗利尔美术馆给我的是黑白照片，现在网上有彩色图片。

我和于阗金玉国天公主的缘分起于我的第一篇文章。那篇文章从1980年写到1982年，1984年翻译成法语出版，我第一次出国就拿着那篇文章打天下。1997年，我终于见到了这位公主的真容。我在《叶昌炽：敦煌学的先行者》里写道："'公主'安然无恙，色彩如新，使人激动不已。"看到真迹，的确很激动。

最后提一下旧金山亚洲艺术博物馆（Asian Art Museum, San Francisco），我没去过，可以在网上看到它们的馆藏文书。现在各个博物馆都在做馆藏文物电子化，过去窝着藏着的，现在恨不得都推到网络上去。你如果做一些专门课题的研究，在一个个博物馆、图书馆的东方部或中文部搜，很可能搜出新的东西来。当然你得注意名称，比如你如果问馆方有没有敦煌文书，很可能说没有；如果问有没有唐人写经，给你抱出一堆来。旧金山亚洲艺术博物馆有一个《唐人玉屑》册子（图10-12），有王树枬的跋。王树枬前面提过很多次了，他是清朝末年新疆布政使。王树枬收藏了很多好东西，后来这些东西分散到各处，以日本书道博物馆收藏最多，没想到旧金山亚洲艺术博物馆有这么一个册子，大概五页。从前的文人得到文书断片后，裱成一个册子，写上题跋，就成为一个"玩物"，可以作为礼物赠送他人。有些很长的敦煌卷子，被分成了好几片送给不同的人，我们做研究要把这些重新聚到一起。

博物馆网站上的图，有点不够清晰。其中有一个"开元二十一年（733）

某折冲府申西州都督府解"。解是唐朝一种官文书形式，这种形式的官文书非常少，唐长孺先生整理吐鲁番文书都没有分出解来，后来武汉大学刘安志老师非常细心地分出几件解来，结果这儿发现一个非常标准的解。我带了一个博士生包晓悦，她的毕业论文里首先利用这件文书讨论了解这种官文书。

图10-12　旧金山亚洲艺术博物馆藏《唐人玉屑》册子

　　还有一件文书，虽然就这么一小块，但对于我的研究来讲至关重要。为什么？它上面写有"贞元九年二月"。史书记载，贞元年间，吐蕃进攻西域地区，唐朝于贞元五年（789）失去了和西域的联系。吐鲁番盆地究竟何时被吐蕃占领，史书没有记载，只能从考古文物中探寻。我曾在静嘉堂文库找到一件贞元十一年吐鲁番的官文书。吐蕃占领吐鲁番后，不会在官文书中用唐朝年号，所以我推测贞元十一年吐鲁番还没有落入吐蕃统治，或者可能是被吐蕃短暂攻陷后，又被唐军收复了。现在找到了第二件证据，对于我的西州陷蕃年代的说法，是非常重要的支持。所以每一件东西放在学术研究的脉络里，都有其价值，不管是残缺的，还是完整的。

　　美国的敦煌吐鲁番收集品，我认为还有一些东西没有调查出来。我比较关注文献，我对艺术品能够讲出来的名堂不是特别多。赵莉老师对艺术品很有研究，满世界寻找龟兹壁画的碎块，2020年出版了《克孜尔石窟壁画复原研究》。美国收藏的克孜尔壁画，她都调查过。她调查的有一部分，我过过目，但是我无法把它们复原到洞窟壁面上去，那是赵莉老师的工作。每个学者有自己的专业分工，我的目的偏重于文献，顺带看艺术品。但是我只要有机会看到好东西，一定要多看几眼，不失掉任何一个机会。

调查美国的不易之处在于，由于东西发表出来的不多，有时候不知道东西在哪儿，得碰运气。我现在搞敦煌研究算有名了，我在美国的时候有时会接到一个电话，或者收到一封E-mail，说手里有敦煌吐鲁番文物，请我看一下。我最近一次2016年去美国的时候，有个俄亥俄州立大学的老师家住在圣地亚哥，他听说我到了圣地亚哥，告诉我俄亥俄州立大学图书馆有一卷敦煌卷子，原是民国时期中国画学研究会会长金城的旧藏。他特别申请学校拿出卷子，用特快专递送到圣地亚哥他的家里，我在他家里看到了卷子，是一个很长的写经。

敦煌"劫余"录：中国各地藏品拾珍

第十一、十二讲谈谈中国收藏敦煌、吐鲁番文献的调查，大体上第十一讲讲敦煌，第十二讲讲吐鲁番材料，但很多地方既有敦煌写卷，又有吐鲁番文书，有时候就归并到一处来讲了，没有特别严格的区分。

这一讲叫"敦煌'劫余'录：中国各地藏品拾珍"，"劫余"一词出自陈垣先生编的《敦煌劫余录》。藏经洞文献被斯坦因、伯希和洗劫之后，清朝官府用大马车拉回来，又经李盛铎等人监守自盗，最后剩下的归当时的京师图书馆收藏。陈垣在京师图书馆的编目基础上，把比较完整的编成了8679号，在1931年出版，故名曰"敦煌劫余录"。

从京师图书馆到国家图书馆的敦煌收藏

中国国家图书馆是国内收藏敦煌文献最多的地方，也是我调查、阅览敦煌写卷最多的去处，所以先要说说国图藏卷的来龙去脉。

1909年伯希和到北京的时候，告诉清朝官人，藏经洞还有很多写卷堆在那里。罗振玉先生当时是京师大学堂的农科监督，相当于农学院院长，他向清朝官府打报告，说官府若有能力就花钱征调回来，也可以由京师大学堂出钱，如果京师大学堂不出钱，那罗振玉自己出。你看多么了不起，当时北大一个教授可以买半个敦煌藏经洞。最后官府出钱运回来了，钱花得不多，就入藏京师图书馆（后来改名北平图书馆、北京图书馆，今国家图书馆）。馆方把比较完整的卷子编入目录，不完整的留在后面。于是用佛经的目录编排方式——千字文编号。传统的方式是十卷一帙，用一个千字文号，比如十卷《大般若波罗蜜多经》是一个号，六百卷就用六十个千字文；这在《开元释教录·入藏录》中可以查到，"天""地""玄""黄"……就是十卷一个号。当时不知道敦煌藏经洞的卷子具体有多少，对数额估计得很大，所以一个千字文号后面有一百数字编号，一号一件，"天"没敢用，应该与皇帝有关系；当时还是清朝，"玄"也要避讳，另外还有一个"火"字，因为图书馆怕火，所以避灾也没有用。目录编排就是这样从"地"字1，"地"字2，一直到"地"字100，然后换一个字，这样加起来要有将近十万个号，实在是估计得过高了。

1911年从敦煌运回来的写卷入藏京师图书馆后，馆方组织专家对其中八千多号较为完整的写卷进行编目，形成《敦煌石室经卷总目》。1929年，陈垣先生在馆员俞泽箴的协助下，以《敦煌石室经卷总目》为基础，对这批写卷做了分类编排，最终形成8679件敦煌写本的总目录，千字文号编到"位"字79号。此目由陈垣题为"敦煌劫余录"（图11-1），1931年3月作为中研院历史语言研究所专刊第四种出版。

其实就在1929年8月，国立北平图书馆与北平北海图书馆合并重组时，在善本部下设立了写经组，负责敦煌写卷目录的整理编目。写经组以徐森玉先生为组长，徐森玉就是徐伯郊、徐文堪的父亲，我前面几讲提到过他。这个整理小组又编了《敦煌石室写经详目续编》，我在国家图书馆看过这个稿本，一大摞，编得非常到家，已经是完全可以出版的程度，但是由于日本侵华，没有来得及出版。当时敦煌写卷全部装箱，连着稿本和敦煌卷子拉到南方去了，主要藏在几个地方。这部目录续编共编入1192号，前面《敦煌劫余录》的8679号编到"位"字79号，后边还是按照一个千字文跟100号走，排到"推位让国，有虞陶唐。吊民伐罪，周发殷汤"这16个字，但后来这事逐渐被人淡忘。有一次一个人拿出一张小纸条来，上面就写着这16个字，她问我这是什么东西，说是在写经组的敦煌卷子里裹着的。我猜想这就是《劫余录》后边那1192件用的千字文号。但是不好听的字没有用，就是"吊民伐罪"这四个字，就像燕京大学的校训是"德才兼备，体魄健全"，但是在未名湖北面我们只有七个斋，德斋、才斋、均斋、备斋、体斋、健斋、全斋，少一个"魄斋"，谁愿意住在"破斋"呀？所以中国的避讳很有说法。具体编号，是从"位"字后的"让"字开始，到"殷汤"后的"坐朝"，计12个字。这1192号里面有大量的好东西，直到今天都应该注意，只是不断有新材料发表，这里面有些值得注意的材料被大家漏过去了。

在国图善本部，从甘肃运回来的敦煌写卷还有一部分，叫做"三千残片"，其实将近四千，其中有一些也挺大的。写经用大马车从敦煌拉回来，整理完《敦煌石室写经详目续编》，日本人就要进城了，所以这部分

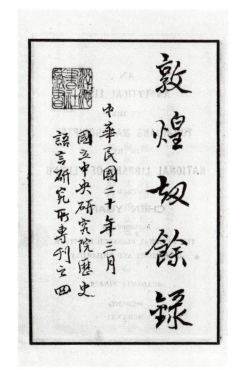

图11-1 《敦煌劫余录》

一直没有打开包裹，最后在国家图书馆搬到白石桥馆区以后才拆开，内部俗称"三千残片"。现在编号是顺着走的，前面8679号，后面1192号，再后边是三千残片。

另外，在1949年以前，或者说1931年以后，从京师图书馆到北平图书馆，再到北京图书馆，都一直从社会上购买流散的敦煌写卷，当然最主要是解放后。我们知道1950年以后镇压了一些汉奸、地主、资本家，就从他们家里一批批拿出来，被公安局移交给文化部，还有一些是文化部购买的。当时文化部的郑振铎先生真是好人，他把这些敦煌写本分类拨给相关的图书馆或博物馆收藏，比如出自湖北人所得的敦煌卷子就拨给湖北博物馆，像《张君义勋告》就拨给了敦煌文物研究所，但大量的都是一批批拨给北京图书馆，大概有将近两千号，用"新"或"临"字编号。

1981年，北京图书馆善本部编了一本《敦煌劫余录续编》（图11-2），非正

图11-2 《敦煌劫余录续编》

式出版物，但当时在琉璃厂有卖的，我买了一本，现在很难买到了。因为当时没有做太多的准备工作，看上去就是善本部工作人员把知道标题的敦煌卷子卡片抄出来，按照笔画顺序排列，比如《一切经音义》就放在前面。从学术上来讲，哪有这么编目录的？所以后来国家图书馆善本部的人不怎么提这本书。其实从学术研究的角度来看，还是有贡献的，因为收录的都是从敦煌藏经洞调运之外的散藏敦煌写本，外界由此知道北图"新"字编号的敦煌写卷的情况。

《敦煌劫余录续编》按写卷标题的笔画顺序排列，共著录1065个号，实际收藏远比这个多，因为没有标题的就省略掉了。其实这些"新"字号的写卷往往是一批批入藏的，其来历有些可以推断出来。我拿到这个目录之后，就把它们抄成卡片，按"新"字号重新排序。后来知道法国的戴仁也重新按照"新"字号做了排序，还写了一篇有关北京图书馆新出目录的书评式文章。重新排序之后，就可以发现前面六百多号，跟罗振玉发表的橘瑞超所获敦煌卷子正好一一对上，没有标题的就省略掉了，这些都是原旅顺博物馆所藏的敦煌卷子。后边有一部分，与董康在《书舶庸谭》中所记录的刘幼云家的卷子顺序一致，中间有缺号，比如"残经一件"，这里就省略了，因为没有定名，无法按照笔画编目。20世纪90年代初，我和当时北图的方广锠、尚林合作，调查旅顺博物馆的大谷文书如何移存到北京图书馆。尚林去国家文化部，复制了一批从文化部移交给北京图书馆的敦煌卷子调拨档案，其中很多都编有目录。这些档案中所附的目录往往可以和"新"字号的目录一一对应，知道每一组原来是哪家的，档案目录有的比《续编》要到位。此外，"新"字号还混入个别日本古写经，如有的写卷后边有藤原皇后题记，是不应当编入敦煌目录的。

"新"字号这一部分，虽然大部分是普通佛经，但其实里面有很好的东西，比如新876《咸通六年（865）正月三日奉处分吴和尚经论录》，就是清点三藏法师法成的藏书目录，这是非常重要的研究法成的文书。还有如今字本《尚书》、史书《春秋后语》、子部《刘子新论》、禅籍《七祖法宝记》等等。

总体来说，现在国家图书馆大概就是这四部分敦煌资料，目前都顺序新编了BD号，对应的情况如下：

第一板块属于《敦煌劫余录》的部分，计8679号，从新编号的BD00001到BD8679号。这些就是北京图书馆最早出售的缩微胶卷部分，敦煌学界对此都很了解，比如《摩尼教经》，一经发表，就不断被研究。但《敦煌劫余录》著录的卷子，很长时间内要看原件还是有困难的，《劫余录》已经著录的重要文献，也不是都被研究了，比如里面就有一件《坛经》，过去没人发现，到80年代缩微胶卷出售以后，才被田中良昭先生翻出来，其实《劫余录》里就写了"背有坛经一卷"，像胡适这么大的人物都没有好好看。这就是《劫余录》部分，现在可以说，有用的材料基本都已经有人做过了。

第二板块是极重要的，就是1192部分，从BD8680到BD9871，很多人没有仔细翻阅过。前面大多是佛经，后面"周"字、"殷"字、"汤"字编号中有很多是世俗文书。像《开元户部格》，1988年北图做过一个展览，陈列了这一件，池田温先生马上写了文章，发表在堀敏一先生的纪念文集上。所以这里面有不少好东西，我觉得到现在也不一定完全研究透了。

第三板块就是"三千残片"部分，从BD9872到BD13775。有一年我上敦煌的课，当时这部分还没出完，北大还没购藏，我找孟宪实帮忙，两个人到中国人民大学国学院图书馆翻了一遍，挑出可以做作业的材料分给大家，但是那一届学生没有形成一批文章。这个目录我最近找到了，其实还有一些东西可以做。比如《楞伽师资记》有四个残片，这么重要的北宗禅灯史，日本那么多人研究，却都没有人做过这些残片。我从文献学的角度写了一篇文章，给刘永翔和严佐之老师祝寿文集供稿。

第四板块就是解放后的"新"字号，从BD13801到BD15984，中间有些空字号是过渡用的，从BD13801开始比较好记，总共有两千多号。其实一直到最近这些年，国图还在买敦煌卷子，将来的编号还会有增加。

当年大马车把敦煌写卷运过来时，中间有很多素纸，这部分被列为第五板块，有很多都是白纸空纸，从BD15997到BD16566，有几百号。最后还有第六板块，就1个号，就是最后买的一个敦煌卷子。所以前面的第一至第四板块，四大部分，做敦煌研究的人要了解其生成过程、发表先后顺序，要对每一件写本都弄清楚学术史之后再下手，找到有用的资料，在前人的工作之后进行研究。我说读书要倒着读，就是这么个道理。

方广锠主编《中国国家图书馆藏敦煌遗书总目录·新旧编号对照卷》，是一部非常好用的新旧编号对照的索引，让读者知道哪个号是属于上面哪一部分的。另外有八大本的《中国国家图书馆藏敦煌遗书总目录·馆藏目录卷》，其实就是《国家图书馆藏敦煌遗书》每册后面的《条记目录》，所以《目录卷》单行本使用率不高。

从文津街到白石桥

原来北京图书馆位于北海旁边的文津街（图11-3），距离北大比较远。我上研究生的时候，都是早晨7点左右骑车出发，走张广达先生教给我的最快的

图11-3 文津街
北京图书馆

满世界寻找敦煌

路线，大概四十多分钟能够骑到北京图书馆。你要占不着座，这一天就白去了。全馆的书都在这儿，大殿两边有两个大阅览室，所有借阅的人都要占这一百来个座儿。左手靠窗户的地方就是敦煌吐鲁番资料中心，在1983年成立的中国敦煌吐鲁番学会的支持下成立，这里是我经常光顾的地方，资料中心的人非常好。我发现德藏吐鲁番文书的老照片就是在这里。资料中心有很多好东西，虽然他们主要买现代敦煌研究的书，但是过去北京图书馆善本部的老照片都存放在他们这里。

这里收藏的是王重民、向达先生拍回来的敦煌和吐鲁番写卷的老照片，我没有仔细地去查号，其实上边标签有编号，有几千张。当时的北京图书馆派王重民去法国编敦煌卷子目录时，给他一份钱，让他拍伯希和所获敦煌写本照片，不是所有都拍，只要有价值的都拍，至少经史子集重要的都拍回来了。当时清华大学是美国资助，他们有钱，也同时给王重民一笔钱，说给北京图书馆拍任何一篇，也同时给清华大学拍一份。后来抗战期间，清华大学往昆明撤离，在长沙逗留的时候，日本炸弹把清华大学的老照片全部炸毁。北大历史系有一位学明史的学生分到清华大学图书馆，我还让他帮忙查找，后来我也去过，花了一整天一张照片都没找到，非常可惜。

这套非常珍贵的照片全部保存在国家图书馆，但很少有人利用。法国国家图书馆藏的敦煌卷子，后来为了保护，都加了丝网膜，写卷翻多了，丝网膜一脱落，照片就不清楚了，特别是那些最有用的卷子，翻的人最多，所以卷子的照片也最不清楚，而这些卷子王重民都拍过。记得有一年周绍良先生说要写《读史编年诗》的文章，让我去国家图书馆对一下老照片，我想偷个懒，就去找徐俊，问这些老照片他有没有对过。他说都对过，我就把这活交给他了。周绍良先生录文中画的缺字空档，徐俊一字不差全给补上了，这些在老照片上非常清楚，但缩微胶卷上看不出是什么字。所以我跟周绍良先生说，徐俊已经校补过了，把校过的本子给了周先生。

当时这些照片用盒子装着，一张张洗成了6cm×10cm大小的照片，我整个翻了一遍。我对这批老照片做过一点点贡献，就是放在最后面的一批德藏的吐鲁番文书。当时馆员们不知道这批照片原始的出处是从哪来的，我说这是德

图11-4 《王重民向达所摄敦煌西域文献照片合集》

国探险队用花体德文做的编号，花体德文的T，写得很像P，所以一些研究者引用时说这是P（伯希和）编号，但后面的写法与伯希和的P编号敦煌写卷根本对不上。敦煌卷子里头，伯希和编号刚开始处有很多《切韵》，这里也有很多，但不是一个地方来的。我后来到了德国柏林，对出了这些老照片所拍文书的新编号，判断没有的就是二战中丢失的。这项发现，为国家图书馆的收藏增添了新的价值，特别是德藏吐鲁番文书有些后来毁掉了，这些照片更加珍贵。国图敦煌吐鲁番资料中心的李德范老师于是编了《王重民向达所摄敦煌西域文献照片合集》30册（图11-4），把王重民、向达拍的这些老照片全部印出来，为学界所用，功德无量。但该书开本不够大，用的不是铜版纸，质量比较一般。这些老照片的价值是多方面的，有些敦煌卷子，掉渣掉了几个字，比如《沙州都督府图经》，现在虽然有一些高清的图片，但还是没有老照片全，所以一个卷子在做录文的时候，应当想到有这么一套书，可以去翻一翻。

　　国家图书馆在文津街的时代，我经常骑车去，但那个时候我是一个研究生，还没有资格去要求看敦煌卷子原件。1988年中国敦煌吐鲁番学会在北京举办会议的时候，在老北图办过一次展览，拿出了包括1192部分的一些重要文书，当时看到池田温先生就在那儿抄，会议结束后又由工作人员从柜子里拿出原件，看看背面是什么情况，然后写了关于开元户部格的文章。我当时没有这个资格，所以展出什么就看什么，比如有一个团头的名簿，修复时将两个残片拼在了一起，纸缝上的印成了长方形。但是唐朝的方印怎么能弄成长方形，肯定是两个卷子拼错了，不过已经裱在修复纸上固定了下来，现在照片也是这样的，因此要留意。

陈垣主持给8679号这一部分编的目录称"敦煌劫余录",说这是英法的"劫余"之物。当时史语所要出版这部书,主事的人说"劫余"不太好,伯希和还是咱们通讯研究员呢,为此专门还做了讨论。但是陈垣坚持要用"劫余",所以由陈寅恪起了个英文名 *An Analytical List of the Tun-huang Manuscripts in the National Library of Peiping*,这就没有"劫余"的意思了。然后由陈寅恪写了序,先在史语所集刊发表,其中说到敦煌是伤心史,学术界一直误读了这个"伤心史"的说法,直到今天。这次我去敦煌开会,记者还在问我说中国的敦煌伤心史是怎么伤心的。我说这是个误读,陈寅恪的原话,前面有"或曰",以前都把这个省略了,直接读作"敦煌者,吾国学术之伤心史也"。"或曰"是什么意思?按照古汉语的意思,就是"有人说"。陈寅恪的意思是,有人说敦煌是伤心史,其实不伤心,试看我们的北平图书馆中还有这么多好东西,所以不必伤心。陈寅恪序的整个写作逻辑是这样的。

后面陈寅恪先生开始举例说明我们都有哪些好东西。《摩尼教残经》是天下第一份,敦煌有四部摩尼教经典,而这是最根本的经典。罗振玉1911年将《摩尼教残经》发表之后,沙畹(Ed. Chavannes)和伯希和放掉手边的所有工作,投入这件写本的研究,写了一篇长文,第一部分是"Un traité manichéen retrouvé en Chine",直译过来是"中国发现的摩尼教文献",发表在1911年的《亚洲学报》(*Journal Asiatique*)的499页到617页,这其实是一本书。他们考证这个《残经》很可能是摩尼的第二代或者第三代大法师写的著作,所以是摩尼教的根本经典。现在德国学者仍然用沙畹与伯希和译的这个卷子作为母本,把吐鲁番发现的小断片,包括中古波斯文的、帕提亚文的、粟特文的,用这个架构往上贴。摩尼教法师的翻译高手,写的是"摩尼光佛"的字样,但是其表示的是摩尼教"明尊"的概念,实际上都是摩尼教的内容。"佛"在此就是"god",对应到中古波斯语,不是佛教的佛陀,而是"神"的意思,只是借用了中文的术语而已。就像基督教采用"上帝"一词,借助了中国古代文献,不是自己造出来的,是借用了中国原有的术语来表示基督教的概念。对此,沙畹、伯希和举了一大堆例子来说明。冯承钧翻译的《摩尼教流行中国考》,实际上只是这篇文章的第二部分,第一部分还没有人做过汉译。

陈寅恪又提到《姓氏录》。这件学界讨论的很多，尤其研究隋唐史的学人，讲到《贞观氏族志》的编纂，就要讨论到这件到底是《贞观氏族志》，还是民间婚姻用的抄本，有很多争论。

此外，寅恪先生还说到《佛说禅门经》《马鸣菩萨圆明论》这样的禅宗典籍，以及《佛本行集经演义》(《太子成道经》)、《维摩诘经菩萨品演义》(《维摩诘经讲经文》)、《八相成道变》《地狱变》(《目连变文》) 等。当时还不知道变文或者讲经文这个概念，都叫"演义"，以为就是散韵相间的小说，我这里每篇后面括注的是现在的命名。又提到《佛说孝顺子修行成佛经》《首罗比丘见月光童子经》，这都是疑伪经，中国和尚编造的经。《首罗比丘见月光童子经》最重要，讲中国的末世论，许理和写过一篇名为《月光童子：中古中国早期佛教中的弥赛亚主义与末世论》的文章，现在孙英刚等年轻学者还在津津乐道这个话题。然后是一些颂赞文，如《维摩诘经颂》《唐睿宗玄宗赞文》。

还有西天求法记，如《大周广顺八年西川善兴寺道宗西天取经记》，陈寅恪连这些很小的材料都注意到了。后面他还写到《辛酉年二月九日僧法成便物历》，但我觉得这条反倒是错的，这里的法成绝对不是吐蕃高僧三藏法师法成。他发挥了一番，但其实这两个法成肯定不是一个人。法成这么大一个三藏法师，还用自己取麦子？随便命令一个人去收点麦子就行了。

其实，当时没多少旁证材料可以发挥，所以陈寅恪是会写文章的，当时能够找到的最好的材料几乎都被他这篇文章点出来了，我觉得陈寅恪是拿着目录核对过原件的。我给他的这篇《敦煌劫余录序》做了一个详细的注本（见《中西学术名篇精读·陈寅恪卷》，中西书局，2014年，第34—74页），我下了很大功夫，把陈寅恪说的每一个卷子都核对过，力图找出他提到的文献指的可能是哪一个或者哪几个号，因为他当时没有给号码。另外，我把每种文献的后续研究和学术史都捋了一遍。陈寅恪真是了不起，写了这些提要，来壮我们中国学术的声势，说我们不用伤心，我们还有这么多好东西。但其实北图所得，90%都是劫余的佛经，所以虽然陈寅恪说的没有错，陈垣也没有错。我有时候发一点感慨，说伤心的是，好多材料陈寅恪已经提醒了，但后来不是中国人做的，实际上是日本学者或许理和做的。陈寅恪后来也不做了，他点到为止，就像"玩"学问一样。像法成,他从开始就注意到这个重要人物,他完全有能力写出来,但真正地像西方研究胡语文献那样的文章,他没有,全是点到为止。

不能不说陈寅恪读书真是了不起,像个书虫子一样到处钻。《新唐书·艺文志》著录一部《禅源诸诠集都序》,他在自己的书上眉批"敦煌本"仨字。敦煌本到现在只有一本,在南京的中央图书馆。陈寅恪是清华大学教授,中央研究院的研究员,所以他开院士会议或者中央研究院会议的时候,到中央图书馆把那里的敦煌卷子看了一遍。虽只是点到为止,但他是最早注意这个卷子的人。

我们再谈谈许国霖的《敦煌石室写经题记与敦煌杂录》。许国霖是当时北平图书馆写经组的一个组员,他偷偷开小灶,把写经题记和杂文书,包括契约、变文、赞文这些成篇的东西抄出来,编成这本书。他抄了一些"周"字号、"殷"字号里的东西,我们过去在《敦煌劫余录》和缩微胶卷里找不到这些千字文号,这就说明他当时抄了后边的1192号部分,但是1192号部分的图像资料一直没有发表过,我们只有他"一家之言"。后来我做归义军史研究,许多材料就是从他这本书里来的,比如敦煌张修造出使西州回鹘时订立的契约,他抄了两份,没有好好校,所以错误较多,但是很多东西,是之前没有看到过的。当时我们都看不到这个原卷,后来才有了机会。

1987年,国家图书馆的主体,包括善本部,搬到白石桥(图11-5),离北大很近。搬来之后,他们正在编敦煌目录。那时给我一个特别好的机会,当时国家图书馆善本部的人跟我非常熟,《敦煌劫余录》著录部分和"新"字号部分在书库里,1192和"三千残片"部分放在善本部主任办公室对面一个很大的屋子里,比中古史中心的教室还大,有一面墙全是保险柜。一些老先生编完《中华大藏经》,就帮忙比定敦煌这些残经,编写目录。敦煌写经残卷,很多比定实际是编《中华藏》的这些老先生们做的。他们佛学功底非常好,任继愈先生请他们来编《中华大藏经》,编完之后,再编《中华续藏》,同时也编敦煌的写本。那时候还没有CBETA(Chinese Buddhist Electronic Text Association,中华电子佛典协会),所以比定很见功力。当时为了方便取阅,敦煌卷子就全部搁在这个屋子的保险柜里,我被允许从保险柜这头一直翻到那头。我快速地过

所有的1192和"三千残片"部分的文书。其实我当时抄了很多可以做研究的东西，但是人家还没发表，除非事先特别申请，我都没有写文章。

我写了一条有关《大唐开元礼》写本的札记，这对中国学者太重要了。此前一直争论《大唐开元礼》到底行用还是没行用过，直到我们找到这个敦煌的《大唐开元礼》，确定是行用过的。后来《大谷文书集成》也发表了两个《大唐开元礼》的断片，说明不仅敦煌有，吐鲁番也有。我以所写的札记为基础，在日本做了讲演，发表在《东洋学报》上（《唐写本中の〈唐律〉〈唐礼〉及びその他》），后来又出了增订本。刘安志接着写了文章，最近吴丽娱先生还在讨论，主要讨论这些残片的卷次问题。总之，这件《大唐开元礼》是非常规整的唐代精抄本，是皇帝进供物的部分，内容跟敦煌八竿子打不着，完全是长安发生的事儿，但却作为一个礼书带到敦煌，或者是官府用，或者是私人用。虽然只有残片，但是证明这一卷，甚至这一部《大唐开元礼》传到了敦煌。

另外一件我写了札记的文书在《敦煌杂录》里已经录了，刘俊文先生做《敦煌吐鲁番唐代法制文书考释》时说这是一个"格"，程喜霖称之为"唐惩罚司烽火人烽健儿令"，都把它当作法令文书。但是我当时一看原件（图11-6）就知道这不是格或令，格、令哪能用行草体写得这么杂乱！刘俊文说他看过原件，但录文转行都不对，显然没有看过。这应当是牒状类的文书，内容上是一些有关烽堠的规定性的东西。所以像这种关键性的文书，有机会还是要看原件。

"三千残片"部分，有的可能在藏经洞内的时候是一件文书，可能是人为的撕裂，很多卷子变成东一块西一块的样子。像《楞伽师资记》，我对出来三片很小的残片，原本应当是同一件写本，相互间距离不远。这些残片要是有一个母本在，你就可以贴回去，当然有电子本就更好找。

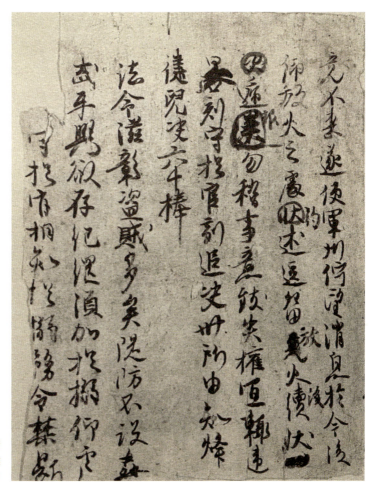

图11-6　所谓《唐惩罚司烽火人烽健儿令》（BD09330）

国图藏"劫余"之外的浏览

"新"字号里头，我不是一卷一卷拿出来过目，因为需要库房的人拿上来，不能在我看卷子的大屋子里阅览，要走正规的借阅程序，还必须到阅览室去看。但我还是看了一些，一个是按照《敦煌劫余录续编》，找它提到的一些未见过的写卷或有特别题记的卷子去看，但是《续编》里面信息很少，古人题记有时候抄，今人题记基本都不抄，有时候记一下有谁的题跋。善本部原来的副主任李际宁老师非常好，他也在我的吐鲁番碑刻读书班里，他有时候看到一个觉得我可能有兴趣的号，就告诉我，我们就提出来看一下。下面举几个例子。

BD13607《阿毗达磨俱舍论实义疏》卷三是一卷好东西（图11-7），很长，纸非常薄，是一个完整的卷子，看字体不是藏经洞出的，应当来自莫高窟北区。我没有研究过这个卷子，之所以去看它，实际上是1990年去日本之前，吉田丰给我写了封信，要我去北京图书馆看一下这个卷子，抄一下前面几行和最后几行。他的同事神户市外国语大学庄垣内正弘教授写了三卷本的古代回鹘文《阿毗达磨俱舍论实义疏》卷一和卷四（英藏Or.8212-75A/B号）的研究，这两件回鹘文长卷是斯坦因从敦煌莫高窟获得的北区文物。这里面回鹘文的笔迹写得很细，翻不动的地方直接写汉语，所以肯定是元代的。这是一个非常长的全本，庄垣内写完专著之后，发现《敦煌劫余录续编》居然著录有同一种书的汉文本卷三，但不知道是同名的书，还是属于同一种书。所以说每一个目录出来，高手都在读。英藏的只有回鹘文，没有汉文的；国图的只有汉文，没有回鹘文的；两者不同卷，但里面的词汇许多是一样的，我就去帮他抄了几行，他可以确定两本原属同一种书。后来方广锠先生知道这个的价值，在1995年12月出版的《藏外佛教文献》第一卷中把卷子全部录出来，这对佛教研究是非常重要的。

BD15369是《佛为心王菩萨说头陀经》（图11-8），这是一个疑伪经，过去P.2052有它的残本。这个疑伪经和粟特语的一件佛经写本有关。1931年，赖歇尔特（H. Reichelt）把英国图书馆所藏Or.8212-160号敦煌的粟特文佛典发表了，

满世界寻找敦煌

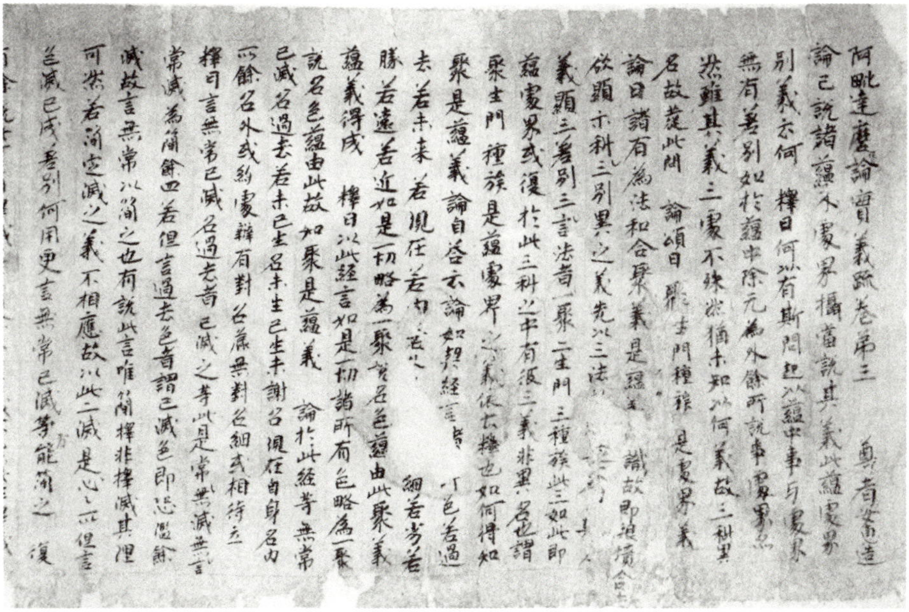

图11-7 《阿毗达磨俱舍论实义疏》卷三（BD13607）

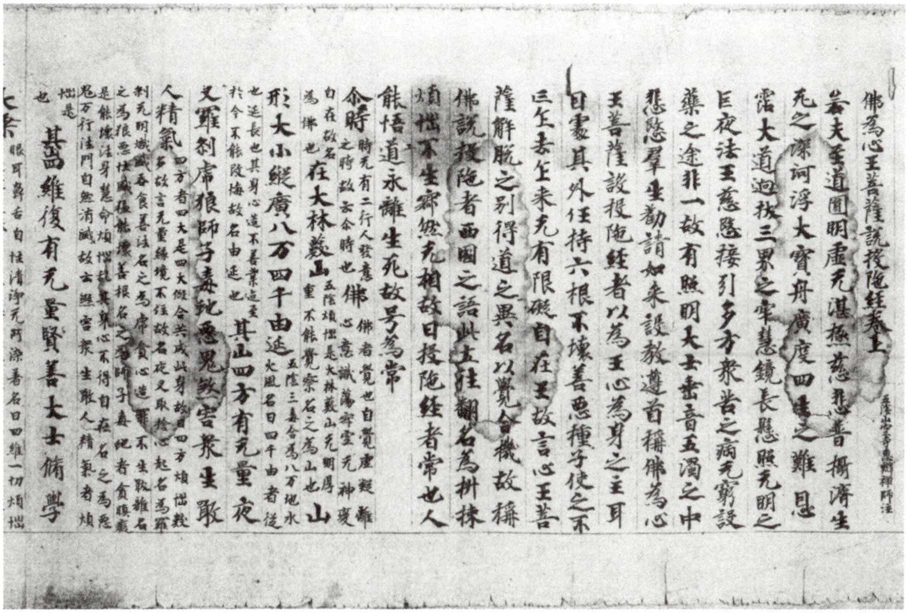

图11-8 《佛为心王菩萨说头陀经》（BD15369）

但没对出汉文原典，就叫Dhūta Sutra。Dhūta就是"头陀"的意思，讲苦行的。当时法国的粟特语专家邦旺尼斯特（E. Benveniste）问佛教学家戴密微这是什么经，戴密微看了粟特文的德文、法文的翻译，说这是伯希和从敦煌拿来的一个汉文佛典现存文字之外的部分。这句话放了几十年，90年代方广锠在国家图书馆和天津艺术博物馆找到这部经的全本，他带着这个写本到日本，在花园大学开的读书班里介绍并会读。那时候花园大学的伊吹敦先生为了研究禅学，在吉田豊的帮助下，把粟特文本译成日文。因为这个粟特文本是很长的长卷，麦肯吉（D. N. MacKenzie）把它全部英译出来。方广锠发表全本的时候，不知道粟特研究的背景。这个卷子对粟特文佛典更重要，很多不确定的粟特词汇，还有阴性阳性这些东西都可以拿汉文本对出来。1996年我在柏林，告诉粟特语专家宗德曼先生粟特语Dhūta Sutra（《头陀经》）已经找到了汉文全本，他说吉田豊正在做。吉田的文章1996年投稿给《亚洲研究所集刊》，1998年发表出来，速度非常快，但是只发表了文章的第一部分，到现在也没有见到第二部分发表。这个汉文本对粟特语研究非常重要，这件《头陀经》是疑伪经，相当于地地道道的汉语词汇译成了粟特语，所以一些不确定的粟特语词义可以通过这个卷子确定。后来《藏外佛教文献》第一卷发表了《佛为心王菩萨说头陀经》全本，以北图新1569（BD15369）为底本，校以S.2474、P.2052、三井文库藏本、天津艺术博物馆藏本、伊吹敦日译的粟特文本，这项工作对粟特语佛典的研究有很大推进作用。

还有一个例子，就是刘幼云家的《刘子新论》，其实就在新字号里，现在编号是BD14488。1988年上海书店出版林其锬、陈凤金两位先生合著的《敦煌遗书刘子残卷集录》，他们使用了一个北京图书馆藏的傅增湘原藏的一个《刘子》刻本，上面有据刘幼云藏敦煌本写的校记。其实敦煌原本就保存在同一个善本部里，两位先生不是专门做敦煌的，所以不知道刘幼云藏卷后来转存北京图书馆，而使用了一个不完整的校本。

我在国图调查寻找敦煌写卷，上面说的都是见过原件的，遇到重要的文书，我都做了录文。比如说原来定的一件地理书，某某郡下面接着一个姓，姓只露出一个字来，那一看就是一个《姓氏录》。后来陈丽萍把一些姓氏录拼在一起，写了一篇文章。

虽然陈寅恪说北图有不少重要的敦煌写本，所以敦煌不是伤心史，但国图的黑白版敦煌卷子是在《英藏》《法藏》《俄藏》各种敦煌文献合集里最后出版的，这也有点说不过去。要证明敦煌不是伤心史，应该早点印出来，国内学者都能看。其实全部印出来的时候，已经是2012年了，这时候好多敦煌卷子蜂拥而出，大家就把"三千残片"，甚至1192号部分给忘掉了。我想，如果仔细翻翻这部分的东西，有些材料还是值得琢磨的。

满中国寻找散藏敦煌文献

在中国大大小小的博物馆和图书馆中，也有不少敦煌文献，多年来由于各种机缘，我也看过许多，这里只挑重要的馆藏，简要提示一些所见所闻。

（一）故宫博物院的绢画来历

故宫里面的东西是非常不容易看到的，过去我们对于这里藏了什么与敦煌吐鲁番有关的东西也不太清楚。大概2000年前后我和美国西北大学艺术史系的胡素馨一起主持一个项目，她有故宫收藏部的朋友，沾她的光，我和她一起到故宫看敦煌吐鲁番的绢画，看了大概一整天，大大小小，只要是画都拿出来了，包括吐鲁番新出的《伏羲女娲图》。

这其中有一幅绢画白衣观音像，是一位叫何遂的先生在20世纪50年代捐给故宫的，当时在《文物》月刊上有半页纸的一个报道，还有一张模糊的黑白照片。另外还有一些绢画残片，是菩萨像一类的东西。我在满世界寻找敦煌的过程中曾收集各种有关敦煌的记录，《文物》我翻过一遍，复印了50年代何遂捐献的记录。后来何遂的公子从四川托朋友辗转问我，说他父亲曾捐给故宫一幅画，不知道详情，我就提供给他全部来龙去脉的记录。后来故宫陈列部的孟嗣徽老师写了一篇《故宫收藏的敦煌吐鲁番遗画》（载《敦煌学国际研讨会论文集》，北京图书馆出版社，2005年），对大多数绢画都做了介绍，这些绘画资料才更加清晰。

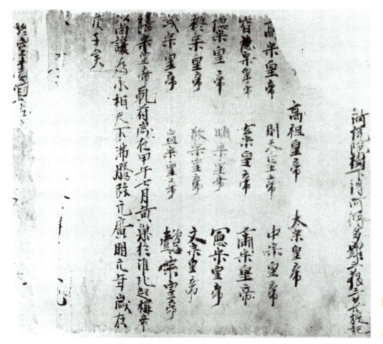

图 11-9　唐人书黄巢起义记事墨迹

故宫也收藏有一些敦煌文书，施安昌老师发表过《故宫藏敦煌己巳年樊定延酒破历初探》，是归义军的文书，里面有南山、于阗，与我研究的部族很有关系，但我没有看过原件。故宫博物院副院长杨新先生曾写过一篇文章，介绍一件故宫藏《唐人书黄巢起义记事墨迹》（图 11-9），上面写有从"高祖皇帝"到"懿宗皇帝"的庙号，后面有黄巢、尚让的记录。"高祖皇帝"应当是唐朝皇帝的第一个，但前面还有一个名字，却被撕掉了，敦煌学界对这件写本有高度怀疑。池田温《中国古代写本识语集录》录有几件带有黄巢年号的写卷，没有一个在伯希和、斯坦因收集品中，都是散藏卷子。天津艺术博物馆有一件黄巢起义的记录，学者一般认为这是假的。金维诺先生曾发表一件带有黄巢金统年号的文书，是一篇壁画榜题，他认为是敦煌莫高窟第 465 窟的榜题，因此推断该窟是吐蕃统治时期的。对于此窟年代，宿白先生说是元朝的，谢继胜说是西夏的，三家说法，各执一词。金先生最重要的根据就是那个年号，但是这个年号值得怀疑，虽然我们不敢说这个壁画榜题抄本是假的，但根据这个看似添加的年号能不能定这个窟的年代，这就有大问题了。

（二）首都博物馆藏品的通览

首都博物馆原来在北京国子监院内（图11-10），现在搬到新址。在搬家之前，还在国子监的时候，王素先生联系我，说首都博物馆善本部叶渡先生安排我们在搬家之前，可以把敦煌写卷全部过一遍，不然一到新馆，管理体制可能就变了，不方便看。当时余欣跟我读博士，于是我们三个人还有叶渡老师一起过卷子，由余欣记录，最后形成两篇《首都博物馆藏敦煌吐鲁番文献经眼录》，由余欣、王素、荣新江具名，发表在《首都博物馆论丛》第18、21辑，现在都收到余欣的论文集里了。后来北京燕山出版社要印图录，我和史睿就以《经眼录》为基础，把首博藏卷的图录整个编了出来，2018年12月由北京燕山出版社出版了十册《首都博物馆藏敦煌文献》（图11-11），刊布了全部文献的彩色图版。

首博藏卷中也有不少好东西，有梁玉书、周肇祥、龚心钊、陈垣、黄锡蕃等人旧藏。其中最好的应当就是一卷完整的《佛说八相如来成道经讲经文》。中国人民大学历史学院孟宪实教授的学生段真子做博士后，选题是敦煌的俗文学作品，我就把这里收藏的《佛说八相如来成道经讲经文》全套照片都给

图11-10　国子监旧首都图书馆阅览室

图11-11　荣新江主编《首都博物馆藏敦煌文献》

她，还有藤井有邻馆的《八相变》，她不负所望，写成了文章《首都博物馆藏〈佛说如来八相成道经讲经文〉考》，发表在我主编的《唐研究》第二十二卷（2016年）。

（三）旅顺博物馆藏敦煌写经的迁转

旅顺博物馆（图11-12）是日本侵略中国华北的文物集中地，前身是满蒙物产馆。大谷光瑞花钱如流水，搞探险队，造二乐庄别墅，建武库中学，后被人告发过度浪费而辞掉净土真宗西本愿寺法主之位，随后探险队所得的许多文物就散掉了。比如放在二乐庄的文物被卖给政商久原房之助，久原将它们赠送给朝鲜总督寺内正毅，后来留在了韩国。大谷探险队拿的东西太多，家里装不下，有一部分放了帝国京都博物馆（后改名京都帝室博物馆，即今京都国立博物馆），后来被木村贞造买走，卖给东京国立博物馆。所以大谷探险队所获文物和文献分散多处，非常复杂。我的日本友人片山章雄先生，他专门找有关这些文物的信息，比如报纸上报道一个日本老汉家里拿出一枚开元通宝，据说是武库中学解散时每个学生发一枚钱币，如果是当时安西节度使自己铸的钱，现在市场价格很高。我看过用来包大谷文书的纸，全部是武库中学带水纹印的信笺，可见大谷家之奢侈。

大谷光瑞辞职后，带着他的主要收藏品跑到旅顺，包括探险队收集的，还有言情小说、西文善本书全都拿过来了。他住在山顶上的一座大宅子里，非常豪华。他的东西宅子里放不下，就寄托给满蒙物产馆，也就是后来的旅顺博物馆。1945年日本战败的时候，他们都跑了，在这之前抢运了两大木箱文书回日本，由西本愿寺在50年代捐给龙谷大学，这部分就是现在我们所说的"大谷文书"。他们当时显然是想先把这些学术价值高的世俗文书挑走，不知道是谁帮助挑的。

图 11-12　旅顺博物馆

大多数大谷探险队在敦煌吐鲁番等地所得的文物和文献都留在了旅顺博物馆，其中有六百多卷敦煌卷子，是从王道士或者从老乡手里得到的。大谷探险队到敦煌晚于斯坦因、伯希和，又不太懂行，里面大概有四百多件都是藏文的《无量寿宗要经》或《大般若波罗蜜多经》，没有什么学术价值，但是量挺大。这部分的目录由罗振玉从大谷家抄出来，就叫"日本橘氏敦煌将来写经目录"，橘氏就是橘瑞超。叶恭绰也发表过一个旅博所藏敦煌写卷目录，他是民国时候所谓的交通系，是北洋政府时期势力很大的政治派系，他跟满铁有很大关系，所以抄到一份目录。叶恭绰是当时"敦煌经籍辑存会"的召集人，他曾让法国使馆派人去法国国家图书馆抄伯希和法语的敦煌写本草目，然后让罗振玉的儿子翻译，在北大《国学季刊》上发表了汉译本。另外，在1937年出版的《新西域记》下卷附录有一份《关东厅博物馆大谷家出品目录》。此外，大谷家在把敦煌卷子委托给满铁的时候编了一份《大谷光瑞氏寄托经卷目》，后来龙谷大学找到稿本并影印发表。

1981年印的北京图书馆善本部编的《敦煌劫余录续编》，按"新"字号一排，前六百多号就是大谷探险队的。1990年我去日本龙谷大学前，知道他们要问我中国的大谷收集品在哪里。我当时跟国家图书馆的尚林先生，还有国家图书馆善本部副主任方广锠先生合作调查，找到了文化部的调拨敦煌卷子档案。当时那些人很了不起，调拨档案全编了目录，从"橘氏将来写经录"到《关东厅博物馆大谷家出品目录》《大谷光瑞氏寄托经卷目》，最后到《敦煌劫余录续编》，都能对上。按照我们制作的这几个目录的对照表最后清点出来，北图这六百多号就是从旅博调来的。据说有人反映到文化部说旅博丢了卷子，其实不是丢了，是有人拿到家里继续为革命工作，加夜班编目录来整理。后来有人告状，文化部一纸调令，把几乎所有敦煌卷子都调到北京，交给北京图书馆，只留了九个卷子给旅博作为展览。1991年我在龙谷大学报告了调查结果，并出版了我们三人具名的《中国所藏"大谷收集品"概况——特别以敦煌写经为中心》的小册子（图11-13）。

通过我们的清点，除了留下的九件外，发现还缺十件，缺的都是比较有学术价值的。我后来在京都大学羽田亨纪念馆里见过这十件的一些老照片，但只

图11-13 《中国所藏"大谷收集品"概况——特别以敦煌写经为中心》

拍一个尾部。羽田亨到处跑，日本人占领旅顺的时候他可能来过，他是为了研究，只拍题记，因为题记的部分目录里有，所以可以辨别出来，其中好几件是法成的讲课笔记本，现在我们看不到，只看见旧照片。十件中的一件实物，我在天理图书馆找到，是道教《本际经》卷十的全本。还有一件是我们做完上述调查大概二十年之后，忽然有一天王振芬馆长特别兴奋地告诉我，说找到了旅博本《六祖坛经》(图11-14)，就在他们的书画部。这是一项重要的"重新发现"。这本《六祖坛经》是敦煌第三个完本。英藏的斯坦因本，学界称之为"恶本"，是用西北方音记录的。旅顺博物馆藏这个本子是比较好的抄本，它是一个册子本，实际是个人使用的东西。旅顺博物馆后来整理出版了《旅顺博物馆藏敦煌本六祖坛经》(上海古籍出版社，2011年)。

虽然已经时过境迁，我最近又有机会去旅顺博物馆做关于长沙窑瓷器的讲座，趁机向王振芬馆长提出阅览敦煌卷子的请求。除了翻阅《坛经》外，其他的九卷敦煌写本也全部过了一遍，都是不错的很长的卷子。

除了旅博书画部这件《坛经》和天理图书馆的《本际经》外，现在还有八件没找到，我当时写文章说，是不是苏联红军拿走了，因为日本战败后，苏联红军接管了旅博，到1951年才离开。现在每一个卷子的包裹皮上都有一位苏

联汉学家的编号，看来每个卷子他们都曾过手。前些年我去莫斯科的列宁图书馆，其实我的一个目的就是想找这些敦煌卷子，但没有结果，反倒是找到了徐松的藏书，那也是很好的结果。

（四）敦煌研究院的周炳南、任子宜旧藏和北区新出文书

我去过很多次敦煌研究院看敦煌卷子。整个编号有八百多，有不少是碎片。1977 年，施萍婷老师在《文物资料丛刊》第一辑上发表《敦煌文物研究所藏敦煌遗书目录》，大概三四百号，没有包括碎片。原来这些敦煌文献放在遗书研究所，现在叫文献研究所，我一直是这个所的兼职研究员。1994 年我在敦煌开完会之后，留下来做研究，施萍婷和李正宇两位所长对我非常好，把两把钥匙从兰州带来，把箱子打开，说："随便看，我们马上要移交到陈列中心就没权利了，你想拍全部拍。"我全部过了一遍，把有用的拍一下。我一般进文物部门都很守规矩，从来不带相机，这次机会难得，急忙中找陈国灿先生借了几个胶卷，回到北京冲洗，结果一张都没出来，全是过期胶卷！当时《张君义勋告》以及涉及四部书的，也包括各种尾题，只要不是普通佛经，应该都拍照了，大概三个胶卷，结果竹篮子打水一场空。

现在敦煌卷子在陈列中心（图11-15）的库房，我也去看过好几次。这里面比较复杂，除了已经在《甘肃藏敦煌文献》中发表的部分，主要是周炳南和任子宜的旧藏。周炳南这个人很了不起，他是一介武夫，毕业于北洋陆军学堂骑兵科，就是1925年拦住华尔纳剥取壁画的那个人。大概在20年代，周炳南把不少从民间收集的敦煌残片裱在一个册子里，基本上都是藏经洞出的东西，大部分都是佛经断片。任子宜的旧藏，有藏经洞的，也有莫高窟北区的，包括很多印本的东西。这些残片裱在一个本子上，其中有六张已经揭下来了，背面都是回鹘文，对于研究回鹘文的人很重要。现在敦煌研究院文献研究所正在整理全部甘藏敦煌文献，拟以高清彩色图片出版，我们希望利用这次机会，把这些残片全部出版。

敦煌研究院还有一组东西，就是莫高窟北区考古发掘出土的，这是彭金章老师带队发掘的。彭老师本来想把樊锦诗院长弄回武汉大学，最后弄不动，自己"入赘"到敦煌莫高窟了。彭老师确实是北大做考古出身的，他到敦煌就提

图11-15　敦煌石窟文物保护研究陈列中心

出全面清理莫高窟北区的所有洞窟，给它们清到生土，因为这些洞窟原来是没有门的，里面都堆着沙子，他就想到这沙子下面有东西。最北面的463、464、465三个窟，我曾跟着彭老师绑了两个消防云梯才爬到最上面。这儿有元朝的回鹘佛经印刷所，所以有好几百回鹘文木活字，伯希和拿走了大多数。大概好东西在藏经洞太多了，斯坦因、伯希和在北区只是拿了几个整本的回鹘文抄本，包括有元朝至正年号的回鹘文写经，其他没怎么动。比较有规模挖掘的是张大千，他挖的东西基本都来自莫高窟北区，包括《张君义勋告》。莫高窟北区洞窟有住人的，有些顶层是瘗窟，埋人的地方，所以有随葬物品，《张君义勋告》就是这种随葬的抄本。

彭老师很有眼力，他到敦煌后转变思路，带着两三个年轻人，把整个莫高窟北区一百多个洞窟全部清了一遍，所以发现了隋末李轨政权时写的《随葬衣物疏》。李轨年号就两三年，现存的东西很少，敦煌号称有个卷子里面有李轨年号，那应该是假的。这可是真的，因为就埋在土里，和尸骨连同破布麻片埋在一起，没人动过。后来彭金章主持编写了三卷本考古报告《敦煌莫高窟北区石窟》，但其中的文书图版太小了，应当做成八开的图录。

彭老师他们发掘的时候，我去过几次敦煌，在他们整理考古报告的工作间看出土物。文书都放在那里，我集中几天时间，把文书过了一遍。当时有两个告身我录了文，后来陈国灿先生写了文章，彭老师给我看，他把这两个告身当成一个，后来正式发表的时候分出来了，是两个告身。还有B64窟出土了刻本的一个残片，后来又出了一些，都是同一本书，我对出来是《资治通鉴》（图11-16），非常兴奋，因为过去没有见过，这就证明《资治通鉴》也传到敦煌去了。后来我的学生徐畅写了一篇《莫高窟北区石窟所出刻本〈资治通鉴〉残片考订》，发表在《敦煌研究》2011年5期。

最大的发现实际是一件叙利亚文的《旧约》，朱笔和墨笔间写，中间还有回鹘文。我当时以为是摩尼文，于是拿回来问段晴老师，是不是去找德国的宗德曼帮忙释读，他认摩尼文最在行。过了一阵子，段老师说这是叙利亚文，就是《旧约》，她可以读，结果就给读出来了。中央民族大学的张铁山教授负责做回鹘文部分，也转写释读了不少残卷，发表在考古报告里。

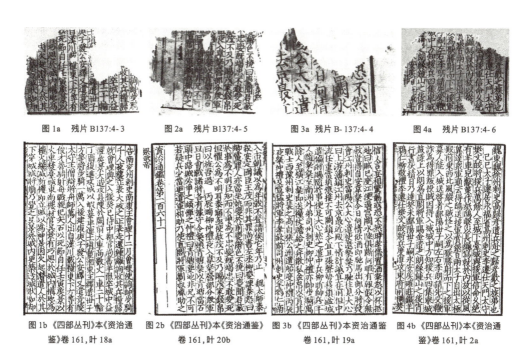

图 1a　残片 B137:4-3　　　　图 2a　残片 B137:4-5　　　　图 3a　残片 B-137:4-4　　　　图 4a　残片 B137:4-6

图 1b　《四部丛刊》本《资治通　　　图 2b　《四部丛刊》本《资治通鉴》　　　图 3b　《四部丛刊》本资治通鉴　　　图 4b　《四部丛刊》本《资治通
　　　鉴》卷 161,叶 18a　　　　　　　　卷 161,叶 20b　　　　　　　卷 161,叶 19a　　　　　　　鉴》卷 161,叶 2a

图 11-16　莫高窟北区出土《资治通鉴》残片

（五）敦煌市博物馆藏品与向达《敦煌余录》

敦煌市博物馆（图 11-17），就是原来的敦煌县博物馆，我去看过几次卷子。任子宜家的小断片，留在敦煌研究院；而他家旧藏最好的东西，却在敦煌市博物馆，其中有些向达先生在 40 年代抄录过。

向先生 40 年代去过两次敦煌，每一次都抄当地见到的敦煌文献。敦煌的冬天太冷了，没法去考察，他就抄书，命名为《敦煌余录》，一部分是杂件，另一部分是禅籍。他第一次考察后回到四川，到了支那内学院，吕秋逸先生跟他借走禅籍抄本，没有还给他，所以他回到敦

图 11-17　敦煌市博物馆

煌又抄了一份。我曾受周绍良先生委托整理《敦煌余录》，花了很大力气找这些原卷在哪，拿着录文去跟原卷校，写校记。后来《甘肃藏敦煌文献》一出，大多数抄本都在其中，我此前的工作没太大意义，所以就直接把《敦煌余录》的抄本影印了。向先生画的云气图也挺好的，原来是什么样的画出来就是什么样。那时候毛笔会冻得写不动，他要哈气热乎热乎，再继续抄几个字，很了不起。

抄本中有《天宝十道录》，最早吴震先生发表时叫作"郡县公廨本钱簿"，我根据敦煌写本《贞元十道录》，论证这是《天宝十道录》，记录的项目有郡名、州名、距两京里数，然后有大字的各县，下面有乡数，左边是公廨本钱数。《十道录》跟图经一样，三年要重新编一次，编过的就扔掉旧本。这个《十道录》填补了盛唐时期的记录，是很重要的。《十道录》的背面是《占云气书》（图11-18），原本也是敦煌官府的，占云气书民间不能收藏，这个卷子没抄完，只是抄了一部分，云气图有颜色，非常漂亮。向先生录出来后，史语所的陈槃曾据向先生录文写过一篇文章，发在《历史语言研究所集刊》上。李约瑟研究所所长何丙郁，先在《文史》连载上下两篇长文，后来在台湾出了一本《敦煌残卷占云气书研究》。像这样能写一本书的卷子，现在很少见了。

向先生抄的《寿昌县地境》是从张大千的抄件转抄的，所以格式有些乱，内容有些错，他抄完之后写了文章《记敦煌石室出晋天福十年写本〈寿昌县地境〉》，因为他觉得这个很重要，后来收入《唐代长安与西域文明》中。20世纪40年代敦煌县曾编了一部《敦煌县志》，只是一个稿本，没有出版过，现在保存在敦煌市档案馆里，我去翻阅过。李正宇先生发现这部《敦煌县志》里抄的《寿昌县地境》要比向先生发表的本子好，一定是抄自原件。后来我整理《敦煌余录》时，里面夹着一个《寿昌县地境》的抄本，是从原本抄录的，可能是后来向先生才看到原本，又抄了一份，夹在了装订好的《敦煌余录》中。

最重要的材料还是任子宜旧藏的禅籍（图11-19），一共有五种文献：《菩提达摩南宗定是非论》与《南阳和上顿教解脱禅门直了性坛语》，这是神会的语录；《南宗定邪正五更转》，这是定格联章的曲子词；《南宗顿教最上大乘坛经》，即《六祖坛经》，南宋以后的《坛经》比它多了三分之一的内容；还有

　　　　　　　　　　　　　　　　　　满世界寻找敦煌

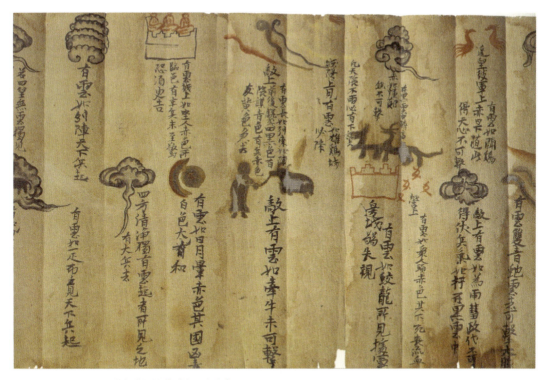

图11-18　敦煌市博物馆藏《占云气书》

图11-19　作者
与张涌泉、张先
堂、蒙曦等看敦
博本禅籍

一个《注般若波罗蜜多心经》，是《心经》的注本；总之，是一个杂抄的本子。这本禅籍中，有菏泽宗的，有南宗的，《注心经》又是北宗净觉的，这是个人用的册子本，跟旅博藏《坛经》很像。向先生在《西征小记》里说他从任子宜处借抄，后来就不知道这个册子本在哪儿了。日本学者到处打听，也不知道在哪儿。1986年北大编《敦煌吐鲁番文献研究论集》第3辑，发表了当时的馆长荣恩奇编的《敦煌县博物馆藏敦煌遗书目录》，学界才知道向先生著录的好东西全在敦煌县博物馆。周绍良先生当时就派邓文宽和一个摄影师去敦煌拍了这本禅籍的照片，照片在周先生手里，杨曾文借去研究，并在韩国的《六祖坛经》学术研讨会上发表。1990年我去日本的时候，把这本禅籍涉及到的所有研究著作全部买了或者印了，回来我和邓文宽整理出版了一本《敦博本禅籍录校》。

我只要有机会，就去一些地方的小馆藏看敦煌卷子，像四川大学博物馆、四川省图书馆、四川博物院、湖北省博物馆、浙江图书馆、上海图书馆、上海博物馆、南京博物院、西安博物院、台北"中央图书馆"、"中研院"傅斯年图书馆，还有北京大学图书馆、中国科学院自然科学史研究所、西北师范大学图书馆、首都师范大学历史博物馆、东北师范大学图书馆等等，即便只有一两个卷子，我也要去寻找。

重聚高昌宝藏

这一讲谈谈我对国内吐鲁番文书的调查和参与整理的情况，这里借用与耶鲁大学韩森（Valerie Hansen）教授一起主持的一个项目名称，叫"重聚高昌宝藏"。项目大概是在1995—1997年间进行的，韩森原来是做宋史的，这次她要做吐鲁番研究，拉上邓小南老师和我一起帮忙，理念上是希望把世界各地的吐鲁番出土高昌文献汇集到一起进行研究，所以起了这样一个名称。虽然是一个很松散的项目，但还是推动了吐鲁番一些课题的进步，我也通过这个项目到各处查访敦煌吐鲁番收集品，包括国内的新疆维吾尔自治区博物馆、吐鲁番博物馆、黄文弼文书，还走访了美国的耶鲁、波士顿、纽约、宾夕法尼亚、普林斯顿、华盛顿等地的收藏。我对国内吐鲁番文献的寻访由此开展起来，后来整理《新获吐鲁番出土文献》《旅顺博物馆藏新疆出土汉文文献》《吐鲁番出土文献散录》《黄文弼所获西域文书》等成果，有些就是这一阶段寻访的成果。

吐鲁番的地下宝藏

吐鲁番和敦煌一样，拥有出土文献的主要来源地——石窟，敦煌主要有莫高窟、榆林窟，吐鲁番则有吐峪沟、柏孜克里克、雅尔湖、胜金口等更多的石窟寺，两地在这一点上比较像，都是石窟里出了一大批东西。吐鲁番这些石窟寺出土的文献，主要来自石窟寺的藏经洞。所谓藏经洞，其实就是石窟寺的图书馆，很多藏书室在石窟的前室，就像《戒坛图经》标识的地方，还有宋朝初年开化寺的藏经阁，藏经阁都在寺院的前院，在石窟寺应当就在前室。这些石窟的前室大多数都倒塌了，所以窟前的堆积中一般都会出土大量写本或刻本佛典残片。除了个别的窟室集中保留一些完整卷轴外，吐鲁番石窟寺的东西不像敦煌藏经洞文献保存得那么好，因为大多数是从土里挖出来的，所以比较零碎，往往沾着很多土，需要经过整理才能进行研究。

吐鲁番的石窟寺除了佛教石窟外，还有摩尼教石窟，所以内涵要比敦煌石窟更为丰富。而且吐鲁番的高昌、交河城中以及盆地许多地方，还有大量的地面佛寺、摩尼寺、景教寺院，其中也出土了大量的写本文献，这是敦煌所没有的。因此吐鲁番文献的来历非常复杂混乱，必须要熟悉吐鲁番的古迹分布情况，才能给出土文献一个合理的定位。因此研究吐鲁番文书一定要到当地考察，虽然我跑了不知道多少趟，还有好多地方没有去过。

与敦煌相比，吐鲁番还有一个特色就是墓葬出土了大量文书。敦煌也发掘过墓葬，但挖的主要是佛爷庙和飞机场一带，更多的是十六国时期的墓，早年也发掘过一些唐墓，但基本上没有出土纸本文书，因为敦煌这些墓葬所在的地区比较潮湿，纸本文书不好保存。而吐鲁番由于气候条件十分干燥，除了人为的破坏，地下的东西几乎全部留着。

吐鲁番盆地现在的中心点是吐鲁番市，这是明代以后发展起来的城市，古代则是以高昌城（图12-1）为中心。

我们先看盆地的西半边，最西边就是交河故城、雅尔湖千佛洞、沟西墓地，沟西墓地出土了很多墓志，但没有文书，就是因为交河的沟旁边太潮，文书无法保留，黄文弼也在这里挖了很多墓，但什么文书也没有。交河旁边的安乐故城，20世纪50年代挖到过一个窖藏，里面有《三国志》《金光明经》等，但这个窖藏的内涵很乱，里面还有一些粟特文的木签，总之非常复杂，也没有全部公布。安乐城旁的木纳尔墓地因为有人盗掘，所以吐鲁番的考古队做了发掘，获得一批文书。盆地南边的南平古城，20世纪20年代出过一批文书，似乎来自墓葬，但是后来很长时间没有人再挖过这个地方，直到70年代吐鲁番博物馆发掘到一方墓志，但整体上没有做考古探查和发掘。此外，葡萄沟山顶上的西旁景教寺院，过去德国人发掘到许多叙利亚语、粟特语、回鹘语的景教文献和文书，最近中山大学和吐鲁番的考古工作者合作，对遗址做彻底的清理发掘，也出土了不少景教文献。

盆地东面的高昌城，是遗址最集中的一所故城，很多东西，包括纸本文书、塑像、壁画、木建筑构件，都是从高昌城出来的。德国探险队用英文字母给高昌城遗址编号，编完了全部字母还不够，继续用希腊字母编号。城中有官署、寺院、民居等各类遗址，比如现在旅游的人去的西大寺，规模宏大，它的对面是内城的城墙，在城墙上有个小小的方形寺院，是原来一所摩尼教的寺院，主要出摩尼文所写的文书。

高昌城北的柏孜克里克石窟，出土了很多佛教、摩尼教典籍和文书。胜金口石窟也出土过大量典籍。再东面就是现在属于鄯善县的吐峪沟石窟，这里主要是一所佛教石窟，分布在沟的两边，其山坡上也有大大小小许多寺院，这里出土了大量佛教典籍，也有摩尼教文献，还有涉及祆教内容的文书。经过各国

图 12-1　高昌古城

探险队的大量攫取之后，近年来中国社会科学院考古研究所、新疆文物考古研究所与吐鲁番地区文物局合作，对吐峪沟石窟做了比较彻底的发掘清理，又出土了上万件文书，可以说这个沟过去出的东西最多。

对于历史研究更为重要的是墓葬里的世俗文书。高昌城北面的阿斯塔那、哈拉和卓是与高昌城对应的墓葬区，从高昌郡，经高昌国，到唐朝西州，吐鲁番的主要官人和民众很多都埋葬在这里。1959—1975年，总共在这两个墓地做了13次发掘，获得大量墓葬文书。这项发掘起始于当地老乡要掘一条水渠，在墓地开水渠的话，墓葬就会被水淹了，所以进行抢救性发掘。哈拉和卓的东北连接着巴达木墓地，这里是一片等级更高的人物埋葬之地，原来这里发现过北庭副都护高耀墓，最近又发现了程奂墓，又是一个北庭副都护，估计大都护李元忠的墓也在这，所以这里越来越重要。在吐峪沟沟口外面的洋海，是一大片墓地，现在发掘的主要是汉及汉代以前的，出了三大本考古报告。这里再往南，就进入高昌郡、高昌国的墓地了，现编号的一号墓，就是阚氏高昌国时期的张祖墓，出了很多好文书。如果继续往下挖，应当会出土大量高昌郡和高昌国时期的纸本文书。洋海，过去是吐鲁番的酒泉城。吐鲁番在高昌国时期有酒泉城，唐朝变成乡，实际是从河西走廊的酒泉迁移过来的人，他们带着地名一块来到吐鲁番定居下来。

走访新疆博物馆收藏的吐鲁番文书

1959—1975年阿斯塔那和哈拉和卓出土的墓葬文书，现在主要收藏在新疆维吾尔自治区博物馆（以下简称新博），个别墓葬或零星文书存吐鲁番地区博物馆和中国国家博物馆。这批文书让中国学者真正站在吐鲁番研究的最前沿，这中间武汉大学的唐长孺先生功劳最大。他在70年代中期亲自与当时的国家文物局局长王冶秋先生一起，前往新疆乌鲁木齐和吐鲁番考察，把这13次发掘的吐鲁番出土文书全部调到北京，放在五四大街国家文物局所在红楼的三楼古文献研究室里，研究室主任是唐先生兼的。国家文物局当时调集学术界的力量，同时整理马王堆帛书、银雀山竹简和吐鲁番文书这三大批新出资料，成立了以唐先生为首的"吐鲁番出土文书整理小组"，负责整理吐鲁番出土文书。从1981年开始，由文物出版社出版平装本的《吐鲁番出土文书》，到1991年出版了十册；此后从1992到1996年，又出版了图文对照的图录本四大册，上图下文，十分方便学者使用。唐先生说图录本的录文是定本，大家引用的时候应该引这个本子。但是图录本的照片都是"文革"时期拍的黑白照片，清晰度非常差，而且没有层次感，淡朱笔很难显现。80年代我曾经跟随张广达先生跑到古文献研究室，希望看这些吐鲁番文书，陈国灿先生拿出来一些照片让我们阅览，我在平装本上划文书的残缺状态，这样至少能够知道残断在什么地方，或许有可能与斯坦因文书、大谷文书缀合。我记得当时跟着张先生去了好多趟，到古文献研究室看小照片，也得以向李征、陈国灿等先生讨教。

后来我主持整理"新获吐鲁番出土文书"时，其中有些文书与唐先生他们整理的文书有关，所以我们也几次去新博，在副馆长伊斯拉菲尔·玉苏甫先生的关照下，看了很多高昌国到西州时期的重要文书。因为这批文书大多数都裱在一个个长纸卷上，所以有时候我们申请一个号，结果拿出一大卷子来，上面贴裱了各种文书，这时候不管与我们正在整理的文书是否有关，我们都认真阅览，记录相关的朱笔、朱印的情况，像高昌国的祭祀文书、唐天宝十三至十四载交河郡的马料帐、唐朝的历日、五土解文书等等，我都是在这个过程中阅览的。这批吐鲁番文书的彩色照片到现在还没有系统刊布，只是在一些展览图录中偶尔见到个别文书，或者可以在新博的展厅里见到原件，比如《唐贞观二十二年（648）庭州人米巡职辞为请给公验事》(图12-2)，陈列在古尸展室的墙上，如果没有人提示，很难找到。现在武汉大学与新博再次合作，重新整理这批文书，并拟出版彩色照片的上图下文的合集，这对于吐鲁番文书的研究是极为振奋人心的消息，但不知道什么时候才能出来，所以在此之前，我有机会就去新博看吐鲁番文书。

按照唐朝规定，皇帝最初发布的敕书一定是要用黄麻纸的。吐鲁番出土的《唐贞观二十二年安西都护府承敕下交河县符为处分三卫犯私罪纳课违番事》是研究唐朝官文书的人常常使用的，我在《敦煌学十八讲》中也使用过这件文

图12-2 展厅的《唐贞观二十二年（648）庭州人米巡职辞为请给公验事》

图12-3 作者在新疆维吾尔自治区博物馆看吐鲁番文书

书，但我不知道它前面抄写的唐中央官府发下的敕书是不是用的黄麻纸。我曾经两次到新博去看这件文书（图12-3），发现从中央尚书省到安西都护府，用的纸张都是普通的白麻纸，应当是安西都护府转抄的，原敕书应当保留在西州官府的"敕书楼"里。这件当然也经过托裱，背面的朱印还有行间文字全都被糊在里面，所以在整理的时候，光有彩色照片不行，还得有对照原件的录文。有些卷子背面有朱印或文字的部分，后来又专门揭开，显露出学术信息。我们知道契约又叫"合同文"，背面常常用细细的大字写"合"字，两份同样的契约文本一纸撕两开，我们现在看到的契约只有半个"合"字，因为字体很细，以为是不经意随便画了一道，这样被裱糊的文字就没有揭出来，因为要揭，就得整体揭开了。所以做官文书的时候一定要看原卷，因为原件上很多地方都有信息保留。

顺便说一下，除了《吐鲁番出土文书》收录的文书，我还有机会在新博看到其他许多文书。比如在吴震先生、伊斯拉菲尔馆长的关照下，我抄录了安乐城出土的《西州回鹘某年造佛塔功德记》；朱雷先生编的《吐鲁番出土文书补编》收录的所有文书，在吴震、武敏、王博先生的关照下，我们"新获吐鲁番出土文献"整理小组曾全部阅览；在侯世新馆长的关照下，我曾调查阅览了巴楚脱库孜萨来遗址出土的一些重要的世俗文书；在于志勇馆长的关照下，我还阅读了安乐城出土的《汉书驳议》等重要写卷。新博是吐鲁番出土文书的一大宝藏，也是整个新疆范围出土的各种文献的集中地，所以是寻找西域文书的首选之地。

整理吐鲁番博物馆的"新获出土文献"

吐鲁番地区博物馆是寻找高昌宝藏的另一个重要去处，而且现在越来越重要。我们知道，1975年以后直到1989年前后吐鲁番出土的文献，不论石窟写刻本还是墓葬文书，都收藏在这里。当时的吐鲁番文物局局长柳洪亮先生对这些文书的整理和研究付出了艰苦的努力，并且在武汉大学陈国灿先生的指导下，完成了《新出吐鲁番文书及其研究》，1997年出版。这本书包括：（1）没有收入上述《吐鲁番出土文书》的66TAM360墓文书，大概当时留给了吐鲁番博物馆，没拿到北京，也就没收到书里；（2）1979—1986年间发掘的TAM382-391墓出土文书，其中390墓未出文书资料；（3）其他零散发现的文书，包括1968年交河城出土、1981年吐峪沟出土、1980—1981年柏孜克里克石窟出土文书。但这是三十二开的小书，图没印在图版纸上，也有很多字没有录出来。我在"重聚高昌宝藏"项目期间，得以据原卷校对了柳洪亮书的大多数录文，发表过一篇书评，有不少改订意见。上述最后一批1980—1981年柏孜克里克石窟出土的大量佛教典籍，后来由吐鲁番学研究院与武汉大学中国三至九世纪研究所合编成《吐鲁番柏孜克里克石窟出土汉文佛教典籍》上下两大册，2007年9月出版。全书八开彩版，十分赏心悦目，只是汉文佛典背面大多数有胡语文献，没有一起印出，此后只是零星发表，其中有不少重要典籍。

吐鲁番地区从1989年以后，一直到2006年，墓葬和寺院遗址又出土了不少典籍和文书，包括洋海的张祖墓，还有交河故城的、木纳尔墓地的、巴达木墓地的。据说柳洪亮先生曾打算整理张祖墓的文书，但在他因车祸不幸离世前一直没有整出来。2004年夏天我带着学生去吐鲁番考察参观，当时的吐鲁番文物局局长李肖先生拿出一些文书来给我们参观，我一看还有这么好的文书没有整理发表，于是与文物局商量，开始合作项目。我们把直到2006年出土的吐鲁番世俗文书和佛教典籍，以洋海、木纳尔、巴达木墓葬所出为主，全部纳入整理范围，经过三年的努力，整理出版了《新获吐鲁番出土文献》。这次整理工作让我接触了大量文书，而且很多都是过去完全没有见到过的类型，真是一个很好的锻炼。我们的收获也是非常大的，比如找到了最早的纸本户籍，即《前秦建元二十年（384）三月高昌郡高宁县都乡安邑里籍》，这是走马楼孙吴木简户籍之后最早、最完整的纸本户籍，极其珍贵。

我经手整理并撰写文章的还有两件（组）文书。一是《阚氏高昌永康九年、十年（474—475）送使文书》，这是从乌鲁木齐市面上征集来的有偿捐赠文书，原收藏者把卷子装在玻璃框中裱好，上交给吐鲁番文物局。这件文书废弃后，被用来折成一个帽子，帽子折好之后向外的那面用浓墨涂黑，当地不知道什么习俗，故去的人要戴黑帽子，穿黑腰带。吐鲁番博物馆有一位文物修复员，曾在首都博物馆跟王亚蓉老师学习文物修复，她把浓墨清除掉之后，底层用淡墨写的字还保留着，真是很了不起。我们整理小组在这件文书里读出了"吴客""子合""乌苌""婆罗门"等名称。这表明，阚氏高昌王国作为柔然附属国的时候，一些国家去柔然路上途经吐鲁番时，高昌国要派人派马来送使者，卷子里婆罗门指印度，乌苌国在北印度，还有塔里木盆地南北的子合、焉耆，"吴客"则是从遥远的刘宋王朝首都建康（今南京）来的使者。我写了一篇文章《阚氏高昌王国与柔然、西域的关系》，发表在《历史研究》2007年第2期。

还有一组文书后来定名为《唐龙朔二、三年（662—663）西州都督府案卷为安稽哥逻禄部落事》。我们刚刚接触时，这些看似相类的纸片并排放在玻璃板里，看着茬口好像能够对上，但完全不是这么一码事。我们的方法是按原大把每个残片打印出来，放在大桌子上做拼图，把一组组按鞋样归纳起来，再通过折叠、水痕等迹象，慢慢把文书拼接，不能拼接的也排出顺序和位置，内容也就逐渐读出来了（图12-4a、b）。这件文书说的是，漠北回纥人反唐，影响到金山（阿尔金山）东部的哥逻禄（葛逻禄）部，他们就跑到金满县，即现在乌鲁木齐一带。这对于西州和北庭都护府都是巨大的威胁，所以原本管辖哥逻禄部落的漠北燕然都护府打了个报告到唐朝首都（当时皇帝在东都洛阳），于是朝廷指令西州派一个能够说胡语的人到金满县，与当地沙陀羁縻都督府首领一起动员哥逻禄回金山。但这些人不想走，说大雪封山走不了，而且已经种了庄稼，庄稼还没长好不能走。这组文书从一个单位行文到另一个单位，都会抄前面的行文，所以前后对比，就可以慢慢理出头绪来。这是一个非常成功的整理文书案例，复原后许多文字都可以填到缺字的地方，缺字的间距都是算好的。但我们的《新获吐鲁番出土文献》一书按照唐长孺先生主编的《吐鲁番出土文书》的体例，没字的地方不能填写，所以只能缺着；而在我就此组文书撰写的文章《新出吐鲁番文书所见唐龙朔年间哥逻禄部落破散问题》中，录文都是填补过字的（文载沈卫荣主编《西域历史语言研究集刊》第1辑，科学出版社，2007年）。有人写书评批评《新获》说不知道缺字是什么，其实他没有看

图12-4a　整理小组成员
在拼接哥逻禄文书

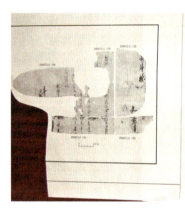

图12-4b　整理小组成员拼接出的部分哥逻禄文书

满世界寻找敦煌

我们的整理文章，我们项目组的所有研究文章，对可以补的字都是补出来的，字字有来历。

在整理这批吐鲁番出土文书的同时，我开"隋唐长安研究"读书班，所以我也带学生去西安考察。当时的长安县博物馆还没搬家，许多墓志都堆在后院的地上，我们就一个一个地看，主要关注这些人的长安宅第。没想到居然找到了一方哥逻禄部落首领的墓志，墓主人应当就是上述文书所记载的哥逻禄首领的孙子，到他这辈已经是京官了，所以埋在长安。文书里面说这批哥逻禄部众不返回金山的一个原因是他们的首领入京了，其实也就是这方墓志所记的祖父这一家。墓志与文书能够对在一起，是一个非常完满的研究案例。讲这个例子也是想说一句，研究敦煌吐鲁番文书，一定要"满世界寻找"材料。

我那几年每逢节假日和寒暑假，都带着课题组的老师、学生一起到吐鲁番整理文书（图12-5），所以也把吐鲁番博物馆保存的其他文书通检了一遍，包括重新校读柳洪亮《新出吐鲁番文书及其研究》所收的全部文书，还有卜天寿写本《论语郑氏注》，这件收入《吐鲁番出土文书》，但没想到原件在吐鲁番博物馆。近年来，吐峪沟石窟进行了大规模的考古发掘，出土了上万件文书残

图12-5 新获吐鲁番文献整理小组在吐鲁番考察原件

片，内容丰富，我每次到吐鲁番，只要有机会，就参观一下陆续整理出来的文书，获得很多新知见，希望这批文书早日列入整理出版的计划当中。另外，中山大学与吐鲁番研究院合作发掘了西旁的景教寺院遗址，也获得不少叙利亚及其他语种的文书残片，我也曾看过一些新出资料，这些发现对于认识西域的景教将会有极大的帮助。

中国国家博物馆的黄文弼文书及其他

中国国家博物馆（简称国博）就是原来的中国历史博物馆（简称历博），里面有两大组敦煌吐鲁番的东西，一组是黄文弼所获的吐鲁番文书，这是黄文弼在1928—1930年之间参加中瑞西北科学考查团时发现的东西。黄文弼是一位很勤奋的考古学家，他对自己发掘的罗布泊简牍、高昌墓砖、吐鲁番文书、塔里木盆地绿洲王国出土的各类文献都分类做了整理，收入《罗布淖尔考古记》《高昌砖集》《吐鲁番考古记》《塔里木盆地考古记》。由于条件所限，这些20世纪50年代的出版物虽然都有图版，但都是黑白的，有些质量很差，不敷研究使用。黄文弼解放后从北京大学调入中国科学院考古研究所，他的收集品也随着他带到考古所。按照国家文物局的规定，考古所整理完考古报告后，相应的文物应该交给历博，所以黄文弼在吐鲁番等地发掘所得的文书大多数进入历博，但还有一些没有转交。黄文弼的出版物没有给文书做统一的编号，在考古所时代，有"考"字编号；进入历博，则用"K"编号。由于黄文弼的《吐鲁番考古记》《塔里木盆地考古记》里的图片看不清楚，日本学者很聪明，他们以印《中国历史博物馆藏法书大观》的名义，在1999年和2001年出版的第11卷《晋唐写经·晋唐文书》、第12卷《战国秦汉唐宋元墨迹》中，把收藏在历博的黄文弼文书全部印了一遍，图版很清晰。

我很想接触黄文弼所获吐鲁番和西域其他地方出土的文书，但一直没有机会。在实施"重聚高昌宝藏"期间，曾有机缘获得一批黄文弼文书的清晰黑白照片，在我本人和熟悉的朋友间参考使用。近年来我们开始与国博合作整理所有敦煌吐鲁番文书，黄文弼文书也在其中，他们管库房的人经过艰苦的努力，找到大部分黄文弼的文书，拍成彩色照片提供给我们，比黑白的好多了。我们与国博的同行合作，据此编成《黄文弼所获西域文书》上下两册，由我和朱玉麒主编，2023年6月中西书局出版。目前在国博能够找到的黄文弼文书，这次都用了彩版，比较清晰，汉语和胡语都包括在内，有利于学界使用。另外一部分用的是黄文弼书中的黑白照片，比较模糊，这些是目前在国博没找到的文书，也可能就在国博某个库房里，但更可能的是在考古所，有些可能还在新疆博物馆，需要继续"寻找"。这次我们不仅可以利用高清彩色照片，而且看到了国博藏黄文弼文书原件，所以也有一些新的收获，比如《上括浮逃使状》，看原卷才能分出多个层次，其背面大字反着写的是《孝经》，原来底本是具注历，纸面上很空，所以小孩就拿来练《孝经》了。

顺便说一句，《法书大观》首次发表了历博所藏周肇祥、罗惇曩（号复堪）旧藏的吐鲁番文书，都是非常重要的史料，如《高昌建平六年（442）田地县催诸军到府状》，是研究高昌郡军政制度的重要文书；又如《唐开元五年（717）定远道行军大总管牒》，是研究西域史的难得史料。此外还有王树枏、梁玉书（字素文）、段永恩、吴宝炜（字宜常）等人旧藏的吐鲁番写经残片装裱的卷轴。我对这里的"素文珍藏"《六朝写经残卷》和《北凉以来写经残卷》（图12-6）很感兴趣，这次整理黄文弼文书过程中也有机会过目。

国博收藏的另一组是罗振玉旧藏敦煌写卷，他本人印过《贞松堂藏西陲秘籍丛残》，是原大影印

图12-6　中国国家博物馆藏"素文珍藏"卷轴

的黑白图版，后来罗家的这部分藏卷散掉，一部分在国家博物馆，还有一些在别的地方，比如旅顺博物馆、辽宁省博物馆、北大图书馆等。罗振玉后来又把贞松堂的东西重裱成几个线装册子，叫《敦煌古籍零拾》，国家博物馆也影印出来了，是彩色的图片。

我前面说过我在寻找敦煌吐鲁番材料时，老照片一直是我搜寻的对象。我在一个出版社的图片库里，发现了很多不同收藏单位的敦煌吐鲁番文书照片的底片，其中不少好东西，我选购了一批照片。装底片的口袋上都写着是从哪里来的，其中就有一个口袋上写着"中国历史博物馆"，从内容上也可以判断出有些就是历博收藏的，但也有些历博的出版物中从来没有看到过的，这些可能就是一直没有发表过的收藏品，也可能是50年代借调来之后，一直没有公布过。我在其中看到一件归义军时期的邈真赞，十分完整，从未发表，我做了一个录文，收入《敦煌本邈真赞拾遗》。

这些老照片来历很分散，其中有一个袋子上面写着"冯国瑞旧藏"，都是没有见过的材料。有一件是《开元十三年西州都督府牒秦州残牒》(图12-7)，记西州都督到长安出差，在秦州买了地，后来出了官司的牒文，只有文书上半截的三张照片。我想知道同类样子的文书是否在日本，所以在一次会议的间歇给池田温先生看照片，请教他可能的来历。池田温爱不释手，我说那您就写个

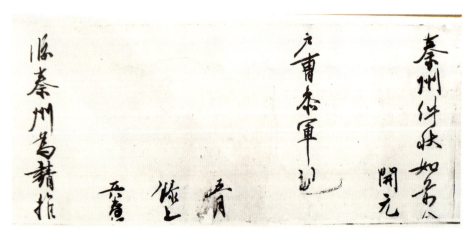

图12-7　唐开元十三年（725）西州都督府牒秦州残牒

文章吧，但要给我们编的《敦煌吐鲁番研究》用中文发表。他写成之后，我请陈国灿先生审阅，陈先生说他在甘肃省图书馆看到过一个册子，是冯国瑞写的一些写本文书的跋，其中有一条写的就是这个牒文。陈先生给池田温的文章写了一个读后记，一起发在《敦煌吐鲁番研究》第三卷上。最近，经过国博馆员们的努力，在库房里找到了这个牒文，所以推测照片上冯国瑞的一组旧藏可能都在国博，其中最漂亮的写本是《穀梁传》，照片只有尾题部分，全卷不知有多长。冯国瑞的旧藏有些来自李征先生的馈赠，所以这些旧藏不知是敦煌的写卷，还是吐鲁番的文书。

国博还有两幅敦煌绢画，一个是五代的《八臂十一面观音像》，早就有人写过文章，没有太新奇的。还有一幅是董文员供养的《观世音菩萨与毗沙门天王像》，这件讨论的人不多。

中国国家图书馆"敦煌遗书"中的吐鲁番文献

在中国国家图书馆（原北京图书馆）的北图敦煌卷子编号（BD）里，也混入了一些吐鲁番的写刻本，这些都在解放后入藏的"新"字号部分，我们从收藏家的跋语可以看出来自吐鲁番，这里举几个我经眼过的重要文献。

1990年我在静嘉堂文库找到装裱成八册的题为"素文珍藏"的吐鲁番写经，确定是清末新疆清理财务官员梁玉书的收藏。回国后我就去国家图书馆打听，问他们有没有素文珍藏，他们一查，果然有。其中一个装裱得和静嘉堂文库所藏一样的册子（今编号BD13799），封面题"刻经蒙字剩纸杂存　宣统孟秋　素文珍藏"，里面有168件残片，大约一半是回鹘文（即所谓"蒙字"），好像也有粟特文，一半是汉文刻经。这些残片太碎了，就编作"简71482"号，不在"新"字号里面，如果不是国图的管理人员帮忙，我是根本找不到的。现在我们托任继愈先生的功德，这些解放后收集的"新""简""临"等编号的所谓"敦煌遗书"，全部都印出来，就在《国家图书馆藏敦煌遗书》当中。最近我的学生徐伟喆把这个册子中的刻本残片比定了一遍，发现大多数出自《契丹藏》，还有刻本《龙龛手鉴》，十分珍贵，但回鹘文部分似乎还没有人系统整理。

国图收藏的回鹘文文书有些放在民族组，甚至没有收到《国家图书馆藏敦煌遗书》中。我的导师张广达先生曾介绍我去找《高昌馆课》的整理者胡振华先生，因此我也看过一些那里的回鹘文残卷，但我遇到的一件回鹘文长卷还是在"新"字号里。这个卷子现在编为 BD15370 号，是一个很长的卷轴，今人引首上有题签"唐人写经残卷 高昌出土 素文珍藏 第九号"。"素文珍藏"至少有八十多号，素文把这个卷子编为第九号，它应当属于"素文珍藏"中特别好的卷子。正面是汉文《贤愚经》卷一，背面通篇是回鹘文。当时里面夹着一张纸，国家图书馆的人问我这是什么东西，我因为收集过陈寅恪的书信，样子很熟，所以一看就知道这是陈寅恪的信，"寅恪顿首"写得特别连笔，可以确认。因为这个卷子背面是通篇回鹘文，我以为没有人研究过，就告知"重聚高昌宝藏"项目成员新疆博物馆副馆长伊斯拉菲尔，他是耿世民之后最好的回鹘文专家，当时他的女儿迪拉娜跟着耿世民读博士。伊斯拉菲尔馆长听说这个卷子后，下一周就跑到北京，带着他女儿一起到国图，李际宁先生帮忙，让他们父女俩看了原件，并提供了照片。后来迪拉娜开始把这个做成博士论文，一查发现德国回鹘文专家葛玛丽曾转写过，她在北京时做过研究，但没有发表。这是葛玛丽的弟子提供给迪拉娜的。我不由得感叹这位"突厥学之母"真是好厉害，不知道她都积累了什么东西。此前我们从黄文弼先生后人无私捐赠给新疆师范大学图书馆的黄文弼零散图片文献袋中，找到了1931年葛玛丽给黄文弼先生做的回鹘文《土都木萨里修寺碑》的初步考释德文稿，也是没有发表的珍贵文献。迪拉娜在前人基础上完成自己的研究，后来出了一本《吐鲁番发现回鹘文佛教新文献研究》。这个例子再次说明，如果有幸遇到一个好的长卷，你就能写一本书。

另外一个很好的卷子，是新疆布政使王树枏作为礼物赠给清季著名史官恽毓鼎的。恽毓鼎地位很高，当时伯希和来北京给学者们看敦煌卷子，学部的人请他吃饭，主持人就是恽毓鼎。恽毓鼎的《澄斋日记》藏在北京大学图书馆，已经通过清史工程印出来了，我找清史所所长成崇德先生要了一套，日记里就

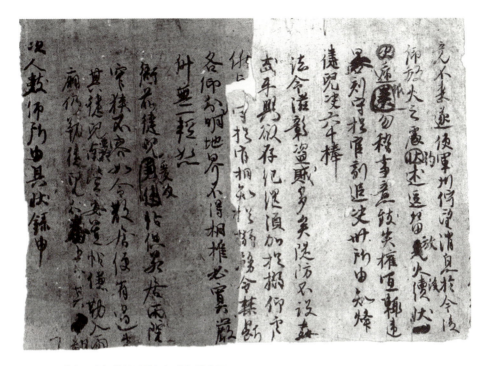

图 12-8 《唐军府规范健儿等纲纪状》拼合图

有宴请伯希和那段故事。王树枏作为新疆布政使,这么好的卷子都要送给恽毓鼎,可见恽地位之高。卷子后有恽毓鼎的跋,其中说到他从伯希和那里看到德国人发表的《且渠安周造寺功德碑》抽印本,里面有清晰的图片,可以确定该碑的年代。我在阅览到这件吐鲁番出土的写经时,就把跋文抄了下来,后来写《〈且渠安周碑〉与高昌大凉政权》的时候用上了,当时还没有人使用过这个跋文。所以材料要慢慢攒在一起,到写东西的时候,可能成为关键性材料。

我还看到过现在定名为《唐军府规范健儿等纲纪状》的文书(图 12-8),一半在国家图书馆,一半在国家博物馆。国图部分是"周发殷汤"编号部分的敦煌卷子(今编 BD09330),国博部分出自《贞松堂藏西陲秘籍丛残》,《法书大观》编第 38 号,大家一直认为是吐鲁番卷子,但国图的编号告诉我们这是敦煌藏经洞出来的文书。我觉得还是从敦煌出的,只不过是唐朝时由到吐鲁番做官的敦煌人带回到敦煌的。另一件类似的文书是《唐开元年间瀚海军状为附表申王孝方等赏绯鱼袋事》，国博的《法书大观》编作第43号，这不是正式编号。国图编作周58号，今编BD09337，池田温《中国古代籍帐研究》里面有录文，现在国图的图录里已经发表。这两件也是可以直接缀合的，原本是北庭瀚海军文书，但的确是从敦煌藏经洞里出来的，和我在英国编目时遇到的开元年间的长行坊文书类似。这里国图和国博的文书两两可以直接缀合，看来两家"国"字号的大馆应当加强合作。

我在上一讲提到在国图的"1192"和"三千残片"的部分，其实还有很多没有做过的工作，没有好好去琢磨这东西是什么，跟哪个东西可能是一组的，我们应当继续努力。

重聚高昌宝藏——旅顺博物馆藏卷和散藏吐鲁番文书

到了2023年，我持续近四十年的追寻高昌宝藏的工作大体上告一段落，汇集这项工作的一个主要成果，是与史睿合编的《吐鲁番出土文献散录》，其中的资料主要是我历年来收集所得，即除去大的收藏之外的散藏吐鲁番文献中的非佛典材料，包括四部书、道教文献、摩尼教文献、佛教写经题记、公私文书等等，都汇于一编，省去了学者们跑腿的过程。

这其中有不少值得记录的追寻单篇或一组文书的故事，但比较零散，这里略举一二。

比如北京大学图书馆藏有属于同组的三件户籍残片，张玉范老师《北京大学图书馆藏敦煌遗书目录》加以著录，1988年提交给《敦煌吐鲁番文献研究论集》第5辑。我因帮助王永兴、张广达先生编辑此书，先睹为快，按照户籍纸面上的特征，得知这是吐鲁番出土的西州户籍，上有"开元二十九年籍"字样。1990年我到日本访问，应东京大学东洋文化研究所所长池田温教授的邀请，做了一场讲演，根据残卷背面的《礼忏文》，复原了正面三片户籍的缀合关系，并据文书登载特征，判定为唐开元二十九年西州籍。回国后，课业繁重，这篇讲演稿也就束之高阁。后来一次逛琉璃厂中国书店，购买到天津古籍出版社重印的《艺林旬刊》合订本，翻检之后，发现1929年7月1日第55期《艺林旬刊》上刊出的《唐开元户籍残本之二》，正是北大图书馆现藏的三件残片的影本，而1928年10月11日出版的第29期《艺林旬刊》第一版上刊出的《唐天山县户籍残本》，是可以与北大藏残片上下缀合的另一件稍为完整的残片，上面纸缝处有"天山县南平乡"字样，与"开元二十九年籍"对应。这四件残片影本都标注"赵星缘君赠"，后来三片进入北大图书馆，另一件不知所在。因为发现了新材料，我整理文稿，写成《〈唐开元二十九年西州天山县南平乡籍〉残卷研究》(图12-9a、b)，发表在《西域研究》1995年第1期。文章发表之后，我当时在历史系教中国通史课，带学生去中国历史博物馆参观通史陈列。在顺着历史时期讲文物的时候，忽然眼前一亮，发现写有"天山县南平乡"字样的那张纸片就陈列在眼前。我因为要讲课，所以只是匆匆记了一下，想过一阵子去正式校录，结果去的时候，陈列的东西撤了，拿回了库房。因为纸在灯光照耀下不好保存，展了一段时间就拿进去了。好在这件文书的清晰图版在1999年由《中国历史博物馆藏法书大观》第11卷《晋唐写经·晋唐文书》刊布出来，我们的《散录》得以缀合成一件《唐开元二十九年（741）西州天山县南平乡籍》。

还有甘肃省博物馆藏有几件吐鲁番文书，里面最好的一组是潘岳的书札，秦明智先生很早就写过文章，还提到一些其他的唐朝文书。于是我借某次到兰州出差的机会，与徐俊先生一起，在馆长俄军先生的关照下，在甘肃省文物考古所张德芳先生的陪同下，调看了这些吐鲁番文书。因为这些黄文弼先生曾经过目的吐鲁番文书一直没有公布，所以我特别撰写了《黄文弼先生与甘藏吐鲁番文献》一文加以介绍，所有文书也收入《散录》。

旅博藏大谷文书的整理，应当是我追寻高昌宝藏的最大收获。1990—1991年我在日本龙谷大学访学期间，了解到一些有关旅博藏品的情况。1995年我曾经与龙谷大学的上山大峻、小田义久、木田知生三位先生一起访问旅博，得以见到部分旅博藏新疆出土汉文文献。此后我在北京见到一些属于旅博藏卷的文书照片，曾在日本东洋文库就其中与大谷文书可以缀合的《唐律》残片做过介绍，讲演稿还翻译成日语发表在2003年9月出版的《东洋学报》第85卷第2

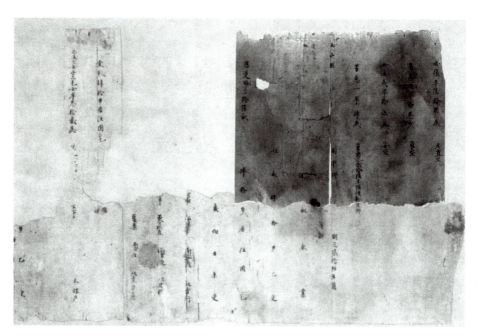

图12-9a　作者拼接的《唐开元二十九年西州天山县南平乡籍》

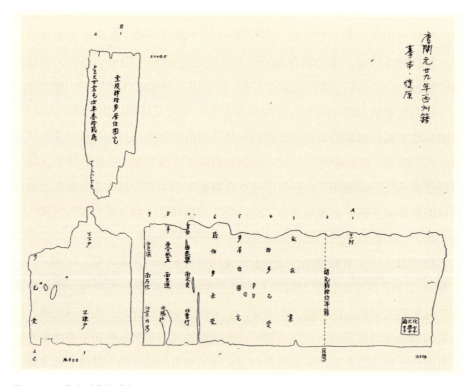

图12-9b　作者手摹的《唐开元二十九年西州天山县南平乡籍》

号上。2014年7月，时任中华书局总经理的徐俊先生邀我一道访问旅博，得到王振芬馆长的热情接待，看到了大蓝册、小蓝册中的许多典籍类文献（图12-10），也讨论了整理、出版可能遇到的问题。2015年，王馆长特地来到北京，正式启动"旅顺博物馆藏新疆出土汉文文献"整理计划，由旅顺博物馆、北京大学中国古代史研究中心、中国人民大学历史学院的整理团队合作进行，并确定由中华书局出版。我们的整理团队十分强大，断断续续有40人参加。我们仍然像整理"新获吐鲁番出土文献"一样，平日在北京据图片录文、定名、写解题，节假日集中到旅顺，在博物馆中核对原件和背面的文字，因为这些小断片都被橘瑞超裱糊在大本子上，无法揭下来，背面大部分是胡语，也有我们最关心的汉文世俗文书。这项工作让我也大体上过目了这两万六千号大谷探险队收集品，其中主要是吐鲁番文书，也包括库车甚至和田的出土物，但大谷探险队的考古工作很差，许多没有清晰的出土地标注，所以我们只能笼统称之为"新疆出土"。这次整理发现了大量的四部典籍，还有道教文献，佛典中也比定出不少疑伪经和禅籍，都是很有学术研究价值的材料。我们也把许多残片与龙谷大学的大谷文书、德藏吐鲁番文书、俄藏吐鲁番文书，甚至芬兰藏马达汉所获文书缀合起来，不过这一工作仍然在进行当中。我们这次整理工作的一项成果，是王振芬、孟宪实与我合编的《旅顺博物馆藏新疆出土汉文文献》彩色图

图12-10 旅顺博物馆藏装裱新疆出土文书的大蓝册、小蓝册

录本32册和《总目索引》3册，均由中华书局在2020年10月出版。在图录的编纂过程中我们已经做了大多数的录文，此项工作将由首都师范大学的游自勇教授主持继续完成。

可以说，到2021年，我的"重聚高昌宝藏"工作，或者说将近四十年对吐鲁番文书的追寻应当画上一个句号了。我把自己在追寻过程中写的文章汇集起来，编成《吐鲁番的典籍与文书》，2023年11月由上海古籍出版社出版。我还编了一份"荣新江教授有关吐鲁番研究论著目录"，由我所服务的北京大学中国古代史研究中心微信公众号推出，算是一份工作记录。

最后，期盼有人主持重新整理日本龙谷大学所藏大谷文书，出版高清彩色图录和录文集；希望有人主持出版德藏、俄藏、芬兰藏吐鲁番文献高清图录，还有就是吐峪沟新出文书。希望更年轻的学者勇于承担，尽早把这项工作列入议事日程。

真心期盼吐鲁番学与敦煌学比翼齐飞！

附录一　重新发现《永乐大典》

《永乐大典》及其流失海外

明姚广孝等编《永乐大典》成书于明成祖永乐六年（1408），计目录60卷，正文22877卷，装为11095册。因为部头太大，只有写本，没有刻印，正本存于南京文渊阁。明世宗嘉靖四十一年（1562）开始录副，至穆宗隆庆元年（1567）完成，副本与永乐正本格式装帧完全一样，存于新建的皇史宬。后来永乐原本不知所在，嘉靖副本至清初也有残缺，雍正时从皇史宬移到翰林院敬一亭。乾隆时尚存9677册，佚失1000多册，2422卷。1900年八国联军入京，又劫走大批，加之历年的散失，清末仅存64册。经过各界的不断努力，目前存世的《永乐大典》有400多册，800余卷。

1960年中华书局曾影印出版《永乐大典》，收720卷，202册，约当原书百分之三强。1960年台北世界书局也出版了影印本，补12卷。1960年中华书局再次影印，收730卷，分装20函202册。1982年中华书局出版续印本，收录新发现67卷，分装2函20册。1986年中华书局将上述两版合并出版，精装本10册，收录总计达797卷。

《永乐大典》中包含了明代初年以前的大量古籍，许多古书按照韵部被分别抄录在不同的韵字下面，几乎完整地保存了许多典籍，包括大部头的古书。清乾隆时修《四库全书》，四库馆臣就从《永乐大典》中辑出大量的已佚古书，如我们现在经常使用的《旧五代史》，就是从《永乐大典》里辑出来的。嘉庆时，徐松利用在宫中编《全唐文》之便，得以从《永乐大典》中辑出《宋会要》五六百卷①。只要看看《宋会要》对于宋史研究有多么重要，就可以知道《永乐大典》的价值了。

很可惜《永乐大典》后来逐渐散佚，又经过八国联军的劫掠，与原书相比，所存已极其有限。即使如此，现存的《永乐大典》仍然是我们研究每个问题时都不能忽略的史料合集。笔者研究的敦煌归义军史是个很偏的题目，但《永乐大典》卷5770保存的《宋会要》"瓜沙二州"条文字，要比徐松的《宋会要辑稿》准确，比如原文的"管内营田押蕃落等使"被清人误录为"管勾营田押藩落等使"②，亦可见《永乐大典》原本的重要，所以我的《归义军史研究》在引用《宋会要》瓜沙二州文字时，不用《辑稿》，而用《大典》原文。

1900年北京爆发义和团运动，北京的外国侨民聚集到紫禁城东南角的外国使馆区，其中最大的是英国使馆，里面聚集了使馆工作人员、清朝皇家海关工作人员、传教士、从大沽登陆而来保护使馆的部分英国军人。英国使馆的北边就是清朝翰林院的南墙，6月23日星期六，据当时在英国使馆中的人记录，与义和团关系密切的清军首领董福祥率领的军队在翰林院纵火，想利用北风烧到使馆区。英国海军陆战队在海军上校B.M. Strouts的指令下，由普尔上尉（Captain Francis Poole）带领十名英国海军士兵、五名美国海军士兵、五名海关志愿者，以及《泰晤士报》驻北京记者莫理循（George Ernest Morrison）、英国使馆实习译员巴尔（L. H. R. Barr）等，破墙进入翰林院，击退清朝军队，扑灭翰林院大火。此事是八国联军侵华战争的重要一节，西人一般称之为"使馆之围"。

这些进入翰林院的人，乘机拿走了一些《永乐大典》，目前有案可查的劫

---

① 有1957年北京中华书局、1976年台北新文丰出版公司、2002年上海古籍出版社《续修四库全书》（第775—786册）影印本行世。
② 见中华书局1986年版第3册，第2538—2539页。

掠情况如下①：

普尔上尉率军队进入翰林院，目前还有他坐在大殿中的一张照片，其面前堆放的应当就是《永乐大典》。他劫得的1册，后来在1961年由其遗孀卖给英国博物馆（The British Museum）。随着1973年英国图书馆（The British Library）从博物馆中分出，所有原在英国博物馆的《永乐大典》都转存于英国图书馆。

莫理循应当是进入翰林院中最懂得《永乐大典》价值的人，他本身就是一个藏书家，因此他所攫取的应当较多，至少有12册。其中7册在其1920年去世之前归日本岩崎家族，现收藏在东洋文库；2册在美国康奈尔大学；1册在英国博物馆（英国图书馆）；此外还有2册，1946年入藏伦敦大学亚非学院。

英国海军士兵毕幹（Thomas Biggin）获得1册，1907年捐赠给牛津大学博德利图书馆（The Bodleian Library, Oxford）。

其实不仅仅是杀入翰林院的人拿了《永乐大典》，其他也有不少人乘机劫取了《永乐大典》，这些人应当是英美军人占领翰林院后，前往抢夺的。

英国使馆职员翟兰思（Lancelot Giles）自称他获得了卷13344—13345的1册②，其实他至少有5册。他的藏卷后来归其父汉学家翟里斯（Herbert A. Giles）所有，其中1册给英国图书馆，1册给剑桥大学图书馆，另外3册后归美国国会图书馆，翟兰思的弟弟翟林奈（Lionel Giles）有文章记录这些收藏的去向③。

皇家海关中文秘书助理邓罗（Charles Henry Brewitt-Taylor）在"使馆之围"中劫取了1册《永乐大典》，1931年借存在英国博物馆，后来捐给该馆，但不让显露其名。

海关总务司职员白莱喜（James Russell Brazier）拿走至少3册。1922年将其

---

① 英国牛津大学博德利图书馆中文部主任何大伟（David Helliwell）《欧洲图书馆所藏〈永乐大典〉综述》一文对部分藏书的来源做了追溯。此文最初英文原文为 "Holdings of *Yongle Dadian* in United Kingdom Libraries"（《英国图书馆所藏〈永乐大典〉》），载中国国家图书馆编《〈永乐大典〉编纂600周年国际研讨会论文集》（北京图书馆出版社，2003年），第264—306页，后增订为 "Holdings of '*Yongle Dadian*' in European Libraries"，并由许海燕译成汉语，载《文献》2016年第3期，第31—50页。以下叙述主要依据该文，并追溯到"使馆之围"时的一些情况。

② Lancelot Giles, *The Siege of the Peking Legations: A dairy*, Nedlands: University of Western Australia Press, 1970, p. 126.

③ Lionel Giles, "A Note on the *Yung Lo Ta Tien*", *The New China Review*, 2-2, April 1920, pp. 137-153.

中 1 册捐给母校阿伯丁大学（University of Aberdeen），1954 年其子将另外 2 册出售给爱尔兰的切斯特·比蒂图书馆（The Chester Beatty Library）。

海关职员斯泰老（E. A. W. von Strauch）拿走 3 册，后入藏德国柏林民族学博物馆（Museum für Völkerkunde）。

供职英国使馆的白挨底（G. M. H. Playfair）说有位使馆的人把所获 1 册《永乐大典》送给他，他在 1911 年捐给了英国博物馆。

另一位供职英国使馆的窦尔慈（B. G. Tours）获得 2 卷，送给同在使馆的 A. J. Sundius。后者在 1908 年送给一直在中国传教的慕稼谷（G. E. Moule）。慕稼谷之子汉学家慕阿德（A. C. Moule）于 1929 年将其捐赠给英国博物馆。

英国驻清朝公使馆商务帮办杰弥逊（James W. Jamieson）获得 1 册，1914 年捐给英国博物馆。

英国公使馆牧师罗兰·亚伦（Roland Allen）也拿走 1 册，后出售，现转藏于剑桥大学图书馆。

除了英国军人和使馆职员外，其他使馆的外国人也乘机前往翰林院掠夺《永乐大典》。

一个德国军官劫得 3 册，后归莱比锡大学，1955 年由民主德国归还给中国，现藏中国国家图书馆。

当时在法国使馆的年轻汉学研究者伯希和（Paul Pelliot），在参加法国使馆与清军和义和团的生死搏斗之余，也不忘去翰林院抢劫《永乐大典》。《伯希和北京日记》1900 年 6 月 23 日记载："英国公使馆后面起火。火势蔓延到翰林院，烧毁了那里的藏书馆（包括《四库全书》写在皮上的底本和《永乐大典》的手稿）。"[①]法人菲利普·弗朗德兰（Philippe Flandrin）撰写的《伯希和传》，详细记录了伯希和在"庚子之围"中的战斗经历。在 1900 年 11 月 4 日条记录道："伯希和返回河内，带走一批明朝初期书画、乾隆皇帝手书《法华经》第一卷，以及从翰林院火灾中拯救出来的两卷《永乐大典》。"[②]说明伯希和劫掠到 2 卷《大典》。

---

① 见《伯希和北京日记》，萧菁译，广西师范大学出版社，2017 年，第 49 页。
② 见［法］菲利普·弗朗德兰著，一梧译《伯希和传》，广西师范大学出版社，2017 年，第 86 页。

因为大多数劫得《永乐大典》的人知道自己的行为是不正当的，所以一般都不愿留下记载，在捐赠和出售时也尽量隐去自己的名字，因此我们不知道以英国为主的各国在京人员到底拿了多少册，也不清楚这些藏卷后来都转移到哪里。上面这些由获得藏卷的图书馆或博物馆透露出来的信息，或者由当时并不想公布的日记记录的获取情况，应当是《永乐大典》流散经过的冰山一角。

重新发现英国、爱尔兰藏《永乐大典》的经过

正是因为《永乐大典》这种比较隐秘的获取和传存情形，所以多年来调查《永乐大典》的存本就是学界的一项重要工作，而且取得了不小的成绩，但与《永乐大典》原本的数量相比，一定还有不少工作要做。

笔者自1984—1985年有机会到欧洲访学，也借机访查海外所藏敦煌西域出土文献，同时留意《永乐大典》的散藏情况。1990—1991年到日本、欧洲访学，继续调查敦煌西域文献，同时关注《永乐大典》。1991年偶然发现英国未刊《永乐大典》，由此进一步将藏于英国、爱尔兰图书馆的两组《永乐大典》发掘出来，为学界所用。

在1984年9月笔者到荷兰莱顿大学后，就利用皮尔森（J. D. Pearson）《欧洲与北美所藏的东方写本》一书，来做调查敦煌西域文书的准备。这本书是作者受联合国教科文组织的委托，走访了欧洲和北美三百多家图书馆和博物馆后，用简单的形式，记录各馆所藏的各种语言的东方写本，比如一个图书馆中有阿拉伯语写本多少，就在Arabic后括注一个数字，或者对重要的典籍做简要注记。我当时已经惊奇地注意到，在爱尔兰都柏林的一个私家图书馆——切斯特·比蒂图书馆条目下，著录有6卷《永乐大典》[1]：

> Chester Beatty Library, Dublin: The Library possesses 112 Chinese MSS., including six sections of the *Yung-lo ta tien* ... (information from the Librarian and

---

[1] J. D. Pearson, *Oriental Manuscripts in Europe and North America: A Survey*, Switzerland, 1971, p. 450.

The Chester Beatty Library, Dublin, 1963, pp. 25-26.)

都柏林切斯特·比蒂图书馆：该馆拥有112件中国写本，包括6卷《永乐大典》……（信息来自图书馆员和《切斯特·比蒂图书馆》，都柏林，1963年，25—26页。）

我当时即把这一页复印下来，但没有做进一步的追踪，因为当时主要关注的是敦煌西域文书。

1990年8月以后我在日本期间，中华书局的张忱石先生随北京大学历史系教授、我的同事刘俊文先生来日本访问。张忱石先生是《〈永乐大典〉史话》的作者，我在随他们在关西地区走访途中，和他谈到海外《永乐大典》的情况，应当说到了爱尔兰的收藏，并告知他不久去英国后，会继续《永乐大典》的调查工作。幸运的是我到英国后写有整理敦煌文书的工作日志，记录有关敦煌卷子编目和其他学术活动的情况，也兼及《永乐大典》的调查，最近还找到一些相关的往来通信，值得把最重要的重新发现《永乐大典》的过程留下一份记录。

我在离开日本之前，收到张忱石先生1991年1月29日的来信。

新江先生：

我早已返国，因年底及年初，事情甚多，需制订今年发稿及发排计划，再加出国期间，不少工作被积压下来，要及时处理，故直至今日方复信与你。

在日期间，你曾云今年将赴英国工作一段时间，我曾托兄查访散佚在爱尔兰之《大典》。清末英使馆在东交民巷，与翰林院毗邻，《大典》即存放于翰林院之敬一亭。八国联军入侵之时，该地沦为战场，英籍大兵攫取甚多。当时英籍大兵中有不少爱尔兰人，想必将《大典》带回。三十年代北京图书馆馆长袁同礼（守和）先生曾赴欧洲查访《大典》下落，跑了不少地方，但没有赴爱尔兰查访，故其所著《永乐大典现存卷目表》亦未载爱尔兰有《大典》也。日本学者岩井大慧在六十年代亦调查过《永乐大典》，其所著《永乐大典现存调查卷目表》大大超过袁氏所收，但亦不知爱尔兰有《大典》也。爱尔兰有《大典》是北图善本部主任李致忠告我的，我托北图交换部办理，以便取得复件，但他们迟迟不办，故只好求之于兄。今将爱尔兰所藏《大典》卷号及内容抄如另纸，务请兄赴英期间能赴爱尔兰一次（此书藏爱尔兰何处，尚不知，该国是小国，学术机构及图书馆不会太多，你可问之英国汉学家，会藏于爱尔兰什么机构），并希取得显微胶卷（拍摄显微胶卷时务必将书摊平，以便焦距一致，最好拍摄时书上放一玻璃板，通过玻璃板拍摄效果较佳）。拍摄需要多少外汇请来信告知（希望数量不是太大），如外汇所费不是很多，请兄先填付一下，兄返国后由中华书局还你外汇。此事就拜托你了，如果你实在办不成，亦务必了解《大典》所藏地址及单位名称，以便今后托他人再办。我们极希望你能一次办成。

　　见及谷川、木田诸先生请代致问候。

　　匆上，即颂

撰安

弟忱石
91.1.29匆上

　　1991年2月24日，我从东京直飞伦敦，开始为期半年的访问，主要是应英国图书馆的邀请，编纂斯坦因所获敦煌写本残卷的目录。由于张忱石先生的提醒，我更加关注《永乐大典》。只要有心，必有所报。

　　3月26日，我从《英国图书馆通讯》(Newsletter) 最新一号上看到一则消息，说1989年英图购买到两卷《永乐大典》，不禁为之惊喜。当时正好赶上英图东方部在罗素广场租借的楼到期，要搬到滑铁卢桥旁的印度事务部图书馆，这两卷《大典》已经封装搬走，所以我请英图中文部主任吴芳思（Frances Wood）和馆员徐晓薇（Xiaowei Bond）代查到有关记录，知道是《永乐大典》卷14219—14220"相地"条，初步判断为中华版所未收，吴芳思答应我等馆员也移到印度事务部图书馆办公后，就可以调看。

　　当天晚上，我就写信把这个新发现告诉了张忱石先生，因为觉得这封信有特殊的意义，所以当时复印了一份，故此有幸保存下来（图附1-1）。

張忱石

THE BRITISH LIBRARY

張先生：

您好！

我於2月24日到倫敦，将在英国国家圖書館工作到8月24日。离日前曾草一信，托王瑞来兄带上，想已收到。

爱尔兰的收藏之《大典》，我已查到至少有一卷藏在 Dublin 的 Chester Beatty Library，正托英国的朋友寄与该馆联系。

另外，英图於1989年3月新入藏了两卷《大典》，为卷14219和14220"相也"，请您查一下是否收入中华新版，若未收入，我将与馆方商洽拍摄事宜。英图中文部主任我很熟，这两卷入手完全想没问题。

我刚到此地，英图正在搬家，未能找到《大典》的中华新版，如方便的话，能否复印一份新版已收的西方各国藏卷的卷号及收藏地，以便寻找新的资料。英国旧藏者大概您们都已收入了！

耑此，敬颂

文安

荣新江
1991.3.26

图附1-1 荣新江致张忱石信（1991年3月26日）

满世界寻找敦煌

张先生：

　　您好！

　　我于2月24日到伦敦，将在英国国家图书馆工作到8月24日。离日前曾草一信，托王瑞来兄带上，想已收到。

　　爱尔兰收藏之《大典》，我已查到至少有六卷藏在Dublin的Chester Beatty Library，正托英国的关系者与该馆联系。

　　另外，英图于1989年3月新入藏了两卷《大典》，为卷14219和14220 "相地"，请您查一下是否收入中华新版，若未收入，我将与馆方商洽拍摄事宜。英图中文部主任我很熟，这两卷入手完全没问题。

　　我刚到此地，英图正在搬家，未能找到《大典》的中华新版，如方便的话，能否复印一份新版已收的西方各国藏卷的卷号及收藏地，以便寻找新的资料。英国旧藏者大概您们都已收入了！

　　耑此，敬颂

文安

荣新江
1991.3.26

　　在报告英国图书馆新入藏的《永乐大典》卷14219—14220 "相地"部分的同时，我也把皮尔森《欧洲与北美所藏的东方写本》记录的爱尔兰切斯特·比蒂图书馆藏《永乐大典》的情况告诉了他。

　　4月22日，我随英图东方部搬到Orbit House的印度事务部图书馆继续敦煌卷子的编目工作，还没来得及调阅新入藏的《永乐大典》卷14219—14220 "相地"。4月26日，接张忱石4月10日信，告英图新收的两卷中华新版未收，让我拍照片。又告另外寄来所著《〈永乐大典〉史话》一册：

新江先生：

　　瑞来带来一信及你3月26日信，均收悉。散藏于英国、爱尔兰之《大典》，还望兄费心收集。为使你更便查找散失海外的《大典》，今同时寄上拙作《〈永乐大典〉史话》（手头仅有两本，今找出送兄）一书，内有"现存永乐大典卷目表"一节，凡不在此卷目表内者，即是中华书局影印本未收的，是要复制回来。

所告英新入藏《大典》14219—14220两卷，为中华影印本所未收，要复制。所云爱尔兰之《大典》已找到六卷。但据我们所知该国之《大典》为九卷，即803—806、865—866（此二卷误衍——笔者）、10110—10112，你查到的六卷是否在其内。总之散失海外之《大典》希尽量收集，最好网罗无遗。凡要复制者，可拍摄成显微胶卷（切勿拍广告照片，这样价格太高。如彩色显微胶卷最好，如彩色成本太高亦可改用黑白的），所需费用，尽量要便宜，其价格勿超过100美元（如超过，也勿超出150美元），如对方索价高的话，是否可以用送中华图书作抵偿，总之是尽量要做到以最便宜之价格复制回来。《大典》最后一页是抄写圈点儒臣表，也请拍摄，勿遗忘。所需费用由兄填付，你返国时凭发票报销。如要美元给美元，如要人民币，即以1美元抵6元计算与你。此事一定浪费兄不少精力与时间，容当后谢。

匆上，即颂

撰安

弟忱石

1991.4.10

得知新入藏的两卷《永乐大典》为前所未知，我受到很大鼓舞。从张先生急切的话语来看，也是势在必得。5月3日，我就向吴芳思提出拍摄《永乐大典》的请求，她表示同意，但要计价付钱。当时中华书局经济状况并不好，但好在只有两卷，我自己在英国的奖学金也还勉强可以支付。

同在5月3日，我接到张忱石寄来的《〈永乐大典〉史话》，随即据其所编《现存永乐大典卷目表》，查英国图书馆的几册东方写本入藏登记簿——这些登记簿就在我工作的中文部办公室内，很快我又找到六卷中华印本所未收的《永乐大典》，计卷6933、6934、10043、13201、13202、13203。

5月8日，我的工作日志写道："给张忱石信，告其又找到中华版未收之

《永乐大典》六卷，并问与英图交换条件。"可惜这封信没有复制留底，最近徐俊先生约张忱石先生与我小聚，以此相询，张先生年事已高，说记不清楚这些信放在哪里了。好在张先生很快在5月27日就给我回信，我6月3日到达伦敦，其中详谈拍摄《永乐大典》条件，希望以赠书为交换复制件的条件，外加之钱多少都拟付出：

新江先生：

5月8日信收悉，因有些事需商议，故复信略迟，谨致歉意。今将诸事分述如下：

（1）关于英国之《大典》请复制下列六卷，即卷10043、13201、13202、13203、14219、14220，以上六卷是我们没有的，来信提及卷6933、6934两卷我处续印本已收，我的《史话》现存表中只脱漏这两卷，是疏忽，故这两卷就不必复制了。

（2）爱尔兰之《大典》请复制卷803、804、805、806、865、866（此二卷误衍——笔者）、10110、10111、10112九卷，如有现存卷目表以外之卷号，亦请复制。

（3）仅目前掌握英国及爱尔兰之《大典》有15卷，加上我处新获日本美国（各2卷），共19卷，再加上过去中华收集的797卷，凡816卷，拟一并影印成精装本（只要取得胶卷，二年内即可出版），将来影印本出版后，拟送英国、爱尔兰两个图书馆精装本一套为谢，如用这个条件对方可以免费或降低费用提供胶卷为最好。

（4）为表示赠书是恪守信用，特寄上由我处副总编辑陈金生签字并加盖公章的承诺书（抬头由你填写）。如其他机构亦藏有《大典》，复制时亦可照此办理，故寄上承诺书四份，如用不掉仍带回交还我们。

（5）关于复制金额，我处决定不限数字，皆请务必复制成显微胶片（不要拍广告片，广告片费用甚贵），发票抬头务请开"中华书局"，切勿开你个人名字。所需费用暂由你垫付，你回国后如数交你。

（6）将来影印时，在影印说明中将对英国国家图书馆及中文部主任

Franccs Wood博士表示感谢（英国其他机构及爱尔兰收藏机构亦会如此）。

（7）你为中华复制，多有麻烦之处，中华书局亦将赠送一些书作为酬谢。如英国方面复制成功，对中文部主任亦可送一些中华版图书与她。

总之复制《大典》一事，希你抓紧进行，只要不出大格，一切你可灵活掌握，不必再来信商量，毕竟你返国时间快到了，切勿错过时机。

匆上，即颂

撰安

弟忱石

1991.5.27

信中提到的中华书局副总编辑陈金生签字并加盖公章的承诺书，我这里还保留一份原件，为保存《永乐大典》调查史料，这里抄录如下：

_____图书馆：

欣闻贵馆珍藏中国古籍《永乐大典》多卷，中华书局拟向贵馆复制《大典》显微胶卷，并将贵馆珍藏之《永乐大典》与我们已掌握的共七百九十七卷一并影印，俟将来出版后，赠送贵馆《永乐大典》精装影印本一套，以示感谢。希贵馆慨允，大力协助。

专此，顺致

敬意

中华书局副总编辑　陈金生（签字）

一九九一年五月二十七日

为了做好复制工作，我从6月6日开始，在紧张的敦煌写本编目工作之余，调看《永乐大典》中华未刊部分，了解各卷的具体情况。6月26日，我与吴芳思商议为中华书局拍《永乐大典》缩微胶卷事宜，并交其中华协议书，她去摄制组商议价格。同日，我又请她代与切斯特·比蒂图书馆联系，她随即写信给该馆馆长，询问其所藏《永乐大典》情况。6月28日，吴芳思致信切斯特·比蒂图书馆，代我们提出要求（以下均抄录英文原信，并括附汉译）(图附1-2)：

The Keeper
Chester Beatty Library
20 Shrewsbury Road
Dublin 4
Republic of Ireland

our ref
your ref
date   28 June 1991

Dear Keeper

We have an academic visitor from Peking University, Rong Xinjiang, an historian, who is keen to track down copies of the Yong le da dian/Yung lo ta tien for microfilming and eventual publication by the Zhong hua shu ju in Peking. They intend to publish a facsimile of all the fascicules they can find throughout the world, in order to get as close as possible to a recreation of the original.

Their proposal to us is that we furnish microfilms of the fascicules here, in return for a complete set of the published work. I am waiting for an estimate of the cost but hope to persuade my superiors here that it will be worth it.

Rong Xinjiang understands that there are 6 sections of the work in the Chester Beatty library and (as his English is imperfect has asked me to ask you on behalf of the publishing house whether you would be willing to supply microfilm on the basis suggested or what your terms for reproduction might be?

With best wishes

Yours sincerely

Frances Wood
Chinese section

91.6.28 吴芳思致 Chester Beatty 图书馆信

图附 1-2　吴芳思致切斯特·比蒂图书馆信（1991年6月28日）

Dear Keeper,

We have an academic visitor from Peking University, Rong Xinjiang, an historian, who is keen to track down copies of the *Yong le da dian/Yung lo ta tien* for microfilming and eventual publication by the Zhong hua shu ju in Peking. They intend to publish a facsimile of all the fascicules they can find throughout the world, in order to get as close as possible to a recreation of the original.

Their proposal to us is that we furnish microfilms of the fascicules here, in return for a complete set of the published work. I am waiting for an estimate of the cost but hope to persuade my superiors here that it will be worth it.

Rong Xinjiang understands that there are 6 sections of the work in the Chester Beatty library and (as his English is imperfect) has asked me to ask you on behalf of the publishing house whether you would be willing to supply microfilm on the basis suggested or what your terms for reproduction might be?

With best wishes

Yours sincerely

Frances Wood

Chinese section

（亲爱的馆长：

我们这里有一位来自北京大学的访问学者，叫荣新江，是历史学者，他热切地追踪《永乐大典》的写本，希望获得缩微胶卷以便最终由北京的中华书局出版。他们很想把他们在全世界范围内已经发现的图版印成图录，以便尽可能地接近该书的原本面貌。

他们建议我们提供这里收藏的各分册的缩微胶卷，回报给我们一整套出版物。我在等待价钱的估算，但我也让我的上司相信这个交换条件是值得的。

荣新江了解到切斯特·比蒂图书馆收藏有六卷《永乐大典》，因为他的英文没有那么好，所以让我代表出版社请问您，贵馆是否愿意根据他们的基本提议提供缩微胶卷，你们的团队将复制成什么形式。

　　致以最诚挚的问候。

吴芳思

1991年6月28日）

　　关于这封信的回复，我没有找到存档文件。随后因为我要去苏联的列宁格勒（今圣彼得堡）调查敦煌写卷，所以时间非常紧张，无暇顾及此事。7月13—20日，我前往列宁格勒，时间虽短，但收获很多。

　　7月24日我从列宁格勒回到伦敦不久，继续调阅《永乐大典》，并代中华书局提出复制胶卷的申请，交给吴芳思。随后我进入敦煌写本编目的冲刺阶段，无暇他顾。8月6日，我编纂的《英国图书馆藏敦煌汉文残卷目录（非佛教部分）》稿本完成，交吴芳思，并撰写了给英国学术院的工作汇报。然后和香港大学方面联系，打算顺道去参加一个唐史研讨会。8月18日离开伦敦，结束了我在英国半年的敦煌写本残卷编目工作，也把《永乐大典》的调查工作暂时告一段落。

　　时光如梭，很快四年过去了，我预计1996年6—8月间在德国柏林自由大学讲学三个月，这是我自1991年以后再次较长时间逗留欧洲，所以希望利用这段时间，继续完成英国、爱尔兰收藏《永乐大典》的复制工作。年初，我开始和中华书局方面讨论相关事宜，大概因为在北京主要都是电话和当面讨论，所以有关往来信件不多，但重要的仍有留存。

　　1996年2月中华书局总经理邓经元致函爱尔兰切斯特·比蒂图书馆和英国图书馆，提出拍摄缩微胶卷的具体要求和操作方式，下面是给切斯特·比蒂图书馆的一封信：

　　尊敬的馆长先生：

　　中国北京中华书局在1986年曾经出版过中国古籍《永乐大典》，但贵馆收藏的《永乐大典》卷803、804、805、806、865、866（此二卷承前误——笔者）、10110、10111、10112等9卷未能收入。1991年我们曾委托英国国家图书馆中文部主任吴芳思博士联系拍摄缩微胶卷，但未见回复。中华书局出版《永乐大典》的目的，是使流散在世界各地的中国古籍重见于世，广为学术界研究利用，因此，我们真诚地希望以下几点能得到馆长先生的支持和帮助：

1.由贵馆无偿提供以上卷号《永乐大典》的缩微胶卷；

2.在得到贵馆赠送的缩微胶卷后，我局将出版一套新的《永乐大典》影印本。为表示对贵馆的友好感谢之情，中华书局将赠送贵馆新影印的《永乐大典》一套（十六开精装40册，定价约相当于1000美元，估计1997年出版）；

3.我方将委派中华书局古代史编辑室主任张忱石、北京大学教授荣新江二人赴贵国商谈以上事宜，希望贵馆寄发邀请信件，信件上写明邀请上述二位先生访问贵馆。由于张、荣两位先生服务于不同机构，故邀请信请贵馆向他们所在的机构分别发出，荣先生的服务机构是中国北京北京大学历史系。他们希望今年5—6月左右访问贵馆。

谢谢馆长先生

此致

敬礼

中华书局总经理

1996年2月　日

回信地址：中国北京王府井大街36号中华书局

Fax: 0086-10-5134902

我帮忙修订的此信英文译稿也还保存着，时间是1996年3月15日，也抄录如下，署名格式按英文信略有调整，直接加上邓经元的名字：

Deng Jingyuan

Zhong Hua Book Company

36 Wangfujing Street

Beijing, China

The Curator

The Chester Beatty Library   March 15, 1996

20 Shrewsbury Road

Dublin 4

Republic of Ireland

Dear Curator,

We published an important encyclopedia of Ming Dynasty named *Yongle Dadian* 永 乐 大 典 in 1986, but it didn't include the nine volumes of Nos. 803, 804, 805, 806, 865, 866, 10110, 10111, 10112 which reserved in your library. In 1991, we requested Dr. Frances Wood of Chinese Section of the British Library to negotiate with your library over taking microfilm of these volumes, but we didn't receive a reply.

Now we intend to publish a new edition of *Yongle Dadian* again, our purpose is to make the lost Chinese work which scattered all over the world to be appeared again and to be extensive used and researched by the academic circles, so we cordially expect that the following points should be helped and supported by you.

1. Your library provide free microfilms of the mentioned above volumes for us.

2. As a repay for your hospitality, we will present a set of the new edition of *Yongle Dadian*. The new edition, consisting of 40 volumes and being priced about $1000, will be published in 1997.

3. We will appoint Mr. Zhang Chenshi 张忱石, Director of editorial department on ancient Chinese history of our Company, and Prof. Rong Xinjiang 荣新江 of Peking University to go to Ireland negotiating on these affairs with your library. So, we hope you to send an invitation to each of them, according to their different address separately. Mr. Zhang's is same as mine. Prof. Rong's is Department of History, Peking University, Beijing 100871. They hope to visit your library in May-June this year.

Thank you very much for your help. I am looking forward to hearing from you soon.

Yours sincerely,

Deng Jingyuan

General Manager of

Zhonghua Book Company

大概因为我已经把中华书局2月份拟的给英国图书馆的中文信或相关信息提前直接寄给吴芳思，所以她很快在3月7日就回复给我下面一信：

Date: 7. iii. 96

Dear Rong Xinjiang,

It was a great pleasure to hear that you are pursuing the publication project with Zhonghua Shuju. I will be very happy to help you and Professor Zhang Chenshi in your search for further fascicules of the *Yongle Dadian* for publication. The British Library will be happy to offer you both facilities for your work and assistance in contacting other libraries in the UK and Ireland. Please let me know the proposed dates for your visit so that we can make arrangements here.

With best wishes,

Frances 吴芳思

Frances Wood

Chinese section

（时间：96年3月7日

尊敬的荣新江：

非常高兴听闻你正在致力于与中华书局合作的出版计划。我将很高兴地帮助你和张忱石教授为《永乐大典》的出版而进行更多卷册的调查工作。英国图书馆将很愿意提供你们工作的设施并协助你们联系英国和爱尔兰的其他图书馆。请告诉我你们来访的预订时间以便我们在此做出安排。

致以最诚挚的问候

切斯特·比蒂图书馆迈克·罗恩（Michael Ryan）博士也在4月4日给邓经元回信（译文附后）：

The Chester Beatty Library

Director & Librarian:

Michael Ryan, MA PhD FSA MRIA

4　April 1996.

Mr. Deng Jingyuan

Zhong Hua Book Co.

36 Wangfujing Street

Beijing

China

Dear Mr. Jingyuan,

Thank you for your request about the *Yongle Dadian*. The publication of a new edition facsimile seems a most welcome project and I shall take the matter up with my Trustees at their next meeting.

Yours sincerely,

Michael Ryan（签名）

（尊敬的经元先生：

感谢您关于《永乐大典》的请求，出版一个新的图版本听上去是最值得欢迎的计划，我将把此事提交给我们董事会的下次会议讨论。

迈克·罗恩［签名］）

4月21日我给吴芳思回信如下：

Dear Frances,

Thank you very much for your letter of 7 Mar. and your invitation. We are waiting for the letter of agreement from the Chester Beatty Library, because we hope to visit London and Dublin one by one. Before we confirm the proposed dates for our visit England, we have to know the dates for visit Ireland. On the other hand, I was invited by the Free University of Berlin for three months. I hope to be there from the 15 May to 15 August, but I am not sure that the application for the visa takes how long time.

Thank you again for your help.

Yours sincerely

Rong Xinjiang

（尊敬的吴芳思：

非常感谢您3月7日的信和邀请。我们正在等待切斯特·比蒂图书馆同意信函，因为我们希望依次访问伦敦和都柏林，在我们确认访问英国的预计时间之前，我们必须得知访问爱尔兰的时间。另外，我得到柏林自由大学三个月的邀请，我希望从5月15日到8月15日在那里，但我还不确定申请签证需要多长时间。

再次感谢您的帮助。

荣新江）

同日我又代邓经元给迈克·罗恩博士回信，并用传真发出：

Dear Dr. Ryan,

Thank you very much for your letter of 4 April and your agreement of a new edition facsimile of *Yongle Dadian* by our Book Company. I hope that your Trustees would be give a definite answer for the three wishes mentioned in the last letter. The publication of the *Yongle Dadian* in your library seems an honour for your library and a most welcome thing by the Sinologists in the world.

Thank you and the members of your Trustees for your kind help. I am looking forward to hearing from you soon.

Yours sincerely

Deng Jingyuan

（尊敬的罗恩博士：

非常感谢您4月4日的信和您赞同由我们书局来出版一个《永乐大典》的新图录本，我希望你们的董事会对我上一信的三项请求给予确切的回答。出版贵馆所藏《永乐大典》应当是贵馆的荣誉，也是世界上的汉学家们最欢迎的事情。

感谢您和你们董事会成员的善意帮助，我希望尽快得到您的回复。

邓经元）

因为我们希望尽快确定日程，所以5月19日我又代邓经元给迈克·罗恩博士去信：

Dear Dr. Ryan,

I sent you a fax on April 20. I am wondering if the dates of your Trustees have been decided yet. If you have any questions and wishes, please let me know. Please find enclosed here with two letters of invitation from the British Library to Professors Zhang Chenshi and Rong Xinjiang. They hope to visit London and Dublin one by one. Before they confirm the proposed dates for their visiting England, they have to know the dates for visiting Ireland. So, I am looking forward to hearing from you soon.

Thank you and the members of your Trustees again for your kind help.

Deng Jingyuan

（尊敬的罗恩博士：

我在4月20日寄上一个传真，我不知道你们董事会的时间是否已经确定。如果你们有任何问题和希望，请告诉我。这里附上英国图书馆给张忱石、荣新江教授的两封邀请函，他们希望依次访问伦敦和都柏林，他们在确定访问英国的预定时间前，希望知道访问爱尔兰的时间，所以我希望尽快得到您的回复。

图附 1-3　Michael Ryan致荣新江信（1996年5月25日）

再次感谢您和你们董事会成员的善意帮助。

（邓经元）

切斯特·比蒂图书馆迈克·罗恩博士应当很快给中华书局回了信，因为我收到他5月25日给我的回信（图附1-3）：

25 May 1996

Dear Professor Xinjiang,

I understand that you may travel to Ireland this year to discuss publication of our volumes of *Yongle Dadian* on behalf of the Zhong Hua Book Company. May I say that you and your colleague, Mr. Zhang Chenshi, will be more than welcome.

Please let me know in advance of the date of your proposed visit to the Library.

Yours sincerely

Michael Ryan（签名）

（尊敬的新江教授：

我理解你今年将代表中华书局来爱尔兰讨论我们所藏《永乐大典》的出版事宜，请让我表示对你和你的同事张忱石先生的热情欢迎。请提前告诉我你们预计访问本馆的时间。

迈克·罗恩［签名］）

这封信辗转到达我手里应当花费了一定的时间，因为我已经在5月31日到柏林，开始在自由大学做为期三个月的访问研究。6月7日，我给张忱石信，建议最好8月20—30日去伦敦和都柏林，然后经香港回京。6月17日，我写信给吴芳思，请她给我发一份正式的邀请函，以便在柏林办签证。6月24日，我就收到吴芳思寄来的英国图书馆正式邀请信，同时告知她将于8月25日至9月1日去中国。同日，我也收到迈克·罗恩博士寄来的切斯特·比蒂图书馆正式邀请信，同时告知他9月3日假期才结束。

7月13日，我给张忱石写信，告我打算开始办签证，拟8月27日到伦敦，让他8月28日到。7月中旬，我从柏林先到莱顿，重访莱顿大学。然后到波恩，19日起个大早，乘火车到杜塞尔多夫的英国领事馆办签证，当时英国规定所有在德国的中国人，不论多远，都要亲自前往杜塞尔多夫去办签证。7月26日，我又到柏林的爱尔兰领事馆办签证。8月14日获得爱尔兰签证，但英国使馆说他们要把我的材料寄到北京的英国领事馆审查，然后才能得到，所以迟迟批不下来。8月19日，接张忱石信，他可能9月5日才能拿到签证，让我在外等他。但我在8月28日离开欧洲之前，没有拿到英国签证。

回国后，我又准备前往美国耶鲁大学做访问研究，10月10日启程赴美。而张忱石先生于10月31日到伦敦，在伦敦大学亚非学院的汪涛老师和当时在英国的中国人民大学历史系沙知教授的帮助下，走访英国图书馆，随后由亚非学院博士生张弘星陪同去了都柏林，最终获得了英国图书馆和切斯特·比蒂图书馆所藏全部未刊《永乐大典》的缩微胶卷。我很遗憾没有能按原定计划陪张忱石先生前往两家图书馆，但参与了整个发现、调查、联系的全过程，也算是对于这两家未刊《永乐大典》的发现和材料的获取做了一点贡献。

新发现《永乐大典》的影印与价值

1996年张忱石先生代表中华书局将英国图书馆和爱尔兰切斯特·比蒂图书馆藏《永乐大典》的缩微胶卷带回国内，但由于书局的人事变动，没有及时按计划在1997年出版新的影印本。

2003年，上海辞书出版社影印出版了《海外新发现永乐大典十七卷》，版权页没写编者，只写出版人是李伟国先生，他是当时上海辞书出版社的领导，此前在上海古籍出版社任副社长兼副总编辑时，和我在俄藏敦煌文献的调查方面有很多联系。该书十六开精装一册，收入海外新发现的《永乐大典》17卷，胡道静先生序中称："它们是现藏美国二卷、日本二卷、英国五卷、爱尔兰八卷，凡十七卷，承蒙海外学者和留学生的协助，藏馆的慨允，终于取得复件。"没有具体说是哪里的馆藏，对比所刊卷数，知道是美国纽约公共图书馆藏卷15957—15958，日本黑川古文化研究所藏卷8569—8570，英国图书馆藏卷13201—13203、14219—14220，爱尔兰切斯特·比蒂图书馆藏卷803—806、10110—10112、19866。这其中的切斯特·比蒂图书馆和英国图书馆的藏卷，实际上就是笔者和中华书局张忱石先生努力的结果，海外学者助力最多的是吴芳思，还有迈克·罗恩博士，以及汪涛、张弘星等海外中国学者。无论如何，这些新材料的发表，有助于《永乐大典》的研究，而其中的文献材料，更可为各专业的学者所用。

2012年，中华书局再次重印《永乐大典》，精装11册，增加了从海外新收集到的16卷，包括笔者与中华书局合作重新发现的英国图书馆和爱尔兰切斯特·比蒂图书馆藏卷，共计813卷。在中华书局编辑部撰写于2011年4月的《第三次重印说明》中，说到他们所了解的这部分藏卷的来历：

二十世纪九十年代，北京大学中古史研究中心荣新江教授在英国图书馆研究敦煌文书期间，他发现英国图书馆藏有《永乐大典》两册五卷，为中华书局影印本所未收，同时他还告诉我们爱尔兰都柏林切斯特·比蒂博物馆（Chester Beatty Library，Dublin）亦藏有《大典》九卷。为此，一九九六年初冬，中华书局派古代史编辑室张忱石赴英调查与复制《永乐大典》。在英期间，得到旅英学者汪涛先生和英国图书馆中文部主任吴芳思（Frances Wood）女士的热情接待，阅看了该馆所藏全部《大典》，其中卷一三二〇一、一三二〇二、一三二〇三用事韵一册三卷和卷一四二一九、一四二二〇地字韵一册二卷，于二十世纪七十年代入藏英国图书馆，确为中华书局影印本未收。

吴芳思女士亦知悉爱尔兰都柏林切斯特·比蒂博物馆藏有《永乐大典》，认识馆长迈克·罗恩博士（Dr. Michael Ryan），并允为介绍联系。我们在旅英学者张弘星先生的陪同下前往爱尔兰。

爱尔兰共和国藏有《永乐大典》，在此之前，从未为世人所知。二十世纪二三十年代，中国学者叶恭绰、袁同礼等赴英查访《永乐大典》，虽然爱尔兰与英国近在咫尺，但未赴涉该国。爱尔兰所以藏有《永乐大典》，与一位拥有爱尔兰血统的美国人切斯特·比蒂有关。他是位采矿工程师，因采矿致富，后移居英国，喜收藏，购买了不少东方文物，有书简、图书、绘画、什件等等。二十世纪五十年代，定居爱尔兰首都都柏林，所有文物运至该国，创立切斯特·比蒂博物馆。

切斯特·比蒂博物馆藏有《永乐大典》三册九卷，即卷八〇三、八〇四、八〇五、八〇六诗字韵一册四卷，卷一〇一一〇、一〇一一一纸事韵、卷一〇一一二只咫事韵一册三卷，均为中华书局影印本所未收。卷一九八六五、一九八六六竹字韵一册二卷，中华书局第二次影印的六十七卷续印本已收，当初是从据有该册《大典》复印本的一个机构取得的，缺卷一九八六六第八叶前半叶，今据该馆藏本将所缺之页补上，以成完璧。

切斯特·比蒂博物馆的所有藏品，均是切斯特·比蒂生前购置的，《永乐大典》亦是如此。今其收藏的一九八六五、一九八六六两卷，二十世纪三十年代北平图书馆馆长袁同礼先生赴欧洲调查《永乐大典》下落时，闻知为英国马登私人收藏。该馆其余二册《大典》得之何处？我们猜想当与上面的一册一样，是从伦敦私人手中购置的。①

这里所称切斯特·比蒂为"博物馆"系"图书馆"之误，其他内容大体上无误。本文根据工作日志和往来书信，可以补充一些细节。

自2002年起，北京图书馆出版社（现国家图书馆出版社）应馆长任继愈先生的呼吁，开始采用仿真影印的方式，出版中国大陆各处所藏《永乐大典》。从2013年开始，又陆续影印海外收藏的《永乐大典》，其中包括美国哈佛燕京图书馆、普林斯顿大学东亚图书馆、汉庭顿图书馆，英国牛津大学图书馆、英国图书馆、阿伯丁大学图书馆、剑桥大学图书馆、伦敦大学亚非学院，爱尔兰切斯特·比蒂图书馆，德国柏林国家图书馆、柏林民族学博物馆，日本国立国会图书馆、京都大学等处所藏，每卷前面，均载何大伟《欧洲图书馆所藏〈永乐大典〉综述》一文。2016年10月出版的《大英图书馆藏〈永乐大典〉》，计24册49卷，收录英国图书馆藏卷913—914、3002、6850—6851、6933—6934、7389—7390等。2019年11月出版的《爱尔兰切斯特·比蒂图书馆藏〈永乐大典〉》，计3册9卷，收录该馆所藏《永乐大典》卷803—806、10110—10112、19865—19866。至此，国内学人不仅能够看到英国图书馆和切斯特·比蒂图书馆藏《永乐大典》的全部文字内容，而且还可以欣赏与原本相差无几的彩色印本，极便学者使用。

对于上述我曾调查或经眼的《永乐大典》，其来源和价值，这里做一点简要介绍，虽然我没有做专门的研究，但有些信息或许对今后的学者有用。

（一）英国国家图书馆藏卷

1. 卷6933、6934

这两卷因为《〈永乐大典〉史话》出版没有著录，所以我当时以为是个

① 见（明）解缙等奉敕纂《永乐大典》（全十一册），中华书局，1986年（2012年3月重印），第3—5页，"第三次重印说明"；张忱石《〈永乐大典〉史话》（国家图书馆出版社，2014年）第86—87页也介绍了我发现英国图书馆新入藏两册五卷，爱尔兰切斯特·比蒂图书馆藏3册9卷的情况。

新发现，其实1986年中华书局影印本已经收了，而且汉学家富路德（L. C. Goodrich，傅路特）《再谈〈永乐大典〉》一文中也早有介绍：

> 1963年9月的《英国博物馆季刊》（*The British Museum Quarterly*）宣布获得了包括卷6933和6934的一册《永乐大典》，这是普尔上尉（Captain Francis Poole）的遗物，他曾在1900年北京使馆之围中效力。[①]

据英国图书馆的记录，这两卷是英国博物馆于1961年11月从住在巴思（Bath）的普尔上尉遗孀Mrs. M. Poole处购买的，入藏号为Or.12674。

2. 卷10043

此卷在我最初给张忱石先生的信中提及，但后来没有找到，不知何故。我当时是从英国图书馆东方部的入藏登记簿上过录《永乐大典》的卷号，同时也应当抄录了入藏时的Or编号，但后来托在英国的沙知先生查询，也没有找到，所以张忱石先生到英国图书馆时，也没有寻获。不知是我当时的记录有误，还是因为没有找到Or索书号而没有落位，现在我觉得仍然需要继续调查。

3. 卷13201、13202、13203

这一册计3卷，1970年11月入藏英国博物馆，来自代原藏者Mr. C. D. Houston销售的某人手中。馆藏号Or.13292，原件略有残损。卷13201，仅存第19叶。

卷13202是"送"字韵的"用"，包括各种"用"的文献，其中"军用"下面有佚书《南康志》"军用"条。

4. 卷14219、14220

据说这册是1901年由一个名叫Tickner的士兵从翰林院中弄出来的。1988年英国国防部（The Ministry of Defence）的John Lovell代表Mrs Caroline Moore给英国图书馆开价，1989年2月英图购买到手，馆藏号Or.14446。外面略有损坏和油污。

这两卷的内容是"相地"，多引堪舆著作，据吾友吴羽兄见告，其中有些

---

① L. C. Goodrich, "More on the Yung-lo ta-tien", *Journal of the Royal Asiatic Society Hong Kong Branch*, vol. 10, 1970, pp. 20-21.

书有全本存世，如《地理大全》《地理全书》《撼龙经》《玉髓真经》《青囊经》，有些只有部分文本留存，如《李淳风小卷》《葬法拾遗》，有些则是未见记载，可能为佚书，如《明山宝鉴论》《李淳风推龙行入穴篇》《家宝经》《青囊真宝曾杨家诀》《择地寻龙经》《理髓经》《地理精奥》《地理谓道》等。这些大多还没有引起治堪舆的学者注意。

（二）爱尔兰切斯特·比蒂图书馆藏卷

切斯特·比蒂（Alfred Chester Beatty）1875年生于美国纽约，1911年移居伦敦。二战时为盟军开采战略物资做出杰出贡献，被英国女王授予爵士。其晚年移居爱尔兰，在都柏林建立私人图书馆，收藏其所得东方写本等珍本书籍。

关于该馆所藏《永乐大典》，除了笔者前面引用的皮尔森《欧洲与北美所藏的东方写本》一书提供的信息外，富路德《再谈〈永乐大典〉》也有简要记录：

> 切斯特·比蒂图书馆（都柏林）拥有3册（卷803—804、805—806、10110—10112），但没有其他情况说明。[①]

皮尔森说这里有"six sections"，应当理解为"6卷"；富路德说是"three volumes"，只能理解为"3册"，后面括注用中文"卷"字（chuan），所列有7卷。从目前来看，两者都不准确。事实上，卷803、804、805、806此4卷为1册，卷10110、10111、10112此3卷为1册，此外该馆还有卷19865、19866此2卷1册，总计3册9卷，说明他们两人都没有亲自调查原件，所以都不够准确。

1.卷803、804、805、806

此4卷1册和卷10110、10111、10112的3卷1册，原为海关总务司职员白莱喜（James Russell Brazier）在庚子事变中劫取3册中的2册，1954年其子William Russell Brazier将这2册共7卷出售给切斯特·比蒂图书馆。另外一册由白莱喜在1922年捐给母校阿伯丁大学（University of Aberdeen）。

卷803至806均为"诗"字条，全部引自《千家诗话总龟》一书，从《千家诗话总龟·后集》卷二〇"句话门"直到卷末，据今人研究，门类、条目和

---

① L. C. Goodrich, "More on the *Yung-lo ta-tien*", pp. 20-21.

排列次序与嘉靖甲辰（1544）明宗室月窗道人刻本（月窗本）基本相同。其价值，今人已有论说：

> 《大典》本是《诗话总龟》现存的最早版本，它的发现使我们了解到元明之际《诗话总龟》的部分面貌，也使我们对于《诗话总龟》之版本及改窜问题有了更清楚的了解。不仅如此，由于《大典》本抄工极精，也为我们校勘月窗本及明抄本《诗话总龟》提供了一个极好的本子。
>
> 《大典》本多出月窗本的条目共十八条，多出明抄本者共七条。[①]

我原本听说该馆藏卷是"诗"字部分，期盼能多得若干首唐人佚诗，看到之后方才知道是《诗话总龟》，不免有点失望。

2. 卷10110、10111、10112

来源同上。这3卷均为"纸"字，其中卷10110有"别纸""抄造纸数""产纸""和买纸""破故纸"等条，是研究造纸、书仪的极好材料。敦煌学界一直在研究写本中的"别纸"，这里辑录了大量文集中的各种别纸，为前人所未曾措意。卷10111是"纸"之"诗文"条，都是有关纸的诗文。卷10112是"纸"韵下的"只"字，包括"只""氏"偏旁的各种文字，以及植物"枳"的图案等。

3. 卷19865、19866

这两卷一册，系1900年某英人得自翰林院，后为马登（Wilfred Merton）从伦敦的一家书店里购得，1914年曾借给伦敦图书馆展览，1923年北平图书馆馆长袁同礼先生曾到加拿大列治文山市的马登家中观看此两卷《永乐大典》，随后在1929年和1931年致函马登要求复制，复制件由英国博物馆的翟林奈提供，但有缺页。1954年马登将此册《大典》捐赠给切斯特·比蒂图书馆。内容均为"竹"字，从竹名到各种各样的竹，辑录大量文献，对研究竹子十分有帮助。

---

① 张健《从新发现〈永乐大典〉本看〈诗话总龟〉的版本及增补问题》，载《北京大学学报》2006年第5期。

余　论

1991年，我只是偶然看到《英国图书馆通讯》上的一则消息，得知有新入藏的《永乐大典》，于是顺藤摸瓜，找到英图和爱尔兰切斯特·比蒂图书馆未刊的《大典》藏卷。由于我的主业是调查整理敦煌西域出土文献，所以没有时间仔细调查英国等地是否还有《永乐大典》的藏卷。

1997年4月，何大伟先生到阿伯丁大学开会，询问在场的一位图书馆馆员是否有中文藏书，于是发现一册过去从不知晓的《永乐大典》①。

这些纯属偶然的发现不禁让人设想，是否还有《永乐大典》留存于世，答案是肯定的。特别是存于英国、爱尔兰等地的，因为他们的士兵1900年时最接近翰林院所藏的《永乐大典》，其他欧洲国家也同样有散藏卷册的可能，前几年在法国出现的《永乐大典》未刊本即是一例。20世纪60年代中华书局影印之后，一般认为那一次汇集的调查已经十分完善，以为英国收藏的《永乐大典》已经全部找到。实际上，正如吴芳思所说，英国老兵去世后，家属不时还会把《永乐大典》售与英国图书馆这样的单位，所以续有收藏。我相信，在一些没有汉学家的大学图书馆、郡县乃至乡村图书馆、教会图书馆、私家图书馆中，都有可能保存；在一些私人家中，也可能存有《永乐大典》。目前，中国敦煌吐鲁番学界基本上把敦煌、吐鲁番、库车、和田、楼兰等地出土的古代典籍和文书，哪怕只有巴掌大小的一片，都已经调查清楚，甚至编制了目录。用耀眼的黄缎子卷面包裹的八开大小的《永乐大典》，相对来讲更容易判别，学术界应当像早年的袁同礼、王重民那样，继续开展全世界范围的调查，收集当年在北京的军人、学者的记录，普查图书馆、博物馆的书目，甚至一个馆一个馆的访查，相信仍然会有收获。而从典籍的角度来说，《永乐大典》的"含金量"远胜于敦煌西域出土残纸，值得为之而努力。

---

① ［英］何大伟《欧洲图书馆所藏〈永乐大典〉综述》，载《文献》2016年第3期，第36页。

附录二　斯卡奇科夫所获汉籍管窥

斯卡奇科夫其人其事

俄国的汉籍收藏家康士坦丁·安·斯卡奇科夫（K. A. Skachkov，1821—1883），汉名"孔气""孔琪庭"，二者译自他的名字"康士坦丁"，后者颇为典雅。唯近年来的论著多用其姓的音译，为免混淆，本文也采用通行称呼。

关于斯卡奇科夫的生平事迹，蔡鸿生先生《邵友濂使俄文稿中的"王西里"和"孔琪庭"》[①]、《俄罗斯馆纪事》[②]，孙越生编《俄国的中国学家》[③]，阎国栋《俄国汉籍收藏家斯卡奇科夫》[④]、《俄国汉学史》[⑤]等论著中已有考证和介绍，最近鲍·利·李福清先生发表《与众不同的俄罗斯汉学研究与收藏家K.A.斯卡奇科夫》，又利用许多档案材料对其人及其收集品做了仔细的论述[⑥]。这里根据上述

[①] 蔡鸿生《邵友濂使俄文稿中的"王西里"和"孔琪庭"》，《文物》1977年第8期。
[②] 蔡鸿生《俄罗斯馆纪事》，广东人民出版社，1994年。增订本，中华书局，2006年。
[③] 孙越生《俄国的中国学家》，中国社会科学院文献情报中心编《俄苏中国学手册》（上），中国社会科学出版社，1986年，第85—90页。
[④] 阎国栋《俄国汉籍收藏家斯卡奇科夫》，阎纯德主编《汉学研究》第7集，中华书局，2002年，第157—171页。
[⑤] 阎国栋《俄国汉学史》，人民出版社，2006年，第450—459页。
[⑥] 李福清《与众不同的俄罗斯汉学研究与收藏家K.A.斯卡奇科夫》，田大畏译，载《文献》2009年第2期，第57—76页。

各文及笔者所见资料，大体勾稽斯卡奇科夫的生平事迹，重点在于为我们了解他如何获得汉籍提供一些背景知识。

1715年（康熙五十四年）在北京正式成立的"俄国驻北京布道团"，依托于东直门内俄罗斯馆的北馆（罗刹庙），开始东正教在北京的布道活动。"罗刹庙"是当时人对沙俄战俘和降人的安置之所，即北京的俄罗斯馆北馆的称呼。与之相对的南馆，则是自1694年（康熙三十三年）开始正式作为接待俄国使臣和商队的馆舍。从1729年（雍正七年）开始，随着俄国驻北京布道团第二班成员的到达，布道团成为一个常设机构，而且包括神职人员和世俗人员两部分。从1715年到1861年布道团迁出东交民巷俄罗斯馆为止，总共有十四班俄国东正教传教士和学生在这里传教、学习，从事宗教、外交和文化交流等方面的活动。斯卡奇科夫1848年（道光二十八年）第一次来华，就是以第十三班布道团随班学生兼天文师的身份住在北京，直到1857年（咸丰七年）[①]。

斯卡奇科夫在大学时受过天文学和农学的训练，他在北京负责俄罗斯馆内的观象台，定期向俄国天文台报告观测记录。同时，他多次前往京郊地区，了解农业、染布业、砖瓦业情况，调查人口、风俗资料。他撰有《北京郊区的乡下游艺》《北京河沿的城边茶馆》（均1858年）、《柞蚕养育法》（1862年）、《中国灭蝗纪事》（1865年）、《中国天文学的命运》（1874年）、《中国食谱》（1883年），这些都是他在北京调查的成果[②]。

1857年斯卡奇科夫短暂回俄，随即在1859年（咸丰九年）被任命为俄国驻新疆塔城领事，至1862年（同治元年）为止。回国后任外交部亚洲司译员。1866年，斯卡奇科夫曾应瓦西里耶夫（1818—1900年）的邀请，到彼得堡大学东方系讲授汉语课程，用《红楼梦》和《金瓶梅》作为范本。1866年春，清朝总税务司赫德（Robert Hart）因假回英国，清廷遣斌椿等一行随其出访欧洲。他们是第一次到达彼得堡的清朝使臣，俄国外交部指派的接待人员就是斯卡

[①]孙越生编《俄国中国学主要机构》有"俄国驻北京传教士团"1715—1956年共二十届（特别是前十四届）成员的名单，见《俄苏中国学手册》（上）第109—119页。有关布道团的事迹，详参蔡鸿生《俄罗斯馆纪事》第1—71页；增订本，第1—76页。

[②]蔡鸿生《俄罗斯馆纪事》第80页；增订本，第85页。

奇科夫①。

1867年（同治六年），斯卡奇科夫再度来华，出任天津领事。1870年起任总领事，至1879年（光绪五年）卸任回国。期间，曾处理1870年天津教案中的"俄案"，使两国外交未因俄商被杀而受影响，同时也为俄国对华贸易获得了实际利益②。

1879年赴彼得堡办理伊犁交涉的清朝大臣崇厚使团，曾在俄京设宴招待俄国外交官及汉学家，客人名单中排在"俄前任驻华公使布策"之后的，就是刚刚卸任的"总领事官孔琪庭"，其时他在外交部任职，任亚洲司翻译③。1883年3月，斯卡奇科夫因肺痨去世。

斯卡奇科夫所获汉籍的捐赠与早期调查研究

斯卡奇科夫三次在华期间，在从事外交事务、气象观测、实地考察之外，还大力收集汉文抄本和刻本书籍。在北京时，据说有一位满清皇室成员帮他的忙，所以收集到不少汉籍秘本、手抄孤卷和罕见的刻本书，其中包括徐松、姚文田、姚元之等清代著名学者和藏书家的旧藏。据下面介绍的《斯卡奇科夫所藏汉籍写本和地图题录》，No.60A《顺天府志》中夹有徐松写给姚伯印（昂）转让该写本的签条，No.65《西藏记》封二有1838年徐松写的题跋，No.100《海塘全图》有1834年徐松题跋，No.255《经世大典·阜通七坝》的书衣上有徐松的跋语和抄写日期，No. 256《经世大典·站赤》也是徐松抄本。斯卡奇科夫是1849年到达北京的，而此前一年，徐松去世，不久藏书散出，上面这些抄本或地图可能都是直接流入斯卡奇科夫手中的徐松藏书。

有些新疆的帐册、档案、地图则可能是他任新疆塔城领事时收集的。

早在1863年，斯卡奇科夫就试图将藏书售出，先后与俄国国民教育部、

---

① 蔡鸿生《俄罗斯馆纪事》第116页；增订本，第120页。
② 蔡鸿生《俄罗斯馆纪事》，第160—168页；增订本，第165—172页。
③ 蔡鸿生《俄罗斯馆纪事》，第119—120页；增订本，第123页。

科学院所属的亚洲博物馆接触，但均未成功。十年后的1873年，与斯卡奇科夫在中国相识的伊尔库茨克商人安·利·罗季昂诺夫为了获得一枚勋章，斥资购买了这批藏书并捐赠给莫斯科的鲁缅采夫博物馆（Rumyantsev Museum）。整个入藏博物馆的这批书计有汉文1378种，其中刻本1115种，抄本263种；满文57种，其中刻本53种，抄本4种；总计1435种图书，11697册。斯卡奇科夫去世后，他的遗孀又把存在家中的少量书籍送给了鲁缅采夫博物馆。

这批藏书现在归入莫斯科的俄罗斯国家图书馆（State Library），其中的抄本收藏在图书馆的手稿部，位于图书馆的主楼内；而刻本书则收藏在东方文献中心（Oriental Centre），这个具有一定独立性的部门是1962年建立的，位于与国家图书馆主楼有一街之隔的一栋漂亮的贵族住宅改建的图书馆内。斯卡奇科夫的汉籍收藏是俄罗斯国家图书馆汉籍收藏的基础，迄今仍然是该馆重要的收藏之一。

关于斯卡奇科夫的藏书，外人最早的记录应当出自1866年随斌椿第一次访问彼得堡的清朝使者张德彝，在其所著出使行记《航海述奇》卷三中，记载了到斯卡奇科夫家观其藏书的情况：

> （同治五年六月）初七日，甲午，晴。早往孔气家答拜，知其人居华京八年，能华言而不甚精。现充本国翰林，兼在总理衙门行走。其家案积诗书，壁悬画本，皆不惜重资购自中土。[1]

这里所说的"居华京八年"，就是指1849年至1857年住在北京的八年，显然其出示给清朝使者的书籍，也主要是在北京所得。虽然没有提到具体的书名，但既然是以重金购得，应当不是一般的书籍。

1914年，日本学者羽田亨曾专门到莫斯科，抄录到斯卡奇科夫所得徐松自《永乐大典》所抄录的元《经世大典》站赤门，这是已佚的《经世大典》中有关元代驿站交通的重要材料，羽田亨因此据以撰写了《元代驿传杂考》。从羽田亨的文章中知道，虽然徐松的抄本因为《永乐大典》该部分的原本后来为

---

[1] 张德彝《航海述奇》，湖南人民出版社，1981年，第107页。参见蔡鸿生《俄罗斯馆纪事》，第116页；增订本，第120页。

东洋文库在北京购得而有些减低了价值，但徐松抄本上有一些订正，仍有其参考意义，当然过录中也有新的错误[①]。

1925年，法国汉学家伯希和前往莫斯科，调查斯卡奇科夫所获汉籍，并就其中九种著作撰写了提要式的研究，即1932年所刊《俄国收藏之若干汉籍写本》一文[②]。

1964年，李福清先生在这批藏书中发现三韩曹去晶著小说《姑妄言》抄本二十四册，计二十四回，书前有雍正八年（1730）作者自序、自评和林钝翁的总评。此书系演义明末清初历史及李自成故事，是一本失传的孤本小说抄本，十分珍贵。1997年由台湾大英百科股份有限公司影印出版[③]。李福清先生还从中找到一些刻本小说和通俗文学作品，如小说《五美缘》（道光三年/1823刊本）、《海公大红袍全传》（道光十三年/1833刊本）、《莲子瓶全传》（道光壬寅/1842刊本），弹词《绣像五硅图》（道光乙巳/1845刊本）、《绣像碧玉连环》（道光癸卯/1843刊本）[④]。

《斯卡奇科夫所藏汉籍写本和地图题录》

斯卡奇科夫所获汉籍的整体面貌一直不为外人所知，直到1974年，莫斯科东方文学出版社出版了阿·伊·麦尔纳尔克斯尼斯（A. I. Melnalksnis）先生编纂的《斯卡奇科夫所藏汉籍写本和地图题录》一书[⑤]，才使学术界得以了解其

---

① 羽田亨《元朝驿传杂考》，收入《羽田博士史学论文集》上册，京都同朋舍，1957年，第32—43页；汉文译本收入《日本学者研究中国史论著选译》第9册，中华书局，1993年，第487—563页。

② P. Pelliot, "Sur quelques manuscrits sinologiques conservés en Russie", *T'oung Pao*, 29, 1932, pp.104-109；冯承钧译《俄国收藏之若干汉籍写本》，载《西域南海史地考证译丛六编》，商务印书馆，1962年，第184—190页。

③ 李福清《〈姑妄言〉小说抄本之发现》，载《思无邪汇宝丛书》第45册《姑妄言》，台湾大英百科股份有限公司，1997年。

④ 李福清《中国章回小说及俗文学书目补遗——根据俄罗斯所藏资料著录》，原载《汉学研究》第11卷第2期，1993年；此据作者《古典小说与传说》，中华书局，2003年，第351、355—356页。

⑤ 阿·伊·麦尔纳尔克斯尼斯《斯卡奇科夫所藏汉籍写本和地图题录》，莫斯科：科学出版社东方文献编辑部，1974年。

所获抄本和地图的整体情况。

这本《题录》的著录顺序是：藏书顺序编号，括附斯卡奇科夫藏中国书总目录的编号；汉文书名，俄文拼音及译名。然后是内容注记，包括抄本情况（稿本、抄本、摘抄本），抄写年代，书写材料、工具、语言、类型，卷册、叶数、开本尺寸、封面、装订方式，残缺情况，卷册编号、目录，有关抄本的其他信息，原藏者的印钤，有关抄本的图像，确定抄本年代的特征，内容简介，抄本来源情形。

《题录》共著录抄本333种。这些书有些是依照某种目的而摘抄古籍，如No.17是《前汉书》中霍去病、张骞传和《后汉书》的班超、班勇、梁懂传的抄录，这些对于研究抄写者是有价值的，但总体上的文献价值不大。另有一类，《题录》上以"×"号标作他处未见的抄本，应当是最具文献价值的资料，这里面有档案、书籍、地图、图卷等。以下将其中的后三类保存原题的图籍列出，以见其收藏之富。

No.6《蒙古律》，No.7《皇华便览》，No.11《计粘章程八条》，No.14《大清国设立各处满汉官员兵丁经围图》；No.16《汉郡国官吏考》，No.18《南诏野史》，No.20《金史补》（杭世骏撰，未刊本）。No.30《纯只海传》，No.31《元史偶录》，No.50《历代钱法备考》；No.53《贵州全苗图说》，No.55《群苗向化全图》，No.56《云南各种苗蛮图》，No.57《滇游纪略》；No.60A《顺天府志》，No.60Б《科布多事宜》《科布多政务总册》，No.61《咸淳临安志》，No.62《湖北省政务事宜全书》，No.63《风土纪略》，No.65《西藏记》，No.66《西藏志考》，No.67《元上都驲程考》，No.76《南北运河全图》，No.82《江南河图》，No.84《昆仑山星宿海黄河河源之图》，No.86《长江万里图》，No.88《玉泉河图》，No.89《团河河图》，No.91《贾鲁河图》，No.92《山东泉河之图》，No.96《洪泽湖发源总图》，No.100《海塘全图》，No.104《直隶图》，No.112《惠州府潮州府图》，No.114《广州省河虎门澳门香港内外洋指要图》，No.115《履勘各炮台并海口扼要图》，No.116《极南图》，No.119《湖北图》，No.121《西安府阖属舆图》，No.124《袁州府万载县具境内山川形势舆图》，No.125《四川通省舆地全图》，No.128《常州府总舆图》，No.132《由京至热河细路程》，No.135

《江南回銮程站图》，No.136《西夏图》，No.139《圆明园图》；No.141《河工律例成案图》，No.142《河防秘要》，No.143《潘尚书河议要略》，No.144《回澜纪要》，No.148《邦畿水利集说》，No.157《食宪鸿秘》，No.160《新抄各省诸等物谱》，No.161《成家宝书》，No.162《各色纸类》；No.163《陕西四镇图说》，No.165《九进十连环三才大操阵图》，No.166《战船则例》，No.167《水师辑要》，No.169《军器图说》；No.173《慧命经》，No.174《大慈恩寺三藏法师传》，No.179《藏云山房南华经大意解悬参注》，No.180《丘长春真人青天歌注解》，No.185《伏魔灭畈关帝大法》，No.186《天玉经补注》，No.190《地理余说》，No.191《回回来原》，No.194《古今敬天鉴》；No.217《回回历法释例》，No.219《步天歌》，No.221《唐李淳风天文灵台秘苑》，No.228《金丹秘髓天仙心法》；No.236《满汉汇书》，No.239《清文典要》，No.241《清文虚字歌》，No.244《缅南国语》；No.245《姑妄言》，No.246《财星照》，No.247《三才福》，No.250《塞上吟》；No.254-255《经世大典·阜通七坝》，No.258《增定雅俗稽言》，No.259《（何氏）类镕》，No.266《简明书目》，No.267《书目部》；No.270《道光十九年（至）二十一年日记择要》（清甫），No.273《瀼阳馆遗文》二卷（沈垚），No.275《平海策》，No.278《洋淞山水》；No.283《匡庐游纪》，No.285《策问存课》；No.287《西域志》，No.289《回疆志》，No.290《西域医藏载笔》，No.291《新疆舆图·新疆地理》，No.297《西域轮台遗迹》（伯希和看过）。No.299《三州辑略》，No.300《伊犁总统事略》卷一，No.301《伊犁事宜》，No.302-303《塔尔巴哈台事宜》，No.304《设立塔尔巴哈台城》，No.312《伊犁河工图说》，No.323《新疆道里表》，No.332《西域地名考》，No.333《云间唐秋渚西陲纪游》。限于编者的学识，这其中有些书其他地方也有，但因为是抄本，所以也还有其价值，我们没有一一核对原书，所以都列在这里，以备进一步考察。

上面罗列的文献当中，有的可能是当时行用的文书档案，与文献有别，这类文档资料在目录上还有不少，如No.81《睢宁厅属道光拾玖年分抢修埽工报销》，No.93《江南河道总督部院衙门绘送道光拾贰年分漕河河图》，No.113《查勘新安县属九龙地方山形地理并拟建城寨处所理合详细绘图注说呈候宪核

（四）》，No.151《勘议鄂扶两县水道节略》，No.164《威远营原设官弁兵丁一切增改分防驻汛及四至接壤里数舆图清册》，No.168《营额设军装器械绘图做法贴说》，No.317《扬威伊犁将军奏疏》，No.318-321、324-329、331塔尔巴哈台文档，No.330《设立卡伦》等等，也是珍贵的史料。

我们所关注的文献和舆图中，有些《目录》的编者虽然以为是孤本，但实际上并非如此，如《大慈恩寺三藏法师传》《步天歌》《三州辑略》《伊犁总统事略》等，但抄本自有抄本的价值，我们没有见到原抄本，所以无法评判。而上面罗列的抄本、地图和绘本当中，无疑有不少非常有价值的资料，除了前人已经发现的《经世大典·站赤》《西夏图》《姑妄言》等外，应当还有一些重要的文献有待重新认识。

这本目录现在已由国家图书馆王菡、张芳两位女史翻译出来，即将由国家图书馆出版社出版。她们二位把其中的新疆部分先行刊布，并撰写跋文，提示斯卡奇科夫所获汉籍的重要价值①。

至于斯卡奇科夫藏书中的刻本，到目前为止还没有编纂出正式的目录，在俄罗斯国家图书馆东方文献中心，有两盒卡片目录可做指南，但外界无法利用，因此其中的整体情况尚不明了。

笔者的调查和管窥

2005年7月，笔者有机会走访莫斯科的俄罗斯国家图书馆，承蒙李福清先生的帮助，在手稿部看到了徐松《新疆赋》的抄本，在东方文献中心看到了三种《西域水道记》的刻本。

徐松《新疆赋》的抄本（《题录》No.298），只有彭邦畴和张锡谦的跋。彭跋在后来的刻本中都有，张跋则只有现藏北京大学图书馆的稿本誊写本上有，而且北大藏抄本上其他的跋是每个人的亲笔，只有彭跋和张跋是工楷誊抄

①载沈乃文主编《版本目录学研究》第1辑，国家图书馆出版社，2009年，第255—269页。

的。斯卡奇科夫所得的这个《新疆赋》抄本，因为只有前两个跋，又是抄本，很可能是徐松本人所存的一个缮清本。

东方文献中心的《西域水道记》虽然是刻本，但让人兴奋不已的是，其中的两种竟然都有多少不等的笺条和眉批。仔细观察，这两种带有笺条和批注的本子，都是道光三年龙万育序的刻本，一起放在一个书函中。其中笺条、批注较多的一册是五卷合订本，编号3 B 2-4/496/2；另外一种则是卷一至卷三装订为一册，卷四、五装订一册，编号3 B 2-4/496/1。因为在东方文献中心看书的时间只有半天功夫，开始时不允许拍照或复制，所以只能手抄。抄到还有半个小时就要闭馆时，在李福清先生帮助下，得以复制笺条部分，不过因为书拿走复制，以后尚有大约四五条较短的写在叶边的补注没有来得及过录，不免留下遗憾。从这册五卷合订本上，笔者共计获得39条文字。

我们知道，《西域水道记》于道光初年成书以后，徐松仍不断加以修订，长文用笺条的形式写成夹在书中，词句的更改则直接写在自己的修订本上。这个笺条本《西域水道记》后为钱振常所得，但缺卷三[①]。2000年，周振鹤先生在日本早稻田大学图书馆中，找到了这个笺条本，系钱振常子钱恂在清末赠给早大的[②]。周先生录出笺条文字，并探讨了与《晨风阁丛书》本的关系等问题[③]。朱玉麒又对照诸本，写成《〈西域水道记校补〉汇校》，附在他所整理的《西域水道记》标点校勘本后[④]。

回到北京以后，笔者把俄藏本上的笺条和眉批与早大的徐松笺条原稿对照，发现俄藏本文字工整，不像徐松原稿文字那样用流畅的行书，因此可以断定不是徐松的原稿。凡俄藏本和徐松原稿相同的内容，两者基本上可以说完全一致，可知俄藏本实际上是过录自徐松的原稿本的。重要的是，俄藏本中有十

---

① 徐松的笺条与批注文字，由钱振常录出，先后刻入光绪二十八年（1902）姚觐元《咫进斋丛书》四集、宣统元年（1909）沈宗畸《晨风阁丛书》、民国九年（1920）缪荃孙《烟画东堂小品·星伯先生小集》中。详细情况，参看朱玉麒《〈西域水道记〉：稿本、刻本、校补本》，载荣新江、李孝聪主编《中外关系史：新史料与新问题》，科学出版社，2004年，第383—404页。

② 参看石见清裕《早稲田に残された徐松の直筆——早大图书馆所藏自笔校订本〈西域水道记〉》，《中国古典研究》第47号，2002年，第71—86页+2图。

③ 周振鹤《早稻田大学所藏〈西域水道记〉修订本》，《中国典籍与文化》2001年第1期，第86—95页。

④ 徐松《西域水道记（外二种）》，朱玉麒整理本，中华书局，2005年。

四条文字是徐松原稿所佚失的内容，但从文脉和语气上可以肯定是徐松本人的补注定本的文字，说明钱振常在得到徐松原笺条本时，一些笺条已经散落。

俄藏本的抄者是非常了解徐松校补情况的人，他在过录徐松的校补文字时，对于个别文字的改正，就用朱笔点去此字，然后在该字旁写上正字；而比较短的校补文字，则过录在相关部分的叶边或行间，标出插入何处，同时用朱笔勾掉徐松删除或被替换的文字（图附2-1）；对于一些较长的补文，则用笺条来写，然后粘贴在删除的文字上面，如果没有删除文字而是纯增补的文字，则只粘连在要补的行间（图附2-2）。这样一来，因为笺条的文字往往比删掉的文字要多，所以笺条的中间不粘贴书体，使之有空间可以折叠起来，成为真正的"浮签"。

与这个五卷合订本在同一木函中的另外一种《西域水道记》的笺条本上，只有一处批注和笺条（图附2-3），原刻本上的三行文字用朱笔点去，旁写改订后的文字，而该叶所夹的笺条（图附2-4），所写文字与改订文字相同，签条文

图附2-1　俄罗斯国家图书馆藏《西域水道记》笺条一

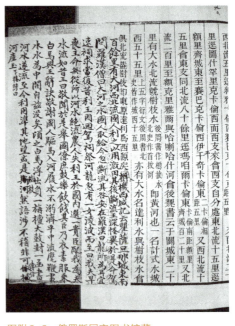

图附2-2　俄罗斯国家图书馆藏《西域水道记》笺条二

图附2-3 俄罗斯国家图书馆藏另一种
《西域水道记》批注

图附2-4 俄罗斯国家图书馆藏另一种
《西域水道记》笺条

字的高度与刻本文字高度略同，如果把这个笺条粘贴在原本上，严丝合缝，但
不知何故没有粘连上去。最珍贵的是在刻本改写部分的天头上，有朱笔所写：
"星伯先生改定如此。此其初印本也，今已抽换矣。穆记。"是说上面改写的文
字是据徐松先生的改定而写，刻本是初印本，现已抽换挖改。我们现在通行所
用的龙万育序刻本，就已经是抽换过的本子了①。这里署名为"穆"的人，环顾
北京宣南一带以徐松为中心的西北舆地之学的文人圈，应当就是张穆。而这个
本子上恰好有"月斋藏书"印，即张穆（号月斋）的藏书印。北京大学图书馆
所藏徐松《唐两京城坊考》手定底稿本上，钤张穆"月斋金石书画之印"朱印，
且有张穆的笺改条，与俄藏本《西域水道记》的笺条、题记文字对照，可知后
者为张穆的字迹无疑。

---

① 朱玉麒《西域水道记》整理本前言也曾提及："道光刻本有个别讹误被挖补重刻，今流行者率多挖
补本。"

由此可见，曾经为徐松整理校补过《唐两京城坊考》的张穆，也曾经把徐松改订《西域水道记》的文字，过录到初印本上。虽然张穆的书法和五卷合订本上笺条的书法有所不同，但两者的做法一致，又都存放在一个木函中，因此不排除五卷合订本是张穆请人帮忙过录的修订底本。张穆在徐松的晚年一直协助他修订书稿并出版，《唐两京城坊考》就是由张穆校补后刻印的，现在我们可以说《西域水道记》的修订工作，也是张穆承担的。遗憾的是，在徐松去世一年后，45岁的张穆也赍志而殁。笔者所见俄藏《西域水道记》校补誊清稿的文字集中在前两卷，表明张穆没有能够完成这一工作①。

　　在东方文献中心，笔者还阅览了刻本《新疆图考》《新疆赋》，在手稿部看了一幅台湾地图。由于时间较短，又用了大量时间抄录《西域水道记》的笺条，所以这里丰富的藏书未及细观，包括原满铁图书馆、大连图书馆的藏书，都有待今后进一步的调查，而其中最具吸引力的特藏，还是斯卡奇科夫所获得汉籍和地图。

---

① 以上有关俄藏本《西域水道记》的叙述，系摘要取自拙文《俄罗斯国家图书馆所见〈西域水道记〉校补本》，《文史》2005年第4辑，第245—256页。

寻访年表（1984–2023）

1984 年

9月至1985年7月，在荷兰莱顿大学汉学院进修学习。

1985 年

4月21—28日，走访伦敦英国国家图书馆东方写本与印本部，调查敦煌写卷。

4月25日，走访伦敦英国印度事务部图书馆，调查敦煌藏文写本。

4月26日，走访伦敦英国国家博物馆，参观敦煌绢画并调查写本。

4月29—30日，往剑桥拜访于阗语专家贝利教授。

5月7—14日，在巴黎法国国家图书馆东方部阅览敦煌写本。

5月9日，在巴黎拜访法国科学研究中心敦煌研究小组（438小组）。

5月12日，在巴黎拜访突厥语专家哈密顿教授。

5月28日，走访哥本哈根的丹麦皇家图书馆，看敦煌写本。

5月29日，走访斯德哥尔摩瑞典国立人种学博物馆，看于阗收集品。

5月31日，与德国汉堡大学格罗普教授巧遇。

5月31日，走访德国不莱梅海外博物馆，调查于阗文物。

6月3日，走访不莱梅海外博物馆，调查于阗文物。

6月5—6日，前往西柏林德国国家图书馆，调查吐鲁番收集品。

6月6日，在东德东柏林购买《回鹘文译本弥勒会见记》。

6月7日，参观西柏林德国印度艺术博物馆西域美术品。

6月9日，在汉堡拜访于阗语专家恩默瑞克教授。

1988年

8月24日，参观北京图书馆敦煌文献展览。

1990年

8月17日，往北京图书馆善本部看《阿毗达磨俱舍论》写本。

8月31日至1991年2月，在日本龙谷大学佛教文化研究所访学，调查大宫图书馆藏大谷文书。

9月16日，走访日本京都藤井有邻馆，看长行马文书等。

10月23日，走访日本京都国立博物馆，看敦煌吐鲁番写经。

11月20日，走访东京日本国立国会图书馆，调查敦煌写卷。

11月22、28日，调查东京日本东洋文库收集的敦煌吐鲁番影印资料。

11月25日，参观日本东京中村不折书道博物馆藏敦煌吐鲁番写卷。

11月29日，走访日本东京国立博物馆，看大谷收集品。

11月30日，走访东京静嘉堂文库，看梁素文旧藏吐鲁番文献。

1991年

1月17日，参观日本大阪"吐鲁番古写本展"。

2月12日，走访日本天理图书馆，调查敦煌文书。

2月13日，走访日本京都大学羽田亨纪念馆，调查敦煌老照片。

2月21日，阅览日本奈良宁乐美术馆藏蒲昌府文书。

2月24日至8月18日，受邀在伦敦英国图书馆编敦煌写本目录，阅览馆藏敦煌、吐鲁番、于阗文书。

3月26日，从《英国图书馆通讯》中发现英图新入藏两卷《永乐大典》消息。

5月3日，据英国图书馆入藏目录，找到六卷学界未知的《永乐大典》。

5月17—25日，再访法国国家图书馆、吉美博物馆的敦煌文献与文物。

6月6—26日，调看英国图书馆新发现的《永乐大典》。

6月25日，走访英国国家博物馆钱币部，看中亚出土钱币。

7月15—19日，从伦敦往列宁格勒，调查苏联科学院东方学研究所列宁格勒分所藏敦煌写本。

7月17日，参观列宁格勒艾米塔什博物馆的敦煌西夏美术品。

7月24日，继续调阅英国图书馆藏《永乐大典》。

8月13日，走访伦敦英国维多利亚与阿尔伯特博物馆，参观敦煌织物。

10月12、17日，在北京大学图书馆看李盛铎藏敦煌书目、印谱等。

1993年

2月7日，拜访住在香港北角的徐伯郊先生。

12月3日，到北京图书馆善本部看敦煌舞谱。

1994年

8月16—18日，在莫高窟通览敦煌研究院遗书研究所资料室藏敦煌文献。

1995年

3月24—31日，在北京图书馆善本部阅览敦煌藏卷1192号、新字号部分。

7月26日，调查乌鲁木齐新疆档案馆外国探险队档案。

12月16日，首次访问旅顺博物馆，参观所藏大谷文书。

1996年

6至8月，任德国柏林自由大学客座教授，调查德国国家图书馆、印度艺术博物馆、柏林科学院吐鲁番研究所藏德国探险队"吐鲁番收集品"。

12月15日 走访美国纽约大都会艺术博物馆，调查敦煌、西域文物。

12月18日，走访美国耶鲁大学美术馆，调查吐鲁番绢画。

12月20日，走访美国耶鲁大学图书馆手稿部和档案馆，调查于阗出土物。

12月30日，走访美国哈佛大学赛克勒博物馆、波士顿美术馆，调查敦煌壁画与绢画。

1997 年

1月7—8日，走访美国普林斯顿大学葛斯德图书馆，阅览敦煌吐鲁番文书。

1月8日，走访美国普林斯顿大学美术馆，看索紞写本。

1月21日，走访美国宾夕法尼亚大学艺术系图书馆和博物馆，看克孜尔壁画残片。

1月22日，走访华盛顿美国国会图书馆，调查敦煌写本。

1月22日，走访华盛顿美国弗利尔美术馆，寻找敦煌绢画。

1月31日，再访美国纽约大都会艺术博物馆，调查西域壁画。

6月19日，走访巴黎国家图书馆钱币部。

6月30日至7月2日，参加英国图书馆召开的"二十世纪初叶的敦煌写本伪卷"学术研讨会，调阅若干敦煌卷子。

7月4日，在英国国家图书馆看敦煌卷子。

1998 年

4月23—24日，在上海古籍出版社看俄藏敦煌写本照片。

4月27日，在杭州浙江省图书馆看馆藏敦煌写卷。

4月28日，在杭州浙江省博物馆看馆藏敦煌写卷。

7月7日，参观纽约美国大都会艺术博物馆中亚收藏品。

7月8日，参观华盛顿弗利尔美术馆藏克孜尔壁画。

7月14日，参观波士顿哈佛大学赛克勒博物馆藏敦煌绢画。

1999 年

5月28日，在武汉阅览湖北省博物馆藏敦煌卷子。

6月18日，在敦煌研究院阅览莫高窟北区出土文书。

7月9日，在成都四川省博物馆看张大千临摹的敦煌壁画。

2000 年

5月21日，重访东京台东区立书道博物馆，参观敦煌吐鲁番文献。

5月23日，走访东京大学东洋文化研究所，参观克孜尔壁画。

6月23日，参观中国国家图书馆敦煌遗书展。

7月26日，参观香港中文大学文物馆藏敦煌写经。

8月3日，调查敦煌市档案馆藏敦煌写卷。

8月5日，在兰州参观甘肃省博物馆藏敦煌文献。

8月25日，参观中国国家图书馆敦煌卷子精品展。

2001 年

9月23日，在柏林参观德国印度艺术博物馆藏吐鲁番收集品新展览。

11月5日，在台北故宫博物院书画组看敦煌卷子。

11月6日，调查台北"国图"藏敦煌卷子。

11月7日，调查台北"中研院"傅斯年图书馆藏敦煌卷子。

11月26日，阅览日本龙谷大学大宫图书馆藏敦煌《本草经集注》和佛经。

11月29日，参观京都国立博物馆藏吐鲁番写经和守屋孝藏收集品。参观大谷大学图书馆藏敦煌写经。

2002 年

1月17日，阅览首都博物馆藏敦煌文献。

3月15日，参观中国国家图书馆敦煌卷子展览。

4月18日，参观美国普林斯顿大学葛思德图书馆敦煌吐鲁番藏品展览。

8月30日，到中国国家图书馆善本部看敦煌卷子。

9月12日，在柏林参观德国印度艺术博物馆藏新疆文物。

9月24—27日，在台北"中研院"傅斯年图书馆查阅向达档案。

10月14日，在中国国家图书馆阅览敦煌卷子。

2003 年

9月8日，在京都参观龙谷大学、出口常顺藏吐鲁番文献和天理图书馆藏品展。

2004 年

2月2日，参观美国加州大学伯克利分校东亚图书馆藏敦煌卷子。

7月30日，参观吐鲁番地区文物中心库房中的洋海、阿斯塔那等地新出文物和文书。

12月7日，在伦敦 Sam Fogg 书店看楼兰信札和敦煌写经。

2005 年

2月25日，阅览首都博物馆藏敦煌文献。

3月26日，在武汉参观湖北省博物馆敦煌卷子及日本古抄本。

7月7日，在圣彼得堡参观艾米塔什博物馆不对外开放的新疆、敦煌、黑水城展览。

7月11—13日，在圣彼得堡阅览俄罗斯科学院东方文献研究所藏敦煌文书。

7月15日，在莫斯科调查俄罗斯国家图书馆善本部与东方中心的斯卡奇科夫藏书。

8月30日，阅览吐鲁番博物馆藏吐鲁番文书。

12月16日，再次走访京都大学羽田亨纪念馆，看所藏敦煌文献照片。

2006 年

1月9—14日，在吐鲁番博物馆做文书校录工作。

3月4日，参观东京书道博物馆敦煌吐鲁番出土古写经展。

4月26—27日，在乌鲁木齐阅览新疆博物馆藏新出吐鲁番文书及脱古孜萨来遗址、安乐城遗址出土汉文文书和典籍。

4月28日至5月7日，在吐鲁番博物馆校录吐鲁番文书。

8月23—31日，在吐鲁番博物馆校录柳洪亮《新出吐鲁番文书及其研究》

所收文书。

9月1日，在乌鲁木齐看新疆博物馆于本年春天发掘所得吐鲁番文书。

9月9日，参观南京博物院罗振玉旧藏敦煌写本。

9月15日，阅览中国国家图书馆藏素文旧藏回鹘文长卷。

2007年

1月5日，校录中国国家图书馆善本部藏于阗文书。

1月15日至3月9日，在东京东洋文库收集资料。

3月8日，往东京井上书店看滨田德海旧藏敦煌写经。

4月29日至5月4日，在吐鲁番博物馆整理吐鲁番文书。

6月19日，在乌鲁木齐参观新疆文物考古研究所藏尼雅新发现的粟特文残片。

2008年

1月22日，在乌鲁木齐调查新疆博物馆藏于阗文木板文书。

1月25日，前往和田地区博物馆调查于阗语文书。

1月26日，前往策勒达玛沟佛寺遗址博物馆调查于阗文木板文书。

10月6日，在巴黎阅览法国吉美博物馆藏伯希和手稿及往来通信。

2009年

5月9日，前往克孜尔，调查龟兹研究院藏龟兹语木板和木简文书。

5月11日，前往库车文物局，调查龟兹语木板文书及纸本梵文写本。

5月15日，调查吐鲁番博物馆新拆出的文书。

7月29日，在成都参观四川博物院的张大千临摹敦煌壁画展及敦煌写卷。

7月30日，前往四川省图书馆古籍部查访敦煌"口马行时价簿"。

10月31日，在北京参观中央民族大学中国民族古文字陈列馆藏和田出土文书。

12月3日，往新疆文物考古所看柏孜克里克、胜金口新出资料。

2010 年

3 月 30 日，在兰州阅览甘肃省博物馆藏吐鲁番文书及黄文弼抄录的吐鲁番墓表。

8 月 21 日，参观吐鲁番博物馆藏吐峪沟新出文书。

2011 年

8 月 4 日，前往新疆档案馆调查伯希和探险队档案。

2013 年

2 月 26 日，在京都龙谷大学图书馆阅览库车都勒都尔·阿护尔出土文书。

2 月 27 日、3 月 1—4 日，在东京东洋文库看俄藏吐鲁番文书缩微胶卷。

6 月 13 日，在土耳其安卡拉民俗学博物馆参观吐鲁番柏孜克里克石窟壁画残片。

9 月 26 日，在圣彼得堡艾米塔什博物馆看新疆和敦煌美术品。

9 月 30 日，参观艾米塔什博物馆未对外开放的和田出土文物和粟特壁画及文物展。

9 月 30 日至 10 月 2 日，在圣彼得堡俄罗斯科学院东方文献研究所看和田、吐鲁番出土文书。

10 月 2 日，前往圣彼得堡郊外的艾米塔什博物馆收藏中心看二战所获德国吐鲁番收集品。

10 月 4—7 日，再次前往莫斯科调查俄罗斯国家图书馆的斯卡奇科夫藏书。

10 月 24 日，调查新疆和田地区博物馆新收集的于阗文、汉文木简资料等。

2014 年

7 月 24 日，访问旅顺博物馆，看大谷文书及敦煌经卷。

10 月 3 日，参观京都龙谷博物馆"二乐庄与大谷探险队"展。

10 月 16 日，在东京东洋文库调查俄藏敦煌吐鲁番文献。

10 月 21 日，走访日本大阪杏雨书屋藏敦煌文献。

2015 年

5 月 16 日，参观中国国家图书馆敦煌写本展。

7 月 4 日，在吐鲁番文物局考古所和修复部看近年吐峪沟新发现的文书材料。

8 月 13 日，阅览敦煌市博物馆藏敦煌写本禅籍。

8 月 30 日至 9 月 3 日，在旅顺博物馆整理新疆出土汉文文献。

12 月 24 日，往书道博物馆看"颜真卿和唐代的书"展览陈列的敦煌吐鲁番写本。

2016 年

5 月 26 日，在美国圣地亚哥看俄亥俄州立大学图书馆藏敦煌写卷。

7 月 17 日，参观东京国立博物馆大谷探险队所获新疆和田文物。

2017 年

1 月 5—9 日，在旅顺博物馆整理新疆出土汉文文献。

5 月 9 日，在天津博物馆校录敦煌本《历代法宝记》。

5 月 24 日，往新疆博物馆阅览吐鲁番文书。

6 月 20 日，调查阅览慕尼黑五洲博物馆藏和田出土文书。

8 月 5 日，在新疆博物馆收藏部看吐鲁番安乐城出土文献。

2018 年

1 月 23—29 日，在旅顺博物馆整理新疆出土汉文文献。

3 月 29 日，通览日本九州大学文学部藏敦煌文献。

8 月 20 日，在龙谷大学图书馆阅览大谷文书。

9 月 15 日，在成都四川大学博物馆看《永乐大典》和敦煌卷子。

11 月 13 日，在北京中国科学院自然科学史研究所看所藏敦煌卷子。

11 月 26 日，再访俄罗斯圣彼得堡东方文献研究所，看敦煌写本。

11 月 27 日，在圣彼得堡参观科兹洛夫博物馆。

12月3日，再次调查莫斯科俄罗斯国家图书馆斯卡奇科夫藏书。

2019年

3月16日，前往沈阳调查辽宁省博物馆藏敦煌吐鲁番文献。

8月2日，在太原山西博物院保管部看敦煌写经。

9月17日，在西安博物院看唐人写经。

2020年

8月18日，阅览敦煌研究院陈列中心藏敦煌写卷。

12月4日，调查阅览中国国家博物馆藏黄文弼文书及敦煌吐鲁番写经等。

2021年

6月28日，在西安博物院库房阅览敦煌写卷。

10月11日，在吐鲁番博物馆看西旁景教寺院遗址新出土文书和文物。

10月23日，在长春东北师范大学图书馆古籍部看敦煌卷子。

2023年

6月18日，阅览旅顺博物馆藏大谷光瑞收集的敦煌写本。

7月9日，到吐鲁番博物馆文物修复室看西旁新出土文书。

7月13日，到甘肃省文物考古所汉简库房看悬泉汉简。

9月5日，在敦煌研究院陈列中心库房看任子宜、周炳南旧藏敦煌写本。

图版目录

集》图151）

十一　敦煌"劫余"录：中国各地藏品拾珍

参考文献

一、书籍

《穿过亚洲》（上下册），斯文·赫定著，王蓓等译，新疆人民出版社，2013年。

《从学与追念：荣新江师友杂记》，荣新江著，中华书局，2020年。

《東京国立博物館図版目錄：大谷探檢隊将来品篇》，東京国立博物館编，东京国立博物館，1971年。

《敦煌宝藏》第1—133册，黄永武主编，新文丰出版公司，1981—1986年。

《敦煌秘笈·影片册》一~五，吉川忠夫编，杏雨书屋，2009—2011年。

《敦煌学十八讲》，荣新江著，北京大学出版社，2001年。

《敦煌·西域·民语·外文善本掌故》，陈红彦主编，上海远东出版社，2016年。

《俄藏敦煌文献》第1—17册，俄罗斯科学院东方研究所圣彼得堡分所、俄罗斯科学出版社东方文学部、上海古籍出版社编著，上海古籍出版社，1992—2001年。

《甘肃藏敦煌文献》第6册，段文杰主编，甘肃人民出版社，1999年。

《古典籍下見展観大入札會目錄》，東京古典會编，东京古典会，1990年。

《归义军史研究》，荣新江著，上海古籍出版社，2015年。

《国家图书馆藏敦煌遗书》第105、112、143册，中国国家图书馆编，任继愈主编，国家图书馆出版社，2008、2009、2012年。

《海外敦煌吐鲁番文献知见录》，荣新江著，江西人民出版社，1996年。

《和田出土唐代于阗汉语文书》，荣新江编著，中华书局，2022年。

《龍谷大学図書館藏大谷探檢隊将来西域文化資料選》，井ノ口泰淳编，龙谷大学，1989年。

《楼兰汉文简纸文书集成》，侯灿、杨代欣编著，天地出版社，1999年。

《鸣沙石室佚书》，罗振玉编，自家版，1909年；东方学会刊本，1928年。

《莫高窟北区石窟所出刻本〈资治通鉴〉残片考订》，徐畅撰，《敦煌研究》2011年第5期，

67—72页。

《日本宁乐美术馆藏吐鲁番文书》，陈国灿、刘永增编，文物出版社，1997年。

《诗外簃藏张大千书画》，施万逸编，文物出版社，2006年。

《台东区立书道博物馆》，台东区立书道博物馆编，2000年。

《台東区立書道博物館所藏中村不折旧藏禹域墨書集成》，磯部彰编，二玄社，2005年。

《唐人书黄巢起义记事墨迹》，杨新撰，《文物》1978年第5期，33—36页。

《特别展　二乐庄と大谷探检队》，龙谷大学 龙谷ミュジアム和田秀寿编，龙谷大学，
　　2014年。

《天理秘藏名品展》，大阪市立美术馆主编，奈良天理教道友会，1992年。

《吐鲁番出土文献散录》，荣新江、史睿主编，中华书局，2021年。

《王重民向达所摄敦煌西域文献照片合集》，李德范主编，国家图书馆出版社，2008年。

《吴建衡二年索紞写本〈道德经〉残卷考证（兼论河上公本源流）》，饶宗颐著，《东方文
　　化》1955年第2卷第1期，1—71页。

《英藏敦煌文献》第1—14卷，中国社会科学院历史研究所、中国敦煌吐鲁番学会敦煌
　　古文献编辑委员会、英国国家图书馆、伦敦大学亚非学院编著，四川人民出版社，
　　1990—1995年。

《有邻馆精华》，藤井有邻馆学艺部编，藤井斋成会，1977年。

《在中国漫长的古道上》，兰登·华尔纳著，姜洪源、魏宏举译，新疆人民出版社，
　　2001年。

《中国历史博物馆藏法书大观》第5卷，史树青编，东京柳原书店，1994年。

《中国中古史研究十论》，荣新江著，复旦大学出版社，2005年。

《中国に於ける景教衰亡の历史》，佐伯好郎著，京都同志社东方文化讲座委员会，
　　1955年。

《スウェン・ヘディンと楼兰王国》，金子民雄监修，日本对外文化协会，1988年。

《トルファン古写本展》，东京朝日新闻社，1991年。

《ボストン美术馆东洋美术名品集》，日本放送出版协会，1991年。

Along the Ancient Silk Routes, Central Asian Art from the West Berlin State Museums, ed.
　　Herbert Härtel et al., New York: Metropolitan Museum of Art, 1982.

Archäologische Funde aus Khotan Chinesisch-Ostturkestan, by Gerd Gropp,Bremen: Verlag
　　Friedrich Rover, 1974.

Buried Treasures of Chinese Turkestan, by Albert von Le Coq, with an introduction by Peter

Hopkirk, London: Oxford University Press, 1985.

Carnets de route 1906-1908, by Paul Pelliot, Paris : Les Indes savantes, 2008.

Caves of the Thousand Buddhas: Chinese art from the silk route, by Roderick Whitfield, London: British Museum Publications, 1990.

Eine chinesische Tempelinschrift aus Idikutšahri bei Turfan (Turkistan), by O. Franke, aus dem anhang zu den Abhandlungen der königl. Preuss. Akademie der Wissenschaften vom Jahre 1907, Berlin: Verlag der Königl. Akademie der Wissenschaften, 1907.

Les grottes de Touen-Houang: peintures et sculptures bouddhiques des époques des Wei, des T'ang et des Song, by Paul Pelliot, Paris: Librairie Paul Geuthner, 1921.

C. G. Mannerheim in Central Asia 1906-1908, ed. by P. Koskikallio and A. Lehmuskallio, Helsinki: National Board of Antiquities, 1999.

Ruins of Desert Cathay: personal narrative of explorations in Central Asia and westernmost China, by M. Aurel Stein, London: Macmillan and Co., 1912.

Russian Expeditions to Central Asia at the Turn of the 20th Century, ed. by I. F. Popova, St. Petersburg: Slavia, 2008.

The Silk Road: Trade, Travel, War and Faith, ed. by Susan Whitfield, London: The British Library, 2004.

二、网站

国际敦煌项目（IDP）: https://idp.bl.uk

印欧语言与文献材料数据库（TITUS）: https://titus.uni-frankfurt.de

伊朗百科全书网站: https://iranicaonline.org

"全球书店"官网: https://www.timeout.com/paris/en/shopping/librairie -du-globe

全球火车票预定网站: https://help.g2rail.com/stations/büchen

不莱梅海外博物馆官网: https://www.uebersee-museum.de

水晶宫景区官网: https://dnm.dk

丹麦皇家图书馆官网: https://www.kb.dk/en

东京国立博物馆官网: https://webarchives.tnm.jp

日本国立国会图书馆官网: https://dl.ndl.go.jp

静嘉堂文库官网: https://www.seikado.or.jp/about/history/

亚洲艺术博物馆维基百科词条: https://en.wikipedia.org/wiki/Museum_of_Asian_Art

耶鲁大学图书馆官网: https://online.yale.edu/about-yale-online

弗利尔美术馆维基百科词条：https://zh.wikipedia.org/zh-cn/
弗利尔美术馆官网：https://asia.si.edu/explore-art-culture/collections
旧金山亚洲艺术博物馆官网：https://searchcollection.asianart.org
北京日报微信公众号：https://mp.weixin.qq.com/s/QVCQzx0Knyisz8T5F O8lkQ